文以铸兵

——中国军事现代化的传统文化资源分析

郭凤海　著

人民出版社

目　录

第一部分
传统文化影响军事现代化的内在机理与途径

第三部分
中国军事现代化的传统文化资源反思与整合

自　序

　　中国军事现代化是中国军事（这里主要是国防和军队建设）摆脱两千多年封建军事传统的束缚，不断追赶世界先进水平，迈向现代军事的历史过程。这一历史过程，是中国社会整体向现代转型进程中的重要组成部分。从文化角度看，社会转型期的一个重要特征，就是既从传统文化中汲取资源，又奋力冲破传统文化羁绊，扬弃并超越传统。传统文化对现代化的影响，既表现为它所包含的积极成分对现代化的推动作用，也包括其消极因素对现代化的抑制、阻滞作用。只有传统文化中的积极成分才是中国整体现代化——从而也是中国军事现代化的有效文化资源。

　　问题在于，我们何以认定，某种传统文化（或其某种成分）是积极、进步、现在还有生命力的东西，能够对中国军事现代化起到积极推进作用，成为军事现代化可资开掘、利用的资源？或者相反，我们又何以认定，某种传统文化（或其成分）是消极、保守、反现代化的东西，是军事现代化必须克服的障碍？标准或根据又是什么？这是一个极其复杂而又十分重要的问题。历史表明，某一文化流派（或它的某种成分）的性质、地位和作用并不是绝对的、永恒的，而是不断变化的，其对军事发展的作用只有在特定历史条件和背景下才能认定。

1

因此，对传统文化与军事现代化二者关系的把握，对中国军事现代化传统文化资源的分析，不能只是单纯地从传统文化所包含的那些具体文化形态的内容本身出发，而应进一步追问传统文化起作用的社会背景和历史条件，即深入到特定历史条件下支撑传统文化发挥其现实作用的社会结构系统，深入到基于这种社会结构系统形成的文化传承和作用机制，深入到社会意识形态显学系统与大众日常生活文化取向的互动形态，由此从社会认知结构、文化作用机制的深层，来深入认识和把握传统文化对军事现代化的现实作用。文化的社会支撑系统决定文化的影响力。这是本书立论的一个重要理论基点。

因此，本书主要是从"社会支撑结构——文化作用机制——军事现代化的传统文化资源"这一逻辑架构出发，结合中国社会由传统向现代转型过程中的结构变动，结合传统社会"大传统"显学体系与"小传统"日常文化生活运行的互动关系，对传统文化与军事现代化的多重关联进行了多视角的分析与综合，对与此相关的一系列问题作出了前瞻性的文化判断。即，分析了中国传统文化发挥影响力的社会支撑系统和动态机制，分析了它们在中国军事现代化各个历史阶段上的不同表现，分析了传统文化在何种历史条件及机制下构成了军事现代化的有效资源，或者相反，在何种历史条件及机制下构成了军事现代化的文化障碍，以及我们如何立足现实，着眼长远，通过何种机制建构弘扬优秀传统文化，滤除传统文化中的消极因素，从而全面整合军事现代化的文化资源等问题。这对我们正确看待和把握正处于社会转型期的中国——其社会结构、文化支撑系统、文化作用机制变动状况，以及与此相关的文化发展对军事发展的作用，正确看待和处理中国军事现代化遇到的文化问题，具有重要的理论价值和实践意义。

本书在考察中国传统文化与军事现代化的关联性、传统文化作用于军事现代化的机制和途径的基础上，分别探讨了传统文化的三大基本观念——国家观、安全观和生死观的基本内涵和历史取向，它们对中国军事发展和军事现代化的影响，以及由此得出的带启示性认识。中国传统国家观、安全观和生死观是本书分析传统文化与军事现代化关系的三大基本视点。在此基础上，着重探讨了传统文化反思、传统文化整合、发挥传统文化推进军事现代化资源作用的基本途径和实现条件等问题。其中，提出文化反思是发掘传统文化资源的前提，并对大传统文化、小传统文化及其对军事现代化资源意义进行了全面反思；探讨了整合传统文化资源的三大途径——文化体系整合、文化要素整合、文化条件整合，及其与军事现代化形成正向关联等问题。总之，上述传统"三观"加上传统文化在当代中国的"整合"，构成本书的基本框架和主要内容。

从另外一个角度看，中国军事在其现代化进程中，并不是全然被动地接受来自传统社会经济、政治和文化的影响。军事现代化也对中国社会整体现代化起着重大牵引作用。从中国近代以来"百年屈辱"、"百年救亡"的曲折历史发展来看，中国军事上的衰弱并在与西方列强抗衡中战败，恰恰是中国社会各个方面发生"多米诺骨牌"效应历史起点。而中国之所以又能通过百年抗争赢得独立、解放和自强，展示中华民族伟大复兴的雄浑力量，又恰恰与中国军队在战火硝烟中不断发展壮大，与中国军事现代化的历史进程密切联系在一起。这一点，更加凸显了军事现代化对中国未来发展的重大现实意义。从这个意义上说，中国军事在其与传统文化的交互作用中走向现代化，是中国整体走向现代化的必经环节。这就进一步彰显了解决中国军事现代化面临的种种现实问题，特别是正确认识和把握它与传统文化的关系，从中发掘一切有益于推进军事现代化的文化资源的重大时代价值。

2013 年夏于国防大学

导　论

　　文化是人类掌握世界的独特方式，是人类社会存在的重要条件，是人类社会经济发展、政治进步的内在驱动力，当然也是军事现代化的重要资源。不同文化具有不同的性质、内容、特征和功能，对军事现代化产生不同的影响。先进的现代文化，对军事发展、军事变革，实现军事现代化具有积极推进作用。因而，只有先进文化，才能构成军事现代化的文化资源。由此，对于传统文化而言，只有它所包含的与先进文化兼容的成分，即我们通常所说的"优秀成分"，才是军事现代化的有效资源。怎样认识当代中国军事现代化的传统文化资源？这种文化资源何以成为"资源"？其背后的社会基础是什么？分析和回答这些问题，对全面认识中国军事现代化的本质和发展规律，并通过建构先进文化推进其快速、健康发展，无疑具有重大意义。

一、研究的主要问题

　　众所周知，中国是一个历史悠久的农业文明古国。作为农业文明之基础的自然经济在本质上是一种自在的客体经济或"无主体的经济"。① 因为，大多数活动主体停留于自在自发的层面，凭借关于大自然周而复始地运行的经验常识，以及人之生老病死的自然流程，自在自发地过着衣食住行、饮食男女等重复性日常生计。在这种历史背景下形成发展起来的中国传统文化，无论对中国社会的历史发展，还是对中国军事的历史发展，都具有深远的、无比巨大的影响力。这种影响力的性质怎样？它在何种情况下促进了中国的发展？它有哪些积极思想成分能够成为中国军事现代化的文化资源？它又有哪些消极思想成分？这些消极思想成分在何种情况下成为中国"泛和平主义"②滥觞的摇篮？又在何种情况下成为中国社会与军事发展、特别是军事现代化的文化阻滞力？以及怎样克服这种阻滞力？一句话，发掘传统文化的积极思想成分，通过文化整合使之成为军事现代化的有效资源，就是本书研究的主要问题。

因此，本书主要研究的并不是单纯的军事文化，而是更广泛意义上的社会文化；但又不是一般性地研究社会文化，而是着眼于当代中国军事现代化发展进程中遇到的传统文化问题。也就是说，本书是着眼于传统社会，探究中国传统文化的历史发展、表现形态及其与当代中国军事现代化的关系，力求正确认识和把握传统文化与军事现代化协调发展的互动关系、现实途径。

虽然，本书大量篇幅集中于揭示传统文化中哪些成分是优秀、进步、现在还有生命力的，能够对中国军事现代化起到积极的推进作用，从而成为军事现代化可资借鉴、开掘、利用的资源；与此相联系，哪些又是消极、保守、反现代化的东西，是军事现代化必须克服

---

① 参见姚登权：《从日常生活图式看中国文化的现代转型》，《湖南师范大学社会科学学报》2006 年第 3 期。
② 指在战争与和平问题上的一种极端思潮，它在任何情况下都把战争与和平绝对对立起来，对和平一味肯定，而对战争采取绝对否定的态度，表现了一种对和平极端崇尚的心理。

的障碍。但是，又不完全集中在研究传统文化的性质、内容及其作用上，而是要进一步追问其某种形态、成分的性质、内容及其现实作用是由什么决定的？背后的社会原因、动力机制是什么？文化的性质、内容一般只决定它本身的作用方向，而支撑其存在和发展的社会结构、动力机制，则决定着其影响力发挥的程度，决定着其作用的大小和强弱。也就是说，文化的社会支撑系统决定文化的影响力。这是本书的一个重要立论基点。一句话，本书的一个重要视角，就是要对中国传统文化发挥影响力的社会支撑系统、动态机制进行正确分析，从而揭示其对军事发展特别是当代中国军事现代化的作用机理。这对正确看待和把握当前正处于社会转型期——社会结构、社会文化支撑系统变动期的中国文化建设，正确看待和把握当代中国文化与军事现代化的关系，具有重要的理论和实践意义。

（一）研究军事绕不开传统文化

军事是一种社会历史现象。考察军事现代化，离不开特定社会历史环境，离不开一定的民族文化传统。

19 世纪以前，历史编纂主要从政治角度展开。"政治，特别是它的尖锐表现——军事，是一切社会、国家和民族的稳定生活中的不稳定因素，平凡生活中的不平凡标志，因而往往吸引住人们的视线，成为历史记述的中心"。[①] 但是，这种以政治、军事为主线的"历史记述"，无法完全解答为什么不同民族、国家会形成不同的战争观？会有不同的战争行为和战略战术思想？比如，"不战而屈人之兵"、"百战百胜非善之善者"是中国追求的战争境界，而西方追求的战争境界却是坎尼式的合围战。为什么中国产生不出"海权论"？为什么中国

---

① 庞朴：《文化的民族性与时代性》，中国和平出版社 1988 年版，第 10 页。

海权意识发育迟缓？等等，这些问题大都牵涉到不同民族、国家的独特文化，牵涉到不同国度里的国家观、安全观和人生价值观。因而，必须追述一个民族的文化史，追问传统文化对战争有什么影响这个更深层次的问题。

这里的中国传统文化，是指在中国两千多年的君主专制社会中一直居于正统地位的民族文化。这一文化在 1840 年鸦片战争发生以后陷入空前危机。辛亥革命后，民国临时政府明令停止"尊孔读经"，以儒学为主脉的传统文化在中国意识形态领域的主导地位宣告终结。1915 年以后，中国掀起了声势浩大的新文化运动，孕育形成了新民主主义革命文化。新中国成立后，我国进入了发展社会主义文化的新时期。新民主主义文化、社会主义文化成为引领中国革命、建设和改革的主导文化。然而，我们也必须看到，作为中华民族传承久远的文化形态，传统文化的影响并没有随着支撑它的旧有王朝覆亡而消失。它仍然以各种方式广泛影响着我们的现实生活。

因此，研究、解决军事问题，绕不开传统文化。任何国家、任何民族都有自己的文化传统。对于这种文化传统，开掘得好会成为推动军事发展、军事现代化的精神动力，成为谋求军事发展优势的文化资源，反之，就会成为军事变革与发展的文化阻滞力。

从 20 世纪 70 年代起，传统文化研究出现在外交政策研究、国际安全、军事战略研究中。西方学者把这一研究，锁定在不同国家为什么会采取不同的国家战略、安全战略和军事战略，以及一个国家关于武力威慑与运用的传统、价值以及行为模式、习惯、符号等问题上，即一国传统文化是如何影响一个国家的战略选择、军队建设、战争行为的。[①] 不论是提出"文明冲突论"的亨廷顿，还是提出"软实力"

---

① 参见夏国富、曾苏南、何奇松：《战争文化研究介绍》，《军事沙龙》2004 年第 19 期。

概念的约瑟夫·奈，都认为"所有差别都有文化原因"①。尽管近几十年来，科技革命催生的世界新军事革命显示了某种共同的"普世"规律，但不可否认，这场军事变革又具有鲜明的民族性，各国发展军事、实现军事现代化必须正确看待和把握传统文化与军事现代化的关系，走自己的路。近年来，人们不断谈论"中国和平崛起"。中国的和平崛起不仅是一种经济现象，也是一种文化现象；既要发展"硬实力"，也要增强"软实力"。增强软实力的一项重要内容，就是推进传统文化向现代转型。所谓"固国家不以山溪之险"，包含着一个比较正面的意思，就是一个国家国防巩固与否，不应只以"山溪之险"来衡量，还应看其军事力量是否足够强大，更应看其国民国防意识和精神状态如何。军事力量是否足够强大，并不是一个单纯的军事问题，还是一个文化问题。没有先进文化支撑，再先进的军事装备技术，再庞大的军队规模，也发挥不出应有的战斗力。人类文化总是在不断革新、不断发展，总是处于新旧交替过程中。传统文化向现代文化的转型，是一个不同文化不断融合、整合的过程，需要从异质文化中不断吸收新鲜血液，实现综合创新。而这种综合创新的现实条件，又必须深入到社会持续性、大规模的历史变迁中去寻找。从这个意义上说，中国传统文化向现代文化转型，即实现文化现代化，必须寻求与社会总体转型相一致，由此不断走向辉煌，为推进中国军事现代化提供战略文化资源。

（二）本书研究面临的难点问题

深入分析中国军事现代化的传统文化资源，是一个极其复杂、令人望而生畏的问题。因为中国传统文化千流百派、文献浩繁，不仅要

---

① 参见杜平：《中国崛起是一种文化现象》，《联合早报》（新加坡）2007 年 3 月 16 日。

理清头绪，分清它们的社会性质、历史地位，以及它们对社会发展所起的不同作用，还要根据"逻辑与历史相统一"的原则进行理论抽象，从中发现它们与军事发展的本质联系。在此基础上，还要进一步分析它们与军事现代化相联系的社会支撑系统，对军事现代化发挥的不同作用。这是一项十分艰巨而复杂的系统工程。

这一问题的复杂性还在于：首先，对传统文化不同流派性质、地位和作用的认定，具有相对复杂性，不能绝对化、简单化。比如，某些"晚出"文化未必是进步的，其总体倾向可能很保守，而某些更早期的文化也未必是落后的，总体倾向反而具有很强的现代性。在这方面，宋明理学是一个典型案例。比之于先秦儒学，它尽管更具学理性和系统性，但其在政治倾向特别是历史作用上，对推进中国社会长远发展和人的个性解放，反而起着更为消极、保守的作用。类似例子西方也有，叶秀山说："在哲学里，时间的划分并不是绝对的，时间较早，也可能出现思想较新的哲学家，如基尔克特，与其说他是'古典的'，不如说他是'现代的'；而休谟，莱布尼兹，从另一个系统的眼光来看，则似乎要比康德更具有现代意义。"[①]再如，某一文化的社会性质、地位和作用也不是绝对、永恒的，而是不断变化的，只有在特定历史条件和背景下才能认定。以儒学为例，它在春秋战国大变革、大动乱时代，在诸侯列国都力图通过变法革新实现富国强兵的历史条件下，宣扬遵从周礼，以及"仁"、"义"、"礼"等伦理说教，比之于法家、兵家等其他流派，就显得非常不合时宜。而在秦汉建立大一统集权君主专制王朝以后，其上述主张反而更能适应维护既存社会秩序稳定、推进农耕经济发展的趋势和要求。到了近代，当中国农业文明与西方工业文明相遇并发生激烈碰撞时，

---

① 叶秀山：《思史诗——现象学和存在哲学研究》，人民出版社 1988 年版，"引言"第 1 页。

当西方列强大举入侵、掠夺中国时，当中国迫切需要通过大变革、大转型实现富国强兵，以应对三千年未有之大变局时，传统儒学的一系列道德说教便又显得狭隘迂腐、不堪一用，严重阻滞了社会发展和军事近代化的进程。历史表明，某种文化尽管在某个时代是进步、适用的，但在另外的历史条件下却是落后、保守、反动、不适用的，历史上曾大有作为的文化流派，在一定时代条件下也可能丧失其锐意进取的品格，被别的更有进取精神的流派取代。这就要求我们透过现象看本质，结合具体时代条件、社会背景，历史地、具体地、辩证地分析中国传统文化各流派的社会性质、历史地位，以及它们对社会发展所起的作用。

其次，结合传统文化的历史发展及其对军事的影响，对中国军事现代化进行审视，同样不是一个简单的问题。它不仅涉及对传统文化性质、地位和作用的认定，而且涉及对中国文化现代化、军事现代化，以及二者相互关系的分析。文化现代化对中国军事现代化的影响是全方位的，既包括影响军事文化的现代化进程，涉及人的现代化问题，也包括物，如武器装备及其技术系统的现代化，以及作为人与物结合方式的体制编制、管理方式等的现代化问题。这就需要进一步深入探讨某种特定社会文化影响下形成的国家观、安全观、人生价值观和军事发展观，分析这些国家观、安全观、人生价值观和军事发展观以及其他社会文化形态影响军队建设、军事发展的具体途径、中介环节、作用机制等问题。探讨这些问题，目前可供参考的研究资料极其缺乏，需要做的工作可谓千头万绪。

因此，研究和解决上述问题，完整、准确、系统、深入地认识和把握中国传统文化赖以发挥作用的社会结构、社会机制等社会支撑系统，在此基础上对传统文化与军事现代化的内在关联做出较为完满的分析，绝非一人所能胜任，也非一专著所能穷尽。但是，由于正确认识、把握上述问题对推进当代中国军事发展，实现军事现代化具有重要意义，因此驱使我不揣冒昧，将其作为本书的主攻课题。

二、军事现代化研究的文化视野

传统文化向现代文化的转变，并非是一朝一夕完成的。它是一个漫长而痛苦的历程，有分歧、争论，有为不同集团的利益和观点而竞争的斗争。即使是生活在今天的人，也无论如何都回避、摆脱不了传统文化的影响，但这不是问题的关键。关键问题是，一个民族、一个国家、一支军队要发展进步，要实现现代化，就必须改造传统文化。在传统中创新、超越传统，是一个民族发展进步的灵魂，是一个国家、一支军队兴旺发达的不竭动力。要实现创新，就必须首先"有研究"。文化特别是传统文化研究，是文化创新的基本前提。目前，文化、文化与军事的关系问题，是国内外理论界十分关注的热点问题。回顾和总结迄今为止理论界所取得的一系列相关学术成果，提炼业已形成的真知灼见，对于我们拓展视野，全面、深入地探讨和回答本书研究的主要问题是大有裨益的。

（一）相关学术研究成果综述

1. 关于文化与传统文化研究

近几十年来，"文化研究"（Cultural Studies）持续地"热"起来。"文化研究热"和"文化批评热"早已越过了语言和国别界限，使我们可以在更为广阔的跨文化和跨学科语境之下来进行比较、分析和研究自己关心的问题。[①] 一些西方学者，如弗雷德里克·詹姆逊，特

---

① 参见王宁：《文化研究：西方与中国》，《国外文学》1996 年第 2 期。

里·伊格尔顿，爱德华·赛义德，拉尔夫·科恩，汤姆·米彻尔，乔纳森·阿拉克，保尔·鲍维，希利斯·米勒，汉斯·岗布莱希特等，在文化研究上提出了许多新的见解。此外，诸如《新文学史》、《疆界》、《批评探索》、《文化批判》、《表现》、《位置》等学术期刊也不断地发表论文和讨论，在英国和北美学术界形成了一股声势。人们的共识首先是，文化的含义已经与以前大相径庭，它已经走出了"精英圈子"，深入到了社区和广大民众之中，它在多个层面上相互重叠，形成了当代文化的新的景观：对文化本身的理论探讨和价值研究，基于一种跨越学科界限和区域界限的总体化的文化研究，精英文化和大众文化、高雅文化和流行文化的人为界线被打破，东西方文化的天然屏障也随着国际形势的变化逐渐消除，一系列"高雅文化"、"本土文化"的生存和发展面临着新的严峻挑战，甚至发生了"价值观认同危机"。① 其次，文化研究的范围广泛而且定义很不确定，因而说到底，文化研究"并非一门学科，而且它本身并没有一个界定明确的方法论，也没有一个界线清晰的研究领地。"② 它必须深入人们的"生活本身"。理查德·霍加特（Richard Hoggart）在其专著《有文化的用处》（The Uses of Literacy,1957）中指出，人们的某种生活（如阅读）是不可能从其他诸种生活实践（如体力劳动、性要求、家庭生活等）组成的大网中摆脱出来的。他的研究凸显了传统文化、日常生活方式对人们思想文化的影响力。③

---

① 参见沃特·默赛在第十四届国际比较文学大会上的发言，题为"文学研究和文化研究：重新定位"（Etudes litté raires etétudes culturelles: Repositionnements）；哈罗德·布鲁姆著《西方的经典：各时代的书目和流派》（The Western Canon: The Books and School of the Ages），纽约：哈考特·布拉斯公司1994年版，第一章"经典的挽歌"，第15～41页。

② 参见西蒙·杜林编：《文化研究读本》（Cultural Studies Reader），伦敦和纽约：路特利支出版社1993年版，"导言"第1～2、7、17页。

③ 参见王宁：《文化研究：西方与中国》，《国外文学》1996年第2期。

与此相联系，国内外理论界都对中国传统文化特别是儒学的历史命运及其发展前景问题，表现出了深厚兴趣。改革开放以来，中国大陆学者对有关问题的研究，取得了一系列有分量的成果。比如，关于中国传统文化的成因，有学者从地理环境、生产方式和社会组织三个层次来考察，认为半封闭的温带大陆型地理环境、农业型的自然经济、家国一体的宗法社会的综合作用，是中华文化生成的土壤。这种历史背景决定了中国人特有的文化心理，如务实精神、入世思想、经验理性，以及爱好和平、求稳定、尚中庸等价值取向，还有专制主义与民本主义共存等现象。① 有的学者认为儒家思想是中国传统文化的主脉。有人提醒不应忽视来自下层群众的社会心理对文化的作用。还有人提出原始宗教的影响和统治阶级人为的强化也是值得考虑的因素。② 再如，关于传统文化的核心精神。一种观点认为，中国传统文化的核心是人文主义。若不计较人文主义得名的历史原因，单从文化的性质上着眼，可以说人文主义的适用范围，决不限于文艺复兴时期，也不止于欧洲西部那块地域。拿希腊、印度、中国这三大古老文明做比较，以伦理和政治为轴心、不甚追求自然之所以、缺乏神学宗教体系的中国文化，倒是更富有人文精神。只是中国人文主义与西欧人文主义相比，有一个根本不同点，即二者对于人的理解，颇有差别。③ 而有的学者则对此不以为然，认为一个民族的文化精神，应是该民族在长期历史发展中逐渐形成的、创造和保持其特有文化信息（经验、智能、权能文化信息）而在统计意义上为其大多数成员所认同的程序和结构。如果不从历史上一切自组织的职能系统这一总体上分析—综合，而仅仅依据历史上少数哲人的玄念和愿望，贸然得出一个民族的"精神"，这样的"精神"是很难让人确信的。因此，在

① 参见冯天瑜：《中国古文化的"土壤分析"》，《光明日报》1986年2月17日。
② 参见刘京希：《近年来中国传统文化研究概述》，《文史哲》1986年第4期。
③ 参见黎鸣：《中国传统文化有"人文"主义精神吗?》，《光明日报》1986年3月17日。

"历史—逻辑"结构的真实性上,与其说中国文化有"人文精神",不如说有"论文主义(等级主义)精神"更恰当些。① 总之,长期以来特别是 20 世纪 80 年代以来,许多学者,如赵朴初、周谷城、余英时、蔡尚思、庞朴、周桂钿、李泽厚、钱穆、李醒民、冯天瑜、衣俊卿等,围绕中国传统文化的性质地位、主要特征、核心内容、存在形态、历史地位、现实作用,以及传统文化的现代化等问题,展开了广泛深入的探索争鸣,在先秦文化特别是诸子思想、孔子儒学、道家与佛教文化,以及其他儒家如孟子、董仲舒、朱熹等人的思想,甚至各个历史时期的所谓新儒学研究方面,都形成了大批有见地的学术成果,对我们进一步研究中国传统文化与现代化的关系,特别是它对军事现代化的影响,提供了许多虽然是间接的、但却很有借鉴价值的资料。②

2. 关于传统文化与现代化研究

关于传统文化研究,最终要落实到它的现代价值上来。对此,一些学者从儒学的时代性与超时代性、民族性与世界性等方面作了深入探讨。邓晓芒认为,尽管传统文化特别是孔子思想中有平等、自由等思想,但是,在长期的历史演进过程中并未完全起到好的作用。2000多年前的"平等"恐怕只是纸上的,因为民主若无形式上的保证,就容易产生伪善。③ 冯天瑜认为,考察以孔子为核心的中国传统文化,不能不正视两个事实:一是没有独立地创造出现代化文明,具体地说

① 参见庞朴:《中国文化的人文精神(论纲)》,《光明日报》1986 年 1 月 6 日。
② 参见曲鸿亮:《福建社科院学术沙龙讨论中国传统文化问题》,《理论信息报》1986 年 3 月 17 日;赵伯乐:《文化现代化的涵义及特征初论》,《思想战线》2002 年第 4 期;叶南客:《中国文化现代化的递进轨迹与转型机理》,《天府新论》2003 年第 3 期。
③ 参见吴根友:《"传统文化与现代化——兼评大孔子学说"学术研讨会综述》,《理论月刊》1997 年第 10 期。

来，其表现就是工具理性的缺乏，没有产生出现代的"民主政治"；二是只在"现代化"这一层面上谈包括孔子学说在内的中国文化价值，会更有意义。① 刘纲纪认为，中国越现代化越要研究传统文化。中国现代化决不是全盘西化，应该避免西方现代化的弊端，产生出比西方现代化更优越的现代化。② 胡国亨进一步指出，作为传统文化的一部分，孔子学说的现代意义在于他的治国理论，这一治国理论有三大纲领：足食、足兵、足信。足食对 21 世纪的中国人生活有直接的价值；足兵是保持中国的国际地位问题；足信是人民对政府信赖的基本要求。③ 总的看，在传统文化特别是儒学的现代价值问题上，学者们普遍认为，中国传统文化尤其是儒学，是在中国特定的社会历史条件和思想文化背景下产生并发展起来的。经过两千多年的历史演变，儒学成为中国君主专制社会文化的主体，从这个意义上来讲，儒学不仅有着鲜明的民族性，而且还具有明显的历史时代性。作为专制社会的主要文化支柱，儒学中有许多思想理论带有浓厚的封建宗法色彩，这些具有时代局限性的东西是与现代思想文化格格不入的。因此，对儒学的现代价值要作适当的估价，不能过分拔高，不能走向复古主义。另一方面，儒学作为人类文化的一个重要理论形态，它探讨了人类所共同关心的某些问题，在一定程度上揭示了人类的共同精神，对人类的自我认识和自身发展作出了有益的贡献，因此，它的某些理论和思想，如变化、"通"、和谐、"和合"、自强不息、"己所不欲，勿施于人"、"以修身为本"的"修齐治平"等，又具有世界意义和超时代价

---

① 参见吴根友：《"传统文化与现代化——兼评大孔子学说"学术研讨会综述》，《理论月刊》1997 年第 10 期。

② 参见吴根友：《"传统文化与现代化——兼评大孔子学说"学术研讨会综述》，《理论月刊》1997 年第 10 期。

③ 参见吴根友：《"传统文化与现代化——兼评大孔子学说"学术研讨会综述》，《理论月刊》1997 年第 10 期。

值，对于中华民族在迈向现代化进程中增强亲和认同力，具有重要的现实意义，有必要进一步挖掘和提炼，继承与发挥。①

在传统文化对现代化作用问题上，学术界近年来发表了成百上千的论文，有的确实提出了比较深刻的创造性见解。章开沅的专著《离异与回归——传统文化与现代化关系试析》②，从世界文化史的宏观角度对此问题进行了细致深入的探讨，指出东方社会新文明离异于旧文明，即俄、中等东方国家对传统文化的离异，首先是向西方近代文明模仿、学习与趋近，从总体上说这是进步的潮流；然而由于强弱贫富差距悬殊，也很容易产生民族自卑感乃至"全盘西化"与民族虚无主义。回归总是发生在离异之后。其中既有守旧派倒退复古的倾向，也有合理的、必要的积极因素的回归。面对周而复始的对于传统文化离异与回归的抉择，正确的态度应是：离异不可无根，回归不可返古。该书强调，经济结构决定文化的发展态势与走向，传统的惰性力终究难以阻止生产力的发展及其引起的经济结构变化对一切社会变革的巨大驱动，应该既超越西化又超越传统，根据现实与未来发展的需要营造新的价值体系。③"五四"运动70周年之际，《中国社会科学》发表了一组文章，从现代化角度对反传统的"五四"新文化作出了比较全面的再评价。其中，耿云志在《五四新文化运动的再认识》一文中，批评保守主义、传统主义者把它说成是"欧化"或"西化"运动，把陈独秀、胡适、鲁迅等新文化运动领袖说成"全盘性反传统主义者"或"全盘西化论"者，指出新文化运动既是对民族文化的反思、批判

① 参见张风雷：《"儒学与中国文化现代化"研讨会综述》，《中国人民大学学报》1997年第2期；林被甸、董正华：《中国现代化研究的现状》，《中国特色社会主义研究》2003年第1期；林家有、李良玉、朱英、马敏、虞和平、章开沅：《21世纪中国近代史研究走向笔谈》，《史学月刊》2004年第6期。
② 章开沅：《离异与回归——传统文化与现代化关系试析》，湖南人民出版社1988年版。
③ 参见何传启：《世界现代化研究的三次浪潮》，《科学决策》2004年第3期。

运动，又是民族文化的振兴运动，是中西结合、创造中国新文化的运动。文章认为，新文化运动的最大功效是它的启蒙作用，即为确立民主、发展科学扫除障碍开辟先路的作用，其所以不能持久的主因，是缺乏继起的政治经济条件的支持，在保守、反动势力攻击和剿禁下屡遭挫折，因此不能把民主不能实现、科学不能发达、现代化延搁的责任反推到新文化运动头上。[1]特别值得注意的是，在传统文化研究中，有的学者（如李亦园，1994）采用西方社会学观点，提出了"大传统"和"小传统"之说，[2]认为"大传统或精英文化"是"上层知识阶级的，而小传统或通俗文化属于没有正式受过教育的一般人民。"[3]具体到中国传统文化上，所谓"大传统"，是指以儒家思想为主的被历代典籍肯定并传播的价值理念，而"小传统"则指在民间社会层次指导人们现实生活的规范体系。[4]在传统中国的上层大传统和下层小传统中都有许多格式化了的礼节形式，如历朝尊天敬祖的祭祀仪式，每个家族、宗族祭祀祖先的礼仪，给显贵加谥号、给顺从礼教的妇女立贞节牌等，都体现了纲常。礼教维持纲常，由于士绅的作用和大传统文化对基层社会的渗透，潜移默化地制约着人们的思想和行为，使小传统在文化上日益与国家政治趋于一致，成为维护宗法等级社会政治统治的基础。[5]这就造成了传统社会经济、政治和社会生活极强的稳定性和反复的再生性，也使中国走向现代化的道路变得更加艰难。上述观

① 参见何传启：《世界现代化研究的三次浪潮》，《科学决策》2004年第3期。
② 参见李亦园：《从民间文化看文化中国》，《中国文化》1994年第1期、第2期。
③ 王光东：《民间意义的发现——五四新文学的另一种传统》，《上海文学》2001年第12期。
④ 王思斌：《中国社会的求——助关系——制度与文化的视角》，《社会学研究》2001年第4期。
⑤ 参见王日根：《近年来明清基层社会管理研究的回顾与展望》，《江苏社会科学》2001年第3期；陈劲松：《儒学社会：中国传统社会的社会学分析框架》，《浙江学刊》2000年第1期。

点，可以很好地解释为什么传统儒学意识形态统治地位在辛亥革命中终结以后，也就是大传统在形式上"中断"以后，而传统儒学的影响仍然很大，因为支撑它的民间小传统还存在，它的存在和对中国现代化发挥影响的广泛而深厚的社会基础还存在。[①] 在这个意义上，衣俊卿进一步提出了中国现代化过程中的"日常生活批判"问题。他翻译了赫·勒（Heller,A.）的名著《日常生活》，[②] 并发表了《日常生活批判刍义》一文，[③] 还出版了一系列专著，[④] 指出如果对人类社会进行共时态结构分析，便可将其理解为一个金字塔结构：最基础的层次是以个体衣食住行、婚丧嫁娶、饮食男女为主要内涵的日常生活领域，中间层次是以政治、经济、技术操作、经营管理、公共事物等为主的非日常社会活动领域，最高层次是科学、艺术、哲学等非日常的自觉精神生产和人类知识领域。如果对人类社会进行历时态分析，从人类社会的历史建构途径可以发现，日常生活世界是人类社会的原生态。[⑤] 既然如此，就应当从日常生活批判出发，通过批判、扬弃日常生活的诸多负面因素，拆解、改造传统文化惰性力赖以存在的社会基础，通过再造小传统重建大传统，从根本上克服中国现代化的文化阻滞力。

3. 关于传统文化与军事现代化研究

比之于一般的文化研究、传统文化研究，文化与军事的关系、文

---

①　参见陈来：《古代宗教与伦理——儒家思想的根源》，生活·读书·新知三联书店 1996 年版，第 152 页。

②　赫·勒（Heller,A.）：《日常生活》，衣俊卿译，重庆出版社 1990 年版。

③　参见李小娟、肖玲诺：《90 年代日常生活批判研究述评》，《教学与研究》1998 年第 7 期。

④　比如，衣俊卿：《回归生活世界的文化哲学》，黑龙江人民出版社 2000 年版；衣俊卿：《现代化与文化阻滞力》，人民出版社 2005 年版。

⑤　参见李小娟、肖玲诺：《90 年代日常生活批判研究述评》，《教学与研究》1998 年第 7 期。

化对军事变革与发展的作用问题，还是一个比较"晚近"的研究领域。特别是，关于传统文化与军事现代化的关系、它对军事现代化的作用问题，甚至可以说是一个"全新"的领域，目前公开发表的作品并不多，直接谈及有关问题的见解也比较鲜见。但是，我们可以从学术界大量关于军事思想、军事哲学、战略文化等方面的研究成果中，窥见学者们关于传统文化与军事现代化问题的见解。在这方面，给本书作者启发比较大的，主要是李际均关于战略文化问题的研究，[①]许志功、赵小芒关于中国特色社会主义军事哲学的研究，梁必骎关于军事哲学、军事哲学思想发展史以及"军事革命"的研究，[②]尚金锁关于毛泽东军事思想问题的研究，[③]赵小芒关于军事哲学学科价值的研究。[④]此外，黄朴民在《刀剑书写的永恒——中国传统军事文化散论》一书中，阐述了"《孙子兵法》与春秋社会思潮"、"先秦诸子学说对战国兵书的渗透与影响"、"传统国家安全战略"、"历代实现国家统一的基本经验与启示"、"历代军队改革的得失与成败"等问题；[⑤]皮明勇在《关注与超越：中国近代军事变革论》一书中，论述了"中国近代国防形势与国防观念的发展"、"科举兴衰与中国军事的演变"、"中国传统军事文化观念与近代军事变革"、"清代孙子学与中国古典兵学的历史命运"、"中国近代边疆危机与治边战略"、"晚清中外海军实力比较"、

---

① 参见李际均：《军事战略思维》，军事科学出版社1998年版；《论战略》，解放军出版社2002年版。

② 参见梁必骎主编：《军事哲学思想史》，军事科学出版社1998年版；梁必骎主编：《军事革命论》，军事科学出版社2001年版；梁必骎主编：《军事哲学》，军事科学出版社2004年版。

③ 参见尚金锁等主编：《毛泽东军事思想与高技术条件下局部战争》，解放军出版社2002年版。

④ 参见赵小芒：《重新认识军事哲学的学科价值》，《国防大学学报》2001年第10期。

⑤ 参见黄朴民：《刀剑书写的永恒——中国传统军事文化散论》，国防大学出版社2002年版，第253、191、81、19页。

"经济、科技与后发展国家军事变革的资源问题"等问题；① 施渡桥在《晚清军事变革研究》一书中，考察了"在民族危之中发展进步的中国近代军事"、"晚清军事发展变化的特征"、"中国近代军事思想体系的初步形成"、"中国在鸦片战争中败北的原因"、"中国在第二次鸦片战争中失败的军事原因"、"曾国藩的'自强'思想及其实践"、"李鸿章反侵略战争的指导思想"、"清政府的战备与中日甲午战争"等问题。② 特别是，徐长安在《军事文化与社会文化》一文中，直接讨论了"军事文化与社会文化"问题；③ 肖冬松在《新军事变革的文化分析》一书中，系统阐发了"'新军事变革文化分析'的基本内涵及其内在要求"、"'新军事变革文化分析'的当代价值"、"'新军事变革文化分析'的方法论原则"、"文化在历次军事变革中的作用及其特点"、"美国新军事变革中的文化因素及其作用"、"中国特色军事变革的文化基础及其功能"、"中国特色军事变革面临的文化挑战"、"建设先进文化推进中国特色军事变革"等问题；④ 孙建民在《中国传统治边理念研究》一书中，对中国古代"大一统"、"夷夏之辨"、"德化天下"、"守经用权"等治边、戍边理念作了系统深入的理论阐发。⑤ 上述研究成果，都提出了许多富有启发性的观点，充分反映出中国传统文化与军事发展有着本质的内在联系。从中，我们可以挖掘出大量研究传统文化与军事现代化问题时必须借鉴、吸收的理论素材。

① 　参见皮明勇：《关注与超越：中国近代军事变革论》，河北人民出版社1999年版，第307、218、201、246、283、154页。

② 　参见施渡桥：《晚清军事变革研究》，军事科学出版社2003年版，第9、24、86、114、132、229、293、171页。

③ 　参见徐长安：《军事文化与社会文化》，《军队政治工作》2001年4月。

④ 　参见肖冬松：《新军事变革的文化分析》，国防大学出版社2004年版，第16、21、31、46、115、173、211、244页。

⑤ 　参见孙建民：《中国传统治边理念研究》，国防大学出版社2003年版，第81、132、180、224页。

应当指出，长期以来在军事研究领域，一个重要的同时也是容易被忽视的因素，就是社会文化特别是传统文化。而实际上，作为一种复杂的历史过程，中国军事从来都受到传统文化的巨大影响。中国古代，国家带有浓重的"家国"、"家天下"色彩。儒家所谓"禅让制完全是一个误解，据司马迁所言，颛顼、帝喾、尧、舜、禹都是黄帝的后裔，所谓'禅让'，实为在黄帝族内择子继承。中国古代的王位继承制度有兄终弟及、长子继承、幼子继承、壮子继承、择子继承、双系继承等多种方式，它们万变不离其宗，都是在本族内世袭。世袭是氏族制度的特点，它反映出中国古代国家结构具有政族合一、家国同构的特征"，"是一个私利性极强的权力机构。"① 家国具体的表现是"某姓朝代"，如刘姓汉代、李姓唐代、赵姓宋代等。家国不能完全等同于祖国。祖国具有跨越某姓朝代的世代连续性，不论朝代如何更迭，中华民族繁衍生息的这片大地始终都叫做"中华"、"中国"，这就是祖国。由于"中国古代国家是家国同构，专制制度要求强化政治权力"，② 导致国民血亲宗族观念强于国家观念，家国观念强于祖国观念，防卫家天下的心态强于保卫祖国的意识。但是，不能由此得出结论说那时没有国防观。只不过那时的国防观，是以"保卫家国"或"忠君卫国"思想为主导的。由于"家国高于祖国"，所以，传统国家观往往分裂为两种形态：一是家国意识，二是祖国意识；与此相联系，安全观、国防观也往往分裂为两种形态：一是"保社稷"意识，二是"保中华"意识。前者是显性的，后者反倒是隐性的。只有家国与祖国利益一致时，统治阶级才保卫祖国；相反，如果不一致，就宁愿牺牲祖国也要维持家国。当年慈禧政变打倒维新派，维新派罪状之一就是"该乱党私立保国会，言保中国不保大清。"八国联军侵华得

---

① 叶文宪：《从王位继承制度看中国古代国家的特点》，《学习论坛》2005 年第 6 期。
② 任志安：《中西传统政治文化的对比分析——一个政治理念的视角》，《人文杂志》2006 年第 6 期。

手后，清政府不仅接受了丧权辱国的《辛丑条约》，还"厚颜无耻地表示要'量中华之物力，结与国之欢心'，不惜以牺牲国家和民族的利益换取列强的'宽恕'。"① 这种特定的思想文化，必然作用于统治者关于军事发展的一系列主张和政策中，对军事发展的性质、方向、规模、体制等产生深远的影响，从而导致了中国传统社会特有的"兵"文化。

关于中国传统社会的"兵"文化，雷海宗（1902—1962）半个多世纪前就进行了深入研究。② 他围绕中国文化与中国积弱的关联性，从"兵"这一特定视角入手，对传统社会特别是传统文化，以及中国之所以积弱的原因进行了由浅入深的分析。他认为，从某种意义上讲，"兵"是一个国家的脊梁，没有兵，一个民族大概早已灭绝，不可能在当今之世生存。因此，每一个延续至今的民族，都不可能没有自己的兵，否则，也就如同在历史上消失的很多民族那样，只能在考古遗址和史书记载中去"发现"他们了。③ 中国的兵是每个中国人都十分熟悉的群体和"职业"，至少在 1949 年以前，兵的名声并不好。"兵祸"、"兵匪一家"，等等，证明"兵"在中国文化中的色彩十分灰暗。而史书中各种"兵荒马乱"的记载，更使人们加深了这种印象。但是，雷海宗认为，中国历史上的兵并不历来如此。在春秋之前，中国兵的来源是十分高贵的，只有士族即有地位的贵族，才有资格当兵，从事军事和战争行动，打仗是贵族的职业。结果，贵族男子都以当兵为荣为乐，不能当兵是莫大耻辱。遇有战事，国君往往亲自出战，整个社会弥漫着雄奇壮烈的阳刚之气。他指出，在整部《左传》中，找不到一个因胆怯而临阵脱逃的人。即便孔子也知武事。"钓而

---

① 赵智印、李强：《百年抗争与中华振兴》，《中国军事科学》2000 年第 5 期。

② 参见雷海宗：《中国文化与中国的兵》，商务印书馆 2001 年版。

③ 陈晓律：《从'无兵的文化'到'竞逐富强'——从雷海宗先生〈中国文化与中国的兵〉谈起》，雷海宗：《中国的兵》，中华书局 2005 年版，第 175 页。

不纲，戈不射宿"，可见孔子也不是后世眼中的白面书生。在讲君子戒斗之时，显然也意味着君子有"斗"的技艺和勇气，而绝非后世的文人只会打笔墨官司。不过这种"好兵"传统没有在中国历史上延续下来。随着战国传统消解，原来贵族社会文武两兼的教育制度无形中破裂，所有人现在都必须依靠自己的努力和运气去谋求政治上和社会上的优越地位，上等阶级文武分离，文人宣扬和平主义；另一些人则成为不问政治，没有固定见解，只凭意气用事的"侠士"。这些人虽然学了旧贵族的武艺和外表精神，但实质已发生改变。新贵族利用他们的才能去维护封建制度，即家国天下；新的侠士并无固定主张，谁出高价就为谁卖命，"文人"的情况也大体如此。君主则利用这些无固定主张的人去实现君主自己的目标——统一天下。当然，这时的兵依然重要，由于战争不断，各国的成年男子几乎全部有当兵的义务，使得战争分外惨烈。① 最后天下成为一人——皇帝的天下，所有财产均成为一人的私产，国家只是王权的势力范围；而愿意为原来共同体——国家而当兵的人逐渐消失，爱国主义失去了依托，皇帝只好雇佣流氓、囚犯，到最后只能靠招募少数民族的人来当兵，一般百姓便自然产生了"好男不当兵"的看法。这种家国与祖国对立、阶级对立、军民对立的局面，势必在民众中形成了一种"无兵的文化"，成为中国以后日益积弱，屡受外族欺负的重要原因。一些中国史学者也认为，自公元 1000 年后，汉族在军事上就一直处于弱势，而原来地处边缘的少数民族则往往充当了进攻性军事行动的主角。②

　　正是由于上述社会历史文化背景的影响，传统中国形成了独具特色的国家观、安全观、人生价值观和军事发展观。对这种传统文

---

① 　参见雷海宗：《中国的兵》，中华书局 2005 年版，第 6 ～ 9、10 ～ 12 页。

② 　陈晓律：《从'无兵的文化'到'竞逐富强'——从雷海宗先生〈中国文化与中国的兵〉谈起》，雷海宗：《中国的兵》，中华书局 2005 年版，第 177 页。

化，姚有志概括为"注重安内"、"注重防御"、"注重文治"，等等。①
这种传统，是历代统治者秉持的形形色色的国防和军队建设主张的文
化根源。这对中国古代军事发展，特别是对近代以来中国人对军事现
代化的追求，造成了极大的负面影响。

（二）对已有研究成果的评价

就现在所能掌握的资料看，理论界对文化与军事关系问题的研
究，取得了很多成果，有许多方面是可供参考、可资借鉴的。比如，
对上述所列学术成果中的诸多有价值的观点进行综合分析，构成了本
书进一步探讨问题的基础。同时，有的学者提出的一些研究方法，如
"历史比较"、"文化比较"的方法，② 也是本书可以引以为用的。但也
应当看到，近些年来文化研究领域确实存在一些明显的"共性缺陷"：
一是"以文化解释者的主体性遮蔽文化存在的客观性，缺乏对文化运
动自身复杂性的认识"；二是"以化约的方式简单对待民族化与西方化、
古典化与现代化、传统与世界之间非常复杂的关系，缺乏对其作以具
体语义场的动态理解"；三是"以机械粗暴的态度来理解反传统，缺乏
对反传统的深刻辨析"；四是"以圆满与完美的想象来处理文化尤其是
对待中国现代文化的建构，急于想建构一种十全十美的集古今中外一
切文化之精华的终极至境文化，缺乏对文化建构立足点的把握以及对
任何具体文化复杂性与不可避免的局限性的认识"；五是"以西方现代
性硬套中国现代性，缺乏对中国现代性之民族性与悖论性的考察"。③

---

① 姚有志：《论中国传统国防心理的历史积淀》，载于姚有志：《国防理念与战争战
　　略》，解放军出版社 2007 年版。
② 参见吴根友：《"传统文化与现代化——兼评大孔子学说"学术研讨会综述》，《理
　　论月刊》1997 年第 10 期；《武汉大学学报：哲社版》1997 年第 6 期。
③ 王明科：《中国文化现代化与现代性研究中的五大弊病》，《河北学刊》2005 年第 2 期。

具体到中国传统文化与军事现代化的关系问题上，一些研究至少还存在着以下几个方面的不足：

1. 注重军事文化本身，缺乏对社会文化的整体关照

也就是说，往往更多地偏重于对"军事文化"本身及其现代化的研究，而缺乏从更广泛的社会视角，即从"社会文化"角度认识和把握军事现代化问题。有的即使从社会文化特别是传统文化角度研究军事发展、军事现代化问题，但总体上还很笼统，缺乏对中国传统文化深入、细致的把握：有大而化之者，缺乏对某个文化流派在不同时代对军事发展所起不同作用的历史比较，缺乏对同一个时代不同文化流派的横向比较，缺乏对中西文化不同特点、不同作用的纵横比较；有视野狭窄者，把对中国传统文化的研究限制在某一个特定的文化流派上，比如把国学等同于儒学，把中国传统文化对军事现代化的影响等同于儒学对军事现代化的影响，缺乏对包括其他流派在内的传统文化的整体把握。

2. "语录式"阐释流行，导致传统文化视野的"碎片化"

有的研究只停留在于表层，只是依循过去对传统文化不同流派的认识，对各个流派进行分门别类、互不联系的研究，或者依循某个文化流派的不同观点，对这些观点分别进行"语录式"解释与阐发。比如，一些人研究《论语》，无论叙事还是论理，基本循着两个路数：一是历史的，重其发展脉络、迁延历程；二是观点的，拣金弃沙，只把握根本传统，没有历史整体感。"前者多为治史学者所取，……而后者为习哲学诸人惯常所用，不管是批判儒家，还是复兴儒学，关键处均是一些观念铺陈和范式架构"。① 其实，古人喜欢用格言方式表达

----

① 参见景海峰：《清末经学的解体和儒学形态的现代转换》，《孔子研究》2000 年第 3 期。

思想，这些格言没有展开，是特定时代的言说方式。讲道理就是几句话或一句话。"有朋自远方来，不亦乐乎"，只有一句话，《论语》就是语录式的。老子的《道德经》也非常简练。但是，许多研究《论语》、《道德经》的人，也模仿这种感悟式、语录式、品评式的言说，缺乏系统的逻辑论证。语录式、片断化，造成对前人特定时代言说方式的误用，也是对前人特定语境下整体思想的肢解，给人一种异质化、间隔化、拼盘化、感觉化、趋俗化的印象，缺少深度和有机联系，经典更多是被抽离化为各式各样的观念，来重新加以拼装和组合，以显现其文本诠解的"当代意义"，实则造成了经典的裂散状态。① 从传统文化与军事现代化研究角度看，如果采取这种研究方式，那么，不仅会使不同文化流派或同一流派的不同观点之间无法形成内在、有机联系，而且，也无法上升到完整的天人观、历史观、道德观和政治治理观等一般社会科学理论层次，无法深入到国家战略观、安全战略观、军事战略观等较为具体的军事科学层次，无法既完整、又深入地把握中国文化特别是传统文化与军事现代化的关系。

3."论理"与"叙史"分离，缺乏对传统文化的系统分析

一些研究在阐述传统文化特别是儒学时，往往就思想论思想，而缺乏相关的历史背景分析，造成"论理"与"叙史"分离的现象。比如，在对待"典籍文化"上，没有注意到"典籍文化是经过学者系统化的符号文化。典籍文化在过去大多数时代由官方提倡并反映在历史典籍中，特别由古代'圣人'所勉力传播。世界主要文明国家在历史上遗留下了大量文化典籍，其中的一部分典籍由于官方或其他重要社会势力（如宗教）的推崇，对民族历史产生了较大影响。这些典籍的作者被尊为'圣人'"，而一些论者对这些"圣人"所"倡导的人类行

---

① 屈戎：《"于丹热"之冷思考》，《党史文汇》2007 年 12 期。

为规则"，往往不加历史分析，直接当作"民族行为文化的代表"。他
们没有认识到，实际上"典籍文化与实际的行为文化是不同的。在历
史上，一个民族的文化典籍陈述的价值观是一套，而人们的行为文化
可以是另一套。"① 一些文化研究的问题，就是在把握民族典籍文化与
实际民族行为文化的关系上存在"脱节"、"割裂"现象，也就是对某
种传统文化进行超历史、超时空的教条式研究，要么把"圣人之言"
主观想象成当时的"历史事实"，以抽象的"论"代替真实的"史"；
要么把遥远过去的东西直接搬到现代，如把儒家的"民本"直接援引
到今天，直接置换成现代"民主"，好像孔子真的是超凡入圣的现世
思想家一样。这种研究方式，很可能把文化研究引入歧途。其实，真
实的历史背景分析，对认定某一文化形态的性质、历史作用是极其重
要的，可以帮助人们认识为什么该文化在彼时是消极、保守、反进步
的，而在此时又是积极、进取、促进步的。这一点，是本书在探讨中
国军事现代化的传统文化资源时坚持注意的问题。

（三）进一步深化研究的空间

关于传统文化与军事现代化的关系，深化研究的空间很广阔，有
许多可以展开的方向。我们注意到，前述庞朴在讨论传统文化时提出
的"历史——逻辑"结构、李亦园等人关于中国传统文化"大传统"
系统与"小传统"系统的研究，② 以及衣俊卿对源自于中国传统社会

---

① 党国印：《文化研究中的假命题与文化研究困境——文化研究的经济学批判》，《哲学研究》1998 年第 11 期。
② 李亦园等人的研究参照了美国人类学家罗伯特·雷德菲尔德（Robert Redfield）在《乡民社会与文化》一书中提出的一种文化解释学模式，即较复杂文明中存在着两个层次的文化传统："大传统"（Great Tradition）和"小传统"（Little Tradition）。大传统指的是社会上层、精英或主流文化传统，而小传统则是指存在于乡民中的文化传统。大传统主要依赖于典籍记忆，尤其是文学经典所构造的记

的"日常生活世界"的批判分析，①形成了一条完整的分析中国传统
文化问题的"逻辑链条"，为我们进一步深化研究传统文化与中国军
事现代化的关系，提供了有益的逻辑框架。

其一，庞朴在讨论传统文化特别是儒学中有没有"人文精神"时，
提出从"历史—逻辑"结构出发，来看待一个民族的文化精神。这个
结构应是该民族在长期历史发展中逐渐形成的、创造和保持其一切文
化信息（经验、智能、权能信息）而在统计意义上为其大多数成员所
认同的程序和结构。如果不从历史上一切自组织职能系统的总体上分
析—综合理解，而仅仅依据历史上极少数哲人的言论，就很难把握传
统文化的展开结构和精神实质。②我们不能因为孔子说"仁"，孟子
讲"民为贵"就简单认定传统文化中有"以人为本"、"人文主义"的
民族精神。看待这个问题，既要联系传统上层精英文化的有关内容，
也要联系下层大众文化的运作；既要"外观"经典言说，也要"内观"
人间深处的声音，把两个角度结合起来深入分析，再下结论会更有说
服力。这就需要"大传统"与"小传统"双重分析框架的支撑。

其二，李亦园提出"大传统"和"小传统"之说，③恰好呼应了庞
朴提出的文化解释模式。他认为，由于士绅的作用和大传统文化对基

忆与想象而存在、延续。小传统主要以民俗、民间文化活动等"非物质"性的、
活的文化形态流传和延续。参见李亦园：《人类的视野》，上海文艺出版社 1997 年
版，第 143 页。

① 衣俊卿关于中国传统社会"日常生活"批判分析，应该是借用了法国学者列斐
伏尔（H.Lefebvre）的"日常生活批判"概念。这一概念最早见于 1936 年列斐伏
尔与人合写的《被神秘化的意识》一书中。列斐伏尔正是在此书中首次提出日常
生活批判概念，并在《日常生活批判》第一卷中系统地建立以异化概念为核心的
日常生活批判理论。参见 Henri Lefebvre: critique of Every Life, VOLUMEI, London
and New York: Verso, 1991.

② 参见庞朴：《中国文化的人文精神（论纲）》，《光明日报》1986 年 1 月 6 日。

③ 参见王日根：《近年来明清基层社会管理研究的回顾与展望》，《江苏社会科学》
2001 年第 3 期。

层社会的渗透，地方共同体的神明祭祀越来越以由国家认可的正统神为中心，尤其是那些较高层次的地方共同体一般都纳入了国家正统规范之神明为主祭神，并通过在更低层次的社区建立起这类神祇祭祀，形成以这类主祭神为中心的多层次祭祀圈。由这类祭祀圈分化出的社会组织，在文化上与国家权力更易达成一致。另外，在民间祭祀仪式和活动中，也处处可以看到大传统对本属于小传统的文化行为的影响。它们潜移默化地制约着人们的思想和行为，形成了对后世的强大范导力量，对中国社会发展产生了巨大的阻碍作用。而关于小传统的研究，又为衣俊卿提出"日常生活批判"提供了理论根据。

其三，按照衣俊卿的观点，日常生活世界以个人家庭、天然共同体等直接环境为基本寓所，旨在维持个体生存和再生产的日常消费活动、交往活动和观念活动。它是一个以重复性思维和实践为基本存在方式，凭借传统、习惯、经验以及血缘和天然情感等文化因素加以维系的自在的未分化的活动领域。从人类社会演进的角度看，日常生活的地位和价值具有两重性。首先是正面价值。日常生活所代表的个体生存与再生产是一切社会活动和社会关系不可或缺的前提与基础，其基本图式和重复性实践所造成的经济化效果是个体的日常生活得以成功开展，社会政治经济和科学、艺术、哲学等活动得以进行和发展的必备条件，为人提供生存所必需的熟悉感、安全感和"在家"的感觉。但同时，它对社会的发展进步、对中国现代化也具有突出的负面影响。从个体发展角度看，日常生活的内在图式和结构具有抑制人的主体性和创造性的倾向，阻碍人的个性发展；从社会整体发展角度看，日常生活图式具有侵蚀政治、经济等社会活动领域和科学、艺术、哲学等自觉精神生产领域的倾向，往往使社会缺乏足够的发展动力和内在驱动力，显现出以过去为定向的状态。因此，中国正处于以市场经济建构为核心的社会转型和现代化进程之中，探求一条日常生活世界向现代转型，以日常生活转型推动社会整体转型的途径，就成为一个不可回避的历史性课题。①

　　上述"逻辑链条",对于分析中国传统文化现象具有重要创新意义,甚至可以很好地回答和解决长期困扰中国文化研究中的"李约瑟难题"。众所周知,英国科学史家李约瑟(Joseph Needham,1900～1993)曾长期研究中国传统文化特别是科技文化发展问题,写出了7卷本20册巨著《中国科学技术史》。但是,有一个问题常常困扰他,是他有生之年没能回答和解决的。这个问题与中国科技、军事发展、社会发展及现代化有密切的联系,在某种意义上不仅是李约瑟个人的问题,也是关心中国现代化的所有人都经常萦绕心中的问题。如,韦伯在分析支撑资本主义发展的经济伦理时就问道:为什么近代印度或中国没有像西欧那样,从传统社会"内源"地发展起资本主义来?为什么印度和中国的科学、艺术、政治或经济发展没有走上西方所曾经的那条理性化道路呢?② 这个问题,就是李约瑟写作《中国科学技术史》面临并致力回答的。但是,包括李约瑟在内,该问题至今无人能给出满意的答案,遂被称为"李约瑟难题"。③

　　科学文化在近代西方首先确立,史家称为近代科学革命。问题是,从公元前1世纪到公元15世纪漫长岁月中,在应用自然知识满足人们需要方面曾经胜过欧洲的中国,为什么没有在近代发生科学革命?李约瑟及其研究集体对这个问题进行了多方面的探索,给出了多种答案,择其要者,一是中国的阴阳五行理论尽管一度促进过中国早期的科学发展,但由于其本质上是经验性和思辨性的,所以后来便

① 参见李小娟、肖玲诺:《90年代日常生活批判研究述评》,《教学与研究》1998年第7期。

② Max Weber, The Protestant Ethic and the Spirit of Capitalism, p. xxxviii, xxxix, London and New York: Routlegde, 2001.

③ 参见刘大椿、吴向红:《新学苦旅:中国科学文化兴起的历程》,广西师范大学出版社2003年版,导言第3页。

成了阻碍实验科学在中国产生的重要因素；二是，或者中国未能充分发展资本主义，这是实验科学没有在中国产生的最基本的社会原因，"无论是谁，要阐明中国社会未能发展近代科学，最好是从说明中国社会未能发展商业的和工业的资本主义的原因着手"；[①] 三是，或者中国传统价值观是个重要原因："现在我们看到，中国商人阶级的不得志可能与中国社会抑制近代科学的发展有关"，[②] 如此等等。在很长一段时期内，其他许多学者也为解释"为什么中国没有产生近代科学"提出了五花八门的答案，如小农自然经济、官办手工业、大一统君主专制主义、周期性战乱、崇尚宋明理学、八股取士的科举制、直觉思维方式、表意性中国文字系统，等等。所有这些解释似乎都很有道理，但它们之间究竟哪个是根本的，哪个是从属的，就变得说不清道不明了，一团模糊。[③]

1980 年，李约瑟 80 寿辰时，他过去的合作者，美国学者席文（N. Sivin）提出了一个新的研究角度。他认为，以往种种解释，隐含着一种错误"哲学"，这种哲学由两个推理构成：推理 1，假如一桩东西欧洲有而中国没有，人们便说它是"近代科学革命"的必要前提；推理 2，假若一样东西欧洲没有而中国有，人们便说它是"近代科学革命"的一个"阻碍因素"。打个比方，假定：马车是汽车的必要前提呢，还是一个阻碍因素？如果人们在欧洲而不是中国找到了马车或类似的东西，人们便根据推理 1，说中国由于缺少这些而不可能发明汽车；而如果人们在中国发现了马车，但欧洲没有类似马车的东西，他

---

① 李约瑟：《中国与西方的科学与社会》，参见潘吉星主编：《李约瑟文集》，辽宁科技出版社 1986 年版，第 84 页。
② 李约瑟：《中国与西方的科学与社会》，参见潘吉星主编：《李约瑟文集》，辽宁科技出版社 1986 年版，第 61 页。
③ 参见刘大椿、吴向红：《新学苦旅：中国科学文化兴起的历程》，广西师范大学出版社 2003 年版，导言第 3 页。

们又应用推理 2——因为中国人满足于拥有马车就想不到发明汽车了，把它视为一种阻碍因素。席文的上述批评是有道理的，两种不同文化范型的比较，的确不可能如此简单，一一对应。① 研究某个事件，不能就事论事，而要把它放在一个基本的文化发展背景和氛围中考查。欧洲近代科学革命，不仅是一场科学观念变革，而且伴有诸多心理和社会变革。在席文看来，所谓"李约瑟难题"也许应该表述成：为什么在 17 世纪的中国，科学观念变革未能在社会上激起如欧洲近代科学革命那样一场多维度的变革。他认为，要搞清这个问题，必须深入研究中国当时从事（类似于西方的）科学研究的那个社会阶层：他们在当时科学方面的专门观念是怎样同思想的其余部分结合在一起的，是谁控制了哪些现象需要研究、哪类答案是合理的等舆论？科学界同社会的其余部分是怎样相联系的，知识分子对科学界同行的责任怎样同对社会的责任相协调，各门科学为之服务的更大目的是什么，等等。② 从现代观点看，现代科学至少包含如下三个层次：作为既定知识或作为物化的器物的科学成果（器物层）；产生上述成果的一整套科学建制，它牵涉到一些相关的社会支持系统（制度层）；制约科学活动本身、也制约着社会对科学活动的干预方式的价值观、思维方式、文化气质，等等（思想层）。席文的观点也许可以转述为：器物层次的科学革命以何种具体的方式在另两个层次上展开？③

　　这在理论分析上就又回到我们上述所说的"逻辑链条"上去了，回到庞朴提出的与传统文化"认同程序"和"结构"联系的社会自组

① 参见刘大椿、吴向红：《新学苦旅：中国科学文化兴起的历程》，广西师范大学出版社 2003 年版，导言第 4 页。

② 参见刘大椿、吴向红：《新学苦旅：中国科学文化兴起的历程》，广西师范大学出版社 2003 年版，导言第 5 页。

③ 参见刘大椿、吴向红：《新学苦旅：中国科学文化兴起的历程》，广西师范大学出版社 2003 年版，导言第 5 页。

织职能系统，回到李亦园提出的"大传统"与"小传统"的互动关系，回到衣俊卿提出的"日常生活世界"与"非日常生活世界"的关联性，以及他所主张的"日常生活批判"上去了。这就是本书关于"李约瑟难题"的再认识。从中，我们看到上述逻辑链条对中国传统文化发展、对中国社会实际发展的极强解释力。传统文化话语表达形式背后，原来存在着一个庞大、动态的社会支撑系统！这个支撑系统与中国文化发展的关系、与社会实际发展的关系，进而与中国现代化发展的关系是那么密切。改变这个支撑系统，对于中国现代化、军事现代化是那么重要，命运攸关！惟其如此，这条逻辑链条，就成为本书研究传统文化与军事现代化问题的逻辑出发点和理论基点。

近代以来，东西方文明的碰撞改变了中国的命运。而面向未来的发展，中国如何把握自己的命运？半个多世纪以前，我们的前人通过发动革命，在百年血与火搏杀的基础上赢得了独立发展、自己主宰自己命运的权力。30多年前，中国又走上了主动面向世界、面向未来、面向现代化的强国之路。然而，过往道路并非一帆风顺，而是充满艰难曲折。原因出在哪里？答案也许很多，但有一个重要方面，就是上述逻辑链条所揭示的传统社会架构、文化支撑系统的发展滞后，与中国革命、建设和改革的时代要求不相适应，与当代中国追求的现代化政策、目标取向不同步，与中国军事现代化发展的需求不吻合，因而成了中国国防和军队建设继续向前推进的无形文化阻滞力。而克服和消除这个阻滞力，建立中国传统文化与军事现代化的正向关联机制，就是本书研究和探讨的理论主题。

必须指出，上述"逻辑链条"只是我个人通过文本"重构"呈现出来的，与三位学者并无直接关联。对于本书来说，该逻辑链条具有重要的解释学意义。它启示我们，在当代中国社会转型的特殊历史时期，要推进传统文化向现代转型，繁荣和发展先进文化，促进中国社会整体的现代化，推进中国军事现代化，就必须从传统文化结构、机制、表达系统出发，结合大传统与小传统的互动关系，对传统文化的上层"显学"体系与下层日常运行，进行多向度分析与综合，全面认识和把握中国传统文化与军事现代化的多重性关联，并作出前瞻性的文化判断。

三、研究方法、基本思路与主要创新点

（一）研究方法

本书在研究方法上，坚持运用马克思主义的世界观和方法论来分析问题。具体地说，就是运用马克思主义的文化理论、军事理论分析中国传统文化与军事发展的内在联系，从中发现带规律性的东西。在研究中，一是坚持严格的引证式研究，对马克思主义经典著作、中国传统文化经典文献的引证，做到严格、准确并努力结合具体历史语境加以分析运用，杜绝非历史的"非法"引证；二是坚持综合性分析，在考证、分析历史文化、历史事件时，对学术界关于古人思想、历史事件存在的认识分歧，尽量把不同或相反的看法综合起来分析，得出接近真实的结论；三是坚持发展性研究，小心求证，大胆创新，力争在严格考证、综合分析的基础上，在继承前贤研究成果的基础上对某些问题有所创新。

本着上述精神，本书的研究主要采取以下方法：一是矛盾分析方法。研究军事现代化的文化阻滞力，必然广泛涉及对传统文化负面因素的分析。在进行这一分析的同时，也要看到传统文化在特定历史条件下的诸多积极方面。避免以偏概全，把传统文化看得一团漆黑。二是历史分析方法。坚持历史与逻辑统一的研究原则，尽量避免"论理"

与"叙史"分离。三是文化比较方法。从政治学、文化学、认识论和价值论等方面，寻求比较文化研究的合理性及其实现途径。要推进传统文化实现现代化，就必须对现代化的标准进行讨论。不能用西方文化，西方科学的标准来比对、衡量我们传统文化的价值。在文化比较中，必须承认文化的民族特殊性、具体历史性。

（二）基本思路

本书拟以上述"逻辑链"为理论支撑点和分析框架，合理安排本书研究的思路与框架。除"导言"和"结束语"外，本书主要包括以下"三大部分"、"四个层次"和"七章"内容。

第一部分：传统文化影响军事现代化的内在机理与途径。包括两个层次：第一层次（第一章），直接切入主题，厘清中国军事现代化面临的一系列重大现实问题，揭示这些问题与传统文化影响的深层联系，呈现当代中国社会传统文化影响的客观性、双重性，引出改造传统文化、实现传统文化转型对推进中国军事现代化的重要性和紧迫性。第二层次（第二章），主要探讨传统文化作用于军事现代化的内在机制和基本途径。中国传统文化有其特殊的"历史留存"机制（相对独立性、历史继承性）。同时，由于它"嵌入"社会结构、民族思维与生活系统中，形成特定"历史—逻辑"结构中的"构成性文化要素"，因而又有其特殊的"要素"功能。这种功能表现在它对社会其他领域（包括军事领域）的现实作用上，形成特殊的作用机制。传统文化对军事现代化的作用机制，主要包括三个方面：一是通过转化成当政者的国家观、安全观、军事观，以及相应的军事政策、措施，来影响军事现代化；二是通过转化成大众关于军事的朴素观念，转化为一定的社会氛围，来影响军事现代化；三是通过转化成某种具体的军事思想和理论，直接影响军事构成中的其他要素（人、武器技术、体制编制等），来直接影响军事现代化。

第二部分：传统国家观、安全观、生死观与军事现代化。这是本书的第三层次，包括第三章、第四章、第五章。主要基于中国军事现代化与传统文化的客观联系，分三章探讨中国传统文化的三大基本要素——国家观、安全观和生死（人生价值）观的基本内涵和取向。其中，第三章主要探讨了王权观、王朝观和治世观构成的专制社会统治者"三位一体"的国家观，分析了这种国家观视野下"家国高于祖国"、"保家国高于保祖国"的基本取向，以及传统"忠君—爱国主义"的内在逻辑悖谬，阐述了它与现代民族国家观、爱国主义的本质区别，及其对当代中国国家意识、爱国主义精神的影响。第四、五章的研究模式与第三章类似。其中，第四章主要探讨了传统安全观及其基本取向，以及它对当代中国军事力量运用、国防和军队建设发展的影响；第五章主要探讨了传统生死观、人生价值追求的基本历史走向，及其对当代中国人尚武精神、军人战斗精神的影响。可以说，上述"三观"是本书分析传统文化及其对军事现代化影响的三大基本视点。

第三部分：中国军事现代化的传统文化资源反思与整合。即本书第四层次，包括第六章和第七章，主要是在前述分析的基础上，思考当代中国军事现代化的传统文化整合与建构问题。其中，第六章，主要是围绕文化领域本身的转型展开研究，着眼点是反思、整合传统文化，发掘其中有益于军事现代化的文化资源。通过总结历史经验和教训，提出整合传统文化的两个并行不悖的方向——马克思主义和当代国学，并把国学定位于中国的"新教伦理"，以区别于传统旧学。还进一步提出了军事现代化"实践引领学"和"实践静力学"的问题。第七章主要是着眼于当代中国经济、政治和军事领域转型发展现实，思考通过社会经济、政治和军事领域的一系列建构，形成充分发挥优秀传统文化资源作用的正向联运机制与主要途径。

总之，上述传统"三观"加上传统文化在当代中国的"整合"，是本书的基本框架和主要内容。

（三）主要创新点

本书研究的一系列内容集中体现了原创性，从逻辑起点、立论基点、解释框架、所涉及的问题，以及对这些问题给出的回答，等等，各章内容都力求体现创新性。力图在理论体系、理论观点、研究方法上都有所创新：

第一，理论研究解释学框架创新。本书在研究中国传统文化问题上，分别借用了庞朴、李亦园和衣俊卿提出的理论解释学模式，但这种"借用"不是简单的照搬或套用，而是对他们的研究逻辑进行了"重组"、"重构"，整合成一条新的逻辑链条，并与美国学者席文解释"李约瑟难题"时的逻辑相贯通，这就为本书的论证提供了坚实的解释学模型和逻辑基点。

第二，理论研究的体系建构创新。本书"三大部分"、"四个层次"和"七章"内容，可以简称为"三观一整合"。这种划分模式，在中国传统文化研究上是首次。而且，从传统国家观、安全观和生死（价值）观这三大视点入手研究军事发展问题，这本身也体现了创新性。

第三，具体理论观点创新。本书对传统文化作用于军事的机制、统治者"三位一体"的国家观、传统"家国"关系、传统"忠君—爱国主义"的内在悖谬及其与现代爱国主义的本质区别、传统安全观基本取向的历史转折、传统人生价值观的历史转向，及它们对当代中国军事发展、当代中国军事现代化影响的分析；以及对当代中国传统文化整合与建构、国学定位、国学与传统旧学的关系、军事现代化"实践引领学"和"实践静力学"等问题的分析，都力求体现不同程度的创新性，有的是发前人所未发。

第四，力求在研究方法上有创新。本书在传统文化研究上，尝试突破以往不注重深层剖析的现象，既把传统文化、军事发展作为各自相对独立的、有各自历史发展逻辑的不同现象进行分析，同时，又把它们作为互相联系的系统整体来研究，注重将它们的演变过程和相互关系置于中国历史发展大背景中加以考察。坚持联系一定的社会经济、政治、文化条件与军事活动基础，客观阐述研究对象的发展变化状况。把传统思想文化发展规律性研究与过程描述结合进来，把横断性研究和纵向性研究结合起来，在时间跨度大、空间范围广、涉及内容繁杂的纵向与横向交叉比较中使表面上各不相干的思想与实践浑然于一体，揭示文化与军事发展的内在逻辑。

在对特定历史问题进行思考和研究时，主要依据已经掌握的事实材料运用概念进行逻辑推理活动。而不同文化背景下的人们所使用的概念体系却具有巨大的差异。因此，本书对矛盾分析方法、历史分析方法、文化比较方法着力于综合运用，其主旨就在于，揭示分析对象对其特定社会历史背景的依赖性，由此展开分析对象与同一时代或不同时代其他可比对象的联系，这是完整、准确地把握分析对象的时代性质与历史作用的必要前提。

第一部分
传统文化影响军事现代化的
内在机理与途径

    中国传统文化与军事发展、军事现代化有着千丝万缕的联系。这种联系反映出传统文化影响军事现代化的深层本质、基本特征、内在机制和基本途径。本部分包括两个层次：

    第一层次（第一章）。中国军事现代化与传统文化具有内在的关联性，传统社会文化作用于军事现代化具有客观必然性、双重性；中国军事现代化的整体性、中国军事应对世界新军事革命的迫切性，对文化现代化提出了客观要求；我军现代化建设面临的一系列重大现实问题，都可以溯源于传统文化的影响。这些，都透视出中国文化从传统文化向现代文化转型，即实现文化现代化对推进军事现代化的重要性和紧迫性。

    第二层次（第二章）。中国传统文化作用于军事现代化，有其内在机制和基本途径。中国传统文化的传播与延续，具有特殊的"历史留存"机制，呈现出其特有的相对独立性和历史继承性。同时，由于它"嵌入"社会结构、民族思维与生活系统中，形成特定"历史—逻辑"结构中的"构成性文化要素"，因而又有其特殊的"要素"功能。这种功能表现在它对社会其他领域（包括军事领域）的现实作用上，形成特殊的作用机制。传统文化对军事现代化的作用机制，主要包括三个方面：一是通过转化成当政者的国家观、安全观、军事观，以及相应的军事政策、措施，来影响军事现代化；二是通过转化成大众关于军事的朴素观念，形成一定社会氛围，来影响军事现代化；三是通过转化成某种具体的军事思想和理论即军事文化，影响军事构成中的人、武器技术、体制编制等要素，直接影响军事现代化。

第一章
中国文化现代化是军事现代化的重要前提

　　军事是一种社会历史现象。中国军事现代化，是中国军事（这里主要是国防和军队建设）摆脱两千多年封建军事传统的束缚，不断追赶世界先进水平，迈向现代军事的历史过程。从文化角度看，这一历史过程，既是从传统文化中汲取资源，又是奋力冲破传统文化羁绊，扬弃并超越传统的过程。

　　在全面建成小康社会的进程中实现富国与强军的统一，实现军事现代化，是中华民族的伟大梦想。但是，与社会其他领域的现代化一样，中国军事现代化是在中国社会"母体"人文环境下，在一个有着深厚民族文化积淀和同样沉重的历史文化包袱的土地上不断展开的。中国军事现代化的路径选择，既具有与其他国家相似的一面，又具有自身的民族特点。它所面临的一系列重大现实问题，都可以溯源于传统文化。因此，深入认识和把握中国军事如何在与传统文化的交互作用中走向现代化，就成为中国军事现代化建设面临的一个重大现实问题。

一、文化与军事发展的内在关联

文化与军事之间历来是相互作用、相互渗透的。军事对文化的作用很大，如对某种文化具有的强大传播作用。在近代，拿破仑战争把法国新兴资产阶级价值观传播到整个欧洲。同样，文化作为一种"资源"，对军事发展、军事现代化也发挥着重要的作用。

（一）文化贯通于军事的全过程

文化有广义与狭义之分。在最广泛的意义上，文化即"人化"，几乎涵盖所有社会现象。其涵义与天造地设的自然相对，或与无教化的质朴、野蛮相对，是指人通过实践活动适应、改造自然，逐步实现自身价值的过程。凡是人类超越自身本能、有意识地作用于自然和社会的活动及其结果，都属于文化。如果说日月山川、土地、河流、森林等都是人类赖以生息的自然资源，那么，文化就是人类独有的社会历史性资源。文化资源塑造了人类卓立于自然界的独特生存方式，对一个国家、一个民族的生存发展具有最为本质的意义，对于国家的军事发展、军队现代化具有深刻而广泛的影响。学术界对文化的结构性解析，形成了关于文化的多层次说，如：两层次说，即分为物质文化和精神文化；三层次说，即分为物质、制度、精神三个层次；四层次说，即分为物质、制度、行为、思想文化。其中，思想文化，是人类在社会实践和意识活动中长期孕育形成的思想观念、价值取向、审美情趣和思维方式等，是文化的核心部分。狭义的文化，排除人类"社会—历史"生活中物质创造活动及其结果，专注于精神创造及其结果，主要是思想文化。

从词源上讲，在西方，文化（culture）的含义是从农作物的培育中引申出来的，指人的品德和能力的培养。1871 年，英国文化学家泰勒在《原始文化》一书中，提出了狭义文化的早期经典界说，即文化是"包括知识、信仰、艺术、道德、法律、习俗和任何人作为一名社会成员而获得的能力和习惯在内的复杂整体。"①英国历史哲学家汤因比认为，人类社会表现为各种文明形态，文明包括三个组成部分：经济、政治和文化。美国学者亨廷顿的"文明冲突论"，也把文化与经济、政治相并列。②在中国古代文献中，"文化"一词也多是在狭义上使用。《周易》云："观乎天文，以察时变；观乎人文，以化成天下。"③意思就是，统治者通过观察天象，可了解自然时序变化；通过观察各种社会现象，可用教育感化手段治理天下。西汉以后，"文"与"化"整合成一个词。④文化与武功相对，即文治教化之意。刘向说："凡武之兴，为不服也；文化不改，然后加诛。"⑤晋人也认为："文化内辑，武功外悠。"⑥文治是与国家军事手段相对立的另一种手段，即文教治理、精神"化易"手段，与武功相对应的"文治"，与"武力"相对立的"文德"。这种理解从汉唐时代开始，一直影响到明清，体现了中国传统文化的基本意向。

但是，文化与军事、文治与武功并不是截然对立的。不论从广义和狭义来理解，还是从物质文化、制度文化、行为文化、心态文化等层次来把握，抑或从历史与现实来考察，文化总是与军事有着千丝万缕的联系，对军事发展、战争与和平产生着广泛深刻的影响，即使是

---

① 程裕祯:《中国文化要略》，外语教学与研究出版社 1998 年版，第 2 页。
② 黄枬森:《黄枬森自选集》，学习出版社 2006 年版，第 491～544 页。
③ 《周易·贲》。
④ 程裕祯:《中国文化要略》，外语教学与研究出版社 1998 年版，第 1 页。
⑤ 《说苑·指武》。
⑥ 转引自程裕祯:《中国文化要略》，外语教学与研究出版社 1998 年版，第 1 页。

以崇尚和平著称的中国传统文化也不例外。文化、传统文化绝不是一种单纯的"和平叙事",它所蕴含的关于人类正义、和平、进步、平等、自由、文明等价值,也不能完全靠其自身实现,往往伴随着枪林弹雨中激烈的搏杀。诚如古希腊哲人赫拉克利特所说:"正义就是斗争"、"战争是万物之父"①。毛泽东指出:"一定的文化(当作观念形态的文化)是一定社会的政治和经济的反映,又给予伟大影响和作用于一定社会的政治和经济。"②这一论述同样适用于理解文化与军事、中国传统文化与中国军事发展的关系。中国传统文化"在世界文明史上的影响主要表现在两个方面,一是在公元第一个一千年形成了覆盖整个东亚,远播南洋与塞北的华夏文化圈;二是在第二个一千年启发了西方的现代文明,并完成自身从衰落到复兴的艰难历程。"③从三皇五帝到夏商西周,从春秋战国到秦始皇统一六国,从纪元前后与罗马帝国并成世界两大中心的秦汉帝国到当之无愧成为世界中心的盛世大唐,从秦汉、隋唐、宋元到明清的王朝更替与内部变乱,从宋朝以后中华文化由盛而衰的滑坡到康乾盛世之后中国的实际衰落,从近代中国饱受西方列强侵略、掠夺和压迫到现代中国在血与火的考验中顽强奋起,④无不浸透着中国传统文化对中国军事发展的深刻影响,直至影响到当代中国军事现代化的发展进程。

文化对军事的重要性,集中表现在文化特有的功能上。英国功能学派学者马林诺夫斯基认为,文化是"一个满足人的要求的过程,为应付该环境中面临的具体、特殊的课题,而把自己置于一个更好的位

---

① 《古希腊罗马哲学》,商务印书馆 1961 年版,第 26、23 页。

② 《毛泽东选集》第二卷,人民出版社 1991 年版,第 663~664 页。

③ 周宁:《为中华民族的复兴清理文化资源》,《文艺报》2003 年第 8 期。

④ 夏兴有、郭凤海:《文化的价值——中国文化的历史发展及启示》,《洛阳师范学院学报》2002 年第 3 期。

置上的工具性装置"①。"功能—结构"学派创立者拉德克利夫·布朗说："一种文化的不同方面的中心功能，就是要维护这种文化的社会结构"。② 孙中山的文化定义也可看作功能性定义："简单地说，文化是人类为了适应生存要求，和生活需要所产生的一切生活方式的综合和他的表现。"③ 因此，文化对军事发展的影响，主要是从文化对军事发展的功用上讲的。马克思把资本主义工业史及其"产生的对象性的存在"看作"是一本打开了的人的本质力量的书，是感性地摆在我们面前的人的心理学"。④ 其实不仅工业，而且包括军事在内的一切社会领域的发展，都渗透着文化推动。正是在此意义上，毛泽东指出："没有文化的军队是愚蠢的军队，而愚蠢的军队是不能战胜敌人的。"⑤ 捍卫国家主权、领土完整和安全，防止外来侵略和颠覆，对一个国家军事力量提出了明确的要求，而要实现这种发展目标和要求，就必须以某种有活力的文化，以及这种文化活动影响下的人们的生活方式、行为方式、思维方式、道德品质、智力和体质等来支撑。因此，文化对军事发展具有其他社会活动不可替代的作用，它贯通于军事发展的全过程。

（二）传统文化对军事发展具有重要影响

文化像一条河流，产生于过去，涌流到现在，又奔向未来。文化具有相对独立性、积累性和传承性，每一个民族，"或长或短，

①　庄锡昌：《多维视野中的文化理论》，浙江人民出版社 1987 年版，第 371 页。
②　王国炎、汤忠钢：《"文化"概念界说新论》，《南昌大学学报（人文社会科学版）》2003 年第 2 期。
③　陈华文：《文化学概论》，上海文艺出版社 2001 年版，第 7 页。
④　马克思：《1844 年经济学哲学手稿》，人民出版社 1985 年版，第 84 页。
⑤　《毛泽东选集》第三卷，人民出版社 1991 年版，第 1011 页。

或厚或薄，都有自己的传统文化。一切现代文化（或新文化），都是由传统文化演化而来的"①。"传统的内涵相当广泛，不同语境下有不同意义。一般说，它常与两个概念相对待：一是与外来文化相对待，在语义上接近于本土的意思；一是与现代相对待，在语义上接近于古代、古典的意思。"② 按《辞海》解释，传统是"由历史沿传而来的思想、道德、风俗、艺术、制度等"③。这实际上说的就是传统文化。

因此，传统文化是一个动态的历史范畴，是一个经由历史凝聚而沿袭、流变着的有机系统。但它又不只是单纯的时间概念，而是来自过去，现在仍有生命力的东西，不仅拥有历史的意义，而且具有超越历史的意义。它不光留于文献，"还包括遗老遗少。……古代文化遗产，有实物，有文字，还有活人，活人的口头传说和代代相传的手艺"④。中国传统文化"是指中华民族在进入现代社会以前的长期历史发展中形成为传统的文化，对人们思想行为起着规范作用的观念、价值和知识的体系"⑤。陶孟和说，中国的传统文化"如果从言语、生活方式、用器、思想诸方面仔细考察，乃是一种混合物，乃是由汉族、苗族、西域、波斯、印度、蒙古族、通古斯族，还有间接的希腊罗马，或者还有其他的民族所融化而成的文化"⑥。因此，传统文化是具体的，是

---

① 徐长安：《中国传统文化与现代化》，海潮出版社 1997 年版，第 8 页。
② 张昭军：《传统的张力——儒学思想与近代文化变革》，吉林人民出版社 2004 年版，第 2 页。
③ 《辞海》（缩印本），上海辞书出版社 1974 年版，第 215 页。
④ 李零：《丧家狗——我读〈论语〉》，山西出版集团、山西人民出版社 2007 年版，第 94 页。
⑤ 徐长安：《〈中国传统文化与现代化〉绪论》，《中国传统文化与现代化》，海潮出版社 1997 年版，第 8 页。
⑥ 陶孟和：《国粹与西洋文化》，载于马芳若编：《民国丛书，第一编 43，文化·教育·体育类——中国文化建设讨论集》中篇，上海书店 1989 年版，第 138 页。

丰富多元的。它博大精深，博大指"弥纶天地"，[①] 无所不包；精深指它的每一领域或方面都有一套精细理论，渗透着中国哲理和智慧。其中蕴含的"传统"，作为中国文化中绵延流传、通古贯今的精神内涵，历史悠久，代代相传，一脉相承，未曾中断。它积累着中国的历史，塑造着中国人的品格，也蕴含着中国富强、民族复兴的未来命运。

文化作为人类掌握世界的独特方式，是人类社会存在的重要条件，是人类相互关联的中介系统，对人类社会经济发展、政治进步产生着重要影响，当然也对军事发展、军事现代化产生着重要影响。不同文化，具有不同的性质、内容、特征和功能，对军事现代化产生不同的影响。传统文化对军事发展具有其他社会活动不可替代的作用，它贯通于军事发展的全过程。

第一，作为相对独立的非军事手段，传统文化具有与军事相辅相成的一面。"自古知兵非好战"，通过非军事手段解决双方的矛盾与争端，历来是中国人的基本思想倾向。在中国古代，使用非军事手段即"文伐"。文伐始见于《六韬》，诸子百家、帝王将相的军事策略包含着非常丰富的文伐思想。文伐与武备（军事手段）相辅相成，成为中国古典安全战略的两大基石。其基本作用，一是"不战而屈人之兵"。在强大军事实力支持下，综合运用各种文伐手段，使敌人不战而屈服。历史上，秦灭齐、韩信破燕、吴越王归宋等，都是文攻加武备的结果。二是为战争胜利创造有利条件。文伐能有力配合军事斗争，推动战争进程，巩固战争胜利成果。无论在战前、战中还是战后，文伐的作用都不可忽视。三是为推动军事发展营造良好的社会氛围。军事的发展与创新，在很大程度上取决于社会展现的文化氛围。宽松、进取的社会文化氛围有利于创新军事理论、改进武器装备、革新军事体

---

① 《易·系辞》曰："《易》与天地准，故能弥纶天地之道。仰以观于天文，俯以察于地理，是故知幽明之故。……与天地相似，故不违。知周乎万物，而道济天下，故不过。"

制、提升军事实践层次。

第二，作为军事的构成要素，传统文化渗透并影响其他军事要素。军事的构成，既包括武器装备、后勤保障等"硬"的物质要素，也包括一系列"软"的文化要素。"软"的文化要素其实并不软，它附着于各种"硬"的物质要素上，融入各种"硬"的物质要素之中，规定着各种"硬"的物质要素的性质，凝集着各种"硬"的物质要素的关联，规范和引导着它们发展的目标和方向。其正面作用主要表现在：一是影响兵器的发明与改进、制造与完善。人类军事史上，金属兵器的使用，火药的发明与改进，热兵器的制造与完善，机械化、核生化、信息化武器装备的形成与发展等，都与一系列新的文化发展特别是技术发明紧密地联系在一起。二是影响战争、军事理论的创立与完善。文化作为价值观念，为军事理论创新提供了价值立场和取向，为军事理论创新提供了新的思维方法。中国春秋战国时代军事理论繁荣的一个重要原因，就是存在"百家争鸣"的文化环境，无论是兵、墨、道、儒、法诸家，还是孙子、吴子、孙膑等兵家，都对军事和战争提出了独到的见树。三是影响军事运动中的思想状态特别是"战斗精神"。克劳塞维茨指出，精神要素"是战争中最重要的问题之一"，它"贯穿在整个战争领域"。[1] 当不同军队在技能、训练、作战方法上基本相同时，"军队的民族精神和战争锻炼"就起着更大的作用。[2] 一支军队在"极猛烈的炮火下仍能保持正常的秩序，永远不为想像中的危险所吓倒，而在真正的危险面前也寸步不让，如果它在胜利时感到自豪，在失败的困境中仍能服从命令，不丧失对指挥官的尊重和信赖，……那么，它就是一支富有武德的军队。"[3] 上述思想深刻揭示了文化对军事、精神因素对战争胜利的作用。

---

[1]　克劳塞维茨：《战争论》第一卷，解放军出版社 2005 年版，第 177、179 页。

[2]　克劳塞维茨：《战争论》第一卷，解放军出版社 2005 年版，第 179～180 页。

[3]　克劳塞维茨：《战争论》第一卷，解放军出版社 2005 年版，第 182 页。

第三，作为多元文化复合体，传统文化在不断发展与分化中孕育形成了一种直接作用于军事发展的相对独立形态，即军事文化。文化是一个多元复合体。社会群体生活区域、职业特点、心理状况不同，会形成不同的群体文化。军事文化属于诸群体文化中的一种，是社会文化的一部分，既与社会文化息息相关，又有其相对独立性。军事文化是社会文化与军事实践相互作用的产物，既是社会文化不断发展与分化的结果，又是军事实践上升到文化形态的结果。这种特殊文化形态的产生，对军事发展、军事现代化具有至关重要的意义。军事文化主要包括军事理论、价值观念、思维方法、军事规范、军人精神、军人习惯、军事文艺以及军事装备中的科技因素等，它直接地作用于军事实践。它的主要功能，一是标识功能，把军队与其他社会组织、军事活动与其他社会活动区别开来；二是整合功能，对军队成员具有内聚力和融合性，促使来自不同地区、不同民族、不同阶层的军队官兵，互相吸引、互相依存、互相调适，趋向思想和行为一致；三是激励改造功能，通过各种文化活动激励改造军人，也激励改造部分社会成员，用军事理论武装军人头脑，用文艺作品陶冶人们的情操，用战斗精神给人们以巨大的震撼力量，提高人们的军事观念，强化全民族的国防精神，形成直接推动国防和军队建设发展的精神力量。

二、传统文化影响军事现代化的特征

文化是军事发展的重要资源，是军事现代化整体的内在要素。以上，从文化与军事、军事发展的内在关联性分析中，我们可以看到，文化对军事的影响是客观的，它从传统向现代的转型，对军事现代化具有重要资源意义。

(一) 传统文化作用于军事的客观必然性

传统的本质是人，它是今天的人——用现代解释学的话说，就是人作为"理解者"——内在地置身于其中的历史。它挥之不去，不以人的意志为转移，与作为理解者的人现实地关联在一起，以独特的客观必然性塑造着我们的时代，塑造着我们时代里的人。正是在这个意义上，黑格尔才说一切历史都具有现代性，① 马克思才说"死人抓住活人"，② 克罗齐才说"一切历史都是当代史"。③ 这就是传统或传统文化影响的客观性。

人是"有语言"的存在。传统不是脱离现代独立存在的，凡是我们今天称之为传统的东西，正是我们今天能在语言中意识到的过去。我们在使用语言理解过去时，过去（人置身其中又察觉不到的传统）就有了生命。我们"在语言中不自觉地成为历史与传统的一部分"，就"在语言中不自觉地延续着传统"④。我们即使在批判传统时，也离不开传统。传统总是在人们的理解、批判、扬弃中生生不息，在历史延续中被塑造，并随历史发展而变迁。人与传统对话时，就介入了传统；当人们将新的经验融入传统时，他就已在超越传统。"承认传统而不囿于传统"，"在传统中突破传统"，⑤ 这是由海德格尔开启，经伽达默尔发展、哈贝马斯反证，到利科尔完善的现代解释学得出的重要结论。伽达默尔讲"前见"、历史性，意思是，它们会必然地、反复地成为现时理解的前提（"前结构"）。传统是今天人们内在地置身于

---

① 参见陆贵山：《新历史主义文艺思潮解析》，《中国人民大学学报》2005 年第 5 期。

② 《资本论》第一卷，人民出版社 1975 年版，第 11 页。

③ 克罗齐：《历史学的理论和实际》，商务印书馆 1982 年版，第 2 页。

④ 潘德荣、魏名国：《伽达默尔的"传统"理论》，《学术月刊》1994 年第 12 期。

⑤ 潘德荣、魏名国：《伽达默尔的"传统"理论》，《学术月刊》1994 年第 12 期。

其中的历史。它与现实生活中的人内在地关联在一起，以独特的必然性塑造着我们的时代，塑造着我们时代里的人。人总是乘着"传统的船"出发，以现代视野，对传统进行创造性的"再解释"、"再发现"、"再激活"，努力深入传统中有利于现代的源头活水，发掘其中的"好东西"，克服"坏东西"。①

首先，传统文化的相对独立性决定了其影响的持久性。传统文化影响的客观性，不仅是一个理论问题，也是一个现实问题。历史地看，传统的承传具有"集体强制性"。② 一方面，在现代社会，尽管民族传统文化赖以存在的制度土壤已经弱化或消失，但传统文化本身却由于民族行为的集体性而顽强地沉淀于民族生命基因中，"编织起一面迥异于其他民族，张扬本民族个性的标志"；③ 另一方面，各民族在传统文化传承方式上，几乎毫无例外地呈现出"双行道"惯性特征：一是以"物"的形式承载并馈遗子孙。"物"的遗存，即历史留存的文物典籍；二是以"非物"方式承载并惠及子孙，包括四季风尚、宗教信仰、节庆娱乐、婚姻习俗和宗族关系以及具有史料价值的神话、传说等。由于这些民族传统文化载体在本民族生活中具有最直观、最易被接受的特点，因而能够辗转流化，以其相对独立性和强烈的互补性，呈现出一种永续延伸、相互"置换"、互为表里、相互推动的存在格局。④ 因此，传统文化在本民族中具有普遍的流行性、认同性，它一旦产生，便获得了相对独立的性格，并依照这原则演绎和承传，直到永久。

一般而言，中国传统文化，是指在中国两千多年君主专制社会中一直居于正统地位，以儒学为主脉的大传统文化。它建立在宗法制基

---

① 潘德荣、魏名国：《伽达默尔的"传统"理论》，《学术月刊》1994 年第 12 期。

② 乔玉光：《论民族传统文化表达系统》，《内蒙古社会科学（汉文版）》2000 年第 4 期。

③ 乔玉光：《论民族传统文化表达系统》，《内蒙古社会科学（汉文版）》2000 年第 4 期。

④ 参见乔玉光：《论民族传统文化表达系统》，《内蒙古社会科学（汉文版）》2000 年第 4 期。

础上，在传统社会特别是民间社会有一种赖以运作、传承的内在机制。"君君、臣臣、父父、子子"和"天地君亲师"的社会行为模式，融入以父子、夫妇、兄弟为中心的"血缘"和"等差"血脉，具有牢固的生活根基。这一文化在 1840 年鸦片战争爆发以后陷入空前危机。辛亥革命以后，民国临时政府明令停止"尊孔读经"，传统文化在中国意识形态领域的主导地位宣告终结。1915 年以后，中国掀起了声势浩大的新文化运动，孕育形成了新民主主义革命文化。新中国成立以后特别是在"文化大革命"中，我们对传统文化尤其是儒学进行了持续不断的批判。然而，我们也必须看到，作为中华民族传承久远的文化形态，以儒学为主脉的传统文化并没有随着支撑它的专制王朝覆亡而消失，支撑它的社会日常生活基础仍然存在，它通过"小传统"文化对中国社会各领域的影响还广泛存在。当今中国，许多家庭也许并不知道什么是儒家，更不知道谁是孔子、孟子、荀子，但是，他们的言传身教，又何尝不是体现了孔、孟、荀所倡导的儒家精神？在几千年的历史发展中，它"嵌入"中国社会"历史—现实"的时代转换结构中，深入中华民族的心灵深处，蕴含着中华民族的精神主脉，表现了顽强的再生力。这种再生力，使它至今保持着对中国社会发展、军队建设与改革的持久影响力。

历史与现实无法割断。现代化只能建立在现实的基础上，而现实也必然包含着传统。因此，从国家发展到军队建设，必须要有一种"传统—现代"的时代视野，在跟踪时代发展大趋向中提炼传统文化的精华，依据自己的国情，探索自己走向现代化的独特模式和具体路径。民族文化是军事发展的重要背景之一，是军事发展的重要源泉，任何军事现代化都离不开对传统文化的继承。每一支军队都有自己的建设史与战斗史，并在此过程中形成了自身独特的历史传统。军队的历史传统是多种因素相互作用的结果。从精神因素上说，民族性格、宗教文化、价值观念、领导人风格、军事理论、宣传教育，以及外来影响等，都不可忽视。它们深刻而长远地影响着军队的建设模式，赋予军队以不同的战斗精神和作战特点，从而深刻而长远地影响着军队战斗力的形成和发挥，深刻而长远地影响着军队走向现代化的历史进程。在当代军事实践中，信息战争观并非是传统战争观的全然否定。"任何从事战略研究的人都必须重视战略思想的文化背景"，① 都必须重视对传统文化与军事现代化内在联系问题的研究。

其次，传统文化对军事现代化的影响具有广泛性和深层次性。近代以来，中华民族救亡图存、走向世界、走向现代化的道路充满了艰难曲折。原因很多，其中一个重要方面，就是传统文化始终在我们的社会生活中发挥着或显或隐的作用。传统文化对军事现代化的影响，除了上述"持久性"意涵以外，还有其特定的表现方式。也就是说，文化对军事的影响，有的是"显学"层次的，比较容易意识和关照到。对这种"可见"（可辨别）的影响，也比较容易把握和处理，容易做到"去伪存真"，"去粗取精"。但是，更多的则是"隐形"的、无形的，它存在于我们的日常生活中，虽然时时、处处伴随着我们，我们却总是无意识地或下意识地受它支配，进而通过我们许多无意识、下意识的思想和行为，影响到国防和军队现代化建设。后一种影响，与现代文化相比，传统文化正如海面下的冰山"隐体"，虽然巨大却存在于我们的潜意识深处。对它，我们"历史"地习以为常，"与生俱来"地被它同化，因而，失去了对其感知的"敏感"性，成为我们的视野或行为不易察觉到的"盲区"。对于这种巨大而无形的"隐体"，我们就不太容易把握和处理了，由于它不经过深刻的反思就意识不到，所以不大容易"去伪存真"，"去粗取精"。一句话，传统文化对我们的影响是更深层次的。它集结着巨大的社会能量，从社会文化到军事文化，或间接或直接地作用于军事。这是我们研究中国军事现代化与传

---

① 纽先钟：《现代战略思潮》，黎明文化事业股份有限公司 1985 年版，第 24 页。

统文化关系时，不能不更多地加以注意的问题。

　　传统文化的无形影响，也可以从当代世界一些民族之间，由思想文化、宗教信仰、民族性格、民族意识、民族感情、价值观念、思维方式和道德规范等传统差异而引发的矛盾冲突中得到佐证。一种民族传统文化，在其发展中积淀成该民族区别于其他民族的心理特征。民族心理在民族内部关系中形成地域性的"习俗连接"，发挥着民族认同、凝聚、整合和同化功能，以及对异族的排拒功能。当今世界，传统文化中包含的某些成分作为民族精神原动力的心理因素，一再被某些政治势力扭曲和利用，导致冲突、流血，如斯里兰卡僧伽罗人与泰米尔人、塞浦路斯希族与土族、以色列人与巴勒斯坦人之间的流血冲突。这些矛盾冲突，既是心理排他性的表现，也是传统文化影响具有的广泛性和深层次性的表征。

（二）传统文化对军事的影响具有双重性

　　文化发展的功用，当然以"利人"和"化人"为原则和本义，其总体指向即是"文明"，孔颖达从人类物质创造活动尤其是火的运用，引申到精神之光照临大地，把《尚书·舜典》中的"睿智文明"解释为"经天纬地曰文，照临四方曰明"。英文 civilization，也指从野蛮或愚昧状态中，向更高一级状态提高或发展。但是，在特定历史条件下，它又不总是能够"利人"、"化人"，也可能使人或社会"异化"。如果把传统文化放到历史长河中，从其累积和传承的过程性来考察，就会看到其发展是一个动态展开的过程，有着丰富、多维的可能性。在阶级社会中，由于人们的利益取向不同，不同阶级、阶层、集团的人对文化发展方向的要求不同，因而就会对文化进行不同向度的解释与操作，从而使文化呈现出鲜明的意识形态属性，呈现出先进与落后、进取与保守、革命与反动等矛盾冲突，呈现出传统文化本身及其历史影响的双重性。

因此，未经现代文明洗礼的传统文化，反映在文化结果或形态上，往往是精华与糟粕并存的复杂历史混合体。正如列宁指出："每一个现代民族中，都有两个民族。每一种民族文化中，都有两种民族文化"。①

这种双重性有两方面含义：一是指在社会文化体系中存在着不同的文化形态，有的文化形态在现代化进程中起积极推动作用，有的则相反，起抑制和阻碍作用。比如，在当代中国文化格局中，既有社会主义文化，也存在着传统专制主义残余思想，两者对现代化的影响截然相反。或者说，文化在现代化中起积极作用还是消极作用，关键取决于文化形态的性质。一般而言，与先进的科学文化及技术知识紧密相连、体现和反映先进的经济力量及阶级力量的意志和要求的文化形态是先进文化，它对现代化起着积极的促进作用，反之，其作用也完全相反。二是指在同一形态文化体系中，由于其构成的多样性及作用的复杂性，其中有的文化要素对现代化起积极作用，有的则相反。作为存在于长达两千余年专制王权社会的中国传统文化，也呈现着鲜明的两重性："有强调夷夏之大防的传统，也有善于向其他民族学习的传统；有封建迷信传统，也有无神论的传统；有抱残守缺的保守性格，也有大智大勇的改革精神。"②诚然，如果没有积极向上因素，没有一种内在而坚韧的趋前性、发展力，它就不可能在历经无数内忧外患之后仍能以极其强大的生命力延续至今，广布世界；同样，如果没有一种消极落后因素，没有一种停滞或向后的拖拽力，近代中国就不可能备受科技、文化、经济迅速崛起的西方世界猛烈冲击，踽踽而行。因此，数典忘祖、全盘否定传统文化的历史虚无主义是危险的；

---

① 《列宁选集》第二卷，人民出版社 1995 年版，第 344 页。

② 语出自毛泽东。王岚：《论继承优良传统与发扬时代精神的一致性》，空军政治学院教务部主编：《军队政治工作理论的新探索》，蓝天出版社 1998 年版，第 214 页。

而全盘肯定、盲目自大的国粹主义同样是有害的。

因此，传统文化影响的双重性告诉我们，在研究文化与国家现代化、军事现代化的关系问题时，必须正视传统文化与现代文化在社会发展、文化转型中的矛盾冲突。在肯定传统文化积极作用的同时，注意传统文化的历史性展开过程及其双重性结果的联系与区别。毛泽东指出："清理古代文化的发展过程，剔除其封建性的糟粕，吸收其民主性的精华，是发展民族新文化提高民族自信心的必要条件；但决不能无批判地兼收并蓄。必须将古代封建统治阶级的一切腐朽的东西和古代优秀的人民文化即多少带有民主性和革命性的东西区别开来。"①

应当指出的是，要具体审视传统文化，鉴别和把握精华与糟粕也不是件容易的事。因为，它所包含的双重因素并非相互格格不入、泾渭分明，相反，却常常是精华与糟粕掺杂糅合在一起。如前所述，往往同一种传统文化形态同时具有积极和消极两个方面；或者从一个角度看是积极的，从另一角度看又是消极的；或者在一种时代背景和社会条件下是积极的，而在另一种时代背景和社会条件下又是消极的。因此，只有坚持历史唯物主义的立场、观点和方法，坚持辩证分析的观点方法，科学、审慎地对待传统文化，才能对其作出具体、历史、符合实际的审视、剖析和鉴别，才能对其中的创新、进取精神作出科学的总结，对落后、消极、负面的因素进行全面的甄别和清理。也只有这样，才能准确把握中国传统文化的本质特征，摒弃其落后成分，继承和弘扬其优秀成分，使之重新焕发生命活力，为推进国家发展，推进军事现代化提供精神资源。

---

① 《毛泽东选集》第二卷，人民出版社 1991 年版，第 707～708 页。

三、中国军事现代化呼唤文化现代化

军事现代化总是在一定社会思想文化（包括传统文化）氛围下进行，在一定的思想文化（包括优秀传统文化）支撑下发展的。军事现代化也总是不可避免地与传统文化中那些消极因素相冲突，在不断破除消极传统文化的障碍中为自己开辟前进的道路。换句话说，伟大的事业要有伟大的文化来支撑。军事现代化所需要的伟大文化，必然是一种先进文化，也就是现代化的文化。或者说，这种文化是基于传统文化转型——文化现代化基础上的文化。

（一）关于文化现代化

文化现代化，主要体现为人类精神生活的全面发展，是人们德与智、知识与能力、素质与职能、心理与生理的协调发展，是追求生命质量目标，达成社会全面发展的精神动力和方向导引，因而成为现代文明的重要标志。

张福贵指出，迄今为止，人类文化发展大致经历了三个时代：一是"点的文化时代"。古代世界各原始人群在相互隔绝的条件下进行文化创造。二是"圈的文化时代"。随着有限交流的发展，以某一高值文化为中心形成区域性文化共同体，即文化圈，如儒家文化圈、佛教文化圈等。三是"球的文化时代"。人类文化在全球化时代的立体式、全方位交流，形成全新的文化的共同性时代。"以上三种时代的更迭，反映了人类文化不断向前发展并走向统一的演变过程。"任何一个国家、民族总有其特殊性，但与此同时又形成彼此的共通性，"拒绝改变自己，否认共同性，必然导致文化的落后。"① 我们姑且不议这种所谓文化"共同性"与民族文化特殊性的关系，值得注意的是，人类文化在全球化时代确实表现出了一种"共同趋势"，就是绝大多数国家都在尽力追赶时代步伐，追求文化的现代化。在这样的时代，如果一个国家或民族的文化跟不上时代步伐，不能实现现代化，那么，用毛泽东的话说就有一个被开除"球籍"② 的问题，用鲁迅的话说就有一个被"挤出"③ 的问题。

翦伯赞说："经济是历史的骨骼，政治是历史的血肉，文化艺术是历史的灵魂。"④ 文化现代化是经济发展日益重要的动力、政治进步和社会稳定的基础，以及社会变革的前奏。现代文化作为现代知识，为社会发展提供知识基础和智力支持；作为现代价值观念，为社会发展提供思想导向和精神动力；作为现代思维方法，为社会发展提供思想范式和逻辑手段。这三种不同作用形式相互联系、相互促进，整体性地制约和影响着社会现代化发展的水平。文化现代化的社会功能是显而易见的。但是，这种地位和作用不是绝对的、无限制的。有人认为，文化是人类社会的最根本的决定性力量，它决定了一个国家、民族的基本面貌。梁漱溟认为，世界上有三种基本文化，即西方文化、中国文化和印度文化，三种文化决定了三种社会。他从这种观点出发倡导以儒学为本位，吸收西方文化成分，复兴中国文化。汤因比认为，人类社会的单位不是国家，而是文明，作为文明生机的源泉，不同类型的宗教决定了不同类型的文明。亨廷顿的观点与汤因比类似，认为文明是一种文化实体，是人类最高文化凝聚物，以文化和文明划分国家集团远比以政治制度或经济水平来进行

---

① 张福贵：《深度现代化：鲁迅文化选择的人类性和时代性尺度》，《鲁迅研究月刊》1999 年第 12 期。
② 《毛泽东文集》第七卷，人民出版社 1999 年版，第 89 页。
③ 《热风》，人民文学出版社 1980 年版，第 13 页。
④ 转引自徐长安：《中国传统文化与现代化》，海潮出版社 1997 年版，第 4 页。

划分更有意义。① 与此相反，黄枬森援引唯物史观原理指出："人类社会的基础、根基是经济，政治是经济的产物；经济和政治又是文化的基础、根基，文化是经济和政治的产物，而经济、政治和文化又通过直接和间接的、简单和复杂的相互作用形成一个有机的立体网络，文化的作用是巨大的重要的不可缺少的，但决定整个社会面貌的最后的根基、推动整个社会前进的最后的动力是经济，这是不能含糊的。"② 历史发展到今天，随着经济全球化深入发展，各国依存度日益增大。正是在这个时候，一些人夸大文化本身作用，极力渲染所谓"文化主义"(culturalism)③，这是需要引起我们高度关注的。只有从唯物史观的正确前提出发，才能认清"文化主义"的片面性，同时恰当地看待文化现代化何以成为社会现代化的重要组成部分，在现代化中发挥必不可少的巨大历史作用，也才能深入理解文化对军事发展的积极作用，从而科学地看待和处理文化建构与军事发展、军事现代化的关系问题。

（二）军事现代化呼唤文化现代化

文化现代化是军事现代化的题中之意。民族文化是军事现代化的重要背景之一，任何军事现代化都深深烙着民族文化的印迹。民族性格、宗教文化、价值观念、军事思想等，在军事现代化中都不可忽视。它们深刻而长远地影响着军队的建设模式，深刻而长远地影响着军事发展和变革的历史进程。在当代，信息化战争观并非是对传统战

---

① 以上梁漱溟、汤因比、亨廷顿关于文化社会作用的思想，可参见黄枬森：《文化的基本问题与中国文化的现代化》，载于《黄枬森自选集》，学习出版社 2006 年版，第 491～544 页。

② 黄枬森：《文化的基本问题与中国文化的现代化》，《黄枬森自选集》，学习出版社 2006 年版，第 491～544 页。

③ 参见刘象愚：《文化观念的演化》，《学术界》2006 年第 3 期；陆扬：《"文化主义"述评》，《三峡大学学报（人文社科版）》2004 年第 5 期。

争观的全然否定，"任何从事战略研究的人都必须重视战略思想的文化背景"，[①] 重视它与军事现代化的内在联系。

1. 军事现代化的整体性要求文化现代化

文化与军事都是人类社会的重要组成部分。探讨它们之间的关系，既涉及文化与国家各领域（经济、政治、军事等）的关系，又涉及文化与国家整体发展的关系。正确看待这些关系问题，必须对"现代化"及其"整体性"有一个基本的理解和把握。

"现代化"（modernization），是用来描述现代社会变迁的概念。作为时间概念，"现代"与"非现代"不是绝对的，"三代为古则汉为今，魏晋为古则唐宋为今"，都是从相对意义上说的。[②] 因此，在较广泛的意义上，作为一个动态的过程，现代化是指一定社会文明及其要素达到该时代的先进状态，在不同历史阶段具有不同的时代内容和特征。而作为专门指称近代工业革命以来社会经济急剧变革、社会化程度不断提升的现代化，则是指从传统农业社会向现代工业社会的转化。对此，罗荣渠指出："现代化作为一个世界性的历史过程，是指人类社会从工业革命以来所经历的一场急剧变革，这一变革以工业化为推动力，导致传统的农业社会向现代工业社会的全球性的大转变过程，它使工业主义渗透到经济、政治、文化、思想各个领域，引起深刻的相应变化；狭义而言，现代化又不是一个自然的社会演变过程，它是落后国家采取高效率的途径（其中包括可利用的传统因素），通过有计划的经济技术改造和学习世界先进，带动广泛的社会改革，以迅速赶上先进工业国和适应现代世界环境的发展过程。"[③] 由于现代

---

① 纽先钟：《现代战略思潮》，黎明文化事业股份有限公司 1985 年版，第 24 页。

② 林被甸、董正华：《中国现代化研究的现状》，《中国特色社会主义研究》2003 年第 1 期。

③ 罗荣渠：《现代化新论》，北京大学出版社 1993 年版，第 16 ~ 17 页。

化首先是从欧美西方社会开始的，因此也被称为"西（方）化"，但又不专属西方社会。二战以来的历史表明，"西（方）化"这个概念无法充分表达今天世界的交流方式，为了适应这种实际情况的需要，"现代化"这个概念便日益广泛地被人们所接受，一直沿用至今。[①]

　　根据罗荣渠的研究，现代化包括四个亚过程：技术的发展、农业的发展、工业化、[②] 都市化。此外，还包括心理态度、价值观和生活方式的改变，因而可以看作代表时代的"文明的形式"。[③] 对这种"文明的形式"，西方传统理论的基本解释框架是 19 世纪的进化论，把单线历史进步作为时代趋势，其首选目标是发展工业生产。[④] 然而二战以后，随着经济、政治、文化的发展，特别是科学技术的发展、人际关系的变化、社会流动性的增强、生活方式的多样化、人类视野的扩大，全面动摇了传统单线历史进步观。马克斯·韦伯由此观察到欧洲社会与文化的危机，探讨西方社会合理化及其前途，用"社会合理化观"代替了传统社会进步观。[⑤] 历史是多因素合力作用的结果，其外延包括伴随现代生产方式而来的环境、机制、手段等多种变量因素的交互作用。[⑥] 社会合理化观表明，现代化既制造了分裂，又产生了融合；它以发现、分裂世界开始，以整合、融合世界告终。[⑦] 因此，现代化是一个高度综合的概念。如摩尔（W. Moore）所说："是一个传

---

① 参见卞敏：《论政治文明在社会文明结构中的地位》，《中共云南省委党校学报》2004 年第 1 期。

② 历史发展到今天，工业化的核心内容也在变化，不仅包括机械化，还包括信息化。

③ 参见罗荣渠：《现代化新论》，北京大学出版社 1993 年版，第 9～16 页。

④ 李海仙、丁建弘：《时代的标志与时代的精神——评"现代化理论"与"现代化新论"》，《世界历史》1998 年第 6 期。

⑤ 参见马克斯·韦伯：《新教伦理与资本主义精神》，生活·读书·新知三联书店 1987 年版，第 141 页。

⑥ 钟永平、杜琼：《罗荣渠与"现代化范式"》，《浙江社会科学》2006 年第 5 期。

⑦ 刘德斌：《现代化的演进与国际关系的变革——历史的考察》，《长白学刊》1996 年第 2 期。

统或前现代的社会整个向技术和联合的社会组织形态'整体'的转型。"① 新中国成立后，确立了工业化的发展目标，1954 年周恩来提出工业、农业、国防和科学技术"四个现代化"。改革开放以来，随着社会主义民主、精神文明建设等问题的提出，又逐步把经济、政治、文化、社会建设结合起来，把物质文明、政治文明、精神文明、生态文明统一纳入富强、民主、文明、和谐的发展目标。这一从工业化到四个现代化、"从四个现代化到全面现代化"② 的发展道路，昭示了中国现代化的全面性、整体性要求。

现代化的整体性表明，不论是国家现代化，还是国家某一领域（如经济、政治、文化、军事等）现代化，都有其整体性要求。就国家整体而言，现代化包括经济、政治、文化、军事（国防）③ 等方面的现代化。就国家某一领域而言，如军事现代化，也不单纯是军事领域范围内的事。军事现代化是在军事变革中，在国家经济、政治、文化、技术等要素综合作用基础上实现的。同时，在军事领域范围内，也要整合物质与精神两大类构成要素。④ 具体地说，人的因素、物的因素、人与物相结合的体制编制因素，无论哪种因素都要优化。军事现代化在本质上，不仅是上述各单项要素的发展与改进，而且是军内外各种要素相互关联、相互作用、相互推动实现的整体性的现代化。

现代化的整体性还说明，经济、政治和文化，或物质和精神，对

---

① 参见李从国：《绿色现代化开启新时代》，《当代贵州》2004 年第 22 期。
② 参见郭德宏：《从四个现代化到全面现代化——对中国现代化目标发展变化的历史考察》，《中共党史研究》1999 年第 5 期。
③ 军事具有对内（巩固再造政权，维护社会稳定等）和对外（国防）双重职能，其内容比国防更广泛一些。
④ 如若米尼所说，作为敌对双方政治、经济、文化、军事等多种因素的综合较量，战争"是一幕伟大的戏剧，有一千种精神与物质的因素，都与它有关系"。参见若米尼：《战争艺术》，战士出版社 1981 年版，第 3 页。

于国家、军队的现代化而言，都是不可或缺的有效资源，或者说"资源性要素"。文化要素同经济、政治一样，是推进军事现代化的一个基本的资源性要素。推进中国军事现代化必须考虑文化的作用问题，对其进行深入的文化分析。离开包括文化分析在内的综合分析，就难以清晰把握军事现代化的精神条件和思想基础，对其本质及规律的认识与把握也就缺少了一个基本方面，就有可能因"文化缺项"导致军事现代化进程中的"英格尔斯效应"，[①] 它类似管理学上的"木桶理论"[②]，一只木桶的盛水量取决于最低的一块木板，要迅速、有效地增加木桶的盛水量，莫过于先去弥补最低的那块木板。经济、政治、文化等如同不同的木板，组成一个有机整体；不论哪一方面缺损，都会影响整体的容量。作为现代化的一个重要制约因素，文化与经济、政治，与社会制度、管理方式和技术相联系，思想文化的转变是不可缺少的，直接影响着国家或军队现代化的整体发展。成功的军事变革首先要变革人，推进军事现代化必须推进文化创新。

2. 应对世界新军事变革要求文化现代化

文化现代化是后发国家最敏感而又无法回避的话题。近代以来，中国文化在外来文化的冲击下，也从多个方面开始向现代转型。教育和传媒等文化传递方式转型，现代教育以及广播、电影等传播业有较

---

① 美国人类文化和社会心理学家英格尔斯的专著《人的现代化》，在研究西方发达国家与第三世界国家现代化的不同进程的基础上指出，一些国家即使有先进的制度，但如果缺乏能赋予这些制度以真实生命的广泛现代心理和文化基础，执行和运用这些制度的人还是尚未摆脱传统落后生活方式和保守观念束缚的"传统人"，还没有从心理、思想、态度和行为上实现现代化，即变成"现代人"，那么，再先进的制度、管理方式、技术工艺，也会在一群传统人手中变为一张废纸，导致发展的畸形化甚至失败。这就是英格尔斯效应。参见英格尔斯：《人的现代化》，四川人民出版社1985年版，第3页。

② 参见西武：《木桶定律》，机械工业出版社2004年版，第15～24页。

大发展，特别是电视成为城乡传播的主要载体，拓宽了全民的认知空间，推动了现代文化与生活方式的普及。从"五四"白话文运动到改革开放的今天，现代思想文化、文学创作不断发展繁荣，共同促成了文化现代化的高潮。[①] 但是，我们必须清醒地看到，中国文化由于"原来的历史基础十分落后及其达到现时状态的曲折道路，它在许多方面都还没有达到现代社会的先进水平，即没有现代化，因而它还有现代化的任务"[②]。

当代世界，文化日益与经济、政治等交融在一起，广泛渗透于社会生活各个领域，在社会发展及综合国力竞争中发挥着重要作用，也对各国推进军事变革发生着极大的影响。成功的军事变革首先要变革传统文化，推进军事现代化必须推进文化创新。环顾各国，军事变革方兴未艾。从表层看，军事变革发展的主要原因，是社会信息化程度不断提高，高技术特别是信息技术进一步发展，高技术局部战争推动。从深层看，作为推进军事变革的先决条件之一，文化现代化是军事现代化的内在驱动力量：一是广泛性，广泛渗透于军事诸要素之中，影响武器装备、军事技术、军事理论等的发展与完善。二是全程性，文化不是时有时无、断续相间地，而是持续地贯通在军事变革的整个过程。三是趋强性，其作用的大小不是僵化固定的，而是随着时代的发展和社会的进步，在军事的改革、建设与发展中发挥出越来越重要的作用。具体表现在：

首先，为推进军事现代化营造良好的社会氛围。军事现代化的成败，很大程度上取决于全民国防意识的强弱，取决于全社会对军队建设的支持程度，这与文化现代化紧密联系在一起。"文化特别是有利于创新的文化在军事转型过程中发挥着极其重要的作用。它作

① 参见叶南客：《中国文化现代化的递进轨迹与转型机理》，《天府新论》2003年第3期。
② 黄枬森：《黄枬森自选集》，学习出版社2006年版，第491～544页。

为创新实践的'催化剂'，为军队改革提供良好的文化背景和文化氛围。"[1] 相反，文化落后必然衍生畸形的社会生态，包括愚昧保守的文化环境和舆论氛围，严重阻滞军事现代化。诚然，中华民族确曾成就过文化繁荣、富国强兵的伟业。但是，也留下过重文轻武、落后挨打的历史教训。类似忠于"一族一姓"，为保"大清"宁弃"中华"的文化氛围，对中国近代社会与军事发展产生了极大负面影响。这一切，都要求我们对传统文化的性质和作用有一个正确的估价，在继承、批判和发展传统文化基础上推进文化现代化，使人们在观念上先"现代化"起来，为推进军事现代化营造良好的社会氛围。

其次，直接作用于军事变革，推进军事现代化。推进军事变革不仅包含武器装备等硬件的发展，还包含思想观念、军事理论等软件的发展。文化变革是一场深层次的变革，是贯穿于军事变革中活的灵魂。一个国家的文化，只有不断从优秀传统文化中汲取营养，从异质文化中不断吸收新鲜血液，并根据时代的需要不断创新发展，[2] 才能不断走向辉煌，并对军事变革、军事现代化发挥直接推动作用。具体说来，对于军事变革、军事现代化来说，文化现代化主要发挥着知识基础和智力支持、科学方法论指导、价值观导向等功能。[3] 一是知识基础和智力支持。无论发展武器技术、调整体制编制、变更作战方式、创新军事理论、提高军人素质，还是制定军事变革的方针原则、规划发展过程以及军事变革诸要素的整合，抑或创造军事变革所需要的各种条件，如经济的发展，政治原则的确立及各种政策的制定和完善，都要以现代科学知识为基础。二是科学方法论指导。军事发展必

---

① 周成：《努力培育适应中国特色军事变革需要的创新文化》，《军队政工理论研究》2005 年第 3 期。

② 许祥文：《论当代中国军事文化与社会文化》，《中国军事科学》2002 年第 4 期。

③ 参见肖冬松：《新军事变革的文化分析》，国防大学出版社 2005 年版，第 178～196 页。

须以先进文化为指导。用先进文化或落后文化指导军事，结果截然不同。文化落后必然延缓和抑制军事发展，导致军事上的失败。当年，洋务运动奉行"中学为体，西学为用"方针，用君主专制时代的农耕文化特别是儒学指导与近代工业相连的"军事自强"实践，虽然建立了吨位排名占世界前列的北洋舰队，但其组织编制、教育训练、军事理论、思想观念等仍停留于封建社会水平，既没有形成军事变革的整体效能，也严重抑制了武器装备先进性能的发挥。这一点，从 1886 年 8 月发生的中日"长崎事件"① 中就可见一斑。相反，以先进文化指

---

① 指 1886 年 8 月北洋水师舰艇赴日本长崎大修期间，水兵与当地警察和市民发生冲突的事件。长崎事件经中日双方长达数月谈判，得到妥善解决。日本在长崎事件中未占到"便宜"，固然与其理屈和外交处境不利，加之中国海军（从装备上讲）对日本海军来说居于优势地位有关。问题是，长崎事件既刺激了日本的民族心理，又暴露了北洋水师的致命弱点。

水师停泊长崎期间，曾邀日本军人上舰参观，评头品足，一切明露，已无秘密可言。这对以征韩、征清为兴国途径，急欲大举扩海的日本来说是天赐良机。同时，作为参观者的日本海军军官如东乡平八郎，也看到了北洋水师管理混乱、疏于养成、纪律松懈、观念落后等问题。他们发现舰上栏杆和扶梯很脏，各处殊不清洁，主炮上晒着水兵短裤，"其藐视武装若此；东乡归语同僚，谓中国海军终不堪一击也。"（唐德刚：《晚清七十年》（三），台北远流出版事业股份有限公司，1998 年 6 月版，第 79 ~ 80 页。）

1891 年北洋水师再访日本。7 月 8 日《东京朝日新闻》以"清国水兵的现象"为题报道："……以前来的时候，甲板上放着关羽的像，乱七八糟的供香，其味难闻之极。甲板上散乱着吃剩的食物，水兵语言不整，不绝于耳。而今，不整齐的现象已荡然全无；关羽的像已撤去，烧香的味道也无影无踪，军纪大为改观。"日本记者的观察只停留在表面。因为舰队出发前，李鸿章鉴于当年的"长崎事件"，电饬北洋水师提督丁汝昌严加管束。不久，有经验的日本军官看出了缺陷：大炮没有擦干净，且像洗衣坊一样晾晒衣服。

长崎事件后，日本拼命发展海军。1887 年天皇下令从内库拨款 30 万元，贵族、富豪捐款 103.8 万元，全部用于扩充海军。还有针对性地建造了专为击毁北洋水师"定远"、"镇远"舰而谋策的"严岛"、"松岛"、"桥立"三艘战舰。对此，清廷未予足够注意，又同意户部停购外洋船炮军火二年的意见。这为后来甲午战争中，北洋水师屡战不利，饮恨刘公岛埋下了伏笔。

导军事变革，可以从思想上影响和规范军事变革发展方向，有力推动军事现代化。因此，认清不同性质的文化对军事现代化的不同影响，以文化现代化推进军事现代化，是历史留给我们的重要启示。三是价值导向与激励功能。军事活动既是以战争为中心内容的特殊领域，又是政治活动的有机组成部分，从军事和政治两个层面看，军事活动的目的、本质及规律，军事变革、军事现代化的发展目标，都具有鲜明的政治本质，都离不开先进价值观导向与规范。文化价值观是文化体系的核心，建军治军为了谁、依靠谁等等，在推进军事现代化中发挥着统一思想、规范行动、凝聚力量的重要作用。今天，人们认识及实践的独立性、差异性、多变性日益增强，思想观念、价值取向、行为模式日益多样化。这种状况，一方面有利于人们解放思想，充分发挥积极性、主动性、创造性，推进军事现代化。另一方面，也给统一思想与行动，凝聚官兵智慧和力量，带来了严峻挑战。这就更需要强大精神力量的激励和支撑，充分发挥先进文化在推进军事现代化中激发思想、鼓舞精神、牵引前进的作用。①

总之，现代化呼唤现代意识。现代意识，说到底就是自觉追随时代进步的变革与进取意识。与国家其他领域相比，军事领域具有特殊性。军事领域最突出的特点在于它的对抗性和不可实验性。战争是敌对双方的暴烈性对抗，决定了军事必然具有同等的暴烈性对抗特征。由此，军队建设与其他领域建设的检验标准是不完全相同的。国家其他领域建设好坏的检验标准，主要是看能否提高国家的综合国力，能否提高民众的物质生活和精神生活水平。而检验军队建设成效的唯一标准则是应对危机、维护和平，遏制战争、打赢战争。不能有效地应对危机、维护和平，遏制战争、打赢战争，不管军队建设取得什么样

---

① 参见肖冬松、李青：《试析文化对军事理论创新的作用与影响》，《中国军事科学》2002年第3期。

的成果，都可视为军队建设的失败。社会其他领域的建设与发展是可以实验，也允许失败的，而战争不可实验，甚至不允许失败。一场重要战争的失败就可能导致一个国家或民族陷入深重的灾难之中，甚至亡国灭种。因此，要想追赶世界新军事变革的步伐，实现富国强军的梦想，一项重要的工作，就是推进文化现代化。推进军事变革，呼唤着文化现代化。人们只有在观念上先"现代化"起来，才能为推进军事变革、军事现代化打牢思想基础。

3. 解决我军建设面临的问题要求文化现代化

新中国成立 60 多年特别是改革开放 30 多年来，中国军事现代化建设取得了前所未有的重大成就，同时面临着一系列前所未有的挑战和矛盾，与有效履行我军新世纪新阶段历史使命的要求相比，还有很大的差距。当前，我军建设还存在一些值得进一步研究解决的问题。这些问题，主要表现为"两个不适应"，一是我军现代化水平与打赢信息化条件下局部战争的要求不相适应，二是军事能力与履行新世纪新阶段我军历史使命的要求不相适应。展开来讲，是"四个矛盾"：一是军事现代化建设任务艰巨与财力投入相对不足的矛盾，二是武器装备发展与其他要素发展不协调的矛盾，三是政策制度改革与社会深刻变革不相适应的矛盾，四是有计划的军事变革与应急性临战准备相交织的矛盾。这些问题和矛盾，表现在思想认识上，主要是一些干部群众只看到经济发展的重要性，认为仗一时打不起来，国防建设可以放一放，重视经济建设而忽视国家安全特别是国防安全。在总体筹划上，国防科技、国防工业与国家科技和工业发展各起炉灶，军民融合度差，重复投资、重复建设的现象比较严重。在基础设施建设上，有些同志片面强调"以经济建设为中心"，忽视国防基础设施建设，甚至在一定程度上干扰或影响国防基础设施和战场建设。在国防动员上，社会上国防观念淡薄的问题还具有一定普遍性，民兵预备役建设与训练"资金难筹集、人员难集中、活动难开展"的问题也还比较突出。在部队工作指导上，一些同志对市场经济条件下建军、治军规律的认识和把握不够到位，工作指导还带有一定盲目性；依法领导和管理部队的机制不够完善，工作指导上还带有一定的随意性；以战斗力为主要标准的效益观念不强，工作指导上还带有一定浮夸性，还存在形式主义和官僚主义，以及保守心态和本位主义，如此等等。

社会"母体"是军队建设的基础环境。我军建设与改革是在国家社会总体变革的大背景下进行的。母体的深刻变革必然对军队建设产生根本性的影响。当代中国，传统文化与现代文化并存。必须清醒地看到，中国社会文化和军事文化由于"原来的历史基础十分落后及其达到现时状态的曲折道路，它在许多方面都还没有达到现代社会的先进水平，即没有现代化，因而它还有现代化的任务"①。从因果联系上看，上述我军建设存在的一系列矛盾和问题，具有多重根源性，既有历史原因，也有现实原因；既可以从内部寻找，也可以从外部寻找；既可以溯源于经济、政治，也可以溯源于文化；既有制度、管理原因，又有社会文化特别是传统文化消极成分影响的原因。其中，受传统观念影响，思想不解放、观念陈旧滞后，是影响军事现代化的一个重要的原因。

中国的改革开放、现代化建设、军队的改革与建设，往往受到一些来自过去封建社会的各种保守、落后、封闭思想观念的障碍，这些对推进国家现代化、军事现代化，起着不容易忽视的阻滞作用。国防和军队现代化建设中存在的主观主义、形式主义、官僚主义，体制编制调整改革过程中的保守心态和本位主义，部队建设与管理中的小农意识、经验主义、人治现象和"官本位"现象，以及其他

----

① 黄枬森：《黄枬森自选集》，学习出版社 2006 年版，第 491～544 页。

种种部门利益牵扯与纠缠，等等，都可以溯源于传统文化根深蒂固的影响。对于传统思想文化消极因素的影响，邓小平早就作过深刻剖析。他指出："我们现在的官僚主义现象"，"同历史上的官僚主义有共同点"，① 既有社会历史根源，又有经济文化根源。过去我们"加强党的领导，变成了党去包办一切、干预一切；实行一元化领导，变成了党政不分、以党代政；坚持中央的统一领导，变成了'一切统一口径'。"② "党内确实存在权力过分集中的官僚主义。这种官僚主义常常以'党的领导'、'党的指示'、'党的利益'、'党的纪律'的面貌出现"，"许多重大问题往往是一两个人说了算，别人只能奉命行事"。③ 他认为，中国原有的领导体制带有封建主义色彩。之所以如此，是因为中国的封建专制制度有着两千多年的历史，虽然"我们进行了二十八年的新民主主义革命，推翻封建主义的反动统治和封建土地所有制，是成功的、彻底的。但是，肃清思想政治方面的封建主义残余影响这个任务，因为我们对它的重要性估计不足，以后很快转入社会主义革命，所以没有能够完成"。④ 领导体制的封建主义色彩主要表现为：一是官僚主义是过去人类历史上长时期剥削阶级统治的遗留物，是小生产的产物。"同我国历史上封建专制主义的影响有关"。二是"家长制是历史非常悠久的一种陈旧社会现象"，⑤ 家长制作风使个人凌驾于组织之上，组织成为个人的工具。"家长式的人物，他们的权力不受限制、别人都要唯命是从，甚至形成对他们的人身依附关系"。他们把上下级之间的关系，搞成旧社会那种君臣父子关系或帮派关系。三是"搞特权，这是封建主义残余影响尚未肃清的表现"，"干部领导

---

① 《邓小平文选》第二卷，人民出版社 1994 年版，第 327～328 页。
② 《邓小平文选》第二卷，人民出版社 1994 年版，第 142 页。
③ 《邓小平文选》第二卷，人民出版社 1994 年版，第 141～142 页。
④ 《邓小平文选》第二卷，人民出版社 1994 年版，第 335 页。
⑤ 《邓小平文选》第二卷，人民出版社 1994 年版，第 329～330 页。

职务终身制现象的形成，同封建主义的影响有一定关系"。① 除此之外，还残存着过去专制社会的宗法和等级观念，上下级和干群不平等现象，公民权利义务观念淡薄，文化领域中的专制主义作风，以及对外关系中的闭关锁国、夜郎自大，等等。② 邓小平指出："应该明确提出继续肃清思想政治方面的封建主义残余影响的任务，并在制度上做一系列切实的改革。"③

　　特别应当指出，传统文化对于中国军事发展的制约力依然存在，当一些人赞颂传统文化的"和平主义"品格时，却忽视了专制社会长期"以文驭武"、"重文轻武"给日后军队发展带来的严重后果。传统社会后期特别是近代以来，与传统文化正效应的长期休眠相联系，其负效应则日益扩大。"腐败的政治体制和无能的军事官僚，只能继承传统战略文化中的保守性的一面，实行消极防御，封边禁海，放弃海疆。对外敌入侵抵抗不力，甚至不战而退、不战而降，从而给中国近代史蒙上屈辱的阴影。"④ 在社会剧烈变革和转型中，儒学长期扮演了阻碍历史前进的保守角色，因而经常被中国顽固保守势力所利用，成为中国富国强兵的巨大文化制约力量。这种制约力量直至今天仍然存在。固然，走和平发展道路，是总结世界和中国发展的经验与教训做出的正确选择，是中国向全世界作出的庄严承诺。但是，和平发展不等于"泛和平主义"。确实，时下存在一种把"讲和平发展"与"讲安全"对立起来的泛化和平主义思潮，以为战争远去，不存在敌国外患，军事不再重要，等等；在反驳"中国威胁论"时，一味强调和平，把埋头进行经济建设和贬抑军事的地位和作用，作为树立和平形象的

① 《邓小平文选》第二卷，人民出版社 1994 年版，第 331 页。
② 参见孙学敏等：《论邓小平关于党和国家领导体制改革的思想》，《中国石油大学学报》2007 年第 6 期。
③ 《邓小平文选》第二卷，人民出版社 1994 年版，第 335 页。
④ 李际均：《论战略文化》，《中国军事科学》1997 年第 1 期。

代价；一些新儒家不遗余力地发掘古典和平价值观，提出"自强不息，厚德载物"不是"中国特有的精神"，"只有'和合'才是中华民族特有的思想"；[①] 尤其是在军队内部，"建和平军"、"当和平兵"的麻痹思想也大有市场，军队核心能力建设淡化，战斗精神弱化，训练和战备松弛，给军队建设带来诸多不利影响。

回顾鸦片战争以来的历史，中国之所以迟迟难以破除"中国中心"观，现代变革之所以遇到重重阻碍，一个重要原因，就是对现代化的认识滞后。"如果说某些文化因素在今天的经济增长中发挥正面影响，并不能否定儒家文化作为整体在中国现代化进程所起的严重阻碍作用。"[②] 固然，传统文化不能全盘否定，但其希望与出路，则在于能否真正汇入中国社会整体现代化发展的大潮，能否以自身的"再生力"启示新文化的建立，在提高国民素质、振奋民族精神、推动社会全面发展与进步中也使自身获得全面的提升。正如林毓生所说："人性最大的光辉是：我们有天生的道德资质，以及在思想上经由反省而能自我改进的理智能力。今后中国有识之士，必须以这两种内在资源为基础，从认清我们自己特殊而具体的重大问题出发，重建中国的人文。"[③]

"己所不欲，勿施于人"与"天下虽安，忘战必危"的辩证法告诉我们，单靠"和合"，应付不了未来的挑战，也不能完全适应维护国家安全和发展利益的客观要求。实现军事现代化对批判地继承传统文化提出了迫切要求。现阶段是国家发展的重要战略机遇期，也是实现军事现代化的重要战略机遇期。如果国家经济建设跨入了信息时代，而国防和军队建设仍停留于工业时代，那将是一种非常危险的畸

---

① 张立文：《和合学：新世纪的文化选择》，《开放时代》1997 年第 1 期；参见刘宝村：《和合学：对世纪文化挑战的回应》，《社会科学家》2000 年第 1 期。

② 罗荣渠：《现代化新论》，北京大学出版社 1993 年版，第 261～271、228 页。

③ 林毓生：《中国意识的危机》，贵州人民出版社 1988 年版，第 424 页。

型发展。中国要实现富国强兵，固然要吸收世界各国优秀文化，但也要批判地继承传统文化，使传统文化的优秀成分在不断延伸中与现代文明和时代精神相契合，从而在吐故纳新中发生质变，获得新的生命。这一切，都与全面、正确地看待传统文化的现代价值有着密切联系，凸显了改造传统文化对推进军事现代化的重要意义。传统文化是军事发展的重要文化资源，也是军事现代化的内在制约因素。推进传统文化转型，实现文化现代化，是后发展国家国防和军队建设走向现代化中无法回避的话题。

第二章
中国传统文化影响军事现代化的
基本途径

中国传统文化作用于军事现代化的基本途径，是通过它的内在机制发生作用的。中国军事走向现代化的历程，无不映射出中国传统社会的独特性。这种独特性集中体现在传统社会结构系统基础上形成的文化认同机制、作用机制上。正是因为存在这种文化认同与作用机制，才形成了上述所谓"大传统"文化与"小传统"文化的互动，才形成了人们对中国国防和军队现代化的思想认识、心理状态和实际行为方式，从而对中国军事现代化进程发生着实际的影响。因此，了解中国传统文化的认同与作用机制，对于推进传统文化的改造和实现军事的现代化具有非常重要的现实意义。

一、社会原型结构与传统文化的内在机制

作为一个空间概念，中国是典型的大陆地理环境。远古时期，西部高山，北方草原，东方大海，对于人们来说都是不可逾越的天然屏障，所以古代中国人不可能像雅典人那样与外部发生频繁的贸易。加之当时地广人稀，人们最初只在若干地区形成一些生活聚落，部落、

地区之间，也基本处于相对阻隔状态。中国早期国家赖以依存的经济基础是父系氏族公社时期的财产所有制。自给自足的自然经济、家长制家庭、稳定的公社，决定了中国古代社会独特的经济结构。传统文化问题直接涉及社会结构问题。恩格斯指出："每一历史时代的阶级生产以及比如由此产生的社会结构，是该时代政治的和精神的历史的基础。"[①]中国古代社会独特的经济结构，是中国传统文化生成的根源。正是在这种社会结构下，传统文化才形成了所谓大传统与小传统的互动，形成了自身独特的文化留存与认同机制。

（一）中国传统社会原型结构与文化演进机制

在当代中国学术界，人们常提"农业社会结构"、"乡村社会结构"、"封闭半封闭传统社会结构"、"二元社会结构"等概念，有的还把"计划社会体制"、产业结构也包含在社会结构之中。但是，什么是中国传统社会的"原型结构"？中国社会结构的原型，只能是具有5000年（可能更长）历史的以中国农耕经济为基础的宗法社会结构，费孝通称之为"乡土社会结构"。而封闭半封闭社会结构、城乡二元结构、计划社会体制等，无疑都是乡土社会结构在生长期历史中表现出来的具体、特殊表现样式，都是原型的历史派生物。[②]

费孝通在《乡土中国》中指出，乡土社会结构有如下一些比较持久和稳定的联系模式：一是血缘与地缘融合的乡土关系；二是人伦等级差序格局；三是克己复礼生活秩序；四是有教化权力的长老统治；五是政统家天下双轨政治。这不同于西方封建社会结构：中国是专制与集权统一，西方是专制与分权统一；中国是流动性等级，西方是凝

---

① 《马克思恩格斯选集》第一卷，人民出版社 1995 年版，第 252 页。
② 参见周运清：《中国农耕经济变革与乡土社会结构转型的推进——中国社会结构的原型与演化》《社会科学研究》1999 年第 5 期。

固等级；中国重礼治，西方重法治；中国以家庭、家族为本位，西方以个人为本位。乡土结构因以宗族家庭为基础，惯性较强，不易发动起来；一旦发动起来，能量很大，而且旷日持久。① 一百多年来，乡土中国在转型中经历了无数艰难曲折，先后生产了一些具有历史性副作用的畸形儿，如"半封建半殖民地"社会、计划社会和城乡二元体制。经过百余年的斗争，"半封建半殖民地"问题基本解决了，但计划体制和城乡二元体制还有残留。因此，乡土社会结构的转型还将是一个复杂、曲折而艰难的历史过程。

乡土社会结构在历史上不断演进，形成了传统文化的独特演进机制。所谓机制，是一种"结构化方法"，泛指一个系统的构成及内部要素之间相互影响、相互作用的方式，"实质就是系统本身渗透在各个组成部分中并协调各个部分使之按一定方式运行的一种自动调节、变应的功能"。② 如果不是把"文化局限于经济和政治的外在的、附属的现象"，而是"在生存论或人本学的意义上把文化界定为人的基本的生存方式和社会历史运行的内在机理和图式"，③ 就会发现一个民族的文化越来越细化并转化为满足该民族生存与发展需要的价值体系，表现为由习俗、观念、知识、信仰、规范、规则、价值等构成，并规范和调节着个体活动的符号化体系，从而凝结成稳定地规范人们思想、言行的文化模式。这种文化模式的发展，就表现为"一般型"的传统文化演进机制：(1)文化模式。它"以内在的、不知不觉的、潜移默化的方式制约和规范着每一个体的行为，赋予人的行为以根据和意义，并进而影响政治经济活动和历史的进程。"(2)文化危机。随着历史的不断发展和社会结构的变迁，某种"主导性文化模式的失效，

---

① 参见周运清：《中国农耕经济变革与乡土社会结构转型的推进——中国社会结构的原型与演化》《社会科学研究》1999年第5期。
② 孙培人：《社会主义市场经济体制的法律问题研究》，海南出版社1994年版，第6页。
③ 衣俊卿：《现代化与文化阻滞力》，人民出版社2005年版，第84～85页。

即支配和左右人们行为的普遍的文化习惯开始失范，不再能够为人们提供安身立命意义上的生存意义和根据。"(3)文化转型。随着"文化危机深化到一定程度，必定引起深刻的文化转型，即一种主导性文化模式为另一种主导性文化模式所取代。"①建立在这种一般演进机制基础上，中国传统文化通过其特有的"延续与传承机制"和"认同机制"，实现着文化的漫长演进。

（二）中国传统文化特有的延续与传承机制

如果把上述传统文化的一般机理，放在传统中国历史发展进程中来考察，那么，它首先体现在具有特殊的延续与传承机制上。

中国传统社会具有三个鲜明特点：一是农耕经济。这种农耕经济是农民生命的支撑点，也是传统社会结构形成的基础支撑点，还是造就中国人思想观念和人生信念，并经世代遗传进化逐步积淀成他们的日常生活心理，即"小传统"文化系统的支撑点。二是大一统集权政治。秦始皇统一六国以后，建立起君主专制的政治制度，直至清代，中国政治一直受此种政治形态支配。这种专制政治的意识形态，就是以儒学为主脉的专制社会正统文化，即"大传统"文化系统。在专制统治者的操控下，"大传统"文化通过国家意志（法令、纲常名教、科举等）广泛渗入"小传统"文化系统，使后者日趋与前者一致，达成维护专制统治秩序的政治目的。三是家国同构。它是源于原始社会的血缘宗法关系在农业社会与君主专制政治相契合的产物，"亲亲"、"尊尊"、"长长"，以及男女有别的等级思想恰好与儒家的纲常名教形成共振，共同衍生出一种与"家国同构"相一致的社会思想文化。正是在上述农耕经济、君主集权专制、家国同构三者"共融"形成的特

---

① 衣俊卿：《现代化与文化阻滞力》，人民出版社2005年版，第90页。

殊社会结构之下，形成中国社会的超稳定社会结构，即 2000 多年来社会结构未曾有过根本性的变化。而中国传统文化的上层精英文化与下层大众文化有机地整合为一体，它定型和渗透到人们无意识层面之后，形成了一种似乎是天经地义的社会生活逻辑，塑造了中国特有相对稳定的文化结构。这种相对稳定的文化结构，通过它的传统文化延续与传承机制不断延续下来。

中国传统文化的延续与传承机制，历经数千年发展变化，原有体系伴随着中国社会发展，内部不断发生剧烈动荡、裂变、转型、迁延或歧出，既体现为"内源性"自我超越——先秦"诸子百家"学说对夏、商、西周神学文化的超越，汉代以后儒家文化对法家文化的反弹，以及此后儒学体系内部的不断自我超越，又体现为对"外源性文化因素"（印度佛学、近代西学）从排拒、适应、选择到海纳的自我调适。在这一历程中，不可避免地贯穿着来自民族共同体意识深处的阻力和精神上的痛苦，但中华文化并没有完全窒息于传统专制社会"思想操作"的僵化教条中，也没有完全淹没在由外来异质性文化挑战引起的无限义化重组中，而是不断地在更高层次上增生着扬弃自身的文化要素，在内源因素和外源因素的作用下产生着新的文化因子，新文化因子不仅包括对传统的继承，而且不断调整着传统固有的逻辑，呈现着面向未来延展的种种可能性。然而，其内在本源的东西却始终保持着相对的稳定性。①

历史是不能割断的。我们要传承历史，推进中国军事现代化，一个重要前提就是要正视和把握传统文化的延续与传承，认清这种文化的延续与传承中形成的有益于现代化建设的优秀成分。而如果没有历史留存机制，就根本谈不上辨别和发掘、继承和发扬中国优秀传统文化的问题，就会导致历史虚无主义，由此现代化建设就会因缺乏"历

---

① 参见黎民：《文化机制》，《学习与探索》1986 年第 4 期。

史之根"的支撑，丧失其应有的历史和民族底蕴。

（三）中国传统文化的认同机制

文化认同，对于一个民族国家来说至关重要。一个共同体有多大凝聚力和向心力，取决于它有没有足够的文化认同。民族文化认同是中华民族历经几千年发展、战胜无数艰难险阻、形成多民族的统一国家的精神纽带。这种认同机制在今天仍然使传统文化发生着广泛的影响力。不了解这种文化的认同机制，就不可能了解传统文化对军事现代化的作用。

上述传统文化的延续与传承机制，同时也构成了传统文化的认同机制。这里的认同（identity），指一种情感、态度乃至认识的移入过程，是担当不同社会角色与身份的人基于维持群体秩序而共有的信仰与情感，是一种"集体良心"，是人们对某种社会文化的肯定态度或行为，是对"本民族价值的笃信，对本民族生活方式、命运的理解和关注以及对族际关系的认识"，[1] 是将一个共同体中不同的个人团结起来的内在凝聚力。与此关联，文化认同（cultural identity），就是"给定人群的一组有特征的属性，我们就能说，体验到的由个人携带在血液中的文化认同，可以说是众所周知的族群性。它不是被实践的，而是内在固有的，不是获得的，而是先赋的。在最强的意义上，它是用种族或生物遗传的概念表达的。在较弱的意义上，它被表述成传统，或者是每个个体都可以学习的文化遗产，在个体行为的层次上，它确实是清晰可辨的。后者是西方最普通的族群性概念。这种属性最弱的形式是指'生活风格'或生活方式，他可能有，也可能没有传统的基

---

① 邓治文：《论文化认同的机制与取向》，《长沙理工大学学报（社会科学版）》2005年第 2 期。

础。"① 简单地说，就是"民族群体或个体对本民族价值的笃信，对本民族生活方式、命运的理解和关注以及对族际关系的认识等。"② 文化认同具有族群性，但同时，也"是个体拥有的东西，它是特定种类的社会认同的基础，但是，这样的认同从来就不是社会制度的内容。"③ 正是在这种认同作用下，得以使这种传统文化不断传承，使存在于现实中的传统文化"嵌入"现代社会结构、民族思维与生活中，形成一种特定的"构成性文化要素"，发挥着特殊的"要素"功能。不论是在历史上，还是在现实生活中，支撑某种传统文化存在与发展的基层广大民众、上层政治精英，必然同时也会认同这种文化价值，接受这种文化的引领。支撑它，才会认同它，这在逻辑上是必然的。所以，传统文化的延续与传承机制与认同机制，是传统文化整体机制的一体两面。

二、传统文化作用于军事现代化的主要方式

中国传统社会的社会结构、文化传承与认同机制，内在地决定了中国传统文化的本质属性，决定了它在中华民族内部历史的、具体的普适性，因而也就决定了它所具有的现实影响力。基于中国最一般的社会结构而形成的民族特性，不只是存在于中国社会发展的某一历史阶段，而是始终存在和发展着的。作为其基本的构成要素之一，中国传统文化通过文化环境和各种内在要素，作用于中国社会的发展，对军事发展、军事现代化发挥着或显在或潜在的巨大历史作用。

---

① ［美］乔纳森·弗里德曼：《文化认同与全球性过程》，商务印书馆 2003 年版，第 48 页。

② 邓治文：《论文化认同的机制与取向》，《长沙理工大学学报（社会科学版）》2005
年第 2 期。

③ ［美］乔纳森·弗里德曼：《文化认同与全球性过程》，商务印书馆 2003 年版，第 48 页。

（一）传统文化作为影响军事现代化的文化环境

所谓文化环境，是指存在于人类主体周围并影响主体活动的各种精神文化条件状况的总和，主要包括教育、科技、文艺、道德、宗教、哲学、民族心理、传统习俗等状况。[1] 中国传统文化作为军事现代化的文化环境，对军事现代化的作用并不完全是外在的，而是不可剥离的。这种作用主要表现在：

一是影响和塑造军人。文化环境是由人的文化活动造成的。它是变动的，但这并不妨害它在特定时空范围形成相对稳定的特质和状态。处在不断变动中而同时又相对稳定的社会文化，直接影响着人的塑造。人不是命定的、预成的，而是文化环境影响下被塑造的。这种塑造是自动与被动的辩证统一，是人们自我塑造与文化环境塑造的综合结果。人的人格、素质、能力、生活轨迹与结局等，都与这种塑造有着直接的关联。[2] 军人来自于社会，即使走入军营也仍然是社会的一分子。文化环境对军人同样起着多方面的塑造作用。军人在一定的社会文化中存在与成长，社会文化的影响和作用不但是潜移默化、无孔不入的，而且不时地内化为军人本身不可缺少的文化因子，如人格、素质、个性、命运等。因此，在文化环境上下功夫，充分重视社会文化的优化与建构，对军人品格的完善与充实是必不可少的。

二是影响军事现代化进程。社会文化对军人发展的塑造作用，势必影响军队的发展与进步。国防和军队现代化建设处于一个巨大而复杂的社会系统中，文化环境对于军事现代化进程也必然发生巨大的影响，牵动着国防和军队的变革。而随着社会的发展进步所带来的文化

---

① 参见马志政：《文化环境的作用及机理》，《浙江社会科学》1999 年第 1 期。

② 参见马志政：《文化环境的作用及机理》，《浙江社会科学》1999 年第 1 期。

环境的不断改善，也必然推动国防和军队的调整、改革、发展的进步，从而影响军事现代化的历史进程。

（二）传统文化作用于军事现代化的内在要素

人类实践背后有相应的文化支撑，它以知识、价值、思维方式等形式规范着人们的前进路径。文化底蕴不足，经验主义、形式主义和官僚主义等现象就容易泛滥，盲目性、从众性、偏执性也难以避免，社会道德也比较容易滑坡，狭隘自私甚至腐败更容易滋生。不论对社会现代化，还是对军事现代化，文化都内在地发挥着影响作用。传统文化也正是通过这些文化要素渗入军事，影响着军事现代化，构成国防和军队建设的深层文化底蕴。

作为影响军事现代化的内在要素，主要体现在知识系统、价值观体系、思维方法系统等要素对军事现代化的重要影响与制约作用上。文化是作为观念体系而存在的人类认识成果。这种观念体系可以分解为各种不同的文化要素，其中有三项要素更带有普遍意义：一是知识系统。即反映外在世界本质、规律、属性、特征形成理性认识，为军事现代化提供了知识前提和思想素材。列宁认为，无产阶级的新文化、新理论不是从天上掉下来的，它是"人类在资本主义社会、地主社会和官僚社会压迫下创造出来的全部知识合乎规律的发展"。[①] 军事现代化的水平，在很大程度上取决于对包括传统文化在内的文化知识积累的驾驭程度上，没有立足前人、超越前人的知识积累，就谈不上对军事实践领域规律的全面、深刻把握。二是社会的价值观体系。即反映外部世界的价值及意义，形成一系列价值反思、价值评价、价值原则、价值观念，对中国军事现代化起着价值导向和道德规范作用。它决定

---

① 《列宁选集》第四卷，人民出版社 1995 年版，第 285 页。

军事现代化的价值取向。价值观念决定了价值评判者的价值取向。不同评价者持有不同的评判标准、评价取向，必然影响到国家、社会、民众对国防和军队现代化建设的认知态度、支持程度和实践热情，从而影响他们推进军事现代化的全过程。中国传统文化特别是儒学包含着崇尚人文、群体、道义等许多价值观念和原则，它们渗入中国军事，深刻影响着中国军事理论与实践的发展，形成了"以义兴兵"、"以义禁暴"和"倡行义战"的战争观；形成了"以和为先"，以"不战而屈人之兵"的全胜战略观；形成了"重德明礼"、"尚仁钦智"的将帅素质论等。这些思想在今天，对中国军事仍然发挥着巨大影响，也对军事现代化的价值与成效起着重要的评价作用。三是思维方法。即如何认识、通过什么方式认识外在世界的问题。[①] 传统文化体现的特有思维逻辑与思想方法，对于我们怎样思考、从什么基点、角度出发思考军事现代化产生着深刻影响。在古代西方，人们侧重把战争当成一个实体，在揭示战争本身规律过程中提炼观点、思想和理论；而中国传统文化则将义利等道德因素加入到对战争本身的认识中。中西社会对军事认知模式中的这种不同特点，体现了不同的民族思维特点、思维模式、思维方法，由此影响、规约着当代军事现代化的不同发展思路。[②] 上述三方面内容的有机统一构成了文化影响的实质。而传统文化对军事现代化的影响与作用，也主要通过这三个方面体现出来。

三、传统文化作用于军事现代化的基本环节

中国传统文化不仅是通过上述重要文化要素作用于军事，而且通

---

① 参见肖冬松等：《试析文化对军事理论创新的作用与影响》，《中国军事科学》2002 年第 3 期。
② 参见肖冬松等：《试析文化对军事理论创新的作用与影响》，《中国军事科学》2002 年第 3 期。

过诸多的文化环节作用于军事，表现为人们关于国家(包括政权) 观、国家安全和武装力量运用等问题的看法和态度。从历史上看，中国传统文化向社会各个领域渗透并发挥作用，主要是通过影响某一个政权的当政者（国君、皇帝、大总统等）和各级官员来实现的。例如，春秋战国时期法家关于通过变法实现富国强兵的一系列主张，就是通过影响诸侯国（最典型的是秦国）的国君，使国君形成特定的"国家"认知（政权认知、列国关系认知等）、本国的安全认知，以及与此相联系的军事发展认知等，并在这些方面获得国君的认同并授权，上述主张才能得以实行，通过一系列政策、措施落实到军事发展上。同样，汉唐时代中国军事的发展壮大、宋代以后中国军事的衰弱，也都与当时的皇帝、朝臣关于国家（政权）、内外安全和军事发展认知有密切联系。当然，中国古代的"国家"概念，并不是近代"民族国家"意义上的，在当时中国人眼里，世界是以中国为中心的"天下体系"，外国与中国的关系是一种"朝贡关系"，因此不同于近代民族国家体系。鸦片战争以降，"天下体系"与"朝贡关系"走向解体。历史发展到今天，传统文化通过影响国家观、安全观、军事观，从而作用于军事发展本身这一路径仍然没有改变。中国传统文化影响军事现代化的基本环节主要包括三个方面：

（一）通过国家观、安全观、军事观作用于军事现代化

很显然，一个国家的当政者与其他社会民众一样，都生活在文化系统之中，生活在传统文化的影响之下。不同的是，他们对军事的看法、态度，对军事现代化的作用更直接，影响程度更大。国家当政者怎样看待军事现代化，则取决于他们对国家的基本看法，对国家安全、军事力量运用的看法和态度。而当政者对国家（包括政权）、国家安全和武装力量运用的看法和态度，一个重要方面是来源于传统文

化的国家观、安全观、军事观。

历史发展到今天，传统文化通过影响当政者的国家观、安全观、军事观作用于军事发展本身这一路径仍然没有改变。在当代，这种影响既是通过传统文化部分地渗透于国家领导人的思想观念中实现的，如我们提出要建设社会主义和谐社会，建设和谐军营，就是对传统文化中"和谐"观念的扬弃、继承与发展。同时，又是通过知识分子特别是他们中的专家、学者的"研究成果"而上达的。在这些专家学者中，有批判传统的，但他们实际上是在"否定性"的批判中改造着传统文化，是前面讲过的在"批判传统中超越传统"的一批人；有的则高度重视和肯定传统，但他们实际上也在对传统进行不断调适和更新，在"肯定性"研究和承续中改变着传统文化，使之适应现代化发展的要求。可以说，二者是殊途同归，他们的全部"研究成果"无不贯穿着与中国传统文化的内在联系，并由此影响到中国领导人、各级官员的国家观、安全观和军事观。

（二）通过影响大众日常生活作用于军事现代化

日常生活是与每个人的生存息息相关的领域，是每个人无时无刻不以某种方式从事的最基本的活动。

马克思、恩格斯创立唯物史观时反复强调一个重要出发点，就是人们必须首先吃喝住穿，才能进而从事政治、科学、艺术、宗教等社会活动。因此，人们生存和发展的需要，人们自身繁衍和家庭生活的需要，以及满足这些需要的基本社会生产与生活，才是社会历史运行的深刻基础，也是哲学以及一切历史和文化理论的现实基础。日常生活是人们每时每刻都在从事的最基本的活动。20 世纪兴起的以现代化为背景的日常生活批判理论在某种意义上和唯物史观一样，启示了"日常生活批判"的时代内涵：回到大众日常衣食住行、饮食男女、婚丧嫁娶和礼尚往来的具体活动，回到这种生活的内在价值、意义、习惯、知识储备、经验积累、规范体系等，从中批判地考察每一时代的文化，考察大众如何展开自己的消费、交往、思考和生存，如何形成自我同一性，如何把这些文化背景带入公共的、趋近于"大传统"的文化生活中，并由此影响到整个国家社会生活和现代化进程。正因如此，大众日常生活如何作用于传统文化，传统文化又如何影响、浸染了大众日常生活，这种日常生活如何作用于国家的军事发展，就成为我们研究中国军事现代化与传统文化关系所关注的一个重要"问题域"。

千百年来，中国老百姓日常生活世界一直浸染着血缘、宗法、纲常名教等旧习俗、旧传统的深刻影响，这些旧习俗、旧传统形成了他们生活的固有逻辑。尽管随着时代变迁，随着新中国的诞生，这种固有逻辑被逐渐地打破，建国以后特别是"文革"中，我们曾以批"封、资、修"和"破四旧"等方式，试图从社会生活的根部拔除这种固有逻辑的影响，但是，这种固有逻辑仍然以顽强的生命力存活着，并以"变幻存在方式"的方式，扭曲、改变了批"封、资、修"和"破四旧"的原本初衷。历史表明，当日常生活世界的深层基础——农耕经济没有受到根本冲击时，当商品——市场经济没有在大众生活世界真正扎根时，那种几千年来遗留下来的历史逻辑是不会被轻易改变、完全打破的。不仅如此，它还会以各种变化了的形式，抵抗试图改变它的一切努力。改革开放以来，随着商品——商场经济的发展，随着社会现代化进程的加快，随着外面精彩世界逐渐介入大众的原有的生活，随着新时代大众文化开始兴起，日常生活世界的历史才真正开始从根本上发生改变，原来那种固有的历史逻辑才真正受到挑战。当然，这种改变进程还十分艰难而漫长，新旧价值观念的冲突会反复进行，原有日常生活逻辑还在对现代化进行着最后的抵抗，对于中国社会发展和军事现代化进程起着巨大的阻碍作用，因而，社会转型期中国的日常生活批判还必须给以充分关注。①

　　然而，在大众日常生活世界中，也不全然是与历史进步背道而驰的东西，在其深处同样留存着历史积淀下来的另一种声音，留存着源自优秀传统文化影响而形成的民族激情。每逢中华民族面临历史危局或重大灾变时，这种声音、激情就会一再显现出来，展现出对国家和民族命运的深切关注。"天行健，君子以自强不息"，②"天下兴亡，匹夫有责"，③表现的就是中华民族患难与共、守望相助、和衷共济、自力更生、艰苦奋斗的自强精神，是同舟共济、休戚与共，为国家分忧、为国家解难的爱国主义情怀。这种民族自强精神、爱国主义情怀表现在推进国防和军队现代化建设发展上，就是社会大众在日常生活中，基于对国家安全、国防发展、军事现代化的关注而形成的国防意识。在一个国家，国民国防意识的强弱，对国防和军队建设影响非常大，是军事发展的根本精神支撑。与飞速发展的外部世界一样，现在中国的大众文化非常发达，尤其是网络文化方兴未艾，广大民众尤其是青年的国防意识日益增强。而传统文化所筑就的民族精神，恰恰是传统文化的自然衍生物。④

（三）通过影响军事文化作用于军事现代化

　　作为一个国家、一个民族军事实践的产物，军事文化是民族文化的重要组成部分。它是指人们在军事实践中创造的精神和物质成果的

---

① 衣俊卿：《论中国现代化的文化阻滞力》，《学术月刊》2006 年第 1 期。
② 《周易·乾卦·象传》。
③ 参见顾炎武：《日知录·正始》；梁启超：《痛定罪言》，《饮冰室文集点校》（第四集），云南教育出版社 2001 年版，第 2407 页。
④ 参见陈炳焱等：《弘扬中华优秀文化筑起民族心理长城》，《中国军事科学》2002 年第 5 期。

总和，包括军事思想、军事学术、军事传统、军事教育、军事法制、军事科技、军事文艺、军人价值观念、道德风尚和生活方式等。它由一定社会经济政治决定，直接反映着一个国家的军队面貌及其军事实践活动的特点。很显然，作为民族文化的一部分，军事文化离不开传统文化，极具民族品格。中国传统文化对军事现代化的作用，就通过影响一定的军事文化，通过向军事文化、军事思想的渗透来实现。

军事文化中的军事思想、军事理论属于大传统文化系统。历史上，以儒学为主脉的中国"大传统"文化对军事发展的影响，除了春秋战国时期就开始广泛地向兵学渗透之外，最具根本性地，就是它在占据国家意识形态统治地位以后，实现了兵儒合流。兵儒合流从总体上规定了中国传统军事文化的主要特色，儒家学说发挥统治思想的指导作用，规范了军队建设的基本原则，以及用兵的宗旨、目的和对待战争的态度，形成了中国人的国家安全观和军事传统：一是为土地而战形成的陆权主义军事发展观。[①] 陆权主义的军事传统不单是在古代，即使到了今天，还能看到它的影子。在推进中国军事变革的历史进程中，"大陆军"观念时不时地发挥着它的影响力，影响着我军力量结构的调整与完善进程。二是基于文化优越感形成的"守土型"军事发展观。文化优越感的典型表现是夷夏观。所谓"夷狄之有君，不如诸夏之亡也"，[②] 就是在强调夷夏差别，就是说中国礼义昌盛，而夷狄则没有；夷狄虽有君长而无礼义，中国虽偶无君长，就像"周召共和"之年，但礼义却不废，故夷狄即便"有君"，也不如诸夏之"无君"的情况好。不仅如此，这种观念形成了中国政治思想、文化传统中潜在、持续而稳定的认知结构，形成了传统中国独特的"守土型"国防观。三是建立在道德至上主义基础上的"崇德化"与"贬力服"的军事发展观。作为一种伦理型文化，中国

---

① 参见倪乐雄：《二十世纪中国军事现代化的反思》，《寻找敌人：战争文化与国际军事问题透视》，经济管理出版社 2003 年版，第 301 ～ 344 页。

② 《论语·八佾》。

传统文化有崇德尚义的传统，重视"义战"，把是否"出师有名"看得很重。同时，强调以"德"抑"力"的思想，直接导致了忽视国家实力增长、军事实力增长的种种观念，对古代军事发展和近代军事转型都产生了强有力的阻碍作用。四是趋向"内敛"的文化类型形成的防御型军事发展观。以农耕经济为主的中华文明是一种主张和平自守的内向型文化。这种文化取向与中国当时的社会经济、政治形态相配合，就决定了中国在军事发展、军事力量运用上的防御性特征。①

中国现代军事文化离不开传统文化，其发展集中体现在对传统军事文化的批判、改造上。任何新的、先进的军事思想体系，总是受胎于传统社会文化，并在传统社会文化孕育下，通过滤除其糟粕、汲取其精华而形成和发展起来的。"没有希腊文化和罗马帝国所奠定的基础，也就没有现代的欧洲。"②同样，没有对中国传统文化的批判继承，就没有中国现代文化的诞生，也就不会产生中国现代军事文化。而中国现代军事文化，则必然是中国的，有中华民族特色的，是对中华民族文化批判继承、改造创新的文化结果。从思想内容来看，中国现代军事文化与传统文化之间有着极为密切的联系。据统计，《毛泽东选集》引用的中国古籍达105种(其中，《左传》48条，《史记》42条，《论语》22条，《孟子》25条，《汉书》22条)，引用诗文涉及37人。毛泽东活用古训、以史为鉴，处处可见。③如他关于"实事求是"的全新解释，关于统一战线理论与"内方外圆"的思想，关于武装斗争的战略战术等，都是对传统文化特别是传统军事思想的批判继承。④

---

① 参见姚有志:《古代中西军事传统之比较》,《中国军事科学》1995年第3期。

② 《马克思恩格斯选集》第三卷，人民出版社1995年版，第524页。

③ 参见刘伶文、王冬青:《中国传统文化是毛泽东思想的文化源泉》,《武汉工程学院学报》2002年第1期。

④ 参见徐长安:《〈中国传统文化与现代化〉结束语》,《中国传统文化与现代化》,海潮出版社1997年版，第68～74页。

　　广泛渗透着传统文化的现代军事文化直接影响着中国军事现代化。中国现代军事文化是中国先进社会文化的重要组成部分，也是中华民族优秀传统文化在新的历史条件下的必然延伸。它直接影响着中国军事现代化的路径选择，为其提供论证和引领方向。中国现代军事文化是否先进，是否与时代发展和最新战争实践相适应，一方面取决于它吸收现代人类文明成果的状况，另一方面，也取决于它批判地继承、发展本国优秀传统文化（包括传统军事文化）的程度。它只有在广泛借鉴、吸收、总结、提炼人类一切优秀文明成果的基础上，才能成为先进的军事文化体系，才能真正对中国军事现代化起到规范、引领和促进作用。随着时代的发展和进步，中国现代军事文化在现代军事实践活动中发挥着越来越重要的作用，成为影响和提高部队战斗力的重要因素。这主要体现在保证人民军队建设的性质、方向与宗旨，提升部队现代化水平，增强部队的凝聚力和战斗力上。军队战斗力的强弱，不仅取决于军队数量的多少，更取决于质量的高低。军事文化直接反映军队的质量，是军事实践活动的生动反映，如同人的灵魂与血脉，直接渗透和影响各项军事活动，对提高部队战斗力发挥着巨大的作用。在新的历史条件下，积极探索和运用军事文化对提高部队战斗力的有效形式和途径，有助于更好地发挥中国现代军事文化的作用，促进军队的建设与发展，使其对提高部队战斗力发挥最大的效能。①

---

① 参见符廷贵：《论发展先进军事文化与提高部队战斗力》，《中国军事科学》2002年第 3 期。

第二部分
传统国家观、安全观、生死观与军事现代化

如前所述，中国传统文化作用于军事现代化有多种基本途径，如通过执政者关于思想观念、政策取向，通过大众生活以及军事文化，来影响军事现代化。

但是，如果我们进一步分析，就会发现，千流万派、内容庞杂，浩如烟海的传统文化，在当代中国都不占有意识形态主导地位，因而它们对中国军事现代化的影响，并不表现为完整的系统形态，也即不具备"指导思想"的性质。它们以异常丰富的思想观点对军事现代化施加影响，如儒家的"天人合一"、"民惟邦本"、"尚和"，道家的"道法自然"、"无为"，墨家的"兼爱"、"尚力"，法家的"富国强军"，等等，都是以"思想要素"或"基本观点"的方式来实现其对今天人们的影响。从与军事现代化联系的紧密程度来考察上述丰富的思想要素（观点），我们认为，中国传统文化对军事现代化影响比较大的，主要有三大基本观点：

一是中国传统国家观；

二是中国传统安全观；

三是中国传统生死观。

本部分包括第三章、第四章、第五章。主要基于中国军事现代化与传统文化的客观联系，分别探讨中国传统文化的三大基本要素——传统国家观、安全观和生死观的基本内涵和现实取向。其中，第三章主要探讨由传统王权观、王朝观和治世观构成的君主专制社会统治者"三位一体"的国家观，分析这种国家观视野下"家国高于祖国"、"保家国高于保祖国"的基本取向，以及传统"忠君—爱国主义"的内在逻辑悖谬，阐述它与现代民族国家观、爱国主义的本质区别，及其对当代中国人国家意识、爱国主义精神的深远影响。第四章主要探讨中国传统安全观及其基本取向，以及它对中国军事力量运用、国防和军队建设发展的深刻影响；第五章主要探讨中国传统生死观、人生价值追求的基本历史走向，及其对中国国民人生价值取向、精神状态的深刻影响，阐述其对当代中国人忧患意识、尚武精神、军人战斗精神的影响。国家观以及它们对军事现代化的现实影响。可以说，上述"三观"是本书分析传统文化及其军事现代化影响的三大基本视点。

第三章
中国传统国家观及其对军事
现代化的影响

　　现代化发展理论、世界各国现代化的历史经验都表明，一个国家、一支军队的现代化之所以能成功地推进，无不得益于这个国家向现代民族国家的转型，无不得益于其国民现代国家观念的确立。也就是说，"欲建设现代国家，必先有现代之国家观念。"① 然而，历史发展到今天，一些人的国家观念依旧停留在几千年传统社会国家观的水平上。尽管民族认同、国家认同"是凝聚人们思想意识的纽带"，是国家和民族生存与发展的重要动力，② 但是，对一个国家来讲，问题不在于有没有这种认同，而在于这种认同的时代性如何。国家观滞后，必然使关于国家的一系列认识，关于国家与民族认同的理解，包括一直以来提倡的爱国主义教育停留于表面，落后于时代发展的要求。这无助于增强民族内聚力，无助于建立一个现代化的国家，无助于建设一支现代化的军队。

　　国家是人类历史发展到一定阶段的产物。有了国家，就会产生国家观念。国家观（国家观念或国家意识），既是指人们关于国家问题

---

① 肖倩：《国家观念建设问题初探》，《东莞理工学院学报》2004 年第 4 期。
② 肖倩：《国家观念建设问题初探》，《东莞理工学院学报》2004 年第 4 期。

的认知，也是指一个国家的国民对于自己国家的认同。这种认同——民族或国家认同（National identity）会形成一种向心力，使国民保持对国家的忠诚，并对国家生存与发展承担起相应的义务和责任。这种国家观，既可指称传统国家观，也可指称现代民族国家观。现代中国是传统中国的延续，但现代中国的国家观却并不是传统国家观的逻辑发展。这里有一个中国"传统国家观"①向现代国家观演变、转型——从几千年传统国家观中解放出来，确立现代民族国家观的问题。深入研究这个问题，必须先对中国传统国家观进行一番梳理。

一、中国传统社会上层统治者"三位一体"的国家观

关于中国传统国家观，蒋廷黻曾发出这样的疑问："近百年的中华民族根本只有一个问题，那就是中国人能近代化吗？能赶上西洋人吗？能利用科学和机械吗？能废除我们家族和家乡观念而组织一个近代的民族国家吗？"②关于这个问题，陈独秀曾明确断言："我们中华民族，自古以来，独霸东洋，和欧美日本通商立约以前，只有天下观念，没有国家观念。"③梁漱溟认为："中国人传统观念中极度缺乏国家

---

① 本书所说的"传统国家观"，专指中国传统文化中的国家观，而不是当代国际关系理论领域"民族国家衰退论"所指称的传统国家观。民族国家衰退论所指称的传统国家观，即以"国家主权"观念、"民族国家意识"为特征的传统国家观，恰恰是本书中所说的现代国家观。参见刘爱华：《论全球化进程中的国家主权》，《内蒙古社会科学》2002 年第 5 期。

② 蒋廷黻：《中国近代史》，沈渭滨导读，上海古籍出版社 1999 年版，第 2 页。

③ 陈独秀：《我们究竟应当不应当爱国？》，转引自刘军宁主编：《北大传统与近代中国》，中国人事出版社 1998 年版，第 451 页。

观念，而总爱说天下"。① 列文森也认为："近代中国思想史的大部分时间，是一个使'天下'变成'国家'的过程。"② 近代以来，类似上述关于传统中国缺乏或没有国家观的言论，可谓比比皆是，然而这些言论却嫌过于武断。因为，拿现代民族国家的视角去衡量古代中国，本身就不合情理。合乎逻辑的说法应是，中国自古就有自己的国家观，只是这种国家观不同于 1648 年威斯特伐利亚条约之后③ 形成的现代意义上的民族国家观而已。

中国传统国家观包含在其传统文化中。如前所述，中国传统社会有三个鲜明特点：一是农耕经济，二是大一统集权政治，三是家国同构，三者共融，形成一种特殊而稳定的社会结构。这种社会结构反映到传统文化中，极大地影响着中国人的国家观念。源于农耕经济的天人观衍生出传统王权观，源于大一统集权专制政体的天下观衍生出传统王朝观，家国同构的社会特质衍生出传统政治治理（治世）观。传统王权观、王朝观和治世观相互交织在一起，相对完整地呈现了传统社会上层统治者"三位一体"的国家观。

（一）天人观与传统国家观中的王权观

中国传统农耕经济源远流长，可回溯到 6000 年前。农业与气候、地理等自然变化息息相关，"靠天吃饭"使人们必须与一个包含着时令与空间环境含义的"天"打交道，探究"天"与生活在其下的人之

---

① 梁漱溟：《中国文化要义》，《梁漱溟全集》卷三，山东人民出版社 1999 年版，第294 页。

② 列文森：《儒教中国及其现代命运》，任菁、郑大华译，中国社会科学出版社 2000年版，第 87 页。

③ 学术界一般认为，现代意义上的国家，是 1648 年威斯特伐利亚条约之后才产生的。参见任卫东：《传统国家安全观：界限、设定及其体系》，《中央社会主义学院学报》2004 年第 4 期。

间的关系，即天人关系，由此形成"天"、"天人"等观念。这些观念
起初与"神话"（Myth）联系在一起。"任何一种伟大的文化无一不
被神话原理支配，渗透着。"①神话虽然荒诞，却能形成"天人同构"、
"物我同一"等观念，使天下诸多自然与社会现象得到必要的解释。
因此，了解神话，有助于我们寻找文化传统的根之所在，把握先人关
于"人与自然"、"人与环境"观念的变化与发展史。中国神话中的创
世、洪水、战争以及各种自然神话，都渗透着这方面的内容，表达
了人与天、与神和谐沟通，②从而避免天人冲突（干旱、洪水等灾害）
的愿望。③

　　随着历史的发展，"天"、"天下"、"天人"等观念逐渐进入中国
的典籍文化，即"大传统"文化，转化为具有哲学意蕴的天人观，
形成了系统的"天人合一"与"天人感应"思想。天与人"合一"与"感
应"，既包含以元气本体论为基础的朴素自然观，也包含天命神权论
和天命王权论。后两者使天下的"王"——"帝王"、"皇帝"成为
"天子"，独"步于上帝"，"格于皇天"。④这样，代表天下黎民沟通
上天的主角，便由巫师转向"天子"即帝王。在古代，任何人都可
借助巫与天通。自"天地交通断绝"之后，只有控制沟通手段的人，
才握有统治的知识即权力。于是，巫师便成为宫廷必不可少的成员，
帝王成为众巫的首领。⑤由此，起源于农耕经济的天人观开始导向王

---

① 卡西尔：《国家的神话》，华夏出版社 1999 年版，第 5 页。
② 比如，所谓"建木在都广，众帝所自上下，日中无景，呼而无响，盖天地之中
也。"（《淮南子·地形篇》）黄帝所植的神奇"建木"，可供伏羲和太昊由此上下
于天地之间。昆仑山也被看作"天梯"，登上山的第三层（山巅），便可通达天帝。
"昆仑之丘，……或上倍之，是谓悬圃，登之乃灵，能使风雨；或上倍之，乃维上
天，登之乃神，是谓太帝之居。"（《淮南子·地形篇》）
③ 参见林伟：《中国古代神话中的"天人关系"辨析》，《江苏社会科学》1999 年第 5 期。
④ 《尚书·大传》、《尚书·周书》。
⑤ 参见张光直：《美术、神话与祭祀》，郭净译，辽宁教育出版社 2002 年版，第 126 页。

权观，天人合一演变成"天王合一"。西周盛行天王合一观念，王的
地位特别重要。"天生丞民"①，但只有周王才是天之子，才"受天有
大令（命）"，②才"奄有四方"。③春秋已降，"道术为天下裂"，④地域
文化并峙，学下民间。民众在社会变动中作用上升，使"天人合一"
比以前有了更多的理性因素。然而，这种合一仍不能普及到大众，
只有圣人才能通过认知，把握天人的本质和规律，进而与天合一。
这种合一，主要是以"体道"、"修道"通达"天道"、"地道"与"人道"，
实现"知道"、"得道"、"有道"。作为道的人格化，圣人具备无数崇
高品性，如合天、体道、至明等，因而最有资格首居天下，做王。
"得道者得天下，失道者失天下"即是传统文化特别是儒学制造的"圣
王合一"理论。⑤儒学不仅把圣王合一诉诸于"先王"，也冀望于"后
王"。也借于此，扫平六国、一统天下的秦始皇除宣扬武力外，还强
调"原道至明"、"体道行德"、"诛戮无道"，⑥统天、道、圣、王于一
身。汉武帝时，董仲舒借先秦子学特别是阴阳五行说，比附自然现
象论证"天人感应"，证明"君权神授"。他主张"天者，百神之君"，
"受命之君，天意之所予也。""天子受命于天，天下受命于天子"。⑦
他以阴阳流转与四时相配，导出"三纲五常"，为维护君主集权专制
提供了理论工具和逻辑范式。

---

① 《诗经·大雅·先民》。

② 西周青铜器《大盂鼎》铭文。

③ 《诗·周颂·执竟》。

④ 《庄子·天下》。

⑤ 参见刘泽华：《天人合一与王权主义》，《天津社会科学》1996 年第 4 期。当然，
孔子后来也成了"圣人"，但这只是后世圣王留给逝者的一个封号罢。给死人授
予荣誉称号并不付出太多的成本，还能为在位的圣王脸上贴金，鼓励后来的儒士
甘心做圣王治下的"君子"。

⑥ 《史记·秦始皇本纪》。

⑦ 《春秋繁露·效义》；《春秋繁露·察名号》；《春秋繁露·为人者天》。

可以说，王权至上、"朕即国家"，是传统国家观的"第一个逻辑"。在此逻辑框架下，帝王天然具备圣人的全部品性，得以"驭海内"、"察四方"、"理万物"。由是，国家认同就体现为君主认同。如果说任何国家都有主权象征的话，那么，帝王就"是国家的象征，……帝国者，君主之国也"。[①]"'臣节者人臣事君之大节'"。[②] 这种由天人观衍生出的王权观贯穿于整个传统主流文化，成为历代正统思想家高扬"道"的旗帜。尽管少数思想家有时也把帝王视为道的对立物，以道批王，主张道高于君，"从道不从君"，[③] 还常以道抗君命，甚而以有道伐无道，但是，与某个帝王发生冲突，不等于与整个帝王体制冲突，他们总体上是肯定帝王体制的。他们所谓"民本"，如以民本为逻辑起点的"汤武革命"，[④] 也只是"君本"制约下的"民本"。在他们眼里，如果没有帝王天下就会大乱，"乱莫大于无天子"。[⑤] 有了帝王天下才有秩序，才能体现道统，"天下有道，则礼乐征伐自天子出；天下无道，则礼乐征伐自诸侯出。"[⑥] 故道与王制不可分，王甚至高于道，"无王道可也，不可无天子。"[⑦] 为达成王与道统一，文人学士们用哲学、历史、道德等方法异口同声地论证王通天人，"是以立天地之道……立人之道"，制造帝王的神圣性与王权的合法性。

---

① 方维规：《"民族"辩——兼论民族主义与国家》，陆晓光主编：《人文东方——旅外中国学者研究论集》，上海文艺出版社 2002 年版，第 581 页。

② 陈垣：《通鉴胡注表微·臣节篇第十二、伦纪篇第十三》，科学出版社 1958 年版，第 222 页。

③ 《荀子·子道》。

④ 李畅然：《孟子的民本思想和平等倾向在晚清的凸显与局限》，《北京大学学报·哲学社会科学版》2006 年第 6 期。

⑤ 《吕氏春秋·观世》。

⑥ 《论语·季氏》。

⑦ 《李觏集·佚文》。

（二）天下观与传统国家观中的王朝观

天人观本身就包含着天下观。古人关注"天"，目的却不在天，主要在于"天下"。"观乎天文，以察时变；观乎人文，以化成天下。"①人文源自天文，因为"时变"藏于天文，只有"观天文"、"察时变"，才有可能"化成天下"。人文与天文相呼应，与"化成天下"直接关联，表明中国人有了自己的天下观。

正如天人观渗透、贯穿着传统王权观一样，传统天下观也与人间的王权统治内在地联系在一起。而把它们联系在一起的，就是古代"大一统"王权政治，尤其是秦汉形成的大一统中央集权君主专制。没有大一统，就无所谓天下观。孔子当年作《春秋》，首书"春，王正月"。②《公羊传》释："何言乎王正月？大一统也。"③帝王布政施教，头等大事就是重建正朔，如夏以建寅之月为正，商以建丑之月为正，周以建子之月为正。通过建正朔，以新的开端承奉天命，统万民于王道，此即"大一统"④。此大一统，在秦汉受到高度重视。但是，秦汉时期的大一统，内涵已与《公羊传》大异其趣。《公羊传》经孔门后学的流传，所依托的历史背景是西周分封制，而秦汉大一统，则是一统皆为郡县，"海内为郡县，法令由一统"⑤。以"一统"为"大"者，就是以中央集权郡县制"总持其本，以统万物"⑥，达成"六合之内，

---

① 《易·说卦传》；《易·系辞》。

② 参见晁岳佩：《〈春秋〉说例》，《古籍整理研究学刊》2000年第1期。

③ 《公羊传》隐公元年。

④ 参见江湄：《从"大一统"到"正统"论——论唐宋文化转型中的历史观嬗变》，《史学理论研究》2006年第4期。

⑤ 《史记·秦始皇本纪》。

⑥ 《管子·五行》尹知章注。

皇帝之土","人迹所至，无不臣者"，[①] 真正实现国家在政治和文化上的高度统一。此即秦汉"大一统"的基本立场。

从思想史上看，大一统观念在中国出现颇早。自五帝起，声教德化就已远及于天下四海。[②]《书·益稷》记载："光天之下，至于海隅苍生，万邦黎献，共惟帝臣。"《书·禹贡》亦曰："东渐于海，西被于流沙，朔南暨，声教讫于四海。"孟子将"天下"与"四海"相联系，声言"三代之得天下也以仁……天子不仁，不保四海"。[③] 但是，这种大一统天下观，只是一种理想局面，随着时代的发展，单靠西周时期的分封制已经无法维持。这也许就是为什么李斯等秦廷大臣主张一统必须与郡县制相联系，实行车同轨、书同文，统一度量衡、货币乃至社会风俗，强调"灭诸侯，成帝业，为天下一统"[④] 的根本原因；就是为什么汉承秦制，统一赋税徭役、军事、法律、文教行政体制，重建中央集权郡县制帝国的根本原因；就是为什么董仲舒继承先儒大一统思想，重释《春秋公羊》，提出大一统新说，及其学生司马迁撰《史记》，建构自黄帝以来大一统中国通史体系和天下体系的根本原因；就是为什么历代王朝大多以此为"正统"，特别是宋明以后理学持"天理"论"正统"，以蜀汉为三国之正，斥"夷狄"不得为正的根本原因。[⑤] 事实表明，不是《春秋公羊》大一统天下观孕育了中央集权君主专制，而恰恰是新的社会存在——中央集权君主专制改铸了先秦大一统天下观，形成了新的、被此后历代王朝奉为正统的王朝天下观。从国家观

---

① 《史记·秦始皇本纪》。
② 参见葛志毅：《论大一统与严夷夏之防》，《管子学刊》1997 年第 1 期。
③ 《孟子》卷八，《离娄章句下》。
④ 《史记·李斯列传》。
⑤ 参见江湄：《从"大一统"到"正统"论——论唐宋文化转型中的历史观嬗变》，《史学理论研究》2006 年第 4 期。当然，对于所谓正统也有另论，如苏轼所说："夫所谓正统者，犹曰有天下云尔"。(《苏轼文集》卷四，《正统论》，中华书局 1986 年版)

的视角看，这种王朝天下观，透视出了传统国家观中的两种观念：

第一，**王朝即国家**。与"朕即国家"一样，"王朝即国家"也是古代国家观的核心内容。王朝由某姓君主统系，王朝在则国家在，王朝亡则国家亡。所谓"自古无不亡之国"①的"国"，只能是一个又一个王朝。在传统中国，人们把某姓王朝作为效忠对象，"不知国家与天下之差别"、"不知国家与朝廷之界限"、"不知国家与国民之关系"。②宋以后每朝覆亡之际大量"遗民"的出现，均是将朝廷等同于国家思想影响的明证。对此，近代《清议报》"本馆论说"指出："我支那从来并无国号，……二十四朝之朝号，并非国号也。历来与外国交涉，专以朝名为国名之代表"。③梁启超认为，中国"岂尝有国家哉，不过有朝廷耳。我黄帝子孙……既数千年，而问其国之为何名，则无有也。……夏、商、周、秦、汉……唐、宋、元、明、清者，则皆朝名耳。"④我们当然不能否定一个"事实中国"的存在，朝廷与国家在逻辑上当然有别，但是，在古代中国，朝廷与国家确实混在一起，成为"一统一体之天下"。⑤因此，我们认为，王朝观与王权观一样，是中国传统国家观的重要内容，是王权观的自然逻辑延伸；君主认同、王朝认同，都是古代中国人国家观念的重要表达方式。

第二，**王朝至上**。王朝至上，天下一统，是二千多年中国传统国家观的主流。历史地看，大一统集权政治王朝天下观的形成，标志着中华文明已为自身发展确立了文化价值原理，对中国历史作出了一以贯之的整体性把握；以儒家为主脉的"大传统"文化成为正统意识形

---

① 《魏书·孝静帝纪第十二》。
② 梁启超：《中国积弱溯源论》，《饮冰室文集点校》第二集，第 671～673 页。
③ 《论支那人国家思想之弱点》，《清议报》第 93 册，中华书局 1991 年版，第 4669～4670 页。
④ 梁启超：《饮冰室文集（第五册）》，中华书局 1989 年版，第 91～10 页。
⑤ 参见陆晓光主编：《人文东方——旅外中国学者研究论集》，上海文艺出版社 2002 年版，第 581 页。

态，论证和支撑了帝国普世性、正义性的逻辑与权威。① 与此相联系，继先秦中原华夏族群界限不断外展，秦、楚、吴、越等族逐渐纳入华夏之后，秦始皇藉横扫六合之余威，四方征伐，使华夏界限再度拓展。至西汉武帝开疆扩土，疆域达于中原农耕族群所能生存、华夏帝国行政力量所能控制的政治地理极限。加之魏晋以后的历次民族大融合，最终以化夷为夏的方式中维护和促进了中国政治与文化的统一，成就了晚周秦汉知识分子所企望的天下一统、四海一家的生动局面。因此，不论从中华文化发展看，还是从中华民族发展看，传统王朝天下观的确立，在时间上使一切复杂歧异的历史事项有了本质同一性，在空间上形成了以"中国"为中心、以"华夷之辨"为差序格局的华夷天下体系。② 这个体系展现了"自从盘古开天地，三皇五帝到如今"的宏大叙事，但它同时也使传统国家观渗入了一种王朝至上主义倾向。

天朝至上，在当时的中国人眼里是很自然的。即便是孔子，也认为"夷狄之有君，不如诸夏之亡"。③ 对此，皇侃《论语集解义疏》指出："重中国，贱蛮夷也。诸夏，中国也。亡，无也。言夷狄虽有君主，而不及中国无君也。……诸夏有时无君，道不都丧，……有君无礼，不如有礼无君也。"④ 这种优越感就是王朝至上主义。但它作为一种"有礼"的优越感，并未对夷狄构成实质性伤害，只是提倡以"礼"化"夷"，使成诸夏，德化天下。因此，虽然古代中国人没有真正到

---

① 参见江湄：《从"大一统"到"正统"论——论唐宋文化转型中的历史观嬗变》，《史学理论研究》2006年第4期。
② 参见于逢春：《华夷衍变与大一统思想框架的构筑——以〈史记〉有关记述为中心》，《中国边疆史地研究》2007年第2期。
③ 《论语·八佾》。夷狄不如诸夏，就算夷狄有君，但他们无礼，也比不上诸夏无君。（参见李零：《丧家狗——我读〈论语〉》，山西出版集团·山西人民出版社2007年版，第89页）
④ 转引自李零：《丧家狗——我读〈论语〉》，山西出版集团·山西人民出版社2007年版，第91页。

达全世界，却在经验和想象中很自豪地建构了一个"世界"，即以中国为文明中心，大地仿佛棋盘，由中心向四边荒芜夷地延伸的天下体系。① 这个天下在战国时指"九州"、"五服"，② 大体包括今河北、山东、江苏、湖北、湖南、河南、四川、陕西、山西等地及其周边可能外展之域。此后两千多年，中国基本上以九州为中心，东向大海，西临高原雪山，北至冰天雪地，加上匈奴、突厥、契丹、女真和后来的满族，南为丛林……。这就是当时人们心中的"世界"。③ 虽然邹衍早就提出过"大九州"说，想象中国所在的"九州"只占天下1/81，叫"赤县神州"。不过，这并没有改变中国人的天下观。他们长期高居天下之中，俯视四方蛮夷。这种情况在秦成大统以后两千多年里，曾遇到几次更新的契机：如汉代张骞出使西域、甘英到达波斯湾，把中国人对外界的知识扩大到整个亚洲以至欧、亚之间；再如印度佛教传入，本应使中国人认识到世界上可能有两个以上的文明中心，打破那种以中国为唯一文明中心的王朝至上主义；还有16世纪意大利传教士利玛窦来华，传入具有近代意义的世界地图，明白地告诉中国人世界不是平的，而是圆形的；世界非常大，中国只居亚细亚1/10；中国不一定是世界中心，传统"天下"、"四夷"说不成立，域外可能有其他更文明的国度。④ 但这些都没有唤醒中国人的"天朝上国"梦，也没有改变他们的王朝至上主义天下体系。即便是面对标明世界"万国"实际存在的地图，很多守旧大臣、学士也依然故我，攻击它有意夸大外夷而丑化中国，明朝万历皇帝也只是乐于把《坤舆万国全图》当作装

---

① 参见葛兆光：《古代中国社会与文化十讲》，清华大学出版社2002年版，第2页。

② 参见《尚书·禹贡》。

③ 参见葛兆光：《古代中国社会与文化十讲》，清华大学出版社2002年版，第3～5、11页。

④ 参见葛兆光：《古代中国社会与文化十讲》，清华大学出版社2002年版，第10～22页。

点自己宫廷的屏风而已。

随着历史的发展，当人类社会突破了古代农耕文明发展的历史界限进入近代工业文明，当西方诸国纷至沓来时，上述优越感和天朝上国的自信，反而遮蔽了中国"看世界"的眼睛，阻滞了中华民族继续前进的脚步。今天，当我们回溯秦汉以来的传统国家观、大一统思想体系，尽量发掘其中有利于促进国家统一、民族团结、富国强兵的积极成分时，也不能忽视这一植根于两千余年集权君主专制的王朝观、华夷观的历史局限性和消极影响。这也许正是近代以来包括梁启超在内的仁人志士们为什么将批判的矛头直指传统国家观中的王朝正统、华夷格局的专制性格，视之为构建民族国家所必需之"国民意识"的观念障碍，[①] 必欲清除之的真理性所在。

（三）家国同构与传统国家观中的治世观

由上可见，在中国传统国家观中，王权观和王朝观的确立，内在地贯穿着一条"从上到下"——从"天"到"人（王）"，再到"王朝（天下万民）"，也即从"'神本'到'君本'"，再到君本制约下的民本[②]的逻辑线索，这是以儒学为主脉的中国"大传统"文化的一个重要思想指向。但是，要真正巩固和维持君主专制，不仅要在上天、神界及其与王（朝）的联结中找到合法性根据，还需要把这种专制统治与天下万民的现实生存联系起来，从黎民百姓的日常生活——"小传统"文化中找到合法性基础。这样，传统国家观才能在理论上找到与上述"从上到下"逻辑线索相衔接的"从下到上"的逻辑回路。而这个逻辑回路，就存在于传统中国"家国同构"的社会现实中。

---

① 参见梁启超：《中国积弱溯源论》，《饮冰室文集点校》第二集，第 671 ~ 673 页。

② 参见王四达：《从"神本"到"君本"——试析中国古代"人文"的渊源流变及其本质》，《哲学研究》1999 年第 9 期。

中国宗法家族制度历史悠久。西周时期，宗法制就是礼制的重要内容。"始于家邦，终于四海"，[1]"刑于寡妻，至于兄弟，以御于家邦"。[2] 那时存在许多宗法制小国，时人也叫"家邦"。国以家为基础，以血亲、姻亲甚至"拟亲"分衍维系，国（诸侯）装在家（天子之家）里。有鉴于此，孔子积极鼓吹"以家治国"。春秋时期，出现了自主组织生产和生活的个体家庭。秦汉以降，宗法制度被破坏，但家还在，是国家之下有如细胞的东西，是小家。[3] 但是，正如把一堆马铃薯集中起来需要一只大口袋一样，分散的农耕个体经济基础决定了建立一种高度集中的政治体制的必然性。即是说，在整个中国古代，农耕经济形态始终凸显了家族（家庭）的重要性。家族形式虽然有某种变迁，但其得以世代接续的以父家长为中心、以嫡长子继承制为基本原则的规范却基本没有变。族长、家长在家族组织、个体家庭中拥有财产支配权、成员管理权和思想专制权，其他成员都隶属于家长。"亲亲、尊尊、长长，男女有别，人道之大者也。"[4] 人们在相应位置尽职尽责，安伦尽分，是最起码的原则。社会以家庭为圆心，家和国成为仅有的两种起决定作用的单位，朝廷注定要把家庭作为根本依托与整合对象。也就是说，家与国的近距离"接触"和"对峙"，为"家国同构"关系的形成和延续提供了必要的历史条件。[5] 朝廷要强化政治权力，反映到制度设计上，必然要求血缘家族承担政治、经济、法律、宗教等多种权力功能，使族权、父权、夫权与政权结合，达成对人身的严密控制。由于古代家礼的实质，是将个人固定在家族宗法关

---

① 《尚书·商书·伊训》。

② 《诗·大雅·思齐》。

③ 参见李零：《丧家狗——我读〈论语〉》，山西出版集团·山西人民出版社 2007 年版，第 55 页。

④ 《丧服·小记》。

⑤ 参见舒敏华：《"家国同构"观念的形成、实质及其影响》，《北华大学学报（社会科学版）》2003 年第 2 期。

系之中，贯穿其中的是以传统家族至上的群体意识和父家长制下的等级差序，这种等级差序及其观念对维系社会等级秩序具有重要作用，因此，统治者便把家庭伦理移植于政治生活，"移孝作忠"，① 进行了一系列"忠孝一体"、"宗法礼制"、"以礼治国"、"以德治国"的制度化设计，以此树立君父权威，强化其政治统治，最终形成了"家国一体"的社会治理结构。

由家及国的逻辑，是由伦理到政治的逻辑。而主导这一"政治建构"的思想体系，主要是儒家伦理学说。儒学历来主张推己及人，由内圣而外王，将调解血缘关系的伦理准则引入社会政治关系。"君者，国之隆也；父者，家之隆也。隆一而治，自古及今，未有二隆争重而能长久者"。②"忠臣以事其君，孝子以事其亲，其本一也。"③ 家是缩小的国，国则是放大的家。建立在家族制度基础上的国家如同父家长领导下的一系列家庭成员组成的大家庭，这个家庭的各种职能都有宗室成员来负责，皇上便是这个大家庭的家长。西汉强调和倡导忠孝观，董仲舒等儒士主张，统治者倡导人们尽忠，最佳办法莫过于推崇孝道，推行"以孝治天下"。④ 诚如陈独秀所言："宗法社会之政治，郊庙典礼，国之大经，国家组织，一如家族，尊元首，重阶级，故教忠。"⑤ 黑格尔也说："中国纯粹建立在这一种道德的结合上，国家的特性便是客观的家庭孝敬。"⑥ 正出于"以孝治天下"的需要，以董仲舒为代表的儒家将神权、王权、父权合一，集先儒相关思想之大成，建

---

① 樊浩：《儒家和谐伦理体系及其道德哲学意义》，《道德与文明》2007 年第 6 期。

② 《荀子·致士》。

③ 《礼记·祭统》。

④ 《孝经·孝治章》。

⑤ 陈独秀：《东西民族根本思想之差异》，《独秀文库》，安徽人民出版社 1987 年版，第 28 ~ 29 页。

⑥ 黑格尔：《历史哲学·东方世界·中国》，转引自张如珍、张学强：《挖掘传统家庭教育思想构建新型家庭教育模式》，《西北师大学报·社会科学版》1995 年第 3 期。

构了"三纲"、"五常"，以及"五伦"、"六顺"、"七教"、"十义"等
一整套繁琐而严密的伦理体系，体现了"伦理关系与政治关系的契合，
社会关系与个人道德意识的契合，……使整个社会都置于封建伦理道
德的严密规范之下"。① 这就是传统国家观中的治世观。

这一传统治世观，既是对"天—人（王）—王朝（天下万民）"
理论逻辑的贯彻，又充分体现了下层"小传统"向上层"大传统"的
移植，形成了"从上到下"又"从下到上"逻辑互置。按照这一逻辑，
国家的等级治理与家庭的等级差序相互渗透，家庭的伦理与国家的专
制、下层"小传统"与上层"大传统"交互作用，共同维系着传统社
会秩序的稳定。由此出发，统治者以"家庭—国家"为路径，② 建立了
高度集权的君主专制制度、严密的官僚管理体系，形成了以德治为导
向的政治治理模式和以人治为特征的治世传统。③ 一是血缘关系与政
治关系形成紧密联结。在中国传统社会，一方面形成了一种自上而下
的等级关系。"皇族高于普通的宗族，在政治、经济和文化上享有特
权。族权必须仰视王权，宗族必须依附皇族，宗法血亲关系必须置身
于国家的政治影响之下。"④ 另一方面，又形成了由内而外的宗族血亲
粘连。以"个人—家庭—家族—宗族"的由内而外的血亲关系，构成
了传统社会最基本的隐蔽式的粘连网络。⑤"宗法血亲关系网罗一切，

---

① 谢长征、李敏：《论中国古代家国同构与腐败的关系》，《广西社会科学》2003 年
第 11 期。

② 参见魏建国：《古代中国与西方"家与国"关系结构的差异及对法律秩序内涵的
影响》，《山东社会科学》2005 年第 7 期。

③ 参见谢长征、李敏：《论中国古代家国同构与腐败的关系》，《广西社会科学》2003
年第 11 期。

④ 参见沈大德、吴廷嘉：《黄土板结——中国传统社会结构探析》，浙江人民出版社
1994 年版。转引自王世雄：《中国传统社会的政治特征及其近代转型》，《新东方》
1998 年第 5 期。

⑤ 参见陈曼娜：《中国传统社会政治结构及其在近代的转型》，《史学月刊》1996 年
第 2 期。

任何人和任何力量都无法拒斥它的约束力。""徭役按家摊派，社会成员一旦犯法即可由一人而株连全家甚或全族。"① 同时，宗族和宗祠又具有"准官府"的功能。国法通过家法渗透到社会各角落，行使暴力镇压职能，人们通过家法认识国法，切身感受到国家专政机器的铁拳远在天边，近在眼前。② 而朝廷也因此获得了宗法伦理的认同和拱卫，得以统摄万民于其下。二是国家管理以"金字塔"式的官僚体系来完成。家国同构、高度中央集权的政治体制，必然要求建立一套类似于宗法制度的严密等级管理体系。"下所以事上，上所以共神也。故王臣公，公臣大夫，大夫臣士，士臣皂，皂臣舆，舆臣隶，隶臣僚，僚臣仆，仆臣台"，③ 就是强调下对上的忠、民对官的服从。秦以郡县统一全国，"专制政体——官僚政治"模式得以确立，形成了君主凌驾于顶端的、"金字塔"式的、分工细密的庞大官僚体系，直至清代中国社会一直受此官僚体系支配。正如马克思所说："国家已经只是作为由从属关系和盲目服从联系起来的各派官僚势力而存在。"④ 这个官僚体系从属于君，通过层层贯彻皇帝圣谕体现自身职能，扮演着统治工具的角色。其中，有的官僚会"守其业，当所言"。⑤ 但多数官僚总要攫取更大的权力和利益。⑥ 他们"无疑是一些分别利用政治权势侵渔人民的小皇帝。"⑦ 这种官僚体制达成了大小官吏对皇帝的效忠和依赖，形成了地方对中央的"辐辏"之势，实现了统治集团对整个国家的统一管理。三是形成以儒学教化为表现形式的特殊"政教合一"。

---

① 王世雄：《中国传统社会的政治特征及其近代转型》，《新东方》1998 年第 5 期。

② 王世雄：《中国传统社会的政治特征及其近代转型》，《新东方》1998 年第 5 期。

③ 《左传·昭公七年》。

④ 《马克思恩格斯全集》第 1 卷，人民出版社 1958 年版，第 302 页。

⑤ 《韩非子·二柄》。

⑥ 参见刘泽华、汪茂和、王兰仲：《专制权力与中国社会》，吉林文史出版社 1988 年版，第五章第一节。

⑦ 王亚南：《中国官僚政治研究》，中国社会科学出版社 1993 年版，第 61 页。

任何政治运作，都需要一种主导思想文化来阐释、辩护与配合，作为国民教化的工具。与西方相比，传统中国没有生发出系统的本土宗教信仰。西方悠久的人性恶（"原罪"）假定，使其在政治生活中倡导正视人生的阴暗面，以上帝至善反照人的缺陷与邪恶，鞭策人努力向善，力图在制度设计上加强对人（特别是掌权者）的提防。[1] 而在古代中国，虽然先哲对人性阴暗面也有警觉，但有主流文化总体上对人性作了正面肯定。[2] 儒学认为人皆有善端，并有向善无限发展之可能，通过内省和践行达成内在超越，由内圣而外王（皆可成尧舜），实现天下大治。[3] 这样，它不需要引申出一套类似西方的外在制度来制约权力，只需要把一切控制手段伦理化，把一切伦理手段泛政治化即可。就是基于这种道德意图之可能的设定，并依托家国同构的社会土壤，儒学才特别关注社会礼仪制度的稳定和个体道德人格的提升，倡导"以家治国"、"以德治国"、"以人治国"，推动"移孝作忠"，在大一统框架内充分发挥维护社会稳定特别是专制秩序的作用。只要这种社会框架不变，它就会持续地发挥这种作用。如此，汉武帝才"罢黜百家，独尊儒术"（后世主要朝代持续推动了这种儒化），使之上升为国家意志，使其"礼"法律化、"纲常名教"制度化，[4] 并全面渗入上层政治生活和下层日常生活，成为与君主专制相辅相成的"国教"，展示了一种特殊形态的"政教合一"。这种"政统"与"道统"的结合，"从制度和文化两个角度稳固了家国关系中的粘连状态和等级状态，塑就了中国传统社会政治的特殊坚固性和高度成熟性"，[5] 增强了统治者的治理和控制程度。

---

[1] 参见朱学勤：《道德理想国的覆灭》，生活·读书·新知三联书店 1994 年版，第二章。

[2] 参见叶传星：《论法制的人性基础》，《天津社会科学》1997 年第 2 期。

[3] 参见李振纲：《董仲舒思想五题》，《河北学刊》1999 年第 1 期。

[4] 参见干春松：《儒家制度化的形成和基本结构——对于儒家的一种新的解释方式》，《哲学研究》2001 年第 1 期。

[5] 王世雄：《中国传统社会的政治特征及其近代转型》，《新东方》1998 年第 5 期。

　　总之，上述传统王权观、王朝观和治世观，呈现了传统国家观的独特性。它所反映的集权专制政治治理体系、模式和传统，在中国延续了两千多年，并深植于专制王朝"大传统"文化与大众寻常伦理"小传统"文化的同构互动中，演变为规约中国人行为的常道法则，涵化为社会成员的集体意识，形成了一系列"政治喻论"。①"当国家稳定时，国家组织原则的信息在宗法家族中长期保存，而当国家危机时，宗法族制便成为国家修复的基础。"②只有联系传统宗族与国家同构、朝廷与家庭"两庭结合"、仁政与礼教"政教合一"的政治文化，才能进一步深入理解和把握中国传统国家观，并由此透视出这一国家观对中国社会与军事发展的基本立场、态度和取向，以及这种基本立场、态度和取向对当代中国军事现代化的深远影响。

二、"家—国"的断裂与"忠君—爱国"主义的悲歌

　　前述已明，传统国家观所包含的王权观、王朝观及其治世观，鲜有与现代民族国家观相通的要素。但这只是它的"显学逻辑"。如果我们超越上层统治集团维护自身利益的政治维度，进一步全面、完整地考察传统文化中包含的国家观思想，就会发现王权至上、王朝至上和德化治理这种"显学逻辑"或政治取向，还掩盖、隐去了一条超越王朝更替时空界限的"大历史"主线——关于中华民族上下五千年延

---

① 如以"父"喻"君"的"政治父子喻"、以"身"喻"国"的"政治身体喻"、以"烹小鲜"喻"治大国"的"政治烹饪喻"、以"运掌"喻"治天下"的"政治运掌喻"、以"牧民"喻"治民"的"政治放牧喻"、以"鹿"喻"帝位"的"政治狩猎喻"、以"行舟"或"治水"喻"君臣"或"君民"关系的"政治治水喻"、以"五行"（"五德"或"三统"）喻"朝代"的"政治兴替喻"，等等。参见张颂之：《中国传统政治诸喻论》，《孔子研究》2000年第6期。
② 马庆钰：《中国传统政治文化的发展逻辑》，《政治学研究》1998年第2期。

续与发展的观念。作为一种深层民族心理积淀，它宛如由古及今、奔流不息的长江大河灌注于中华民族血脉，时隐时现地出现于传统"大传统"文化谱系即经史子籍和文人政论中，渗透于民间"小传统"文化谱系即传说、习俗和心理倾向中，成为一种未见自觉的"祖国——中国"意识。这种意识作为传统国家观的"隐性内涵"，虽然被压抑和遮蔽着，但却始终与中华民族的辉煌与苦难存在着无法割断的关联，并在近代中国"民族国家"复兴运动中被全面唤醒，从而与建立一个作为现代民族国家的中国联系起来，对近现代中国社会变革、国家和军事发展起到了无可争辩的推进作用。

（一）"事实中国"的存在：传统国家观的"隐性内涵"

历史上，传统王权观、王朝观及其治世观，往往与一个始终存在的"事实中国"重叠、纠结在一起。作为中华民族繁衍生息的共同体，"中国"一词最早见于《诗经》、《尚书》，但对其含义目前学术界则是仁者见仁，智者见智。综合相关研究成果，关于"中国"的基本共识主要有：1. 中国起初只是地域性概念，不是国称，[①] 含有"京师"、"国中"、"王畿"等意，[②] 大体指殷周天子所居王城，春秋战国时指中原实行华夏礼仪的诸侯国，既是地域概念，又是文化概念。[③]2. 随着中华民族的发展，中国空间范围扩大，作为众多诸侯国中央之地而与四邻即东夷、南蛮、西戎、北狄相关联，使用的名称还有"四海"、"天

---

① 参见张璇如：《民族关系史若干问题的我见》，翁独健主编：《中国民族关系史研究》，中国社会科学出版社 1984 年版；翁独健：《在中国民族关系史研究学术座谈会闭幕会上的讲话》，《中央民族学院学报》1981 年第 4 期。

② 参见杜荣坤：《试论我国历史上的统一与分裂》，翁独健主编：《中国民族关系史研究》，中国社会科学出版社 1984 年版，第 131 页。

③ 参见陈连开：《论中国历史上的疆域与民族》，《中央民族学院学报》1981 年第 4 期。

下"，①"不仅包括中原王朝，而且也包括中原王朝以外的少数民族政权。"②3.秦统一六国，华夏族与四周戎狄蛮夷诸族逐渐融合，"形成以华夏族（汉代以后渐称汉族）为主体的统一多民族集权国家，'中国'一词泛指中原王朝所直接管辖的地区"，③"以王朝的边疆为'裔'"，④形成了事实上的中国；4.虽然这个"事实中国"作为"国家的概念，是近代的事"，⑤但它兼有地域、政治、文化、民族等含义，是一个连续的、具有中华民族"祖国"意蕴的共同体，一直沿用至今，成为中国人关注国家与民族整体的深层自我意识。因此，"数千年来，朝代更迭，各以朝名冠称国名，而'中国'之通称，迄未为国人忘怀，且为最广泛，最浅显，最常见之中国人自号之名词。"⑥

　　既然"事实中国"作为传统国家观"事实上"的观念组成部分，是"以华夏族为主体的统一多民族集权国家"，⑦那么，它在历史上就既有"地域中国"、"文化中国"的含义，也有"民族中国"的含义。在这个民族中国当中，华夏族即今天的汉族"汉代以后渐称汉族"，⑧其族称的确定经历了一个由"秦人"到"汉人"，再到"唐人"曲折、

---

① 参见芈一之：《从实际出发研讨中国民族关系史中几个问题》，翁独健主编：《中国民族关系史研究》，中国社会科学出版社 1984 年版，第 23 页。

② 翁独健：《在中国民族关系史研究学术座谈会闭幕会上的讲话》，《中央民族学院学报》1981 年第 4 期。

③ 杜荣坤：《试论我国历史上的统一与分裂》，翁独健主编：《中国民族关系史研究》，中国社会科学出版社 1984 年版。

④ 陈连开：《论中国历史上的疆域与民族》，《中央民族学院学报》1981 年第 4 期。

⑤ 参见张璇如：《民族关系史若干问题的我见》，翁独健主编：《中国民族关系史研究》，中国社会科学出版社 1984 年版，第 57 页。

⑥ 王尔敏：《"中国"名称溯源及其近代连释》，《中国近代思想史论》，社会科学文献出版社 2003 年版，第 374 页。

⑦ 杜荣坤：《试论我国历史上的统一与分裂》，翁独健主编：《中国民族关系史研究》，中国社会科学出版社 1984 年版，第 131 页。

⑧ 杜荣坤：《试论我国历史上的统一与分裂》，翁独健主编：《中国民族关系史研究》，中国社会科学出版社 1984 年版，第 131 页。

交叉的发展历程。由于汉朝国势强盛，国运长久，汉民族在政治、经济、文化心理上逐渐趋于稳定，"汉人"之称经过千锤百炼，逐步取得主流地位。近代以后，"汉人"之称才确定为"汉族"。① 与此同时，中原地区的汉族与周边地区的少数民族也发生着持续不断的交流与融合。许多少数民族通过学习、认同中华文化而自居，逐渐把自己认定为是中华民族的一个组成部分，"都把自己视为中华"。② 正是对"华夏一体"、"天下一家"这种中华意识的认同，使不同民族之间在不断融合中发展。文化促成了各民族的融合与中华民族的形成。由于融入了许多民族的基因，我们的民族大家庭得到了不断丰富和发展，最终形成了"多元一体格局"的中华民族。从这个意义上说，"事实中国"是一个"多重意义的中国"，"今天国体意义上的'中国'在出现之初就具有丰富的含义，并在历史流变中不断被赋予新的内涵。"③

　　"事实中国"作为传统国家观"事实上"的观念组成部分，又与所谓"正统"观念联系在一起。这里有一个重要问题，就是"中国"的"中"字到底是什么含义？田继周说："在先秦时代，中国是指处于当时我国众多国家的中部地区的国家。比如商王国因居于众国之中部，而称中国。"④ 然而，人们注意到，当时"除濒海的邦国之外，任何一个邦国四周都有其他邦国存在，因而所有这些邦国都是居于'众国之中部'，不独商王国"⑤。所以，田说有瑕疵。杜荣坤认为古

① 参见徐杰舜：《从秦人、汉人、唐人到汉族族称的确定》，《广西民族学院学报》（哲社版）1995 年第 2 期。

② 杜永吉、徐长安：《"天下观"与"文化中国"的历史建构》，《河北学刊》2002 年第 6 期。

③ 杜永吉、徐长安：《"天下观"与"文化中国"的历史建构》，《河北学刊》2002 年第 6 期。

④ 田继周：《我国民族史研究中的某些理论问题》，《文史哲》1981 年第 3 期。

⑤ 参见陈玉屏：《略论中国古代的"天下"、"国家"和"中国"观》，《民族研究》2005 年第 1 期。

人称中国，"即'中央之国'的含意"，所用史料见《韩非子·初见秦》。但考《韩非子》原文："赵氏，中央之国也。"这显然是讲赵国居列国中央。值得注意的是，《尔雅·释言》云："殷、齐，中也。"疏曰："殷、齐皆谓正中也。"是强调自身在"天下"万国中的中心地位。"商邑翼翼，四方之极"，[①]毛诗："商邑，京师也。（郑玄）笺云：极，中也。商邑之礼俗翼翼然可则效，乃四方之中正也。"此即《韩非子·扬权》所说"事在四方，要在中央，圣人执要，四方来效"。天子居中得正，允执其中，所居之处非"中"而何？前述"九州"、"五服""均以天子所居为中心，由内向外层层构建藩卫之国。故'中国'之'中'，并非源自地域位置，而是源自'以我为中心'的政治理念。"[②]原来，所谓中国，就是前述作为王朝天下体系之中心的中国；它所涉及的，就是那个以"中国"为中心、以"华夷之辨"为差序格局的华夷天下体系。因此，中国本身，就意味着历史上的所谓"正统"之意。秦汉之后，"大一统"成为儒家政治学说的核心，这种政治结构在历史上长期存在，中华帝国长期在经济、文化上远远高于周边地区，不断强化了中国人的天下中心意识。随着历史发展，这种观念也为少数民族接受，这种传统王朝天下观衍生而来的"大一统"成为中华民族的正统观念。[③]正是在这个意义上，"秦统一六国，华夏族与四周所谓戎狄蛮夷诸族逐渐融合，形成以华夏族为主体的统一多民族集权国家"，[④]才形成了所谓"正统"；在此后若干分裂时期，各方纷纷寻找"正统"依据，论证自己政权的合法

① 《诗·商颂·殷武》。
② 陈玉屏：《略论中国古代的"天下"、"国家"和"中国"观》，《民族研究》2005年第1期。
③ 参见李超：《中国人的"天下观"》，《景德镇高专学报》2007年第1期。
④ 杜荣坤：《试论我国历史上的统一与分裂》，翁独健主编：《中国民族关系史研究》，中国社会科学出版社1984年版，第131页。

性，特别是宋明以后理学持"天理"论"正统"，以蜀汉为三国之正，斥"夷狄"不得为正。这些，都是"事实中国"在国家观念上具体的、不自觉的反映。由此，我们才能说"'中国'和正统这两个观念本身，就是对超越了这个或那个具体王朝的一个历时性政治共同体的集体记忆与追求的意识。"[①]

但也必须看到，这一"中国"并没有明确地反映到各代王朝统治者的政治观念中，没有成为中国"大传统"文化关于国家问题各种表述的主流，反映在黎民百姓头脑中也是淡薄和混乱的。人们只"知有天下而不知有国家，知有一己而不知有国家"。[②] 这种情况一直持续到近代。1890 年，梁启超在上海"从坊间购得《派环考略》读之，始知有五大洲各国"。[③] 陈独秀直到 1902 年才知道世界有"万国"并以国家为单位，中国只是其中的一国。[④] 另一方面，人们国家观淡薄与混乱的根本原因，还在于古代中国"或为诸侯封建之国，或为一王专制之国，虽种类不一，要之其于国家之体质也，有其一部而缺其一部"[⑤]。在家国同构的历史条件下，它"以天下而兼国家"，"从家人父子兄弟之情放大以成伦理社会……像在西洋那样国民对国家观念之强调，中国亦没有。"[⑥] 古儒的伦理意向表明，与家和国比，"'天下'所代表的与其说是更大的实体，不如说是一套更具根

---

① 姚大力：《中国历史上的民族关系与国家认同》，刘东主编：《中国学术》，第十二辑，商务印书馆 2002 年版，第 201 页。

② 梁启超：《新民说·论国家思想》，《饮冰室合集》（第六册），中华书局 1989 年版，第 21 页。

③ 梁启超：《三十自述》，中国史学会编：《中国近代史资料丛刊》，上海书店、上海人民出版社 1956 年版，第 49 页。

④ 陈独秀：《实庵自传》，转引自王沉森：《晚清的政治概念与"新史学"》，罗志田主编：《20 世纪的中国学术与社会·史学卷》，山东人民出版社 2001 年版，第 4 页。

⑤ 梁启超：《少年中国说》，《饮冰室合集》（第六册），中华书局 1989 年版，第 9 ~ 10 页。

⑥ 梁漱溟：《中国文化要义》，《梁漱溟全集》卷三，山东人民出版社 1990 年版，第 292 ~ 296 页。

本意义的秩序和价值"。① 所谓"有亡国有亡天下"之分，"亡国"只是易姓改号，而"亡天下"，则意味着"仁义充塞，而至于率兽食人，人将相食"。② 国（王朝）可以亡，但不能想象天下之亡。但每个王朝都不想亡，因而必然把自己与那个"天下伦理秩序和价值"捆在一起，如此，由"天下"可能升发出的祖国层面的"中国"概念即被堵死，化约为某姓王朝的"家国天下"或"江山社稷"。由此，人们为保卫国家而死，就转化成"'执干戈以卫社稷'而死君事"，"其高明处，则不仅仅是像今人理解的那样捍卫了国家利益，还有一个在此之上的'取义成仁'的个人道德完形。"③ 从而，把保卫国家与"死君事"、天下伦理与保卫某姓政权归为一体。"数千年来，不闻有国家，但闻有朝廷；每一朝之废兴，而一国之称号即与之为存亡，岂不大可骇而大可悲耶。"这样，作为国家、祖国的"中国"，不仅没有被明确认定为国名，而且被掩盖、遮蔽起来，只是"曰唐虞夏商周也，曰秦汉魏晋也，曰宋齐梁陈隋唐也，曰宋元明清也，皆朝名也，而非国名也"④。祖国层面上的国家认同"只是一种在论证现存王朝的历史合法性时连带产生的带从属性质的意识。国家认同的核心，……还是王朝认同"⑤。所以，"事实中国"只能成为传统国家观的"隐性内涵"，并不代表王朝政治实践的主旨，也不直接反映其根本政治取向。

---

①　梁治平：《习惯法，社会与国家》，张静主编：《国家与社会》，浙江人民出版社1998年版，第85页。

②　《日知录·正始》。

③　罗志田：《鸦片战争的现代途释》，《近代史研究》1999年第3期。

④　梁启超：《中国积弱溯源论》，李华兴、吴嘉勋编：《梁启超选集》，上海人民出版社1984年版，第243页。

⑤　姚大力：《中国历史上的民族关系与国家认同》，刘东主编：《中国学术》，第十二辑，商务印书馆2002年版，第201页

（二）"江山社稷"的安全：传统国家观的显性政治取向

关照某姓"家天下"或"江山社稷"安危，是中国传统国家观的显性政治取向。这一取向，集中表现为王朝在处理"家"——老百姓的家与"国"——君主专制王朝之关系、"家国"——某姓朝廷政权与"祖国"——中华民族生息共同体之关系上的基本立场和思想意向。

首先，"家国"高于"祖国"。"中国这一名词的含义就是祖国"①。如果说事实中国是传统国家观的隐性内涵，那么，祖国也必然淹没在某姓王朝天下的迷雾中。虽然"天下之本在国，国之本在家"，②但建构"家—国"关系的权力却操控在统治者手里。他们建构的家国关系，抛离了老百姓的家与国之关联，家国一体不是万姓之家与国一体，而是君国一体。一姓家国高居于万姓家国之上，视国为自家之产业，而不是完全意义上的祖国，更不是近代以来的民族国家。由此，传统国家观的显在政治取向必然是家国高于祖国，朝廷高于中华。如果说，有谁因为谋国利而损君利倒了霉，那只是因为他没搞清家国高于祖国的秘密。王者的家国（家天下）在上，要求人们效忠和保卫；人民的家国（祖国）在下，可以忽略，必要时甚至可以出卖。这样，"保家国"必定高于"保祖国"。当家天下与祖国利益边界一致时，保家国就是保祖国；不一致时，便宁可出卖祖国，也要保全家天下。戊戌变法时期，文悌等保守派诋毁变法是"保中国，不保大清"，③这正是变

---

① 转引自王生荣：《试析"中国"概念之演变及其地缘内涵》，《中国军事科学》1998年第1期；又见中共中央党校中国历史教研室编：《历史·制度·文化》，中国青年出版社1988年版，第448页。

② 《孟子·离娄篇上》。

③ 参见孔祥吉：《难得一见的百日维新史料——读唐烜稿本〈留庵日钞〉》，《学术界》2004年第1期。

法被绞杀的思想根源。它暴露的就是王朝天下的秘密：家国以家族权势和私人权势扩展为核心，其他都只是招牌而已。正所谓"同文字也，弃祖国也，尚齐一也"。①

其次，"爱国"即是"忠君"。由于家国高于祖国，报国、爱国的内涵必然颠倒成忠于君主、报效朝廷。"言爱国家犹言爱君主耳"。② 故"古代'忠于君即忠于国'"。③ 此即传统国家观视野下的"忠君—爱国"主义——传统爱国主义。它体现为不同层次的道德目标：一是尽忠，效忠君主个人；二是爱社稷，拱卫某姓家天下；三是像爱子女那样爱人民，"作民父母"，"若保赤子"。④ 然而，这里却存在一个很大的逻辑矛盾。因为，传统国家观将基于民间伦理的父子、夫妇关系，与基于"后天"（相对于民间伦理具有后天形成的性质）的君臣、君民关系按照同一原则置于同一道德律令之下，照此推论，爱国当然就是爱君主、爱朝廷。但就学理而言，由爱国到爱君，存在着巨大"逻辑距离"——老百姓爱的家园何以置换成君主之家天下？他们爱的国（祖国）又何以置换成帝王之家国？同时，就历史真实而言，这个逻辑距离所反映的，正是老百姓与朝廷在权益上并非完全一致，家国关系存在着内在"权益断裂"。家天下不完全是祖国，它与老百姓的家多数情况下互为异己。以一姓之家压万姓之家，国破未必（老百姓的）家亡，国之衰亡只是更换姓氏而已。民众不存在把君与国作为自身利益代表热爱和捍卫的逻辑必然。这条鸿沟是传统国家观、传统爱国主义无法逾越的！

人们常讲中国传统文化有巨大凝聚力，也常讲中国人在精神上一

---

① 鲁迅：《集外集拾遗补编·破恶声论》，人民文学出版社 1993 年版，第 23 页。

② 《朱执信集》，上海书店 1990 年版，第 85 页。

③ 陈垣：《通鉴胡注表微》，科学出版社 1958 年版，第 222 页。

④ 《尚书·洪范》；《尚书·康诰》；参见徐炳杰：《略论中国古代军事爱国主义形成和发展》，《军事历史研究》1998 年第 1 期。

盘散沙。其实两者并不矛盾，这正是传统国家观形式上统一与实质上不统一在民族精神层面的反映。它使中国人的精神旅途归于家而终止，民族魂在家的细胞中消散，远未上升为整体国家民族精神。因此，凛具以忠君为表征的爱国精神者，实在只是少数仁人君子的事情。① 正源于此，传统社会的惰性由内而外逐渐迸现。尽管出现过几代兴盛，如汉、唐、宋、明、清初期，也出现过一些真志士，如岳飞、文天祥等，但最后总是无力扭转衰势，促使王朝家国在兴亡更替中不可逆转地走向封闭和衰落，以致"人虽众"而"国常亡"。每临旧朝覆亡，面对新的统治者，那些标榜仁义道德的士大夫也不再像先前那样顾及道德廉耻，伏首迎款，种种行为令时人感慨为"士不知耻，为国之大耻"②。所谓"汉贼不两立"只为维护"前朝道统"，新统治者只要接受"前朝道统"，就不再是"贼"，不再"不两立"，因而又可以同流，形成了传统中国特有的"曲线救国论"与"汉奸发生学"。③

（三）"忠君爱国"的悲歌：传统国家观的嬗变及其终结

当君主集权郡县制国家处于上升阶段，维系它的政治文化格局特别是国家观无疑保持着某种开放性和进取性。虽然其显性政治取向已如前述，但统治者基本上能恰当处理天下家国关系，在确保家天下既得利益的前提下，内外、文武并举，推进上古以来多民族共同体的繁荣发展；其王朝治世观强有力的政治操作功能，充分释放了传统国家

---

① 参见袁阳：《中国传统文化的非整合性及其对现代化的社会负功能分析》，《社会学研究》1991 年第 6 期。
② 《龚自珍全集》，上海人民出版社 1975 年版，第 31 页。
③ 参见李零：《汉奸发生学》，《放虎归山》，辽宁人民出版社 1996 年版，第 121 页；李书亮、陈鲁民：《为汉奸张目的"奇文"——评〈汉奸发生学〉》，《中流》杂志社编：《〈中流〉百期文萃》，金城出版社 1998 年版，第 177 页。

观的正效应。但是，随着传统社会的演进，其负面因素日益显露。"华夏民族之文化，历数千载之演进，造极于赵宋。后渐衰微"。①

从国家观发展看，理学自宋代成为儒学正统。这一政治哲学讲格物、致知的认识论，讲诚意、正心、修身的伦理学，讲齐家、治国、平天下的政治学，用认识论推演纲常名教，以通达政治目的；讲明明德、亲民、止于至善，讲子孝、妇从、民顺、忠君，明确了王朝治世的伦理指向及其组织原则；讲"天理存，则人欲亡，人欲胜，则天理灭"，讲"父子、兄弟、夫妇皆是天理"，②以"存天理，灭人欲"的方式，高扬一姓家国的神圣性，泯灭人民的个性追求和民族的内在活力。宋元明清每朝开国，在意识形态领域所做的第一件事就是抬高理学地位，扼杀思想异端、家族忤逆和政治反叛，使传统国家观的消极性暴露无遗。当传统国家观达到对其环境完满适应时，其治世潜能也发挥到了极限，剩下的只是日趋稳定的"同质化"循环。因此，虽然资本主义萌芽在宋明两朝后期反复出现，但中国最终没能依靠内在的力量实现异质性飞跃，走出两千多年旧制轨迹。文艺复兴以降，"诸欧治定功成，其新政新法新学新器，绝出前古，横被全球"，③迅速脱离传统轨道跃上近代文明的制高点，而中国却一潭死水，长夜无歌。统治集团依循"命士以上不入市"旧统，固守以《禹贡》治河，以《洪范》察变，以《春秋》决狱，以《三五百篇》当谏书的陈腐通经致用理路，造成一系列愚蠢虚妄的决策机制；当西方大行拓海时，中国却以防海盗为名大行海禁。这个"人为地隔绝于世并因此竭力以天朝尽善尽美的幻想自欺"的国家"注定最

---

① 陈寅恪：《宋史职官志考证序》，《金明馆丛稿二编》，上海古籍出版社 1980 年版，第 245 页。
② 《朱子语类》卷十三。
③ 康有为：《进呈突厥削弱记序》，《康有为政论集》上册，中华书局 1981 年版，第 298 页。

后要在一场殊死的搏斗中被打垮"。①

　　如前所述，当老百姓的家与君主的国没有形成命运共同体时，他们的"家之爱"未必因统治者的提倡上升为"国之爱"，即忠君—爱国主义。相反，只有在外来侵略使整个民族陷入深重灾难、面临国破家亡时，人民才会集结在传统爱国主义旗帜下，焕发出巨大的凝聚力和保家卫国激情。近代中国展现出来的传统爱国主义，正是导源于西方列强入侵带来的国破家亡危机。由于传统农耕经济长期超常发展并严重隔离于商品经济，生产率和竞争力几千年没有本质的跃升，使其在1840年以后，在西方强势商品经济的挤压下迅速解体。传统农业不仅不能面对新的形势，而且丧失了维持再生产的起码条件。经济、民生的窘迫，军事、政治的危机，明确无误地发出国破家亡的警讯，使传统爱国主义经由"宗教的、王朝的"或"民族的形式"迸发出来。其中包括皇室的爱国主义，清军将士的军事爱国主义，林则徐、魏源以及洋务派、维新派的士大夫爱国主义，三元里抗英以及义和团宗教自杀式"扶清灭洋"等大众爱国主义。无疑，这种爱国主义背负着维护王朝旧制的历史包袱，但是即便如此，一旦它超出一定限度，危及王政既得利益，统治者便立刻改变初衷，基于家国与祖国在安全利益上、老百姓与家天下在利益牵连上的可分离性，全面扼杀——甚至以"量中华之物力，结与国之欢心"②的方式扼杀旨在忠君保国的爱国主义，使家国关系的内在断裂暴露得淋漓尽致。以至于我们仿佛穿越两千多年的时光看到，"志士仁人，有杀身以成仁"，"使于四方，不辱君命"③的忠魂颂，总是以苏武塞北牧羊不得归故、岳飞精忠报国而死于国、文天祥高歌正气却忧愤过零丁洋等"奇异悲歌"的方式终场！

---

① 《马克思恩格斯选集》第一卷，人民出版社1995年版，第716页。
② 故宫博物院明清档案部编：《义和团档案史料》下册，中华书局1959年版，第945～946页。
③ 《汉书·苏武传》。

这种浸透着君国一体意向的爱国主义，拖着长长的血泊延续于整个近代，以无以复加的悖谬，呈现出"任何诗人想也不敢想的一种奇异的对联式悲歌"。①

事实表明，在传统中国政经框架下，无论人们怎样爱国，只要尚未摆脱传统国家观的影响，只要国魂不变，那么，这个国家的经济、政治、文化、军事等即使再怎么改进，也无法超出农业文明所能容纳的最大限度。尽管皇室与一部分士大夫费尽心力，试图从"器物引进"（洋务运动）到"制度改良"（戊戌变法）上挽回颓势，却终归无法遏止由军事失败引发的经济、政治、文化等"多米诺骨牌效应"——藩属体系彻底瓦解，大片领土丧失，列强从四面八方瓜分中国，国内民穷财尽，动乱和起义此起彼伏……这一切都意味着，盛世已成历史，王政已入谷底，传统国家观赖以存在的社会基础空前碎片化，它在解决民族危机问题上全面失效，无可挽回地走向终结。

三、在克服传统国家观消极因素的基础上
发掘积极因素

中国传统国家观在近代因无法解决民族摆脱危亡、实现富国强兵的时代课题而最终走向终结并被现代民族国家观取代，只是表明其负面因素、消极影响在一定历史阶段和一定程度上被克服，并不必然表明其负面因素、消极影响从此就不存在了，更不能由此推论出它所包含的优秀成分、积极因素也一起被送进历史垃圾堆，从此不再对中国社会、中国军事现代化起积极推进作用了。前述被传统王权观、王朝观和王朝治世观掩盖而又在近代知识界觉醒的"祖国意识"和"多元

---

① 《马克思恩格斯选集》第一卷，人民出版社 1995 年版，第 716 页。

结合"、"诸夏一体"的中华整体精神，以及由这种精神重塑而来的新的家国关系体认和爱国主义精神等，说明传统国家观并非铁板一块，其中尚存未曾泯灭的活性因素——如上述优秀成分。它们像"火种"，对中华民族延续生机、摆脱外侮、自立自强发挥了不可磨灭的积极作用。这些活性因素，经过近现代以来积极的文化整合，已经涅槃再生，成为中国现代民族国家观和爱国主义的重要思想源泉和有机组成部分。

（一）"中国意识"的觉醒与现代民族国家观的形成

近代中国，传统国家观因其据以存在的社会基础崩溃而走向终结，是一种时代大势，但这并不意味着它会很快退出历史舞台。由于历史惯性和意识形态的相对独立性，浸染着传统国家观、忠君—爱国主义的旧政治哲学影响仍然很大。它在政治上极端反动，思想上极度保守落后。它仇视和排斥任何进步事物，排斥西方先进科技；认为中国的主要危险不在于西方列强侵略，不在于国内经济技术落后，不在于专制制度衰朽，而在于"圣道"沦亡和以"洋人为师"；[1] 大摆忠君爱国腔调，故意和"'洋气'反一调：他们活动，我偏静坐；他们讲科学，我偏扶乩；他们穿短衣，我偏着长衫……"[2] 以忠信礼义、华夷之辨等大肆讨伐"名教罪人"，"耻言西学，有谈者指为汉奸，不齿士类，盖西法萌芽，而俗尚深恶。"[3] 这种孔教徒"使'圣道'变得和自己的无所不为相宜"[4] 的局面，先是中断了林则徐、魏源等地主阶级开明派"睁眼看世界"的努力，后使李鸿

---

① 李侃：《中国近代史散论》，人民出版社 1982 年版，第 52 页。
② 《鲁迅全集》第六卷，人民文学出版社 1981 年版，第 82 页。
③ 梁启超：《戊戌政变记》，中华书局 1954 年版，第 21 页。
④ 鲁迅：《华盖集续编》，人民文学出版社 1980 年版，第 150 页。

章、张之洞等洋务派在主张仿效西方，兴办近代工业的同时，总是小心翼翼地绕开"敏感问题"，不敢触动王权专制，只能推行"中体"与"西用"的嫁接式改良。及至戊戌变法，康有为一方面主张学习西方政经制度，另一方面又"托古改制"，不敢过于违背传统礼乐教化。但即使如此，当新政与旧制稍有冲触，大小保守派官僚、士绅、文人便一拥而上，斥之"仇视君上"、"乱臣贼子"，判"民权、平等"滔天大罪："康梁所用以惑世者，民权耳，平等耳，试问：权既下移，国谁与治，民可自主，君亦何为？是率天下而乱也"。① 鼓动独掌军政大权 40 余年的慈禧以屠刀砍杀了变法。中国救亡与现代化一再被延误，新旧政治理念的激烈冲突，充分暴露了传统国家观、忠君—爱国主义的反动与保守，凸显了彻底革除专制旧体及其国家观的必然性和紧迫性。

后人或许有理由批评当年变法不彻底，没有撼动君主集权旧制，但却更应看到，在那种政治生态下，他们敢于对延续两千多年的专制提出挑战，要求以新政改变之，无疑表现了极大的魄力和勇敢。这种魄力和勇敢，推动后人诉诸全新的文化选择，以全新的国家观再造国魂，以全新的爱国主义引领民族救亡自强。继严复提出"国者，斯民之公产也；王侯将相者，通国之公仆隶也"② 之后，梁启超荜路开山，以卓越的见树超越同代单纯"排满"的狭隘汉族主义，给出了"兼以蒙、回、藏诸民族为构成分子"的"中华民族"定义，③ 展现了"多元结合"的民族共同体史实，和基于特殊历史条件、文化认同的凝聚力根源。④ 在此基础上，他以进化论为理论依据全面颠覆传统国家观：用领土、

---

① 中国史学会主编：《中国近代史资料丛刊·戊戌变法》第二册，上海人民出版社 1957 年版，第 638 页。
② 《严复集》第 1 册，中华书局 1986 年版，第 36 页。
③ 梁启超：《饮冰室合集·专集之四十二》，中华书局 1989 年版，第 1 页。
④ 梁启超：《饮冰室合集·专集之四十二》，中华书局 1989 年版，第 25～33 页。

人民、主权三要素诠释国家，提出国家"有土地，有人民"，"人人皆主权者"；①指出"君权日益尊，民权日益衰，为中国致弱之根原"；②国家与朝廷的区别在于，"国家者，全国人之公产也；朝廷者，一姓之私业也"；③朝廷要求臣民忠君，而国家则提倡国民爱国；只有国家作为人民之公产，才能与国民结成实质性依存关系，这是国与民结成一体、国民树立国家意识的根本前提，从而"对于一身而知有国家"，"对于外族而知有国家"，"对于世界而知有国家"。④这是一种全新的政治哲学，其逻辑如陈独秀所说，必然导向主权为"国民所共有"，行使主权者"乃归代表全国国民的政府"。⑤它重塑了几千年的家国关系，冲破了朕即国家、王朝即国家的圣教，扬弃了传统王朝专制治世观，以及传统忠君—爱国主义的悖谬，形成了全新的领土、主权、人民、国家认同，架构了把老百姓的家与民族之祖国内在联结的"逻辑—权益"桥梁，使现代民族国家观涌出了中国的地平线。与此相联系，"祖国—中国"意识全面觉醒，"民族精神"、"民权主义"、"祖国主义"、"爱国主义"、"国魂"等口号遍布中华大地，展示出全新的爱国主义精神。正是有鉴于此，辛亥革命承先启后，推倒帝制，破天荒地摒弃了以朝号混同国家的传统国家观，变"朕即国家"为"国为民有"，并以"三民主义"为政纲，完整地提出了建设民族国家、国民社会的思想。也正是有鉴于此，初生的新民主主义中国的人民，充溢着"翻身解放做主人"的自豪感，以"保家卫国"的爱国热忱，跨过鸭绿江去与世界头号军事强国作战，并以前所未有的牺牲和奋斗精神——结束了近代

①　《梁启超选集》，上海人民出版社1984年版，第206～208页。
②　《梁启超选集》，上海人民出版社1984年版，第206～208页。
③　梁启超：《积弱溯源论》，《清议报》第7册，1901年4月29日。
④　《梁启超选集》，上海人民出版社1984年版，第124页。
⑤　陈独秀：《说国家》，《陈独秀文章选编》（上），生活·读书·新知三联书店1984年版，第39～41页。

以来西方列强只要在东方一个海岸架起几尊大炮就可以霸占一个国家的时代。

历史发展到今天，当我们谈起千年传统国家观形成、嬗变、终结的历史，谈起传统爱国主义的沉重话题，谈起现代爱国主义及其理论基础——现代民族国家观得以确立的艰难历程，不禁会发现：原来中华民族上下五千年、秦汉以降两千多年，中国政治竟然集中于一个重大而单纯的问题——家国关系——老百姓的家与国（君主之政权或民族之祖国）的关系上。从传统集权君主专制国家到现代民族国家，家与国从而民与国的权益链条是否紧密，能否真正结成一体，竟然牵连到国家和民族的治与乱、兴与衰。由此，扬弃传统家国关系的形式伦理关联，重建现代家国关系的内在权益关联，就是历史留给人们的极具规律性的启示。

（二）在克服传统国家观消极因素基础上发掘积极因素

当代中国军事现代化必然奠基于包括传统国家观在内的传统文化的内在自我超越之上，而传统文化、传统国家观的超越只有借助发挥上述优秀文化成分的积极作用才能实现。换句话说，传统政治文化特别是其国家观，必须经过改铸和重构，才能被整合为军事现代化的有效文化资源。然而，要真正发掘传统国家观中有益于推进军事现代化的文化资源，还必须从文化发展本身特别是文化批判入手，用现代民族国家观的视角充分过滤传统国家观，在全面清理和克服传统国家观消极因素的基础上继承和弘扬其积极因素。

第一，把握传统国家观的双重性。"每一个现代民族中，都有两个民族。每一种民族文化中，都有两种民族文化"。① 作为历史遗存

---

① 《列宁选集》第二卷，人民出版社 1995 年版，第 344 页。

的既成现实，当传统国家观、传统忠君爱国主义等未经现代文明洗礼时，反映在文化结果或形态上无疑是精华与糟粕并存的复杂历史混合体。在传统中国，由于各阶级、阶层人们的利益取向不同，他们对国家（现政权）的体认也不尽相同。统治集团总是从有利于自身既得利益的角度，对国家经济、政治文化进行解释和操作，使传统国家观呈现出鲜明的主导意识形态属性。但与此同时，他们又不能完全不顾及中下层民众的感受与承受力，在一定限度内对后者的意愿和呼声作出必要回应，加之一些开明知识分子也提出了许多有反专制、求民主倾向的思想，所以又使传统国家观表现出明显的双重性。在这种双重性文化结构中，"人文主义与专制主义、理性主义与信仰主义、个人主义与群体至上主义互抑牵制，互相渗透，形成了它特有的稳定性。通过一种特殊的纽带联结起来，成为同一文化结构中的两个因子。"[1] 这些双重"因子"体现在政治生活中，既有强调夷夏之大防的传统，也有善于向其他民族学习的传统；既有封建迷信传统，也有无神论的传统；既有抱残守缺的保守性格，也有大智大勇的改革精神。我们必须承认，如果没有积极向上的因素，没有内在而坚韧的趋前性、发展力，它就不可能历经无数内忧外患仍能以强大的生命力延续至今，广布东亚；同样，如果没有消极落后的因素，没有僵化、停滞或向后的拖拽力，近代中国也不会因为无力应对科技、文化、经济迅速崛起的西方世界的猛烈冲击，踽踽而行。

因此，在研究传统国家观的历史作用问题时，必须注意其历史性展开过程中双重性结果的联系与区别，特别是其主导倾向。"清理古代文化的发展过程，剔除其封建性的糟粕，吸收其民主性的精华，是发展民族新文化提高民族自信心的必要条件；但决不能无批判地兼收

---

① 潘建雄：《中国文化的双重性结构及其对近代中国社会的影响》，《社会学研究》1987 年第 3 期。

并蓄。必须将古代封建统治阶级的一切腐朽的东西和古代优秀的人民文化即多少带有民主性和革命性的东西区别开来。"① 所谓"批判地兼收并蓄",就是说传统国家观必须经受现代文明的充分过滤,经受现代理性的反思与批判。这是继承、光大传统国家观中那些具有生机和活力的积极因素的根本前提。

第二,**充分认识传统国家观的消极因素**。具体审视中国传统文化、传统国家观,鉴别和把握其精华与糟粕并非易事。因为,传统文化具有整体性、系统关联性的特点,往往优劣融于一体,因此,其双重性因素并非相互格格不入、泾渭分明。同一种传统文化,往往同时具有积极和消极两种属性,从一个角度看是积极因素,从另一角度看又是消极因素;或者在一种时代背景和社会环境中看是积极因素,而在另一种时代背景和社会环境中看又是消极因素。如,传统农耕文化讲中庸,讲身心、天人和谐,务实入世,避免了宗教迷狂,但同时却缺乏探索、开拓、竞争、征服自然的进取精神;传统治世观重人伦、宗族、整体,强调人对集体、社会尽义务、责任,鼓舞人们向心凝聚,爱国献身,包含着值得倡导发扬的宝贵精神要素,但这些在当时却与浓厚的宗法、尊卑、忠君观念紧密相连,又包含漠视个体人性、抑制个性创造、精神奴化等因素等。又如,由于以儒学为主脉的"大传统"文化的发展,长期处于同周边少数民族文化的比较优势中,"通过由中心向外扩展,逐渐渗透包容而实现",因而形成了偏重追求"同化"、排斥"多元"的倾向,逐渐丧失了"以目的为导向的进取价值观"。所以当时代条件发生了根本性变化,同当年佛教之引入已完全不可同日而语时,面对更加先进的西方文化"东渐"局面,"传统文化结构的那种消化机制"便显得无能为力了,② 这就造成了近代中国向现代

---

① 《毛泽东选集》第二卷,人民出版社 1991 年版,第 707～708 页。
② 潘建雄:《中国文化的双重性结构及其对近代中国社会的影响》,《社会学研究》1987 年第 3 期。

文化转型的特殊困难。这就要求我们，坚持历史唯物主义的观点和方法，实事求是地审视、剖析、鉴别传统文化，准确把握传统国家观的本质特征，对其落后、消极要素作出全面、准确的甄别。这是对其创新、进取精神作出科学总结的必要前提。

必须看到，中国农耕社会历经几千年，特别是两千多年的小农经济、宗法制度、君主专制框架下的政治生活方式，决定了以儒学为主脉的传统文化总体上属于为君主集权专制服务的农耕文化。君主专制下权力运作模式造成的"话语权体系"，使这种文化及其国家观的双重因子在地位和作用上很不平衡，使其非人文性、非民主性、消极保守性等因素始终处于主导方面。从历史上看，传统国家观表征了专制政治系统中森严的等级，上尊下卑判然有别，神权、君权、族权、父权、夫权组成了权力金字塔的各个层次。从秦汉到明清，"君本"日益抛弃"民本"，专制统治不断加强，残暴程度也日益令人发指。例如，明太祖不仅对大臣极尽侮辱人格之"廷杖"，而且大兴冤狱，动辄株连滥杀数万，杀人还要剥皮实草，置"皮场庙"示众，"其残忍实天下所未有"！[①] 在这种社会现实下，儒家者流只能"顺应形势，匍匐在君主的脚下"[②]。以宋儒所谓"君叫臣死，不死不忠"[③]不断强化传统国家观的御用色彩，使其专制倾向、等级尊卑倾向、重礼轻刑的人治倾向、拒斥科学与理性的倾向、重义轻利的价值取向、封闭的历史循环与复旧观念、人身依附观念、宗法关系和小农意识、过分强调群体与抑制个性发展的思想、忠君—爱国主义思想等消极成分日益膨胀直到极端，对传统人本、民本、民主、法治、变易等积极思想要素

---

① 赵翼：《二十二史札记》卷三十二，"胡蓝之狱"。
② 参见王四达：《从"神本"到"君本"——试析中国古代"人文"的渊源流变及其本质》，《哲学研究》1999 年第 9 期。
③ 转引自王四达：《从"神本"到"君本"——试析中国古代"人文"的渊源流变及其本质》，《哲学研究》1999 年第 9 期。

起到了极大抑制作用。就此而言，传统文化不能直接过渡成现代文化，它的国家观也不能转化为现代民族国家观。我们不能"非历史地"把传统文化及其国家观的某些"开明语录"简单地穿上"现代服装"，而不对其进行深层的异质性超越与重铸。否则，传统国家观中的一系列内在矛盾如前述家国关系的"逻辑悖谬"，即无法科学解决。从这个意义上说，后世新儒家把儒学国家观、治世观"再认"为古圣先知留给我们的思想本源，宣称儒家主张具有超越历史的神圣、永恒性，儒学经典是中华文明的源头活水，是实现我们民族复兴的根本，① 是站不住脚的。

历史一再表明，虽然某些传统文化要素在今天发挥着正面影响，但这"并不能否定儒家文化作为整体在中国现代化进程所起的严重阻碍作用"②。传统国家观中的消极思想要素，如"用夏变夷"、"安内攘外之至意"、③"偃武修文"以及上述那些非人文性、非民主性、封闭保守性的思想倾向，对近代中国军事的近代化、现代化曾经造成了严重阻碍和危害。而且，这种消极影响不仅存在于历史上，也一直持续到今天；不仅存在于思想文化领域，也影响到社会生活的方方面面；不仅通过"大传统"典籍系统影响我们，也内化在人们日常生活世界的种种思想和行为中。过去，由于各种历史原因，"加上客观的战争环境以及我们工作上的失误，封建主义的影响一直没有得到很好地清理"，④ 致使我们在今天的军队现代化建设中，仍会感受到一些好的政策和管理模式常因某些"封建"习惯而变形走样。传统国家观中那些压抑个性、官本位、家长制、论资排辈、平均主义、好人主义、人情

---

① 参见林毓生：《创造性转化的再思与再认》，《知识分子》1994 年秋季号。
② 罗荣渠：《现代化新论》，北京大学出版社 1993 年版，第 261～271、228 页。
③ 《曾文正公全集·奏稿》，卷十七。
④ 徐长安：《〈中国传统文化与现代化〉结束语》，载《中国传统文化与现代化》，海潮出版社 1997 年版，第 326～362 页。

世故主义、消极守成主义、封闭自大主义、形式主义、宗派主义等落后遗产，依然侵蚀着部队的机体，其消极影响在干部选拔任用、教育训练、日常管理等方面，程度不同地显现着，不仅抑制着传统优秀思想成分发挥积极作用，而且阻碍着先进文化建设，成为我军现代化建设的严重障碍。

因此，只有对传统文化的消极成分作一番彻底清理，我们才能更好地继承和弘扬中华民族的优秀传统文化。批判也是一种传统。我们必须在倡导传统资源之发掘，张扬对传统的批判与反思中，昭示时代责任的普遍苏醒；在把握传统与现代的张力中，发现那些"解放的传统"而不是"回忆的传统"，[①]从而将传统国家观中被压抑的活性因子与中国军事现代化的时代脉动有效地贯通起来，使其积极成分重新焕发生命活力，并成为中国现代民族国家观、军事发展观的积极构成要素，成为推进中国军事现代化的有效文化资源与精神动力。

第三，大力发掘和弘扬传统国家观优秀思想成分。毋庸置疑，儒学政治理念中包含着许多优秀思想成分，如注重以民为本、尊重人的尊严和价值，注重自强不息、不断革故鼎新，注重社会和谐、强调团结互助，注重亲仁善邻，讲求和睦相处的思想，以及强调忠、孝、仁、爱、礼、义、廉、耻的伦理思想，和"先天下之忧而忧，后天下之乐而乐"的忧患意识，等等。如果不把眼光局限于占统治地位的儒学"大传统"主文化，那么，传统文化中可供汲取借鉴的优良成分包括的范围就扩大许多。如，上述民本思想，在正统儒家主文化中的总体倾向是"民水君舟"论，[②]强调的是"屈民而伸君"、"民轻君贵"，与现代民主观念截然相反。但是，许多先秦典籍如《尚书·皋陶谟》所谓"天聪明，自我民聪明；天明畏，自我民明威"；《五子之歌》所

---

① 利科：《释义学与人文科学》，剑桥大学出版社 1981 年版，第 99 ~ 100 页。
② "夫君者，舟也。庶人者，水也。水所以载舟，亦所以覆舟。"（《四部丛刊·孔子家语·卷第一》）；又见《荀子·王制》。

谓"民可近，不可下"；"民为贵，社稷次之，君为轻"；①"天之生民，非为君也：天之立君，以为民也"② 等等，则是主张"民贵君轻"。这些思想在对待人民的态度上比正统儒学更"民主"，因而被后来的黄宗羲、唐甄、顾炎武等继承并大加发挥，但是，它们总体上是被"民水君舟"论及其所反映的君主集权专制压抑着的，没有在传统中国政治生活中发挥出主导性的作用。

可见，传统国家观的思想成分在社会发展中起积极作用还是消极作用，关键取决于它的性质和内容。一般而言，与先进的科学文化及技术知识紧密相连、体现和反映先进的经济力量及阶级力量的意志和要求的思想观念是先进的，它对社会发展起着积极的促进作用，反之，其作用也就完全相反。同时，上述情况也告诉我们，传统国家观优秀思想成分积极作用的发挥，还需要一定的社会条件。一般地说，社会政治比较宽松、清明的时期，如汉、唐、清三朝"盛世"时期，文治武功相得益彰，统治者出于政治自信也会相应放宽对传统文化开明思想的限制，使传统文化及其国家观中优秀思想成分的积极作用得到比较充分的释放。反之，在社会生活走下坡路，人民积怨日久，内部不稳定因素增加，统治者强化对社会各领域控制时，传统国家观中的专制、保守等成分就会明显抬头，对社会发展进步起到抑制和阻碍作用。历史发展到今天，上述优秀思想成分积极作用的发挥，则取决于它们能否真正汇入中国现代化、军队现代化建设与发展的大潮，能否以自身的"再生力"启示新文化的建构，在提高国民素质、振奋民族精神、推动社会全面发展与进步中也使自身获得全面的提升。这是传统文化、传统国家观的希望与出路所在。正因为如此，我们必须立足当代中国国防和军队建设的具体实际，全面清理传统国家观中对创

---

① 《孟子·尽心下》。
② 《荀子·大略》。

新精神有负面影响的因素，从而"发扬吾固有之文化，且吸收世界之文化而光大之，以期与诸民族并驱于世界"。①

回顾中华民族由古及今历尽辉煌与磨难、荣光与屈辱的历史，透视中国在近代内忧外患的历史危局中涅槃再生的峥嵘历程，我们会深刻体认到，中国的历史命运与它在军事上的强弱，与它在发展军事问题上的远见卓识或鼠目寸光有着重大的内在联系。从中国传统军事是近代中国各领域"多米诺骨牌"中最先倒下，到中国人民在现代史上，又最先在军事上站起来，这一切都与中国传统文化特别是其国家观的开放或封闭、鲜活或僵化，以及它的历史嬗变有着密切的联系。一个国家要发展，一支军队要前进，就必须有不断超越自我的创新精神。正如"无梦的民族是没有希望的"②一样，一个不能通过批判、反思把本民族传统文化及其国家观提炼升华为现代国家精神的国家或军队，同样是没有希望的。

---

① 《孙中山全集》第七卷，中华书局 1985 年版，第 60 页。
② 参见忻平：《梦想中国：30 年代中国人的现实观和未来观》，《历史教学问题》2001年第 6 期。

第四章
中国传统安全观及其对军事现代化的
影响

　　中国传统安全观与历史上的"王霸之辨"有密切的关联，是传统国家观向安全领域的逻辑延伸。主要表现在，王霸之辨不论在理论上还是实践上，都受制于"华夷之辨"。与古代世界其他民族一样，中国古代"华夷之分"包含着民族自我中心主义成分。古代西方各民族普遍视本族为"圣族"、外族为"蛮族"，以此作为看待和处理"国际"关系的指导理念，即便是比较注重平等的希腊城邦国家也是如此。伊索克拉底认为，雅典领导的希腊征伐波斯，是由于希腊文明高于其他蛮族，有责任把亚洲民族"置于希腊的保护之下。"[①] 与这种扩张性、征服性的西方自我中心主义截然不同，传统中国华夷天下观的主导文化特征，更趋向于内敛、包容与和平。秦汉以后两千多年扬"王道"、抑"霸道"的政治文化传统渗透于传统安全观中，成为支配和制约中国安全战略选择特别是军事发展战略的重要意识形态因素。

---

① 　冯绍雷、潘世伟、范泽、卢林：《国际关系新论》，上海社会科学院出版社1994年版，第9、22、37～38页。

一、"王霸之辨"与传统安全观的王道传统

在中国传统国家观视野内，西周天下靠"王道"来维系，而"四夷"则无"治道"。人可按价值高低来分类，分别以"皇、帝、王、霸"这"四道"来治理。宋儒邵雍说："用无为，则皇也。用恩信，则帝也。用公正，则王也。用智力，则霸也。霸以下则夷狄，夷狄而下是禽兽也。"① 皇道是古典自然之道，帝道是尧舜等五帝治理之道，王道是夏商周三代圣王之道，霸道是春秋五霸以降的霸国之道，而夷狄和禽兽则不在此四道之列。② 从概念上看，王道最早出现在《尚书·洪范》篇："无偏无陂，遵王之义，无有作好，遵王之道；无有作恶，遵王之路。无偏无党，王道荡荡；无党无偏，王道平平；无反无侧，王道正直。"王道上承天，下理民，既能超越具体的王，又能被王占有，是王与道的结合。从四道到王道，反映了传统中国的华夷天下等级格局，表达了在这种格局下统治者最可能采取的天下治理之道。

（一）春秋战国是富国强兵、霸道盛行的时代

作为传统中国的奠基时代，春秋战国是一个前古"禅让"之风、"王道"之治和宗法礼制均遭破坏，以礼治、仁政为主要内容的王道主义逐渐被诸侯恃力称霸、据地呈强、兼并争战的霸道主义所取代的时期。当时，"王"是"指统一的君主"，"霸"则"指诸侯扮演了王

---

① 《观物外篇》下。
② 参见单纯：《论古代儒家辨析齐法家与三晋法家的意义》，《中国哲学史》2007 年第 4 期。

的角色"。① 而与这两种不同政治角色相联系的不同治国理政原则和方法，就是"王道"与"霸道"，或者说"王政"与"霸政"。随着诸侯争霸日烈，王道与霸道的内涵也在思想文化层面得到深化，如孟子用"以德服人"与"以力服人"② 区别王和霸，荀子用"礼"和"法"区别二者，"人君者，隆礼尊贤而王，重法爱民而霸。"③ 春秋战国"礼坏乐崩"、称霸兼并的混乱状况，使各诸侯国不得不认真审视自身面临的安全形势，寻求富国强兵以自保或称霸之途，从而形成了霸道盛行的局面。

春秋齐国最先称霸。法家管仲助齐桓公"通轻重之权，缴山海之业"，"通货积财"，实现富国强兵，"以朝诸侯，以区区之齐显成霸名"。④ 从此，齐桓公、晋文公、秦穆公、宋襄公和楚庄王争相以"尊王攘夷"为旗帜，图谋做诸侯的领袖。战国霸政更盛，"五霸"演变成"七雄"。李悝、慎到、申不害、商鞅和韩非等法家关于富国强兵，在国势、军事强盛中立于不败之地的主张，成为各主要诸侯国的主导政策。"治国者，其抟力也，以富国强兵也。"⑤ 如果说春秋霸政总体上是"兼重礼法"，体现了礼与法、怀柔与兵伐的统一，那么，战国霸政，则从维护周天子礼乐制度转向扫平诸侯割据，势欲重新一统天下。韩非在力倡法治的前提下，提出以"力"统合法、术、势。他认为："古人亟于德，中世逐于智，当今争于力。"因此，"世异则事异……事异则备变。""力多则人朝，力寡则朝于人，故明君务力。……威势之可以禁暴，而德厚之不足以止乱也。"在诸侯争霸的"国际"关系中，"力"的意义在于"国多力而天下莫之能侵也"。这些思想充

---

① 刘泽华：《中国政治思想史·先秦卷》，南开大学出版社1996年版，第198页。
② 《孟子·公孙丑上》。
③ 《荀子·强国》。
④ 《史记·管晏列传》；《史记·平准书》。
⑤ 《商君书·壹言》。

分显示了"霸天下"的工具理性与战略指向。他吸取以往"国强而君弱"的教训，告诫君主务求"势"与"力"的结合，形成"万乘之主、千乘之君"对外"所以制天下而征诸侯"，对内避免"今大臣得威，左右擅势"的"威势"与"筋力"。[①] 历史发展到今天，如果我们把韩非关于"明君务力"与富国强兵的政治主张联系起来，那么，就会看到一种类似近现代国际关系中西方国家奉行"实力"政策的影子，看到"力多则人朝，力寡则朝于人"——用今天的话说是"落后就要挨打"的国际现实，看到"国多力"——用今天的话说是"增强综合国力"的政治理性。可以说，以发展实力来统合法、术、势，集中体现了春秋战国君主治道的现实主义智慧，蕴含了"以法求治"、"以力服人"的集权主义霸政要求。正是由此出发，秦国在当时生产力条件下，兴修水利，振兴农业，奠定了国家强盛的物质基础；革新官制，设立郡县，巩固了君主集权的政治基础；坚持"农战"，建立了强大的军事力量。至秦王嬴政时期，最终实现了以全新的君主集权政治体制统一中国的历史伟业。

（二）霸道至于极端与先秦儒家"王霸之辨"

王道、霸道问题早在春秋时期即已提出，但并非一开始就全然对立，孔子和墨子都使用王、霸概念。尽管当时王道衰微，但诸侯仍能礼法合用，坚持"尊王攘夷"。因此，孔子对齐桓、管仲以尊王行仁，以攘夷行霸，基本肯定。他认为桓、管九合诸侯，一匡天下，不违反仁德，"如其仁"。[②] 但这并不说明孔子完全赞同霸道，他不绝对排斥霸道，是鉴于天子政令不通、五霸尚能尊王，举上不足而求其次。他

---

① 《韩非子·八说》；《韩非子·五蠹》；《韩非子·饬令第五十三》；《韩非子·人主第五十二》。

② 《论语·宪问》。

毕生追求复礼，在无人"言及帝道"的时代"但言王道"；① 预感"闵王道将废"而致力修六经，② 欲"兴灭国，继绝世"。③ 他甚至对崛起于西戎的秦国，也寄予了很高期待："秦，国虽小，其志大；处虽辟，行中正。身举五羖，爵之大夫，起累绁之中，与语三日，授之以政。以此取之，虽王可也，其霸小矣。"④ 然而，随着历史发展，正是以秦国为代表的战国诸雄把霸政全面推向极端，促使孟子"最先把王与霸作为不同的政治路线概念而使用"，⑤ 并激烈地批判霸道之政，引发了中国思想史上著名的"王霸之辨"。

——尊王黜霸论。战国时代，孟子眼见周礼维系的社会秩序荡然无存，仁义道德被权谋、奸诈、利欲取代，诸侯"争地以战，杀人盈野；争城以战，杀人盈城。此所谓率土地而食人肉，罪不容于死。"生灵涂炭，人民水深火热，"民之憔悴于虐政未有甚于此时者也。"霸道至极造成的残酷现实，使孟子一脉儒家激烈地批判兼并征战是犯罪，更加注重倡行三代尤其是周代王道，强调"仁者无敌"，"夫国君好仁，天下无敌。"他们认为天下应当"定于一"，但是，只有"不嗜杀人者能一之"，⑥ 坚决主张尊王黜霸。

王道是儒家的旗帜。孔子认为王高于霸，言霸道不离王道，而孟子则"以德抗位"，以道德区分王、霸，认为王在于德，霸在于力；圣王治道以德施教，霸主治道则以力推行。"以德行仁者王"，"以力假仁者霸"，"以力服人者，非心服也，力不赡也。以德服人者，中心

---

①　《管子·轻重戊篇元材注》。

②　《汉书·地理志下》。

③　《论语·尧曰》。

④　《史记·孔子世家》。

⑤　刘泽华：《儒家以伦理为中心的政治思想》，《中国古代政治思想史》第三章，南开大学出版社 1992 年版。

⑥　《孟子·离娄章句上》；《孟子·公孙丑上》；《孟子·梁惠王上》；《孟子·离娄上》；《孟子·梁惠王上》。

悦而诚服也。"以此衡量,虽"霸者之民欢虞也",但仍可视为天下无
(王)道,此"五霸者,三王之罪人也"。①他以性善论为基础,倡导
人们通过道德修养扩充本心之"仁义礼智",由内圣而外王,通达人
人成尧舜的治世。他继承孔子的"先富后教"思想,要求执政者行仁
政,即王道。"君仁莫不仁,君义莫不义,君正莫不正;一正君而国
定矣。"行仁政当先"制民之产",使民丰衣足食,此为王道之始;同
时"谨庠序之教,申之以孝悌之义",变民风为淳朴美好。行仁政的
关键是"善推其所为"。"人皆有不忍人之心",仁是"不忍人之心"
的发展。王者以"不忍人之政",使"不忍人之心"广及民众,兴爱人、
忠恕,推恩足以保四海,赢得天下拥护,"使天下仕者皆欲立于王之
朝,耕者皆欲耕于王之野,商贾皆欲藏于王之市……天下之欲疾其君
者皆欲赴愬于王。其若是,孰能御之!"而不施仁政,为求富强而征
战,就会"暴其民甚,则身弑国亡;不甚,则身危国削"。②孟儒一脉
的王道仁政论有其合理成分,但在战乱频仍、谋攻伐与求自保形影相
随的霸政年代,不可能被统治者认可并施行,只能是"霸道至极"残
酷现实的反衬。

——尊王不黜霸论。与孟子一样,荀子也强调行王道,但他主张
尊王而不黜霸,倡导王、霸统一。他秉持儒家王道理想,认为"以德
兼人者王,以力兼人者弱"。但他又分明看到,与王道理想鲜明对照
的霸道活生生地存在于现实。因此,他没有全然否定霸道,认为霸道
仅次于王道,可使国家强盛,具有一定历史合理性。他需要做的,恰
恰在于矫正"暴君放伐"等极端霸道主义倾向,纳霸道于王道,使霸
道统一于王道,发展儒家的王道思想。

与孟子以德贬力、以王斥霸不同,荀子认为王与霸虽有原则差

---

① 《孟子·公孙丑上》;《孟子·尽心上》;《孟子·告子下》。
② 《孟子·离娄上》;《孟子·公孙丑上》;《孟子·梁惠王上》;《孟子·离娄上》。

别，但非截然对立。霸道是王道的候补者，二者可以相通，"上可以王，下可以霸"。但要一统天下，就须行王道，求天下归心。他以王、霸、强、安、危、亡诸命题讨论国家政策与前途。国均有"治法"与"乱法"、"贤士"与"罢士"、"愿民"与"悍民"、"美俗"与"恶俗"，故既要恃力，更要讲信。单纯恃力者只是"强"，齐、秦、楚、燕等都是"夺之地者敌诸侯"之强国，虽暂时强大，但与"王者富民，霸者富士"不同，"地来而民去，累多而功少，所守者益，所以守者损，是以大者之所以反削也"，① 单纯追求占领土地，不注意争取民心，轻视人民意愿，必然在争斗中走向削弱溺亡。他希望统治者看清形势，选择正确的富国强兵政策，使霸道统一于王道。他肯定秦国霸政的积极性，认为其百姓、官吏等皆合于治道："'佚而治，约而详，不烦而功，治之至也。'秦类之矣。"但"治之至也"，只是霸道至极的表现，距"王者之功名"尚远，原因在于"无儒……秦之所短也"。他建议秦昭王"力术止，义术行"，"节威反文"。他告诫李斯治秦切勿"以便从事"，轻仁义、重权谋，这是本末倒置，是致乱的根源："女所谓便者，不便之便也；吾所谓仁义者，大便之便也"。便之大者"以德兼人"，而非单纯"以力兼人"和"以富兼人"；"兼易凝难"者，"凝士以礼，凝民以民"，要通过王道治政，"养万民"，保民而王。

荀子希望王者是"既知且仁"，握有集权，有能力一统天下的圣王。他抬高君主地位，赋予其最大权力和责任。他认为人性本恶，不能一味顺纵，以避免由纷争导致天下大乱。而实现这一点，根本途径是以礼法节制人性，王"以人之性恶……以为之起礼义，制法度；以矫饰人之情性而正之，以扰化人之情性而导之也"。礼的功能有"养"与"别"，"善生养人者也，善班治人者也，善显设人者也，善藩饰人者也"，善于以礼抚育、治理和用人，以服饰区分等级，也善于以义

---

① 《荀子·议兵》；《荀子·王霸》；《荀子·王霸》。

举士、举法、举志，"下仰上以义矣，是基定也。基定而国定，国定而天下定"。① 必须隆礼重法，"隆礼尊贤而王，重法爱民而霸。"必须"裕民以政"，"轻田野之税，平关市之征，省商贾之数，罕兴力役，无夺农时"，使"财货浑浑如泉源，仿仿如河海，暴暴如丘山"。他以秦国富强为据反驳墨家以"非乐"、"节用"对儒家的批评，认为"节用以礼"不在节流，而在开源，以礼和义组织民众为国家创造雄厚的财力和物力。

总之，春秋战国霸道盛行以至极端的现实，引发了孟子、荀子等人的批判与反思，使儒家王道的地位与作用在思想文化层面得到提升，使王道对于王朝天下治理的实际价值得以彰显。这种价值随着中国由分裂走向统一而受到统治者的重视。他们以义行赏罚，以仁义改造霸道，使之归于王道，或完全排斥霸道，使"信立而霸"转化为"义立而王"② 的主张，基本反映了结束诸侯割据的时代要求，也成为秦汉以后历代王朝建立和巩固大一统集权专制的理论先导。

（三）秦汉时期文化大转折与王道传统的形成

历史上，如果说夏商周三代已形成世袭君主制，但尚未出现君主专制，而秦汉以后却始终贯彻着君主专制，那么，这两种不同的君主政体，则是通过由春秋战国到秦汉大一统，即由王政到霸政、再到新的王政这一历史性转变——"否定之否定"实现的。春秋战国从王政衰败到霸道盛行，是整个传统中国由上古王政到秦汉集权王政的必经环节。它是对上古王政的直接扬弃，如顾炎武所说，是"春秋时，犹尊礼重信，而七国则绝不言礼与信矣。春秋时，犹宗周王，而七国则

---

① 《荀子·强国》;《荀子·议兵》;《荀子·性恶》;《荀子·君道》。
② 《荀子·强国》;《荀子·富国》;《荀子·王霸》。

绝不言王矣。……史之明文，而后人可以意推者也。不待始皇之并天下，而文武之道尽矣。"① 同时，它又是秦汉以后历代集权王政的缘起，如果没有商鞅、韩非等法家以军功、秩序、服从及文化禁锢的霸政改革，秦国就不会富国强兵、横扫六合、一统而君临天下。

首先，"独尊一术"成为帝王体制下的文化定位。 秦成大统，宣告霸政时代终结。由于霸政的惨烈后果遭到孟子诸儒的激烈批判和民众的普遍反对，加之荀子关于"秦之所短"、"节威反文"的告诫，秦相吕不韦或许意识到即将建立的秦帝国须相应调整政治、文化。他鉴于秦武强文朴，文化与六国不能抗衡，不利于实现文化征服的情况，遍揽六国士人，广涉道、法、儒、名、阴阳、兵、农诸家，作《吕氏春秋》宏著，意在建构秦廷新政的文化"自立"之基。② 事实也是这样，秦始皇在从政治、经济、军事上强化大一统集权制的同时，曾尝试放弃穆公以来商韩"燔书"、"禁学"的强硬政策，改行以融合与吸收为主的柔性文化专制。为此，他在开国时中央官吏尚不多的情况下，"悉召文学方术士甚众，欲以兴太平"，容纳、礼遇六国尤其齐鲁儒士，置博士员达 70 人，③ 形成一支很大的文化队伍。他不断向东巡游，行祠齐之八神，礼尚东方宗教文化，尊崇滨海之齐文化，倡扬道德以宣文治，试图建立一种以法家思想为主，兼及儒、道、阴阳诸家的大一统文化。所以，南宋大文献学家郑樵说："秦时未尝不用诸生与经学也。……秦时未尝废儒。"④

但是，秦帝国对天下文化采取的怀柔政策，却因两大文化系统——法家与儒家的差异与冲突迅速受挫。面对泰山封禅时儒生拘于祭

---

① 《日知录·周末风俗》。

② 参见李禹阶：《秦始皇"焚书坑儒"新论——论秦王朝文化政策的矛盾冲突与演变》，《重庆师范大学学报》（哲学社会科学版）2004 年第 6 期。

③ 《史记·秦始皇本纪》。

④ 《通志·校雠略一》。

礼的"各乖异议"，面对他们自诩邹鲁古风、宏迁不经、主张师古分封而对郡县制的批评，面对这些人入则"心非"，出则"巷议"带来的离心倾向，面对徐市、卢生等方士明为皇帝求长生不死药，实则耗费大量资财，后又纷纷逃亡的"欺骗"，①以军功立国、骨子里尚力轻文的始皇及其臣属，不可能像今天有人想象的用"争论的办法、说服教育的办法"②来解决思想冲突。他们在保留相关实用之书和博士"议诗书"之权的同时，对儒家"批判的武器"直接诉诸法家"武器的批判"，制止诸生"以古非今"，"焚书坑儒"。此千古公案标志着帝国以文补法、以德兴太平的文化怀柔失败，商韩燔书明法政策复活，演变为定法家为一尊、禁止百家私学的文化专制。这既是帝国文化政策的根本转向，也是五百多年百家争鸣、处士横议的多元文化向一元主导文化整合的开始。自此，中国帝制下的文化定位便有了"独尊一术"的取向。③不管它呈现为独尊法术，还是独尊儒术，都意味着一元独尊成为传统文化发展的必然方向。

其次，儒家入"仕"开启了古代中国的王道传统。秦帝国独尊法术失败，而承袭秦制的汉帝国则使儒学振兴。汉武帝与秦始皇目标如出一辙，但内容截然相异的"罢黜百家，独尊儒术"政策取得成功，使自孔子以后长期作为批判现实的在野儒家，上升为常备皇帝顾问、出将入相的在朝派，儒士成"仕"，孟子"天下仕者皆欲立于王之朝"④的理想终成现实。可以说，在秦汉文化大转折中，儒家不仅在文化上而且在政治上都赢得了胜利，这意味着中国以尚力为武、富国强兵为特征的霸政逐步走向终结，文化专制的内容与目标让位给王道、仁

---

① 《史记·封禅书》；《史记·秦始皇本纪》。
② 许凌云：《古今之争与焚书坑儒》，《孔子研究》1999年第1期。
③ 参见李禹阶：《秦始皇"焚书坑儒"新论——论秦王朝文化政策的矛盾冲突与演变》，《重庆师范大学学报》（哲学社会科学版）2004年第6期。
④ 《孟子·梁惠王上》。

政、礼治等规范。当年，王霸杂陈的孔子，以布衣之身不懈追寻圣王道统延续之业，但他不曾想到，自己内圣外王理想中的内圣未必总有参验，而外王却具备转化为现实的可操作性。后儒以儒学的理想人格为担保，人为地圣化帝王，使之成为体现人间最高秩序的圣王。在君主专制社会，大同理想虽无立锥之地，但儒家却顺理成章地走上了王圣（道）之路。这"体现了儒学精神的限制——儒学的理想不具有绝对的超越性和独立性（指其超越独立于现实秩序而存在），相反却具有一种世俗性和寄生性（指其只能依附于现实秩序而存在），不停地为每一个即兴忽勃的王朝做着嫁衣"①。马克思指出："一切已死的先辈们的传统，像梦魇一样纠缠着活人的头脑。当人们好像只在忙于改造自己和周围的事物并创造前所未闻的事物时，恰好在这种革命危机时代，他们战战兢兢地请出亡灵来给他们以帮助，借用它们的名字、战斗口号和衣服……演出世界历史的新场面。"②历史正是这样，后儒在圣化孔子的旗号下抛弃其霸术因子，直承其圣王道统，汉代经学以专制价值为内涵援法入儒，将调整宗法血缘的道德礼仪嵌入国家法度，以"纲常名教"完成了对集权王道的定型。王道是尽善尽美的大法、不变之常道，其中持续复活着尧、舜、禹、汤、文、武、周公等亡灵，后世帝王只需"因时之宜、知权达变、适当损益"即可资以治世。"有道之世"就是遵循"先王之道"，"无道之世"则是违背"先王之道"。③不管先王还是后王，都具有奉天行仁政的理想人格与权威。由此，开启了传统中国两千多年王道治政的传统。

---

① 陈劲松：《传统中国社会的社会关联形式及其功能》，《中国人民大学学报》1999
年第 3 期。

② 《马克思恩格斯选集》第一卷，人民出版社 1995 年版，第 585 页。

③ 参见胡启勇：《先秦儒家"圣""君"立法思想及其法伦理意蕴》，《南京社会科学》
2008 年第 10 期。

　　王道治政，赋予了皇权对王朝天下以巨大的影响力。而以儒学为主导意识形态的大传统文化，从两汉到明清，则始终倡导和贯彻这一传统。徐复观指出，从董仲舒迎合政治需要对先儒理论的体系化改造，到程朱理学吸收佛、道而深发道统，以至从体系内部怀疑和拓展儒学价值的陆王心学、明清实学，都没有突破儒学的政治权力来源，始终站在统治者的立场上考虑政治、经济、文化和军事等问题。[①] 与此相响应，朝廷征选儒士，设立"太学"、五经博士和博士弟子，形成中央仁义宣化中心。设专职礼官"讲议洽闻，举遗兴礼，以为天下先"。中央和地方各级官员均负有向民众灌输、宣扬王化道统之责，"公卿大夫，所使总方略，壹统类，广教化，美风俗也。"[②] 同时，在社会基层则利用县、乡三老、孝悌、力田等"以为民师"，"掌教化"，重塑民间小传统，通过上下、大小传统的教化，使民众自觉遵行王道礼法，致力农亩，安分守己，做天朝顺民。[③] 这一切，无不强化和巩固了集权王政体制。这在集权郡县制国家上升时期，使儒家王道得以释放其正效应，有利于农耕经济发展和社会安定。从秦汉到隋唐，王政走向成熟与巅峰，疆域达于天朝行政力量所能控制的地理极限，华夷天下秩序全面形成。华夏帝国雄强于世，气宇恢宏，对周边四夷形成强大影响和吸引力。这些，有力支撑了王化正统。经过"汉唐盛世"的浸染，扬王道、贬霸道的传统更加深入、固化于人心，形成了稳固的大一统华夷王朝优越感、仁义礼乐文化自豪感，纵使历经变乱、分裂，也不曾泯灭。它既有特定的致治功能，又受到自身结构的制约，形成了一整套处理内外关系的固定模式与取向。

---

① 参见徐复观：《学术与政治之间》，（台北）学生书局 1985 年版，第 54～56 页。

② 《汉书·武帝纪》元朔元年诏。

③ 参见刘泽华：《西汉中期的"独尊儒术"和关于政治指导思想的争论》，《中国古代政治思想史》第十一章，南开大学出版社 1992 年版。

二、传统王道安全观"四重四轻"的基本取向

古代中国扬王道、抑霸道的传统，使尚礼义德仁，抑力、轻利、轻器等价值观念和道德评判介入国家安全领域，使王朝"国家行为"追求一种圣王境界，讲求"来朝万邦"的平衡与和谐，用"和"与"仁爱"等准则调整内外关系。这种与西方国家在安全上注重以实力为后盾，以英勇为美德，追求安全利益迥然不同的传统，既造成了中国传统安全观注重内敛、守成和防御，重安内、轻攘外等非暴力、非扩张的泛和平主义追求；也使传统军事文化呈现出"重德化"、"贬力服"、轻视科学技术，提倡仁义之师等泛道德主义取向。把两者综合起来，就形成了"四重四轻"的基本取向，即"重内轻外"、"重和轻战"、"重德轻力"和"重道轻器"。其中，重道轻器取向，是重德轻力在社会物质生活层面特别是科技领域的延伸和变形，但因它对传统军事技术发展影响极大，故可单列，作为传统安全观的四种基本取向之一。

（一）重内轻外

建立在农耕经济、王朝政治、血缘宗法基础上的王道文化是一种"重安"的内向型文化。"经国家、定社稷、序人民、利后嗣"，[①]一直是这一文化的主导倾向。关注社会治乱，求治避乱，不论对君主还是对黎民都有非同寻常的重要意义。农耕经济条件下人们以土地为第一生存要素，战争根源多与土地争夺与控制有关。春秋战国诸侯攻伐，

---

① 《左传·隐公十一年》。

一个重要方面是争夺生存空间。汉、唐、明、清大统一时期，战争主动性和进攻性减弱，防御转为常态，因为周边已无值得扩张的良田好地。同时，对统一版图内辽阔农业区域的治理已显得力不从心，除非外敌入侵，多把注意力转向内部，防止和消除内部动乱，维护农耕王道秩序，尽量避免对外战争。这样，对外炫耀武力被视作穷兵黩武受到谴责，重内轻外成为必然的安全追求。在统治者和士大夫眼里，"把安全追求的重点放在内部安定上，对外只是实行军事防御"，这就是"行'仁政'和'王道'"的具体表现。①

中国在安全上注重防御，还源自北方游牧民族的威胁。周代"封建"过程中萌发了内诸夏而外夷狄的"夷夏之防"意识。春秋诸侯，为应对东夷、南蛮、西戎、北狄对中原的威胁，纷纷起来尊王攘夷。夷夏之防"认同的是一个外延可以推及天下的华夏文化共同体及其以此为合法性的世袭君王，……是否认同华夏文化，往往是中国人辨别同族与异类、区别文明与野蛮的最根本标志。"② 随着华夏长期独领风骚，大一统中央王朝重复出现并构成历史主流，夷夏之防观逐渐变异，形成"中国人传统而自豪的民族文化心理"，儒家就按照这种"华夏中心主义"③ 构建了"世界秩序"，即东亚"朝贡体系"。④ 在朝贡体系中，以中原文化规范与"各国"的关系，王者无外，天下一家。所

---

① 参见杜永吉：《"天下观"视野中的中国战略文化传统》，《淮阴师范学院学报（哲学社会科学版）》2006 年第 1 期。

② 安树彬：《从传统天下观到近代国家观》，《华夏文化》2004 年第 1 期。

③ 参见安树彬：《从传统天下观到近代国家观》，《华夏文化》2004 年第 1 期。

④ 朝贡体系起于汉，兴于经隋唐，至明清达到顶峰。当时诸藩来华朝贡者有迩者、安南、占城、真腊、百花、苏门答腊、西洋等三十国。据《大清会典》所列属国表、赵尔巽所撰《清史稿》、王之春《国朝柔远记》等书记载，鸦片战争前与中国有从属关系的国家主要有安南（越南）、缅甸、锡金、尼泊尔、暹罗（泰国）、南掌（老挝）、高丽（朝鲜）、琉球、苏禄（菲律宾）等。参见杜永吉：《"天下观"视野中的中国战略文化传统》，《淮阴师范学院学报》（哲学社会科学版）2006 年第 1 期。

145

谓"外部",不是天下之外而是天下之中的外部,即与中心相对的边缘部分。① 北宋石介说:"天处乎上,地处乎下,居天地之中者曰中国,居天地之偏者曰四夷"。② 这"实际上消解了'外部'空间概念的存在",等于"抽掉了向外扩张的正当性和合法性。秦汉以来的中国,几乎都是采取内向型发展模式的,外向扩张模式是罕见的。"③ 而继董仲舒重释春秋大一统之后,唐代特别是宋代儒家对大一统及正闰说再作推陈出新的重构,使正统论大兴,一统导向正统,进一步完善了王道一体的世界观。④ 正统论主张以王道一统"维系天下、社会,通过道德的力量(王化)来感召、化育周围的不同民族,最后达到大小远近若一的王道思想"。⑤ 夷夏有别且不如夏,中国还会以夏变夷,同化它们。"吾闻用夏变夷者,未闻变于夷者也。"⑥ 这几乎成了传统政治思想持续而稳定的认知结构。泱泱大国一国独大,周边蛮夷,其奈我何!对北方游牧民族的袭扰只需防御,无需大动干戈。但是,中原内乱却不可小视,这是历代王权、皇朝政治得以存在的"根本之地",而历次王朝更迭也多起于此。因此,保卫家国天下和"江山社稷"更加重要,多数王朝都本能地把征战内敛于"中国"范围内,在军事力量运用上坚持治内先于安外,由内及外,伐叛抚降,以保障统治阶级的权益。

---

① 参见何新华:《天下观:一种建构世界秩序的区域性经验》,《二十一世纪》(网络版)2004 年 11 月号。
② 《徂徕石先生文集》,卷十,中华书局 1984 年版,第 116 页。
③ 参见何新华:《天下观:一种建构世界秩序的区域性经验》,《二十一世纪》(网络版)2004 年 11 月号。
④ 参见江湄:《从"大一统"到"正统"论——论唐宋文化转型中的历史观嬗变》,《史学理论研究》2006 年第 4 期。
⑤ 陈劲松:《传统中国社会的社会关联形式及其功能》,《中国人民大学学报》1999 年第 3 期。
⑥ 《孟子·滕文公上》。

历史地看，安内先于攘外作为传统国家观、安全观的基本取向，还是统治者在内外安全挑战同时发生，而自身又不能同时应对来自两个方面挑战时，在安全政策权重上做出的必然选择。自齐桓公提出尊王攘夷以后，攘外必先安内就成了历代王朝的共识。① 南宋朱熹在农民起义和金兵入侵的双重危局下，提出内修政事方可外攘夷狄。② 明代张居正阐述"固邦本"时，明确主张"欲攘外者必先安内"。③ 清朝在内外交困时，也提出"灭发捻为先，治俄次之"④ 方针。上述史实背景、重心各不相同，"但巩固自身，再求对外的思路则是一致的。"⑤ 之所以如此，根本原因在于，不论从传统安全立场看，还是从历史现实看，不仅老百姓的"家"与帝王的"家天下"在利益牵连上是可分离的，而且统治者的"家国"与中华民族的"祖国"在安全利益上也可分离。由是，在外敌入侵而其又不急于铲除现政权时，现政权就可能通过损害或出卖祖国利益，"量中华之物力，结与国之欢心"，⑥ 换取自身延续。这与其政权面临的国内安全问题全然不同。两千多年君主专制，始终面临一系列足以危及王权的内忧：一是诸侯或蕃王之忧，如西汉七国之乱、唐代安史之乱、清代三蕃之乱等；二是民变之忧，从陈胜、吴广到天平天国，每次农民起义都足以撼动王基；三是军人之忧，直接可导致"黄袍加身"，取现政权而代之；四是知识分子之忧，他们"知识越多越反动"，越能发现王权隐秘，若加入造反行列后果不堪设想。这些内忧一旦转化为现实，矛头所向就是推翻现政权。根据安全威胁近远、内外的不同，内乱距现政

---

① 参见樊树志：《崇祯：攘外与安内的两难选择》，《学术月刊》1996 年第 7 期。

② 《晦庵先生朱文公文集》卷十一，戊申封事；卷十三，辛丑延和奏札二。

③ 《张文忠全集》卷一，陈六事疏。

④ 《咸丰筹办夷务始末》卷七十一。

⑤ 黄道炫：《蒋介石"攘外必先安内"方针研究》，《抗日战争研究》2000 年第 2 期。

⑥ 故宫博物院明清档案部编：《义和团档案史料》下册，中华书局 1959 年版，第 945 ~ 946 页。

权最近。对此，现政权没有选择余地，一般都更重内部治理。一是"省刑罚，薄税敛，使民入孝出弟以敬其长上"。① 采取多种手段安抚农民，使成顺民，高度警惕出现"杀尽不平方太平"的"暴民"运动。② 二是皇帝大权独揽，建立从中央到地方一整套官僚机构，如秦汉三公九卿体制、隋唐三省六部制、地方郡县制，确保权力高度集中统一，即"事在四方，要在中央"。③ 此外，还采取措施抑制权臣，打击地方豪强，消弭潜在的动乱因素；④ 通过科举取仕笼络知识分子，使"天下英雄"尽"入我彀中"，⑤ 等等。在军事上，基本布势贯彻"内重外轻"方针，分兵力扼守险要，重兵置于京师，保持中央对地方、民众居重驭轻的控制力。即使是边防军，其主要职能也未必是护边，而在于防内。清朝在东北、蒙古、西北等边省设置了许多"卡伦"（哨所），但其任务主要是对内而非对外。⑥ 如果说古代西方安全战略主要是"安内必先攘外"，国家一旦不能攘外，内部就四分五裂，因此必须把战略转向消除外患上，⑦ 而中国则不同，只要内部稳定，加之相应的军事规模与谋略，以及天朝德化，就足以攘边化夷了。这种安全取向，是传统国家观中家国高于祖国、保家国高于保祖国逻辑向安全观的必然延伸，也反映了统治者对传统爱国主义内在悖谬所隐含的家国冲突的本能御防。

---

① ［明］王鹤鸣：《登坛必究》卷 22，《辑夷情说》。

② 参见徐勇：《中国农民传统政治文化的双重性分析》，《天津社会科学》1994 年第 3 期。

③ 《韩非子·扬权》。

④ 参见黄朴民：《中国传统安全战略的特色及其局限》，《中国社会科学文摘》2001 年第 6 期。

⑤ ［五代］王定保：《唐摭言》卷一。

⑥ 王文华：《试析晚清边防危机的原因》，《中国军事科学》2000 年第 2 期。

⑦ 参见姚有志：《古代中西军事传统之比较》，《中国军事科学》1995 年第 3 期。

（二）重和轻战

重内轻外，很大程度决定了传统王朝处理"对外"关系的基本方式，就是注重对外防御，"和"重于"战"。即是说，当面临外来安全威胁时，中原王朝首先考虑以和平方式解决问题，主张和为贵、以和致利、不战而屈人之兵。实在不得已要进行战争，也总是强调自卫原则，主张后发制人，才可进行战争。这种理念构成了中国在战争与和平选择上的一个重要因素。因此，如果说战争与和平相联系，那么崇尚和平，则是中国传统安全观的一大特色与取向。

在传统中国，无论是大传统主导文化还是民间小传统文化，无论是市井小民还是王公贵族，都表现出对"和"的特殊尊崇。这种尚和取向的产生与定型，来自农耕文明母体文化基因的深刻影响。农业文明摇篮里的中华民族，最需要社会稳定、政治清明、风调雨顺、国泰民安，最怕的是天灾人祸，战乱频仍，生灵涂炭，田园荒芜。这种民族意识浸透于民间小传统，使人们与生俱来渴望和平而憎恶战争，尤其憎恶穷兵黩武。他们基于战争会破坏自己家园的正常生产和生活秩序，造成大规模人员伤亡，熟练农业劳动力严重匮乏，完全背离追求稳定与秩序的农民利益和愿望，形成了"安土重迁"和固土自守的防御性民族心理，和以耕读传家为荣、以穷兵黩武为恶的和平主义倾向。[①] 冯天瑜认为，"华夏—汉人所追求的是从事周而复始的自产自销的农业经济所必需的安定"，这"与以商品交换和海外殖民为致富手段的海上民族对外展拓的意向也判然有别。"[②]

---

① 参见任力：《农耕文明对中国传统军事思想的影响》，《中国军事科学》1997 年第 4 期。

② 冯天瑜等著：《中华文化史》，上海人民出版社 1990 年版，第 120～121 页。

从中国大传统主导文化看，尚和表征了中国历史与文化的内在本质。中国兵家、法家和少数儒家基本上能以比较现实的态度审视战争问题，一方面看到战争是双刃剑，既可伤人亦可害己，因而提出"兵凶战危"、"好战必亡"等慎战思想；另一方面也看到在充满利益冲突的社会，战争不会因善良人愿望良好而自行消弭，忘战必危，故反对无原则的偃兵、非战，区分战争性质，为正义"杀人安人，杀之可也；攻其国，爱其民，攻之可也；以战止战，虽战可也。"① 但在总体上，诸子文化主调却是和平主义。所谓"止戈为武"，对中华民族而言既是战争观，也是和平观，归根结底是和平观。儒家重秩序，尚中庸，讲和谐；墨家尚兼爱，主非攻；道家法自然，崇无争，这些都为和平主义奠定了理论基础。秦汉以后，和平主义逐渐成为安全文化的主导倾向。儒学统治地位的确立，加上道家、佛教精神浸染，人们对战争日益反感，尚和终成传统。扬王道、抑霸道，本身就有非战特征，其主旨是维护朝贡体制，达成协和万邦目标。"先王之道，以和为贵；贵和重人，不尚战也。"② 即便出于无奈发动战争，也要体现尚和的价值追求。以仁为本，以义为正，"正不获意则权，权出于战不出于中人"；③"非危不战"；④"举凶器，行凶德，犹不得已也"，⑤ 都在表白"不得已而战"。汉代七王之乱、清代三藩之乱，是地方势力坐大联合挑战中央，朝廷不得不战。两汉反击匈奴、隋唐反击突厥、清代平定准噶尔叛乱，也是出于不得已。由于不得已，中原王朝大修长城以为防御。长城成为东方防御主义与和平主义的历史纪念碑。同时，各朝皆重视采取结盟、通婚、通商等方式强化

---

① 《司马法·仁本》。
② 《太白阴经·贵和篇》。
③ 《司马法·仁本》。
④ 《孙子兵法·火攻篇》。
⑤ 《吕氏春秋·论威》；《投笔肤谈·本谋》。

与边疆少数民族政权的联系，由汉至清，"和亲"约 130 次，成为解决内外关系的重要政策。[①]"慑之以兵威，和之以婚姻，阻之以禄位，通之以货利，怀之以教化"。[②] 一句话，不得已而战，是中国止弋为武战争观的最终选择。[③]

上述和平主义传统，给历史上来过中国或对中国有较深研究的西方人留下了深刻印象。据马可波罗记载，南宋皇帝"既不重视军事，又不鼓励百姓从事军备训练"，苏杭等地人民多有尚文厌兵心态。[④]利玛窦也认为，中国"凡希望成为有教养的人都不赞成战争"，"极不喜欢武器"。[⑤] 其他外国学者，如马士、罗素、汤因比、费正清、池田大作等，都对此持一致看法。与此不同，和平主义在古代西方，并没有像在中国那样发挥出巨大影响。西方人传统上对战争充满了由衷的激情，多推崇颂扬，热情参与。赫拉克里特说："战争是万物之父，也是万物之王。"[⑥] 柏拉图把战争中的勇敢视为理想国的四种美德之一。[⑦] 培根说："人具有正义的天性，所以人们即使不进行战争（它引起了如此众多的灾难），也仍然至少会理由充足地发生一些战斗和争端。"因此，"任何一个民族如果不直截了当地宣布它要武装，就不

---

① 参见刘志光：《东方和平主义：对中华文明与和平文化的省思》，《南京政治学院学报》2007 年第 5 期。

② 李际均：《军事战略思维》，军事科学出版社 1998 年版，第 240 页。

③ 参见霍印章："止戈为武"的和平观——试论中国古典兵学文化要旨》，《中国军事科学》2004 年第 6 期。

④ 参见《马可波罗游记》，第 164 ~ 165 页；转引自吴信忠、张云主编：《〈军事历史研究〉十年论文精选（1986 ~ 1996)》，军事科学出版社 1996 年版，第 496 页。

⑤ 参见《利玛窦中国札记》第 59 页、第 62 页；转引自吴信忠、张云主编：《〈军事历史研究〉十年论文精选(1986 ~ 1996)》，军事科学出版社 1996 年版，第 496 页。

⑥ 北京大学哲学系外国哲学教研室编译，《古希腊罗马哲学》(3)，生活·读书·新知三联书店 1957 年版，第 23 页。

⑦ 参见天羽：《"和文化"军事实践辩证》，《军事历史研究》2008 年第 1 期。

可能指望强大的桂冠会落在自己的头上。"① 而在漫长的传统中国，找不到像日本《明治遗训》、德国《德皇雄图秘著》、俄国《彼得一世遗嘱》那样侵略扩张性的文字依据。② 和平稳定是齐家治国的基本前提，绝对不能破坏。像喜欢安静的人厌恶嘈杂一样，中国人多不接纳以破坏和谐稳定为特征的战争，导致对战争的极力贬斥。东汉兵儒合流以后，儒家安全观、战争观更加深入人心，成为民族深层心理中的普遍认同。对战争的极力贬斥，一方面是一种美德，而另一方面，也成为绥靖主义滋生的温床。

历代王朝，每当面临战与和选择时，由于多偏向于求和，对动武用兵多存疑虑，致使有时为了和而不惜妥协忍让。到两宋特别是南宋，中原王朝"只有战败之辱，而无战胜之荣"，③ 使苟且偷安为国策。当时永康学派代表陈亮目睹朝廷为与辽、金"和好"，极尽绥靖以求苟安，年年拱手相送大量资财，财资虽广而国力日衰，甲兵虽众而军力不强，偏安一隅而人乏斗志的历史与时状，疾呼"一日之苟安，数百年之大患也。"④ 他念念不忘"君父之仇"，"国家之耻"，积极倡行事功，反对空论，主张全国备战，进兵中原，以励群臣，以振天下，在理学一片"格物穷理"声中，唱出了富有生气的旋律。可悲的是，苟且主义早已蔓入朝野，少数如他的辛弃疾、文天祥等，都是独木难支，他们大业中兴的理想只能落空。至清代，康熙帝虽击败沙俄对黑龙江的入侵，是战胜方，却在签订《中俄尼布楚条约》时一再忍让，极力表现"退让之诚意"。⑤ 鸦片战争爆发时，清廷本该全国动员，坚

---

① 培根：《论王国和等级的真正强大》，载莫蒂默·艾德勒、查尔斯·范多伦编：《西方思想宝库》，吉林人民出版社 1988 年版，第 1068、1069 页。

② 参见天羽：《"和文化"军事实践辩证》，《军事历史研究》2008 年第 1 期。

③ 刘志光：《东方和平主义：对中华文明与和平文化的省思》，《南京政治学院学报》2007 年第 5 期。

④ 《陈亮集·上孝宗皇帝第一书》。

⑤ 参见天羽：《"和文化"军事实践辩证》，《军事历史研究》2008 年第 1 期。

决抗战，但道光帝在对英宣战后，并无抗战决心，反倒幻想和平。每当战争间歇便以为和平来临，一再命令沿海省区"酌量裁撤防兵，以节糜费"。① 在这种思想主导下，清朝平时体制基本未动。第二次鸦片战争中，叶名琛不战、不和、不守，也与咸丰帝息兵为要的思想相关联。在英法联军第二次北犯失利后近一年，清廷不抓紧时机备战，加强防务，反而撤除北塘守备，给英法联军再犯打开方便之门。其他各次战争，清朝也总是和战不定，战略上始终处于被动状态。这种绥靖、苟且心态无不浸透着传统和平主义的影响。

（三）重德轻力

如前，在传统中国，"天下"包含着上下尊卑的等级秩序。"凡天子者，天下之首也。何也？上也。蛮夷者，天下之足也。何也？下也。"② 中原王朝是权力中心，天朝"王者受命创始建国，立都必居中土，所以控天下之和，据阴阳之正，均统四方，以制万国者也。"③ 天子向四方"颁正朔，易服色"，而夷邦君主则按朝贡、册封或宗藩体制向天子进贡叩头以为臣服标志。那么，天子何以"统四方、制万国"呢？春秋时期，魏武侯曾示山河之险固于人，但吴起则比之以"三苗氏"、夏桀、殷纣等例，说"由此观之，在德不在险。若君不修德，舟中之人尽为敌国也。"④ 在德不在险，就是以道德取代武力，此意正合儒家扬王道、弃霸道之说。儒家对王者何以"统四方、制万国"问题的回答是："发仁施政以王天下"，⑤ 即不诉诸于武力，不以事

---

① 齐思和等整理：《筹办夷务始末》（道光朝），中华书局 1964 年版，卷四四，第 32 页。
② 《贾谊集·解悬》。
③ 《太平御览》卷一五六。
④ 《史记·孙子吴起列传》。
⑤ 王易：《论先秦儒家的国家关系伦理思想》，《河北学刊》2000 年第 1 期。

功取胜，而是德化天下。换句话说，就是"德流四方"的和平渗透，以较高的文明辐射和影响周围民族。春秋诸子多不赞成武力，儒家更是主张道德主义，即解决国与国的冲突，主要靠道德而不靠武力，相信道德力量可化解本来需要以武力面对的冲突。孔子云"以德服人"，"远人不服，则修文德以来之。"①统治者修身行德是政治之本。此力量可取代刑法、军队、权力机关等一切国家强力手段，化解内外各种冲突。孟子根据性善论和"反求诸己"之"不忍人"之心，主张不以残杀为手段达到目的。虽然他不是绝对偃兵主义者，有出义兵救民于水之言，但其政治方略总是试图以善、仁政感服天下，认为这比诉诸武力容易得多。②其思想充满了对残酷征战的道义批判，是一种绝对反战。而天子作为天下秩序的担当者，也要承天德，行德治，用礼仪规范来维护天下秩序，处理内外关系，追求天下和谐。③总之，有了道德，就可以无敌于天下，即对内实行仁政，获得民意，就可以不战自胜。

前述战国韩非，把最高治道精神归之为"力"，从实力看待国家安全，从"王中王"谋"霸中霸"，与儒家强调的"德"正相反对，成为战国时代孟子以及后儒的批评对象。汉代儒学成为官方正教后，儒家王道理念开始在对外事务中发生作用。宣帝时匈奴内乱，有人主张趁机出兵，一鼓解决多年来的北方大患。大儒萧望之独持异议，说古有德之人不乘人之危，反能让对手感怀归服。④东汉光武帝晚年日夜给群臣讲论六经，绝口不言兵事。当臣下提议举兵灭北匈奴时，他引《黄石公记》"德政"予以拒绝。他一心用"柔远能迩"的德政怀

① 《论语·季氏》。
② 《孟子·公孙丑上》；参见《孟子·梁惠王下》。
③ 参见杜永吉：《"天下观"视野中的中国战略文化传统》，《淮阴师范学院学报》（哲学社会科学版）2006 年第 1 期。
④ 参见颜世安：《试论儒家道德主义的和平理想》，《南京大学学报》2005 年第 5 期。

柔天下，企图给后世留下一个永无战争的太平盛世。^① 这种重德化、贬力服的理念被历代王朝及士大夫继承，全面贯注于政治与军事，确立了"从中华文明初现曙光之时直到西元十九世纪与西方对抗之际，中国在对外关系上的基本态度与实践。"^②

重德贬力是与"重义轻利"联系在一起的。在义利问题上，孔子主张以义制利，以义节欲、导欲。"富与贵，是人之所欲也；不以其道得之，不处也。"富贵是人之所欲，但须以道得之。涉及对外关系，国家不应"以利为利"，而应"以义为利"，为政以德，可使"近者悦，远者来"。^③ 如果以一国之利，动辄以武力威胁别国，则与己国、他国都不利。到孟子，重义轻利进一步抬头。他说："王何必曰利，亦有仁义而已矣。"^④ 荀子也认为："义胜利者为治世，利胜义者为乱世。"^⑤ 董仲舒进一步将义与利绝对立起来："正其谊（义）不谋其利，明其道不计其功。"^⑥ 朱熹甚至提出"存天理，灭人欲"的极端主张，认为三代王道天理流行，而后春秋战国张扬霸道黑暗无比。所以，在儒家王道理想中，中原王朝与四夷不是征服与被征服、宗主国与殖民地关系，而是共容互利关系，表现为"柔远人则四方归之，怀诸侯则天下畏之"，"蛮夷率服"。^⑦ 这"不是大树与大树上树枝的关系，而是大树与缠绕在大树树干上的藤蔓之间的关系。双方是一种寄生共存的关系，共生而不同质。"^⑧

---

① 参见霍印章：《"止戈为武"的和平观——试论中国古典兵学文化要旨》，《中国军事科学》2004 年第 6 期。

② 何伟亚：《从朝贡体制到殖民研究》，《读书》1998 年第 8 期。

③ 《论语·里仁》，《论语·子路》。

④ 《孟子·梁惠王》。

⑤ 《荀子·大略》。

⑥ 《汉书·董仲舒传》。

⑦ 《礼记·中庸》。

⑧ 何新华：《天下观：一种建构世界秩序的区域性经验》，《二十一世纪》网络版 2004 年 11 月号。

　　上述重德贬力、重义轻利思想延伸到国家安全和军事领域，便是以武力制人为下策，以仁义服人为高尚的安全政策与实践。这种"舍事而言理"的"德力之辩"必然带来忽视实力建设的弊端。如果说以农桑为本的重农主义与富国强兵农战思想，在先秦诸侯争霸时代是顺理成章的，反映了古人重视农业对于国家、国防实力所起的重要作用，表现了一种尚力和事功精神，那么，秦汉以后，富国强兵的实力思想则很少受到主流儒家重视，其进一步发展也遇到德化天下思想的重重阻碍，最终没有成为传统安全观的主流。历史上直接影响国家安全的若干重大论辩，如战与非战（和）之辩、进攻与防御之辩、结盟与不结盟之辩、集中指挥与随机指挥之辩、精兵与冗兵之辩、剿与抚之辩、开海与禁海之辩、海防与塞防之辩等，选择方向基本上都是道德仁义至上，而否弃实力、事功、利益优先的原则。在这种安全视野下，儒家对现实中"变诈之兵并作"现象大加抨击。当年宋襄公"不鼓不成列"，坐失与楚军泓水之战取胜良机的"蠢猪式的仁义道德"① 战法，受到《春秋－左传》、《春秋－谷梁传》的驳难，但却受到《春秋－公羊传》直到大清保守士大夫的极力赞美，说他有宁愿败军亡国也不失仁义的君子器度。国家应摈弃武力或利益，战争应排除诡诈，而服膺于仁义礼乐，"古者贵以德而贱用兵"，② 否则，便是逆背天理，自取灭亡，所谓"地广而不得（德）者国危，兵强而凌敌者身亡"。③ 在这种安全视野内，中国只有"治边"观念和政策，没有征服、吞并外国的概念。这种以德贬力、重义轻利的取向，集中体现了中国传统安全观、战争观的主导性文化特征。

---

① 《毛泽东选集》第二卷，人民出版社 1991 年版，第 492 页。

② 《盐铁论·本议》，《尧典》，《舜典》，《尚书》。

③ 《盐铁论·复古》。

（四）重道轻器

儒家重德贬力、重义轻利的取向，延伸到经济、政治和文化领域，表现为经济上轻经商，即重本轻末、重农轻商；政治上抑个性，适应专制政治的需要死守道统，限制对力与利的追求，以等级森严的宗法人伦"牺牲被治者的个性以事治者"；[①] 文化上贬科技，视天文、地理、数术、方技等为"奇技淫巧"，呈现出传统安全观强调的"道本器末"、"重道轻器"等鲜明特征。

传统中国的科学技术长期领先于世界。但是，由于小农经济的限制，专制政体的束缚，封建伦理的片面导向，其发展长期龟行鹤步，步履蹒跚。西汉"罢黜百家，独尊儒术"以后，"道"重于"器"的取向不仅成为大传统的主流，而且逐渐广泛地掺染小传统的民间积习。表现在社会层面，强烈的"官本位"（科举）阻碍了人们走向科学的道路，淹没了崇尚科学的文化精神。与西方人把科学奉若神明不同，中国人视清官为救世主。欧洲几乎一二百年就出一个科学巨人，而中国则是"五百年必有王者兴"。虽有诸子百家争鸣，又有汉宋学术之分歧，学派林林，却从未游离于六经之外。所谓"万流归淙，海纳百川"，不过是万论皆备于经学而已，使其余"杂说"包括科技则屡遭禁废。科技落后衍生出畸形的文化生态、愚昧保守的文化氛围。始于 1405 年规模宏大的郑和下西洋，积累了当时世界最先进的航海、罗经指向、天文定位、计程计时、测深测底等技术，留下了著名的《郑和航海图》。成化年间，朝堂上下挞伐郑和。车驾郎中刘大夏藏匿并焚毁航海图、全部航海记录和档案，声称下西洋是弊政，"旧案虽存，亦当毁之，以拔其根矣"。[②]

---

① 《李大钊选集》，人民出版社 1959 年版，第 296 页。

② 严从简：《殊域周咨录》卷八，《琐里·古里》。

其愚昧之举不仅未受责罚，反而赢得满朝称颂，后升为兵部尚书。[①]
因此，重道轻器对中国古代科学的恶劣影响不可低估。[②] 它使中国科
技传统囿于借用陈腐然却又至高无上的经学教条对具体问题穿凿附
会，用于"齐家治国平天下"的政治目的，事实上走向了从经验主义
到神秘主义"两极相通"的道路，严重妨碍了中国文化结构的改造和
科学技术的进步。

重道轻器，直接影响到中国安全与军事发展取向。中国军事科技
也曾领先世界，但到专制社会后期，武器装备水平与世界差距日益悬
殊。造成这种局面的原因很多，但重道轻器的影响则是重要原因。由
于国家安全和军事发展需要，科技很早就广泛应用于战争实践，成为
影响作战样式、战争规模、国防类型及军队战斗力的重要因素。中国
虽然先秦就有"凡兵有大论，必先论其器"[③] 的主张，最早发明马镫
和火药，最早出现火器，明代就将"喷气火箭"用于实战，但是，由
于重道轻器，从大传统典籍到小传统民间生活，军事科技意识淡薄，
严重忽视科学技术对提高国防实力和军队战斗力的巨大作用。在这种
大气候下，从汉代到清代，士大夫讨厌战争暴力，不关心军事科技进
步。统治者实施安全战略时，几乎不考虑科技在安全系统中的相应地
位。这种安全战略的成熟，反而使国家安全建设、军事发展失去持续
的支撑后劲，使中国军事数千年无质的变化。

应当指出，在冷兵器时代，人多战胜人少、大国战胜小国不失为
一条基本规律。因此，儒家认为仁（道义）是战争之纲，施仁政才能

---

① 参见张会超：《郑和下西洋航海图的是是非非》，《档案与建设》2005 年第 4 期；王
天泉：《明代历史上的一次毁档事件及其影响》，《中国档案》2000 年第 6 期；施子
愉：《从有关郑和下西洋的三项文献看明代的对外政策和舆论》，《郑和·历史与现
实——首届郑和研究国际会议集萃》，云南人民出版社 1995 年版，第 128～152 页。
② 参见张功耀：《经学独尊对中国古代科学的恶劣影响》，《自然辩证法通讯》1997
年第 2 期。
③ 《管子·七法》。

赢得人心。但这一"法宝"在同近代西方技术对抗时全面失灵。鸦片战争，天时、地利、人和都在中国一边，却战败了。因为，虽然内战中仁义之师可以削弱、瓦解对方，而国际间的对抗，仁义凝聚自己力量的功能未变，但失去了削弱、瓦解对方的功能。作战双方士气相当，都从各自文明价值中获得同样高昂的精神力量时，军事技术和武器的先进与否就成了决定战争胜负的决定性因素。然而，中国统治者显然没有意识到这一点。清朝为使八旗弓马"技术特长"不致失传，废用大炮等热兵器，恢复大刀长矛等冷兵器，水兵仍是帆船。当时兵器专家戴梓发明"连珠铳"，一次可填发28发子弹，又造出威远将军炮，然而未及应用便有人站出来反对，说这种武器太猛烈，广泛流传必然贻害社会。结果，这种武器没有得到应用，连样品也早已失传。[①] 乾隆修《四库全书》禁毁"奇技淫巧"、"违碍之书"时，同时毁亡了明代许多先进军事技术书籍，这些技术据考证可能已达到与当时西方军事技术不相上下的水平。[②]1792年，英使马戛尔尼送给乾隆80寿辰的礼物中，有天球仪、地球仪、望远镜、西瓜大炮、各种自来火炮、西洋船模型等29种，清廷只是将之作为"贡品"、"玩好"收藏，予以玩赏或鄙薄，根本未想到这里的科技含义及其中的军事价值。19世纪中叶西方用洋枪、洋炮轰开中国大门时，中国军事向重"技"转变仍没有重大突破，以致洋枪洋炮仍被看成妖术，军舰则被目为怪物，广州守将对付英国人的是"驱邪"的马桶、秽物等。[③]

　　总之，内重于外、和重于战、德重于力、道重于器，四重四轻相互联系，构成了统一的整体，表征了传统王霸观、安全观、军事发展

---

①　参见皮明勇：《中国传统军事文化观念与军事近代化刍论》，吴信忠、张云主编：《军事历史研究》(1986～1996十年论文精选)，军事科学出版社1996年版，第493～508页；天羽："和文化"军事实践辩证》，《军事历史研究》2008年第1期。

②　参见周积明：《"四库学"：历史与思考》，《清史研究》2000年第3期。

③　陈良武：《当前军事理论研究需要的几个转变》，《海军学术研究》2004年第10期。

观的基本取向。根据前述中国传统国家观，如果说内重于外是统治者出于王朝内忧大于外患的社会现实，把保卫家天下（家国政权）视为安全战略的重中之重，那么，和重于战、德重于力、道重于器，也都是这层考虑在安全和军事领域的必然延伸，这一点恰好在以儒家传统华夷观、王道治世观中可以找到充足根据。从历史发展看，四重四轻的安全取向，直接地影响着传统中国安全战略、军队发展的基本状况，决定了中国传统安全、军事理论与实践的得失，也使近代以来中国适时调整与充实安全战略受到限制，成为经济、政治、文化、军事整体性落后于世界发展大势，在与西方列强的对决中屡次被动挨打、遭受重创的重要文化因素。

三、历史的延伸：传统安全观的现实影响及启示

从文化角度讲，一个国家的安全取决于它的生存法则及其价值取向。中国安全文化总体上是宽厚的，一以贯之的传统是重防御、谋统一、求和平。而由此形成的四重四轻安全取向，则来自"华夷—朝贡体系"内中原王朝经济、政治、文化发展的先进性，以及植根于这种先进性的天下精神和道义力量。经过几千年由盛而衰的变迁，其中既积淀着值得弘扬的优秀成分，又存在着必须克服的固有缺陷，至今仍然对中国安全观的塑造和战略文化性格产生着潜移默化、复杂而深远的影响，给后人留下了许多深刻的启示。

（一）内部稳定是国家安全的前提，但外部问题也是国家安全的重要因素

国家从来就具有对外、对内双重职能。中国传统安全观之所以贯穿着重内轻外的取向，有其复杂的历史原因和国情背景。从正面意义

上讲，它告诉我们：首先，强有力的中央政权是国家安全的关键。自秦统一以来，历代王朝为维护国家统一与安全做了大量努力，其中一项重要措施就是建立统一、高效、坚强有力的中央政权，强化政令统一，这是巩固统治、防止分裂的保障，是集中全国人力物力有效捍卫国家安全的前提。其次，内部稳固是国家安全的根本。历史上，多数王朝覆亡和国家分裂都因内乱而起，或由于内部动乱为外敌入侵提供了机会。因此，每个初建的统一王朝，统治者通常能认识到安内的重大意义，坚定地把内部治理作为战略重心。① 这不论是古代，还是近现代，都是巩固国家统一、维护国家安全的客观要求。近代以后，中国国力、国际地位跌至最低点，积弱挨打，任人宰割，在对外关系上遗留下许多有待解决的问题。靠什么解决这些问题？答案很简单，靠自己强大起来，靠首先解决内部问题。

事实上，仅就集中内部各种力量共同对外而言，强调安内本无可非议。20 世纪初，日本扩大侵华战争，蒋介石延续传统，提出"攘外必先安内"，企图借此在政治上兼并异己，消灭中共武装，结果严重恶化了抗战局势，理所当然地遭到全国各界强烈抨击。面对这种情势，鉴于国内军阀势力、国民党内各种异己力量基本削弱，而短期又无法消灭中共，国民党于 1934 年特别是 1936 年西安事变后调整政策，使攘外安内向有利于抗战转化，转变为集中国力应对中日战争，既调整了国共两党关系，也调整了军事与经济，整编陆军，调兵北上，构筑国防工事，同时加强财政、工业、交通和水利等方面建设，调整对美、对苏关系等。这是目前史学界基本公认的事实。② 历史告诉我们，改变自己是中国力量的主要来源。抗战胜利后，中国的国际地位

---

① 参见钟少异、魏鸿等：《中国历代维护国家安全的历史规律》，《学习时报》2009年 9 月 14 日。

② 参见黄道炫：《蒋介石"攘外必先安内"方针研究》，《抗日战争研究》2000 年第 2 期；参见李松林：《90 年代中国国民党史研究述评》，《教学与研究》1996 年第 3 期。

大大提升，新中国成立后更是发生了根本性的变化。这种变化，同样与坚决攘外、大力安内分不开。坚决攘外，就是果断决策展开抗美援朝战争，御敌于国门之外；大力安内，就是积极恢复国内生产，同时掀起大规模"镇压反革命"运动。杨奎松认为："毛泽东在决定出兵朝鲜的同时下决心镇反，自然有其攘外安内的现实需要。"① 同样的道理，改革开放以后中国调整对外政策，也与国内形势变化有很大关系。邓小平决定绕开台湾、南海、钓鱼岛以及与邻国边界争议等棘手问题，为改善与中美、中日、中苏及周边各国关系扫除障碍，致力于更均衡的对外关系，既有现实和长远的外交考虑，也有重要的国内政治考虑，这就是为改革开放和现代化建设提供更稳定、更有利的国际环境。② 他反复强调保持国内安定团结、加速推进现代化的重要性，强调稳定压倒一切，指出"归根到底还是要我们把自己的事情搞好"。③"要冷静、冷静、再冷静，埋头实干，做好一件事，我们自己的事"。④ 同时，重新阐释独立自主的和平外交政策，提出把国家主权和安全放在第一位，实行真正的不结盟，反对霸权主义。如果说这

① 杨奎松：《新中国"镇压反革命"运动研究》，《史学月刊》2006年第1期。根据杨奎松研究，1950年代初的"镇压反革命"运动，在不过一年的时间，对威胁新政权的各种旧势力，包括恶霸、地主、惯匪、特务、国民党党团及军警政骨干分子，以及曾经杀害中共人员或给中共造成严重损害的分子，进行了严厉惩罚，极大地树立了共产党权威，稳固了新生政权的政治地位，特别是全面改善了许多地区原本十分动荡和混乱的社会秩序。当然，运动"杀"、"关"、"管"的规模在共和国历史上也是空前绝后的，用毛泽东的话说，杀了70万，关了120万，管了120万（此数字见1954年1月14日公安部副部长徐子荣《关于镇反以来几项主要数字的统计报告》），虽然存在"捕杀失控"、镇反扩大化问题，但在相当程度上得到了多数民众的认可和赞同，有力地支持了抗美援朝战争。
② 参见章百家：《改变自己，影响世界——20世纪中国外交基本线索刍议》，《中国社会科学》2002年第1期。
③ 《邓小平文选》第二卷，人民出版社1994年版，第240页。
④ 《邓小平文选》第三卷，人民出版社1993年版，第321页。

也是注重安内，那么，这种安内并不意味着抹平内部各种不同意见，不是内部先杀个分晓，而是团结内部，放下纷争，共同前进；也不是立即全部解决外部争议，而是先发展、壮大自己，不断积蓄力量，在此前提下力争以和平方式，在和平发展中逐步解决对外争议，所以不是传统的"轻外"。这是内外并举，只不过对外方式更有灵活性罢了。事实也是这样，这种安内使中国迅速发展壮大，越安越强，从而以和平方式顺利解决了一些与有关国家领土、领海划分等历史遗留问题。这体现传统内外观对现代中国安全战略的正面影响。

但是，传统重内轻外的安全取向，对现实中国安全战略选择和军事发展的负面影响也不可忽视。主要是，随着国内外形势变化和国家利益拓展，许多历史遗留问题迟迟得不到解决，如祖国统一问题、一些领土或海岛争端，已经逐渐变成中国进一步发展的重要制约因素。"攘外"问题日益凸显，一些国家或地区不顾或藐视中国政府和人民和平解决相关问题的诚意，不断制造麻烦和事端，甚至企图围堵和遏制中国。当代中国安全战略形势与政治、经济、外交战略特别是军事发展密切相关，越来越具有综合性和挑战性，尤其是"攘外安内的复杂性，维护祖国统一的战争面临强敌的军事介入，反击外敌的局部入侵可能与粉碎民族分裂主义的阴谋同时进行"。[①] 在这种情况下，国内一些人缺乏忧患意识，认识不到外来威胁与挑战的严峻性，看不到周边他国不绝于耳的纷扰，看不到印度蚕食藏南，越南、菲律宾等国抢占南海诸岛，攫取石油，看不到钓鱼岛几成日本囊中之物，还有东北亚"核问题"的风云变幻，看不到台独势力依然猖獗于台岛，看不到外部问题久拖不决给国家安全与发展带来的危害，还是抱着天下太平、坐安自娱的"盛世"心态，不关注国家安危与军事发展，再次重

---

① 李兵：《当代世界军事发展趋势及战略启示——访中国军事科学院原院长刘精松上将》，《国防大学学报》1999 年第 8 期。

现了由古以来承平年代的内向国民性格。

当今时代，内外联系日益紧密，不论愿意与否，都要求国人打破自闭的心灵藩篱，把眼光投向海外，投向浩瀚的海洋。世人发展海权，维护国家领海主权安全、海洋利益、海外利益的意识正在增强。然而，至今有些人对走向海洋，维护海洋权益与民族盛衰的密切关系，以及中国在这方面存在的差距，仍存有诸多模糊认识。在到处涌动的"儒学热"中，一些人们怀着历史上反复出现、反复贻害国人却挥之不去的东方优越感，动辄以儒家文化"普适化"为据导出"尧舜、孔孟祖述"，宣扬对内偃兵息民及达于"和睦万邦"盛德。他们甚至忘记了百年落后挨打的沉痛教训，对中国是否应当发展军力、是否应当"建造航母"表示"质疑"。应当指出，安内与攘外哪个为重？二者之间有怎样的牵连？并不是一个抽象的问题，要看历史发展的具体情形，因时因势而变。从主要矛盾和次要矛盾转化关系上来看，当攘外日益上升为主要矛盾时，如果我们不早做打算，国民不早做心理准备，仍然坚持安内重于防外，这不仅可能是国防战略上的失误，而且是政治上和文化上的幼稚。

（二）维护和平是国家安全的重要条件，但国家安全不能单纯依靠和平手段

崇尚和平是中国对外政策的传统，是中华民族精神的一大特色、政治原则和道义取向。千百年来，中国人以"和为贵"、"己所不欲，勿施于人"、"和而不同"、"厚德载物"，渴望和平、追求和睦深深铭刻在人们的心田，融入人们的血液。即使近代在遭受西方侵略的危局下，以康有为、孙中山等为代表的中国人，也没有放弃追求和平理想。孙中山指出，中国"有一个极好的道德，是爱和平"，"这种特别的好道德，便是我们民族的精神。"[1] 新中国成立后，中国创立和坚守和平共处原则，反

---

[1] 《孙中山全集》第9卷，中华书局1988年版，第247页。

164

对霸权主义，维护世界和平。新世纪新阶段，和平发展成为中国向全世界的庄严承诺，既体现了中国改革和建设发展的根本要求，也是对儒家和平文化正面价值的创造性继承和发展。儒家和平文化的优秀成分，成为中国坚定不移走和平发展道路的深厚的思想文化基础。①

20 世纪，和平主义者在西方大量涌现，逐渐走向联合，促成了声势浩大的"和平运动"（Peace Movements）。第二次世界大战结束以后，出于对战争恐怖的深刻记忆，或对和平的乐观预期，出现了世界性的和平反战运动。在冷战时期，运动的矛头直指美苏两个超级大国，其基本目标是反对核武器和侵略战争。此外，还诉诸包括裁减军备、争取民权、环境保护等多重目标。这次运动对各国尤其是美国和苏联人民产生了深远影响，是迫使美国从越南撤军、苏联从阿富汗撤军的重要因素，表现出的正义呼声是十分可贵的。

但也要清醒地看到，正像中国历史上特别是鸦片战争以后，儒家和平王道观使中国安全战略和军事发展屡入迷途，吃尽战败苦头一样；也如两次世界大战前的和平运动，使英、法等国战备受到压制而废弛，无一例外地在战争中损失惨重一样，历史常常拖着固有的惯性，以新的形式在现实中重演。在当代和平主义运动中，一些人采取了更加彻底的非战态度，日益趋向绝对和平主义。他们忽视国际关系的不平衡性和安全形势的复杂性，反对任何性质的军队和国防建设。这种绝对和平主义在改革开放以来的中国，与传统泛和平主义安全观相纠合，也产生了广泛影响。国内一些人不遗余力地发掘古典和平观，提出"自强不息，厚德载物"不是"中国特有的精神"，"只有'和合'才是中华民族特有的思想"，② 大讲"和为贵"、"亲仁善邻"、"和

---

① 参见王易：《中国和平发展战略的传统文化根源探析——从儒家国家关系伦理思想的视角》，《贵州师范大学学报》（社会科学版）2006 年第 2 期。

② 张立文：《和合学：新世纪的文化选择》，《开放时代》1997 年第 1 期；参见刘宝村：《和合学：对世纪文化挑战的回应》，《社会科学家》2000 年第 1 期。

而不同"、"中和"思想时，把讲和平发展与讲安全对立起来，把和平发展战略等同于儒家王道主义安全观，[①] 在反驳"中国威胁论"时，把埋头进行经济建设和贬抑军事的地位与作用，作为树立和平形象的"必要代价"。在军队，"建和平军"、"当和平兵"的麻痹思想也大有市场，一些人核心能力建设意识淡化，战斗精神弱化。他们看不到中国历史上还有"以战止战，有备无患"、"不畏强暴，敢于斗争"等另一种优良传统，[②] 认为当今世界大国间爆发战争的经济因素大为减少，和平共处原则已经正式纳入国际关系，各国处于相互依赖的全球化时代，国际政治的主题由战争与革命向和平与发展转变，军事高技术使人类跳出了"科技越进步、战争越发展"的怪圈，战争或武力不再是谋求国家利益、达到政治目的的最好（最恰当）手段。故，"人类在付出两次世界大战的巨大代价之后，开始学会了处理国际争端的一种古老而又全新的方法：一定的国家政治行为体，在一定的范围或层面上，通过外交手段实现必要的妥协，以维护自己的利益。战后和平运动高潮迭起，表明人类战争价值观的新变化已开始在人们头脑中建立起战争的防线。"[③]

上述单纯和平观念模糊了战争与和平的辩证关系，势必给国防和军队建设带来不利影响。我们承认，维护和平是国家安全的重要条件，走和平发展道路是中国向世界作出的庄严承诺。但是，和平发展不等于绝对和平主义，维护和平也不能只是以"和为贵"等手段来进行。如果真像上述观点所说，和平单纯靠"和"就能实现，当然好。然而，仔细分析就会发现，上述观点大可商榷。首先，国际政治

---

① 参见王易：《中国和平发展战略的传统文化根源探析——从儒家国家关系伦理思想的视角》，《贵州师范大学学报》（社会科学版）2006 年第 2 期。

② 参见姚有志：《论中国传统国防心理的历史积淀》，《国防理念与战争战略》，解放军出版社 2007 年版，第 40～50 页。

③ 马骏：《人类的进步与战争社会价值的演变》，《国防大学学报》2002 年第 1 期。

主题由战争与革命向和平与发展转变，当然没错。但其本质内涵是和平与发展势头在增强，成为时代大势和各国人民的普遍诉求，而不是说世界已然"和平与发展"了。因此，它更多地是一个价值命题，命题中虽然包含着"已然"或"实然"的颗粒，但并不全然是一个已然命题。正如邓小平指出："世界和平与发展这两大问题，至今一个也没有解决。"① 其次，军事高技术使人类跳出了"科技越进步、战争越发展"的怪圈，此说在理论和现实上都站不住脚。在理论上，科技越进步必然推动战争越发展，已为理论界所公认，至今没有反例；在事实上，人类也没有跳出这一怪圈，随着高科技特别是信息技术在军事领域的应用，人类正进入信息化战争时代，这还不能说明战争形态在发展吗？再次，战争或武力不再是谋求国家利益、达到政治目的的最好手段，这个说法也有问题。战争或武力虽然不是解决问题的最好手段，但却是最后手段，这在当今世界仍然适用，并为国际现实所证明。不仅如此，在究竟什么是谋求国家利益、达到政治目的的最好手段，要依具体情况而定。当以非军事手段无法解决问题而又必须解决时，用什么手段最好（最恰当）？答案很显然，最好、最恰当的手段，仍然离不开那个"最后手段"——战争。因此，人类"付出两次世界大战的巨大代价之后"学会的只能是：第一，追求和平，但不搞绝对和平主义；第二，通过外交手段维护自身利益，但不应放弃使用武力的权利。

研究战争与和平，当然要研究当代国际关系的特点。18世纪末，康德在《永久和平论》中，提出建立一个"世界共和国"（civitas gentium），从根本上消除战争实现"永久和平"。② 第一次世界大战期间，罗素将国家设定为"民族国家"和"世界国家"两类，民族国家

---

① 《邓小平文选》第三卷，人民出版社1993年版，第383页。
② 康德：《历史理性批判文集》，商务印书馆1990年版，第114页。

管理民政、社会保健、教育和科学研究等工作，世界国家行使军事职能，负责维护国际秩序，根据世界和平宪法仲裁国际争端。① 第一次世界大战结束后成立了国际联盟，大大增强了和平主义者们对和平前景的乐观期待，就连处于连绵战祸的中国，青年学生们也以为"世界主义的时代正在来临"，"和平与大同"触手可及。② 但国联与巴黎和会，"却让满怀期望的国人大失所望"。③ 历史表明，这一"和平手段"无法从根本上解决战争与和平问题，最终随着第二次世界大战的进程而瓦解。战后诞生了联合国，但人们同样发现，现在的联合国在实践上"是非常象征性的，因为联合国这样的政治概念至多意味着目前规模最大的政治单位，却不是理论上最大而且地位最高的政治单位，因为它不拥有在国家制度之上的世界制度和权力"。④ 不管现在处于何种时代，不管全球化在多大程度上把所有国家和地区的问题世界化了，人们仍然不能否认：现代制度主要是国内制度，而不是世界制度，其有效范围或约束条件主要还是民族国家的内部社会，而不是世界或国际社会。因此，尽管一些国际组织在行使着某些职能，但当代国际关系总体上仍处于无法全面约束、达成其完整性的"失控空间"。⑤ 因此，从哲学角度看，当代世界体系在根本上仍然是古希腊人描述过的"无序状态"（chaos），还不是"有序状态"（kosmos）。它还不成其为"世界"，只是个"非世界"（non-world）。⑥ 当不存在真正的"世界制度"时，就不存在超越民族国家的游戏规则。而且，也没有能力控制一个超级力量滥用实力，如超级大国单方面普遍化其自身利益、价值和知

---

① 参见罗素：《社会改造原理》，上海人民出版社 1986 年版，第 58 页。

② 高一涵：《近世三大政治思想之变迁》，《新青年》第 4 卷第 1 号，1918 年 1 月 15 日。

③ 桑兵：《世界主义与民族主义——孙中山对新文化派的回应》《近代史研究》2003 年第 2 期。

④ 赵汀阳：《没有世界观的世界》，中国人民大学出版社 2003 年版，第 12 页。

⑤ 赵汀阳：《没有世界观的世界》，中国人民大学出版社 2003 年版，第 7 页。

⑥ 赵汀阳：《没有世界观的世界》，中国人民大学出版社 2003 年版，第 7、14 页。

识，而剥夺他者的发展机会甚至发动战争。由此，当代国际关系并不能完全满足实现"真正和平"的"必要参数"（现实基础和条件）。

因此，各国在很大程度上，还必须主要依靠自己解决面临的国际问题，包括国家利益、安全及国防问题。换句话说，人类不要丛林法则，但毕竟还没能完全摆脱丛林法则。正因如此，邓小平才明确反对无原则的和平幻想，他一再告诫人们，战争威胁始终存在，对战争危险要有足够认识，保持高度警惕。战争可能延缓爆发，可是我们不能只看这一方面，要防备别人早打、大打。因为霸权主义有疯狂性，不知道他们在什么地方制造一件什么小事，就可能挑起战争，总之，仗总可能有一天要打起来。① 所以，和平（和为贵等）手段在当代国际关系中，依然不是绝对的，而是相对的、有限的，就像战争或武力手段也不是绝对的，而是相对的、有限的一样。

（三）讲道义是国家安全的重要助力，但富国强军则是国家安全的基本途径

中国传统文化有崇尚德行、道义的传统。这种传统在长期历史发展中，对人们形成道德自觉，超越物欲羁绊，提高精神境界，有不可抹煞的作用，有助于培植和塑造民族浩然正气和不畏强暴的品格。而且，当社会需要稳定时，它可以起到稳定社会秩序的作用。当政权真正成为人民政权时，传统德政思想也有更多参考价值。传统重德思想，主张按一定道德原则约束物质利益的取舍与分配，对今天精神文明建设和市场经济健康发展也有价值，如对解决人们普遍关注公平与效率即义利关系问题，也可以发挥有益的作用。② 这些，不论对社会的发展，还是对国家秩序稳定和安全都有积极促进意义。这是从国内

---

① 参见《邓小平文选》第三卷，人民出版社 1993 年版，第 127 页。

② 参见黄枬森：《中国传统文化中的道德主义析评》，《黄枬森自选集》，学习出版社2006 年版，第 545～553 页。

看。从国际看，新中国成立以来特别是改革开放以来，与各国和平共处，友好往来，讲道义，不称霸，坚决反对霸权主义的外交实践，不仅赢得了世界各国的赞誉，也为中国发展营造了良好的和平外部环境。所以，杜维明提出，中国与美国相比经济军事相差太远，要在国际上发挥大国作用，想靠实力地位在相当长的时间内几乎没有可能。可是中国如果在国际事务中奉行一种仁义道德原则，争取创立与美国奉行的原则不同的国际行为规范，则很可能赢得一个大国的地位和尊严。① 与此相联系，盛洪、蒋庆主张儒家公羊学，说中国为了天下主义理想，不应走扩军备战的路，而应采取和平手段力求"以善致善"，以道德力量为立足的根据。② 这些见解充分表明了传统王道安全思想在当代中国仍然有相当大的影响。

讲道义，立信于天下，这当然不错。问题在于，如果以经济军事与美国相差太远为根据，只讲以道德立国，忽视甚至排斥发展国家实力，特别是反对提升军事实力，以为只靠道德，只靠"以善致善"，就能"以德服人"，使中国赢得与美国相差无几的大国地位和尊严，就大错特错了。国内一些人从道德立场倡导仁义忠恕，以德抑力，忽视国家实力、军事实力的各种观念，与传统重义贱利、重道轻器、限制军事技术发展的各种思想相呼应，对当代中国的国防和军队建设发生着不可忽视的阻碍作用。他们看不见以德立国更多地是中原王朝处于"强势农耕文明"时期对周边四夷的柔性战略，而当面对西方工业文明挑战，中原本土战略文化得以维系的强势已不复存在，仍然希望通过礼仪教化维系国家安全已无济于事；看不见近代以后，在西方船坚炮利的战火中，"以忠信为甲胄，礼义为干橹"、"国之存亡在德不在强"等迂腐主张是多么不合时宜；看不见中国尊严与地位并不是靠

---

① 杜维明的见解可参见颜世安：《试论儒家道德主义的和平理想》，《南京大学学报》2005 年第 5 期。

② 参见盛洪：《在儒学中发现永久和平之道》，《读书》2004 年第 4 期。

以德服人，而是靠奋起抗争、强军富国、以力御力，保护自身利益的结果；看不见新中国成立 60 多年来中国的和平环境，与 50 年代的朝鲜战争、60 年代以后的几次边境自卫反击战争有着密切的关联；看不见中国近几十年来国际地位提升、内外稳定与和平环境的保持，同样与自身综合国力、经济和军事实力不断增长，有着更加直接而密切的联系；看不见当代中国仍面临多重、复杂的内外安全挑战，祖国不能完全统一、海洋权益和领土主权多受侵害，而这些问题都不是在没有实力特别是军力作后盾的条件下，单凭讲道义就能完全解决的。事实表明，不论是传统儒家道德主义，还是当代新儒学道德主义，都存在严重缺点，主要是偏重道德提升，忽视意志、力量培养。他们所谓王霸义利者，只是强调对国家安全局势作道德判断而不是利害分析，强调是非逻辑而不是强弱逻辑。将实力与利益降到次要地位，以道德代替战略，要求战略决策更多地服从价值信念，而不是对现实力量及其预期结果进行理性分析。这种对国家安全的思考，总体上背离了战略离不开实力、利益、手段、方案等要素进行"理性计算"的本质，必然夸大道德因素对国家安全的作用。①

　　人类每一次认识的进步，都伴随着对旧传统、旧观念的扬弃、否定和超越。如果说当年清朝以杨光先为先驱的保守势力，面对西方殖民扩张日盛时的"洋教精神战"，②预感到"其制器之精奇"和兵械之先进，"志不在小"，③足以对中国构成隐患，警告康熙帝防患未然，极力主张驱逐洋教，引发清初"历案"，竟"不是单纯的'盲目排外情绪的一种发泄'"；④如果说雍正帝驱逐洋教，是担心西方"千万战

①　参见宫玉振：《论近代中国的战略文化走向》，《中国军事科学》2000 年第 6 期。
②　顾裕禄：《对利玛窦传入欧洲科学的剖析》，《光明日报》1983 年 7 月 20 日。
③　杨光先：《不得已》卷下，中社影印本，1929 年；张广恬：《辟邪摘要略议仁》，《破邪集》，北京图书馆陈垣遗本，第 33 页。
④　谢景芳：《杨光先与清初"历案"的再评价》，《史学月刊》2002 年第 6 期。

舰来我海岸，则祸患大矣"，① 与杨光先之见何其相似，"不能不算合理的推断和对未来可能前景的担忧"；如果说当时不可能要求杨光先、雍正"把这种防范意识'真正建立在对时势，对中西双方情况清楚了解和正确估计的基础上'"，② 那么，历史发展到今天，我们不仅认识到而且早已领教了"西洋仪器之精"和"兵械的先进"，发现别人的器物技术等比我们强，体验到历次战争中中国人民和军队为此付出了巨大牺牲，为什么不能"把这种防范意识'真正建立在对时势，对中西双方情况清楚了解和正确估计的基础上'"，同样也把这些先进的东西用作保卫国家的利器？还在那里用旧儒的精神重蹈过往的覆辙，"文革"时期"宁要社会主义的草，也不要资本主义的苗"，改革开放时期以"高技术不等于高战术"为由，离开高技术去"创造"高技术条件下的"高战术"，大搞杨光先力驱洋教、刘大夏火烧郑和航海图一类重道轻器的老把戏？如果说鸦片战争以后，国难日深，杨光先当年"卫之义既不可，拒之力又不能"③ 的预言得以完全应验，那么，此种"完全应验"，以及在其死后二三百年，"为其鸣冤，甚至将其比为圣贤"④ 的新道德主义者，面对外来的霸道，却还在喧嚣过去的王道，岂不恰恰是对抱残守缺的"完全讽刺"吗？如果今天有人还说杨光先是清朝"第一有识有胆人"，⑤ 那么，我们大可以说，他恰恰又是那时"第一"无知之人！中国正是因为有太多这样的人，才一再走向世界的反面。我们看到，1919 年中国进步知识分子奋力倡导科学和民主，疾呼"打倒孔家店"，揭破了经学独尊与科学神秘主义面纱。但时至今日，孔家店并没有打倒。旧经学虽然失去了它的辉煌，但一

---

① 《坊表信札》，卷三，光绪刻本，第 363 页。
② 谢景芳：《杨光先与清初"历案"的再评价》，《史学月刊》2002 年第 6 期。
③ 杨光先：《不得已》卷上，中社影印本 1929 年。
④ 谢景芳：《杨光先与清初"历案"的再评价》，《史学月刊》2002 年第 6 期。
⑤ 谢景芳：《杨光先与清初"历案"的再评价》，《史学月刊》2002 年第 6 期。

幕幕重德轻力、重义轻利、重道轻器的"新经学独尊"又方兴未艾,[1]阻碍着国家安全战略的正确选择与国防和军队建设的正常发展。

中国一贯反对霸权主义,这与传统文化的和平精神有一定的历史联系,但与儒家扬王道、抑霸道却有本质的区别。同样,我们主张发展综合国力,增强国家实力特别是军事实力,这与以往霸道时代的穷兵黩武也不可同日而语。从继承和发扬传统安全观讲求务实的一面讲,尽管传统中国在与周边地区交往中重视自身道德形象、在经济上不惜"厚往薄来",但法、兵、纵横诸家赋予安全战略文化的现实主义精神,实现富国强兵的战略取向,仍然不失为我们今天处理国际关系的文化基石。[2]即便是儒学,宋明以后,随着专制社会整体上趋于衰落,特别是近代以来在日益严峻的国势危机中,儒家原有的功利主义也以"儒学异端"——陆王心学、明清实学等形式,通过王安石、陈亮、叶适、张居正、徐光启、林则徐、魏源、曾国藩、李鸿章、康有为等人的政治主张逐渐释放出来,并从边缘走向主流,从德性政治转变为重视民生政治,发展为富国强兵主义。因此,不论从历史还是现实看,实力特别是综合国力是国家安全的现实基础,富国强军是国家安全与发展的基本途径。尤其是当世界综合国力竞争日趋激烈,新军事变革浪潮汹涌,我军现代化建设与之一起脉动时,就不能不感受到富国强军的紧迫性。"兵不强,不可以摧敌",[3]更不能立国富国。巩固的国防和强大的军队,是维护国家安全的可靠保障。那么,富国何以强军?加强国防力量建设,离不开经济发展和资源运用。从古代以农养战、奖励耕战,到近代魏源提出"师夷长技",薛福成、郑

---

① 参见张功耀:《经学独尊对中国古代科学的恶劣影响》,《自然辩证法通讯》1997年第2期。

② 参见楚树龙、王青:《传统文化对当代中国外交的影响》,《世界经济与政治》2007年第12期。

③ 《商君书》,转引自毛振发:《晚清时期的国防思想》,《中国军事科学》1992年第1期。

观应提出"以商为战",洋务派高举"中体西用"（"中道西器"）旗帜兴办近代工业特别是军事工业，到康有为、严复、梁启超、谭嗣同等以进化论冲决旧制度，推行制度创新变法，再到高举科学与民主两面大旗的"五四"新文化运动，直至胡锦涛发出富国强军的号召，无不是对过去重德轻力、重义轻利、重道轻器传统安全与发展思维的扬弃与超越，无不启示着以资源合理开发、技术和制度创新、思想文化革新为手段，展开安全与发展的新路径，那就是当今中国必须坚持走军民融合式的富国强军之路。

总之，国家安危永远是头等大事。近代以后，在西方列强侵略的冲击下，中国传统安全观的局限充分显露，但其正负面因素至今还在文化深层上，影响着我们的安全战略选择和军事发展路径。[①] 我们看到，历经一百多年的磨难，中国安全观一方面铸成了近现代文化品格，另一方面，也没有失去自己的文化追求。今天，中国在独立自主的和平发展和积极防御的军事战略中，迫切需要在继承和弘扬传统安全观、王霸之辨合理因素的同时，全面清理和彻底摒弃其重内轻外、重和轻战、重德轻力、重道轻器安全取向中的泛和平主义、泛道德主义等倾向，把安全选择和军事发展确立在力争先进、积极进取——内外并举、战和相济、德力兼备、道器并用的文化基地上。

---

① 参见宫玉振：《论近代中国的战略文化走向》，《中国军事科学》2000 年第 6 期。

第五章
中国传统生死观及其对军事
现代化的影响

　　古往今来，生死问题一直是困扰着人们的重大问题。"死"是与"生"相对的状态，但它却可以在特定历史条件下——如在安国保民的战争中最集中、最充分地展现"生"的价值，凸显军事对于国家、国民生存与发展的重大价值，凸显舍身报国、忧国忘身的国民精神，凸显"可以与之死，可以与之生，而不畏危"的军人战斗精神。在传统中国，诸子百家学说包含着大量关于生死问题的智慧。兵家所言"兵者，国之大事，死生之地，存亡之道，不可不察也"，[①] 就是把军事摆在国家和国民生死存亡的高度来认识。儒、道、法等诸家也很注重追问生死与人生价值问题，由此生发出的价值取向和精神特点，对中国人的尚武精神和军人战斗精神，对中国军事发展和现代化产生了极其深远的影响。如果说前述传统国家观、安全观，主要探讨中国古代中央政权的政治、安全文化取向及其影响，属于大传统政治和军事文化范畴，那么，本章关于传统生死观的讨论，则主要集中在传统中国人关于生死问题的思考与取向上。这既涉及大传统主导文化，更涉及人们日常生活即小传统文化呈现出的人的精神风貌。

---

① 《孙子兵法·计篇》。

一、传统生死观的基本内涵及其历史嬗变

　　春秋战国时期，中国传统生死观初成，它贯穿着古人围绕生死、人生价值问题展开的思考和争论，并伴随着"事功－尚武精神"的绚丽绽放，诠释和表征了我们的先人征战沙场、开疆扩土、缔造新世界的雄心与气魄，其影响几乎荫及秦汉以后的几次王朝盛世，以及各代王朝初建时期的全部辉煌，显示了传统社会上升时期中华民族及其军队的伟大创造力和战斗精神。然而，汉代以后，以儒家为主脉的中国传统文化立足于"生死实在性"及其意义的道德再建构，却使中国人的生死观发生了巨大转变，更多地陷入君主专制统治划定的"文化尺规"，极大规约了中国人借以"安身立命"的精神状态。

（一）生死观本质上是一种人生价值观

　　死，有时可以使生变得美好而壮烈，呈现出一种人生境界。生死观本质上是一种人生价值观，是关于人的生命及死亡问题的基本观点。其主要问题是人对生死的现实态度，人何以有生死？生死的意义、价值、不朽何以可能？在中国传统文化中，道家和儒家特别重视个体生命及其死亡的伦理意义，并对其进行了深入思考，形成了内涵丰富且影响深远的生死价值理论。这一理论概括起来，主要包括以下几个方面：

　　第一，**生死自然**。"基于死是一种不可否认的经验事实，无论是儒家还是道家，都承认死的实在性，把死看成每一个人不可回避的必然归宿。"① 道家从万物皆"一气之化"出发，把人的生死视作"自然

①　袁阳：《中国传统生死智慧》，《中华文化论坛》1994 年第 4 期。

之道"："生也死之徒，死也生之始，孰知其纪！人之生，气之聚也，聚则为生，散则为死。若死生为徒，吾又何患！"所以，真人"不知说生，不知恶死；其出不欣，其入不距"。而对现世的人来说，"大块载我以形，劳我以生，佚我以老，息我以死。故善吾生者，乃所以善吾死也。"① 人生如白驹过隙，忽兴忽灭，油然于出入间，死化生、生化死、趋于"大归"（归真）。儒家对死亡问题也取淡然态度，但更重视现世的人生。"未知生，焉知死"。② 先要正确把握生，方能坦然面对死。所以，"审知生，圣人之要也；审知死，圣人之极也。知生也者，不以害生，养生之谓也；知死也者，不以害死，安死之谓也。此二者，圣人之所独决也。"③ 基于对生死不可抗拒的认识，儒家除了倡导以坦然淡定态度看待生死，主张生而顺事、死而自宁外，特别重视从解决现世生活问题入手把握人事与人生。

第二，行义安命。把握现世人事与人生，主要是把握生之意义或价值。道家和儒家都认为，人生的价值在生之"获道"。《关尹子·四符》说，死有立、卧等姿态或病、药等原因，但本质上并"无甲乙之殊。若知道之士，不见生故不见死。"孔子说，道是"天命"，人要超越死，就须"知天命"。"知天命"是"见危授命"，这是"成人"必备的品德："见利思义，见危授命，久要不忘平生之言，亦可以为成人矣。"④ 因此，道、儒都主张以生命体现"道"。道家云，顺应自然之道者，是"与天齐一"的真人、至人；儒家云，体悟道者，是"与天地参"的仁人义士。在儒家看来，道就是义。《尚书·引义》的"生以载义"，就是《论语·秦伯》的"死守善道"："士不可以不弘毅，任重而道远。仁以为己任，不亦重乎？死而后已，不亦远乎？"生之意义和价值不在于贪生，而在于

---

① 《庄子·知北游》；《庄子·大宗师》。
② 《论语·先进》。
③ 《吕氏春秋·节丧》。
④ 《论语·宪问》。

以坚忍不拔的精神实现王道、仁爱之正义。孔子强调，人生在世，所作所为要符合"礼"和"仁"的原则，在生与死之间做出选择时，应以仁义道德为标准。孟子也说："生亦我所欲也，义亦我所欲也；二者不可得兼，舍生而取义者也。"①"天下有道，以道殉身；天下无道，以身殉道"。②为实现"仁"的理想，值死慷慨凛然，"当其杀时，自然其心泰然，其形充然，其气浩然，其词沛然"，达于"我未尝死"，③"以定去就之概，正天下之风，使生以理全，死与义合也"④的人生境界。惟义所在，即使是死，也要体现人格力量，为施行王道"创业垂统"，⑤此即"死有重于泰山"，在"生死死生，成败败成"中"顺太和之理以还造化，存顺而没亦宁"，守住"气"，⑥达成"义"，由此得以安命，"君子以义安命"，从而得以"尽性然后知生无所得则死无所丧。"⑦

第三，价值不朽。人固有死，但死后的命运如何？难道真的意味着"一了百了"吗？这是人生终极关怀的核心，是化解对死亡恐惧的关键。只有化解对死亡的恐惧，才能超越死，达于"永生"。从道家的"知道"者"不见死"，到儒家的"成仁"与"成人"、"创业"与"守气"，都体现了一种超越有限生命的价值追求，此即不朽。道家认为，道有本体意义，也有价值意义，它化生万物，无始无终，是永恒的终极价值。"谷神不死。"生与死都不过是道运行流变不同阶段的具体表现，"不失其所者久，死而不亡者寿。"⑧故此，"方生方死，方死方生。"⑨

---

① 《孟子·告子上》。
② 以道殉乎人：歪曲破坏道以逢迎当世王侯。《孟子·尽心上》。
③ 《何心隐集·何心隐文钞序》。
④ 《后汉书》卷九十三《李杜列传》；《淮南子·精神训》。
⑤ 《张载集·经学理窟·自道》；《孟子·离娄下》。
⑥ 司马迁：《报任安书》；王夫之：《张子正蒙注》卷一；《读通鉴论》卷二。
⑦ 《二程集·河南程氏遗书》卷二十三；《张载集·正蒙·诚明》。
⑧ 《老子》第三十三章；《老子》第六章。
⑨ 《庄子·齐物论》。

儒家把个人的"久"与"寿"推广开来，认定人的不朽来自他人或后人评价。《论语·卫灵公》说："君子疾没世而名不称焉！"君子最怕离世时不能著名于世。孟子也认为："舜人也，我亦人也，舜为法于天下，可传于世，我由未免为乡人也！是则可忧也。"消除此忧，君子须"创业垂统，为可继也。"①"逝者如斯夫，不舍昼夜"，"日月逝矣，岁不我与"，时间流逝不可逆，人力不能改，应在有生之年奋发努力。即使衰暮之年，死亡行将到来，也要"发愤忘食，乐以忘忧，不知老之将至"。②通过建功立业，名垂青史，超越死亡，达于"死而不亡，与天地并久，日月并明"③的永恒。

第四，生于忧患。人生的价值在于奋斗，奋斗的动力在于常怀忧患。孟子指出："生于忧患而死于安乐也"。④人必须把忧患作为一切成就的先决条件，心怀一定危机感并以之警醒自己，在激烈的竞争中，坚定意志，发奋图强，寻求立足之地。从古至今，多少英雄豪杰成就丰功伟绩，都缺不了忧患意识。忧愁患害可以使人生存，而安逸享乐使人萎靡死亡。《孟子·告子下》认为，忧患能使那些担当大任的人经受住苦难考验："天将降大任于斯人也，必先苦其心志，劳其筋骨，饿其体肤，空乏其身，行拂乱其所为，所以动心忍性，曾益其所不能。"承重任者之所以要受尽苦难，是天授以重任之前，要磨炼其意志和身心，借以提高其竞争能力。只有从贫贱中奋发，从失败和厄运中站起来，与命运抗争，才能创业垂统，使王道大义、仁义光照天下。故，"富贵福泽，将厚吾之生也；贫贱忧戚，庸玉汝于成也。"⑤

---

① 《孟子·离娄下》；《孟子·梁惠王下》。

② 《论语·子罕》；《论语·阳货》；《论语·述而》。

③ 罗伦：《文集》。

④ 《孟子·告子下》。

⑤ 《张载集·正蒙·乾称》。

在孟子之前，晋大夫司马侯就提出"多难兴邦"①之说。而"生于忧患，死于安乐"的说法更加辩证。如果将个人命运与客观环境的互动关系推广到客观环境与国家命运的关系上，则可把忧患问题提高到安邦治国层面，进一步发展多难兴邦的思想。世界上有竞争力的民族，多是忧患意识激发了他们求生存、图发展的民族活力和奋斗精神。孟子认为，一个国家如果内部没有严格礼法、辅助君主行王道、施仁政、做到"仁者无敌"的贤臣，外部又没有敌人的骚扰侵犯，过着太平安乐日子，就会使君臣上下养成不思进取的作风。一旦有难，国家就会濒临灭亡。这对统治者而言，无异是一记长鸣警钟。柳宗元在《敌戒》中说："敌存灭祸，敌去召过"；欧阳修在《五代史伶官传序》中也指出："忧劳可以兴国，逸豫可以亡身"，都是孟子上述思想的继承，是对历史经验的总结。

总之，以儒学为主脉的中国传统文化蕴含的生死观，以其重视现世生命、正视死亡价值的入世精神，构建了"生死俱善"、"舍生取义"、"成仁不朽"的人生价值理想。这种价值理想的形成有其特殊的生存环境、自然经济以及社会意识原因：一方面，从经济上看，儒家对现世生命的重视，来源于传统社会自给自足自然经济的发展要求。在这种经济形态下，虽然出现过"文景－汉武"、"贞观－开元"、"康－雍－乾"等盛世，却始终没能使社会经济突破小农生产力的限制，达到充分满足人民基本生存与发展需要的程度。面对生产力低下带来的生存需要，人们极其重视个体劳动力的生命价值。另一方面，从社会意识上看，家族意识是儒家传统生死观的支柱意识。在长期历史演进中，家族意识逐渐成为中国人根深蒂固的本能心理。在这种意识影响下，个人永远是家庭（族）整体链条上的环节，其人生价值属于整个家庭（族）。以致我们不难发现：在整个儒家治国理论中，家与家族的

---

① 《左传·昭公四年》。

地位始终非常突出，"治家"成为"治国"的前提。个体人生价值相应地成为国家这一权益集合中的微小联结，其存续意义也以个人对君主、对江山社稷、整个国家利益的损益为衡量标准。如此，在某些情况下，为君主、为朝廷、为国家利益"杀身成仁"、"舍生取义"就成为人们推崇的最高道德境界。汉代以后，传统儒学被确认为君主专制社会的正统思想，进一步使得这种生死观涵化为发自于传统中国人血脉的本能意识。

（二）生死价值与"事功－尚武"精神

先秦道家、儒家生死观，为时人提供了人生追求的价值指向和精神动力。道家之重人生，主要是追求精神"超然世外"，"乘天地之正，而御六气之辨，以游无穷"，以达成"至人无己、神人无功、圣人无名"，[①]"齐生死"、"等万物"的"出世"人格与"长生"境界。这种美学境界，"先从精神上战胜死亡和消除人们对死的恐惧，以取得一种不受人生忧患困扰的自然自适心态，实际上却暗递着长生的消息和技巧"。[②] 在现实历史层面，其"贵柔"、"无为"、"守堆"等，往往演变为以"安时而处顺"的态度和行为应付各种不测事变的"明哲保身"哲学，沉降为回避人生劳顿和死亡恐惧双重压迫的消极心态，与汉宋以后儒消极"中庸"处世之道异曲同工，是形成"逆来顺受"、"精神胜利法"等国民性格的重要渊薮。与之相反，早期儒家生死观尚还充满活力，既怀有以天下为己任的春秋大义、为民请命的道德正义，还与法、墨、兵等诸家一样，倡导和履践着一种以"自强不息"为时代内容和价值指向的"事功－尚武"精神。

---

① 《庄子·逍遥游》。
② 袁阳：《中国传统生死智慧》，《中华文化论坛》1994 年第 4 期。

　　"事功"一词，最早出于《周礼·夏官·司勋》，即"事功曰劳"，汉代郑玄注："以劳定国若禹。"① 指为国辛劳工作而建立功勋。至于事功的含义，直到南宋出现"事功之学"才确定下来。叶适《上殿札子》说："王之望、尹穑翕然附和，更为务实黜虚、破坏朋党、趋附事功之说。"清代唐甄《潜书·良功》认为："儒者不言事功，以为外务。"事功不同于功利，事功侧重主体对建功立业的追求。"所谓事功精神，并不仅仅指一般意义上的追求功利的思想和愿望，更重要的是指与心性哲学相对的一种经世济时、关注国计民生'经济之学'。"② 拨开中国传统文化的重重遮蔽，会发现其中蕴含着丰富的事功思想。

　　无疑，儒、法、墨、兵等诸家均讲事功，认为生死、人生的价值在于成就事功。前述儒家生死观关于创业垂统、王道功业、成仁守义等思想，都可视为儒家事功思想。儒家"重义轻利"，视"富贵于我如浮云"，认为物欲膨胀会淹没生命价值，因而强调以自强不息精神，追求有限生命中的无限道德价值。人们价值追求的动力在于追求精神报偿，在于"名"的实现。儒家把"名"与实现王道仁义相联系，"君子去仁，恶乎成名"。③ 行仁践义，成就大道，成就圣人、君子之名。不朽的名与道并存，即可超越生命，流芳百世。立功、立德、立言，达于"三不朽"。故"通则一天下，穷则独立贵名。"④ 大有知天命、尽人事、成事功的进取锐意。当然，此等"立"者，往往过于执着义命，在义利、理欲、公私之辨中显露出一系列徘徊两端的意向："孔子从道德和事功的分合着眼，对管仲作出了'如其仁'和'不知礼'是非两分的评价；孟子则鉴于时代要求和推行王道的需要，极力贬低管仲的霸道功业及其品德；程颐和朱熹从寻求普适的道德标准出

---

① 转引自冷成金：《文学与文化的张力》，学林出版社 2002 年版，第 304 页。
② 冷成金：《文学与文化的张力》，学林出版社 2002 年版，第 304 页。
③ 《论语·里仁》。
④ 《荀子·儒效》。

发，以长幼、忠信之义为原则对管仲、魏征作出了正反不同的评价；王夫之以国家大义替代长幼之义，亟称管仲之仁与功，同时严斥魏征之不仁不义。"① 由此导向王道仁义至上、以仁义肢解义命的倾向。这使其生死、人生价值取向在汉宋以后日益走向以王贬霸、以德贬力、以义贬利、以道贬器、以理贬欲、以公贬私，即以高不可攀的圣人标准——"义"淹没人的价值，以义理杀人、灭人欲的极端，以致其事功思想日趋弱化、泯灭。与儒家不同，法家特别看重事功，在价值取向上不重立德，重行实功；在目标上不重先王仁政，重行霸道；在手段上不重循礼义，重行法治。商鞅、韩非等法家形成了系统的事功立国、尽力务功等政治理念。商鞅认为："民信其赏则事功成。"② 韩非提出以实际功效判断一切得失的检验准则，折射出传统文化的实践理性，甚至蕴含了当代中国"猫论"的理念基因。商、韩以君主为本位，以公利功效为核心，提出从治、富、强、王到"兼天下"的最高事功目标，适应了秦政的事功诉求，顺应了时代潮流，极大地影响了大量接受法家思想的秦国政治文化与实践的发展。③

任何伟大事业背后，都有支撑并维系其方向的文化精神。毫无疑问，秦成大统，凭借的文化驱力是以法家事功为价值核心的事功精神。从成"霸－王"之业角度看，这种精神融汇了时代文化的精华。春秋战国是传统中国剧变的年代，各种新兴政治势力，扬弃旧制度，创建新秩序，重组权力，解放思想，引领了思想文化的大发展大繁荣。天下志士积极入世，起而立言，提出救治社会、解决时代课题的真知灼见。法家"尊君卑臣"，"一断于法"，"谋治强之道"，"致霸王之功"，被秦接纳为主导意识形态，使秦历经百年洗礼而成俗，"妇人

---

① 许家星：《生而利还是死而义？——从孔、孟、程、朱、王夫之的管仲之评看儒家的生死义利观》，《北京师范大学学报》（社会科学版）2007年第3期。
② 《商君书·修权》。
③ 参见王健：《法家事功思想初探》，《史学月刊》2001年第6期。

婴儿皆言商君之法","管商之法者家有之",① 不断强化了秦之事功取向。墨家"尚力",言利益和功业皆生于力,"赖其力者生";尚事功,追求"济世成功,垂名后世";尚论功行赏罚,"以劳殿赏,量功而分禄";尚以强国施政,自强不息,国"强必治,不强必乱;强必宁,不强必危",故庶人、士和将军大夫均应"竭力从事","三公诸侯竭力听治","谋事得,举事成"。② 这种"持之有故"的"上功用"思想,使墨家得以在秦国获一席之地。同样,兵、农等家思想得以在秦传播发展,也是因为这些实用之学适应了秦追求事功的需要。③ 相比之下,秦尽管从局部吸纳了一些儒家教化之说,但总体上则对其持排斥态度,深层原因恰恰也在于儒家以道德仁义约束事功诉求,这与法家以事功压倒伦理的取向形成了尖锐冲突,无助于春秋战国兼并时代的事功追求。

有事功,必有尚武。事功精神以强国、创霸、帝天下为总体战略目标,以臣民事功取向普及的为基础,以功立爵随的制度建构为导向,势必铸成举国上下的集体尚武精神。④ 荀子指出:"秦之百姓朴,百吏肃然,士大夫明通而公,朝廷所决百事不留","故四世有胜,……数也"。⑤ 秦史上,极少人主昏愦、王室相斫、女色惑政、篡臣图私、盗跖揭竿、贿赂公行等政治病态。⑥ 整个社会充满了强健向上的阳刚之气、争于战功的尚武之风和"贵奋死"的牺牲精神。不宁唯是,正是这种衍生于事功的尚武精神,铸成了秦军强大的战斗力。事实上,整个春秋战国时代,不独秦国,多数诸侯国人民都洋溢着尚

① 《战国策·秦策一》;《韩非子·五蠹》。
② 《墨子·非乐》;《墨子·尚同中》;《墨子·尚贤上》;《墨子·非命下》;《墨子·尚同中》。
③ 参见王健:《法家事功思想初探》,《史学月刊》2001年第6期。
④ Neisser, V. etal. Intelligence:Knows and Unknows.American psychologist. 2.1996.
⑤ 《荀子·强国篇》。
⑥ 参见王健:《事功精神:秦兴亡史的文化阐释》,《江海学刊》2002年第2期。

武精神。在那个时代，诸侯争霸、群雄逐鹿、社会动荡不安，武力成为最有说服力的工具，尚武精神得到社会各阶层的崇尚。儒、墨、道、法、刑名、阴阳、纵横诸家，都特别关心和思考军事生活及战争活动，无一不论兵。孔子在鲁国担任大司寇摄相事时，随鲁君在"夹谷之会"中取得"不战而屈人之兵"的胜利。他不像后儒那样扬王道、抑霸道，他崇文、尚和但又不抑武，在多数情况下既关注和平，又重视加强国防和军队建设。他主张发展经济，充实国力。当南宫适说："禹、稷耕稼（重视生产）而有天下"。孔子称赞："君子哉若人！尚德哉若人！"① 他主张文武兼修，政略战略合一。他引前人"有文事者，必有武备；有武事者，必有文备"② 的话，一方面坚持民族平等，和平共处，不轻易使用暴力，另一方面坚持不屈服于任何外来侵凌，主张兵坚民固，以勇为本。他提出重国防、重战备、重教民，"不教民战，是谓弃之"。③ "战阵有队矣，以勇为本"。④ "勇"是保卫国家和人民的献身精神。他主张爱民教战，倚民养兵。提出国防要"足食、足兵、民信"，而"去兵"、"去食"则要取信于民，⑤ 否则，得不到人民支持，无法保卫国家。春秋时期，打仗主要是贵族的职业，兵源之高贵往往令寻常百姓望"兵"兴叹。当时贵族男子都以当兵为荣。遇有战事，国君往往亲自挂帅出征，神州大地弥漫着雄奇壮烈的氛围。⑥ 春秋以后，征兵制度逐渐完善，奴隶制瓦解，世卿世禄制度废除，兵的主要成分由以往的"国人"改为农奴或"编户齐民"（农民），军官由过去

---

① 《论语·宪问》。
② 《左传》定公十年。
③ 《论语·子路》。
④ 《说苑·建本》。
⑤ 《论语·颜渊》。
⑥ 参见宋新夫、李承：《"知识本位"下的无兵文化与"武士"的回归》，《人文杂志》2008 年第 4 期。

奴隶主贵族变为军功贵族，① 开启了普遍征兵制和募兵制的滥觞，大大提高了民众尚武精神。云梦睡虎地秦墓出土木牍，展示了前线立功普通士卒关切家乡依法授爵行田宅的急迫心境，② 使后人触摸到秦民事功追求的历史脉动，感受到秦国军功爵制的巨大感召力，领略到秦国凌厉兵锋所向披靡的奥秘。③ 那是一个持续五百五十余年、影响波及几千年的尚武精神光芒四射的"酒神时代"。④ 在整部《左传》中，找不到一个因胆怯而临阵脱逃的人。以荆轲武士为代表的"风萧萧兮易水寒，壮士一去兮不复还"，"提一匕首入不测之强秦"的武士之风，发尽上指冠，义士慷慨赴义的壮烈，是何等豪迈！

总之，春秋战国的事功精神，融汇了诸子百家积极进取、尚功、尚武的思想精华，使传统文化在儒成正统之前得以充分展现自身的四射活力，以至儒成正统之后，也以援法入儒——被儒家王道仁义框定的方式，构成了以儒学为主脉的传统文化富于开放性的"另一面"，在各代王朝初建时得以彰显，或在民族危亡的关键时期得以重现。虽然华夏文明发源于黄河流域的农耕文明，秦汉以后总体上趋向于保守和内敛，但是，正因为先秦时期极具开放和张扬的社会历史条件，使中华民族主体精神得以从源头上注入鲜活的血性因子，为锻铸、提升中国军队的战斗力，发挥着不可磨灭的历史作用。

---

① 参见钱立勇：《先秦时期的尚武精神》，《华夏文化》2004 年第 3 期。
② 参见《湖北睡虎地十一座秦墓发掘简报》，《文物》1976 年第 9 期。
③ 参见王健：《事功精神：秦兴亡史的文化阐释》，《江海学刊》2002 年第 2 期。
④ 关于"日神型"和"酒神型"文化的差异，美国人类文化学家本尼迪克特在《文化模式》一书（社会科学文献出版社 2009 年版）中多有论及。她认为，日神型文化的价值取向和行为特征是守程序、讲形式、崇道德、尚礼仪、持中庸和戒暴力，一切都在既定的秩序和法则中生活。

（三）"科举取仕"与生死价值的转向

一个民族的传统，一个人的最高价值取向，既与社会经济生活息息相关，但同样重要的，也由社会文化价值取向以及制度安排而决定。在中国，传统文化的基础，是一家一户的个体小农自然经济，这种经济形态衍生出来的文化生态，还促成了一种本尼迪克特所说的"日神型"文化精神：崇道德、尚礼仪、持中庸和戒暴力。在大一统集权社会建立以后，这种文化取向注定要向中国政治、文化和社会浸透，影响人们对人生价值的评价和选择。

汉帝国继秦而起，面对"暴秦二世而亡"的教训，初期倡行"黄老"，"无为而治"，形成了"文景之治"。但道家消极避世、小国寡民的理念无法适应大一统王政的实际需要。加之，汉朝一整套礼仪制度，是叔孙通以儒学为基础制定的。故而，汉武帝重构大一统帝政时，顺理成章地采纳董仲舒"罢黜百家，独尊儒术"建议，使儒学成为王统尊崇。"任何一个文明所发射的影响都包括三种成分——经济的、政治的和文化的。"①"中国儒家文明同样有此三种成分，就是道统、王统与族统。"② 作为"整个社会的正式代表"、"社会在一个有形的组织中的集中体现"③ 的国家——王统，和王统下的"社会—家庭权利"——族统，需要有一个"为社会普遍尊崇的文化价值规范——道统"④ 来维系与融合。这个道统就是儒家文化价值规范。汉统治者使

---

① 汤因比：《历史研究》中册，曹未风等译，上海人民出版社1986年版，第206页。
② 高钟：《废科举：中国儒家社会全面散构的多米诺骨牌——废科举百年祭》，《江苏社会科学》2005年第4期。
③ 《马克思恩格斯全集》第二十卷，人民出版社1978年版，第305页。
④ 高钟：《废科举：中国儒家社会全面散构的多米诺骨牌——废科举百年祭》，《江苏社会科学》2005年第4期。

儒"成统",并以政治力向民间诱导、推行,启动了儒化中国的历史进程。儒学从始得独尊到隋唐六百多年,努力与中国政治和社会形成"制度联结"。历经玄学、佛学冲击之后,这种"制度联结"最终通过确立科举制得以形成。文化(道统)、政治(王统)、社会(族统)三者的"制度联结",[①]以"科举取仕"为纽节,空前张扬了儒家经典知识对传统中国人生存与发展的实际价值,使中国人对生死价值的看法开始全面向儒家传统生死观集中,使中国人的精神生活呈现出迥异于先秦时代的状态。

科举制的最显著特征是儒家"经学知识的权力化"。知识的权利化肇始于汉代的"以师为吏",吏、师、政、教完全统一,文人与经学同呼吸共命运。陆贾谈"道"时以"仁义"为辅翼。[②]贾谊以《过秦论》推论治国之道,把儒学治道与帝业成败结合到一起,把人们注意力引向儒学。叔孙"以文学徵",[③]即以古代文献和典章制度,为刘邦制朝仪、制礼乐。由于儒学重师法和家法,习经传统延续造就了大批"经师"。以师为吏,指以习儒典的经师为官吏,汉武帝时正式出现这种局面。战国以降,凡学术著作皆可称"经"。战国后期出现"六经"。《庄子·天运》云:"丘治《诗》、《书》、《礼》、《乐》、《易》、《春秋》为六经。"六经除《春秋》外,皆为前孔子文献,被孔子视为先王政典,视为积极用世、干谒帝业的经验总结。荀子在稷下学宫主讲"帝王之术",[④]他培养出像韩非、李斯等为王者之师的人物。他们虽是法家,但却向经师荀儒学习王术,足以说明儒学为"帝王师"的内容比其他学说更充分。熟习先王政典,研治《诗》、《书》,为儒生

---

① 参见高钟:《废科举:中国儒家社会全面散构的多米诺骨牌——废科举百年祭》,《江苏社会科学》2005 年第 4 期。

② 参见《新语·辅政》。

③ 《汉书·叔孙通传》。

④ 《史记·李斯列传》。

跻身博士行列赢得了空间。文帝置经学博士即《诗》博士（经博士），标志着经学成为官学，以师为吏迈出了关键一步。景帝设《春秋》博士，到武帝时置五经博士。《汉书·儒林传》载，公孙弘以布衣任丞相，破西汉以列侯为相先例，后又得封侯，难以复加的殊荣引起天下学士强烈向往。他曾请武帝"为博士官置弟子五十人，复其身。太常择民年十八以上仪状端正者，补博士弟子。郡国县官有好文学，敬长上、肃政教、顺乡里、出入不悖所闻，令相长丞上属所二千石……"建议被采纳，推动了全社会习经风潮。皮锡瑞指出："此汉世明经取士之盛典，亦后世明经取士之权舆。"① 这是后世明经取仕的开始，也是经学权力化，后世主流人生价值追求受此影响而转向的源头。元帝时韦贤、韦玄成、匡衡、贡禹、薛广德以治经拜相或御史大夫，使人们看到习经是攫取功名利禄的捷径。② 以致出现了"遗子黄金满籯，不如一经"的谚语。"立五经博士，开弟子员，设科射策，劝以官禄，讫于元始，百有余年，传业者寖盛，支叶蕃滋，一经说至百余万言，大师众至千余人，盖禄利之路然也。"③ 习经虽然枯燥，但习经者趋之若鹜，根本原因就是"禄利之路然也"。"经学之盛，由于禄利，孟坚一语道破。在上者欲持一术以耸动天下，未有不导以禄利而翕然从之者。"④ 在以后整个君主专制社会中，习经风气一直影响并支配着传统中国人的社会生活，从根本上规约了中国人价值取向的基本方向。

　　纵观中国几千年官制史，"士"与"仕"存在着源远流长的亲缘关系。⑤《辞源》对"士大夫"的解释是："居官有职位的人"及"文人"。⑥

---

① 皮锡瑞：《经学历史》，中华书局 1959 年版，第 73 页。
② 参见张强：《西汉帝王与帝王之学及经学之关系》，《淮阴师范学院学报》（哲学社会科学版）2001 年第 2 期。
③ 《汉书·韦贤传》；《汉书·儒林传赞》。
④ 皮锡瑞：《经学历史》，中华书局 1959 年版，第 131 页。
⑤ 参见阎步克：《士大夫政治演生史稿》，北京大学出版社 1996 年版，第 497 页。
⑥ 《辞源》（修订本）第一册，商务印书馆 1984 年版，第 640 页。

简言之，就是官僚与知识分子这两种角色的结合。英语士大夫一词译法有 scholar-official（学者—官员）、scholar-bureaucrat（学者—官僚）等，需用两个词才能表达中文士大夫的整体内涵。因为在英语世界没有与之相当的社会阶层，那里学者与官僚是相当不同的社会角色。① 而中国有自己的特色，在总结过去以师为吏经验的基础上，作为吸取两汉察举制、魏晋以来九品中正制经验的政治文化操作成果，一项集文教、政治、社会多方面功能于一体的基本建制（institution）——科举考试制度，终于在隋炀帝大业年间登场，经唐、宋、元、明、清，至清末实行新政废除，历时 1300 年，使传统中国上及官方政教，下系士人耕读，整个社会处于一种循环流动中，在社会结构中起着重要的中介和维系作用。② 与世官制、察举制和九品中正制不同，科举取仕将权力与门第、出身等先天因素之间的纽带作了物理切割，"一切以程文为去留"、"取士不问家世"、"非翰林不得入官"，官员以知识为尺度进行优胜劣汰。从形式上看，科举考试自由报考、公开进行、平等竞争；从内容上看，它以经史知识为考核重心；从功用上看，它使"学问"成为官员选拔、录用与升迁官员的基本准则，实现了知识本位与权力本位的统一。随着科举制的完善，唐后期 697 名官员中进士出身 344 人，占总数的 49%，进士科成为士子入仕的首要途径。③ 宋代 133 名宰相中，科举出身 123 人，占 92% 以上。④ 明清凡举人（乙榜）、进士（甲榜）出身官员，称"两榜进士"或"科甲出身"，是最亮的招牌。⑤ "虽

---

① 阎步克：《士大夫政治演生史稿》，北京大学出版社 1996 年版，第 5 页。

② 参见余英时：《试说科举在中国史上的功能与意义》，《二十一世纪》2005 年 6 月号。

③ 参见王炳照：《历史地看待兴科举和废科举》，《湖北招生考试》2006 年第 2 期（下）；刘海峰：《科举考试的教育视角》，湖北教育出版社 1996 年版，第 29 页。

④ 参见何忠礼：《科举制度与宋代文化》，《中国考试史专题论文集》，高等教育出版社 1999 年版，第 84 页。

⑤ 参见金诤：《科举制度与中国文化》，上海人民出版社 1990 年版，第 177 页。

有以他途进者，终不得与科第出身者相比"。[1]1300 年间，科举造就了十万进士、百万举人及大量各类生员。这是知识分子与专制政权形成"千年默契"的时代，是缔造知识权威的时代。对经书的熟诵和阐释程度是士人最雄厚的政治资本，一旦他们在这方面的权威通过科举得到确认，知识权威即刻转向政治权威。[2] 在这个知识换取资源的时代，学子皓首穷经，终于换来"人上人"的殊荣，这是他们人生价值的最大实现。草泽寒士依凭"知识"就能挤入上层社会，而达官贵人的子弟亦需以知识平等参加科考谋取功名。"满朝朱紫衣，尽是读书人"，天下万民无不信奉"万般皆下品，唯有读书高"的人生信条。明朝万历年间，利玛窦踏上中国土地惊异地发现："科举取仕"实现了柏拉图的"理想国"！中国竟然是一个把知识与权力相衔接，由"哲学家"治理的国度，各级官员皆有相应学品。[3] 他们科举及第，活得比其他人更有价值，死后更得其所。由此，科举取仕的最大历史作用之一，就是继西汉以师为吏以后，进一步确立了以经学知识为本位的人生价值依归这一主流社会取向。

二、"内圣外王"之路与民族精神的畸变

科举制的产生，标志着中国传统生死观向儒家生死观的进一步集聚，标志着传统中国人在生死价值认定上基本完成了向儒家生死价值追求的转向。从理论基础看，这一转向集中体现了传统政治文化将血缘伦理引入社会政治伦理，"推己及人"，"推恩及于四海"——由"内

---

① 黄留珠：《中国古代选官制度述略》，陕西人民出版社 1990 年版，第 369 页。

② 参见宋新夫、李承：《"知识本位"下的无兵文化与"武士"的回归》，《人文杂志》2008 年第 4 期。

③ 参见利玛窦、金尼阁著：《利玛窦中国札记》，中华书局 1983 年版，第 27 页。

圣"到"外王"的政治设计。

（一）"内圣"与"外王"价值的断裂

作为一种人生价值观，传统生死观十分看重人生价值和人生境界。那么，人们生生死死要实现什么样的价值，达成什么样的境界呢？关于这个问题的答案，先秦诸学派，不论是儒家、道家，还是法家，基本上是一致的，就是追求达成"内圣外王"的人生价值目标与境界，只不过各家对这种价值与境界的具体解释有所不同罢了。"内圣外王"一词出于《庄子·天下篇》。庄子认为："圣有所生，王有所成，皆原于一"，此谓"内圣外王"。"内圣"是一种人格理想，即"不离于宗，谓之天人；不离于精，谓之神人；不离于真，谓之至人。以天为宗，以德为本，以道为门，兆于变化，谓之圣人；以仁为恩，以义为理，以礼为行，以乐为和，熏然慈仁，谓之君子"。"天人"、"神人"、"至人"、"圣人"昭示着道家理想，"君子"则意指儒家的理想人格。"外王"是一种政治理想，其要义：一是"以法为分，以名为表，以参为验，以稽为决，其数一二三四是也，百官以此相齿"；二是"以事为常，以衣食为主，蕃息畜藏，老弱孤寡为意，皆有以养，民之理也"。前者是法家政治，后者是儒家人伦。可见，"内圣外王"是儒、道、法三家思想相互影响、相互融合的产物。庄子认为，内圣外王由上古圣贤首创，但随着时代推移已变得晦暗而不明，不过尚有迹可寻："其明而在数度者，旧法世传之史尚多有之；其在于《诗》、《书》、《礼》、《乐》者，邹鲁之士缙绅先生多能明之"。[①] 内圣外王存续于经史典籍，邹鲁儒家"多能明之"，百家也"时或称而道之"。因此，庄子承认儒家在继承上古"内圣外王之道"上是有贡献的。既然"内圣

---

① 《庄子·天下》。

外王"与儒家思想相通，这就为儒家采用这一术语概括儒家学说提供了理论依据。①

儒学是"内圣外王"之学。自东汉到宋代，儒、道、释三家逐渐合流，理学成为儒学合"三教"的结晶，采用"内圣外王"宣释儒学。据记载，程颢初识邵雍（理学开创者之一），就言邵雍所言是"内圣外王之学"，在外王方面明大中至正之道。② 至此，儒学正式采用"内圣外王"一语。明代吕坤说："天德王道不是两事，内圣外王不是两人。"③ 清代李绂说："圣人之学，内圣外王，皆不过一心。"④ 都是在儒家人伦政治意义上使用"内圣外王"的。"内圣外王"就是从首先在内在人格（道德）上"以资修养"，然后在外在行为（政治上）"足以经世"。人格锻炼到精纯，便是内圣；人格扩大到普遍，便是外王。"内圣"是儒家"内圣外王"追求的人格价值，涉及"天人"、"心物"、"动静"、"知行"、"理欲"、"德慧知识"、"本体现象"、"成己成物"等。它认为人虽然渺小，却是"天地之心"，皆有善性，故能通过一定道德修养，达到明是非，分善恶，去恶从善；要求通过道德修养去除人欲，与天地合德；通过心性修养，增进德智，达成圣贤境界，实现人生内在自我价值。"外王"内圣外王追求的政治价值，志在培养富贵不能淫、贫贱不能移、威武不能屈、杀身成仁、舍生取义的道德情操，恪守仁、义、礼、诚、信、忠、孝、温、良、恭、俭、让、慈等道德规范；力倡超越小我，以天下为公，用天地之正，立众人之善，勤勤恳恳，任劳任怨，死而后已，解决社会现实问题，达成王道乐土，人我相亲、天人和谐、物我均调的境界，实现人生的社会

---

① 参见程潮：《儒家"内圣外王"的源流及内涵新探》，《嘉应大学学报》（社会科学版）1997 年第 2 期。

② 《宋史·邵雍传》。

③ 《呻吟语·谈道》。

④ 《穆堂别稿》卷二四。

价值。总之，儒家的道德（政治）哲学，强调的都是由"内圣"直承"外王"，把内圣（修己之德）作为前提和基础，把外王（治人之政）看作内圣的自然延伸、展开和结果，是"内圣"的目的和归宿。道德必须发为功业；功业必须合乎道德要求。孟子说："天下之本在国，国之本在家，家之本在身。"① 孔子说："政者正也，君为正，则百姓从政矣。君之所为，百姓之所从也；君所不为，百姓何从？"② 即要求统治者先正己后正人，先修己后治人，自觉端正自身品行，做天下人的表率，施行王道仁政，这样上行下效，自成风气，实现天下和谐，万众安康。③ 一句话，既能"内圣"又能"外王"，就是儒家的理想人格。

可见，政治伦理化，伦理政治化，政治与伦理结合，是儒家内圣外王说的显著特点。从这种政治设计出发，即可把国视为家的扩大，把君权视为父权的延伸，把家庭血缘之父子兄弟关系延伸为国家政治中君臣上下关系之本，以维护尊卑有别、上下有等的君主专制天下秩序。这种设计，我们在第三章中已经讨论了。问题在于，泛道德主义的政治模式，使"权治"寄托在从政者的"内圣"即他的道德修养上，在现实操作层面必然合乎逻辑地延伸为借助于伦理道德观念来实施对政治权力的控制，导致人们今天常说的所谓"德治"和"人治"。而儒家政治原则适应的正是这种人治主义的政治要求。故，"凡治人之道，莫急于礼"，"为政在人"。④ 以礼治国、以德治国、以人治国，主要可分为两个层次：一是统治者自身如何受制于礼，为政以德；二是统治者对被统治者如何齐之以礼，道之以德。⑤ 然而，进一步具体

① 《孟子·离娄上》。
② 《礼记·哀公问》。
③ 参见程潮：《儒家"内圣外王"的源流及内涵新探》，《嘉应大学学报》（社会科学版）1997年第2期。
④ 《礼记·祭统》；《礼记·中庸》。
⑤ 参见常欣欣：《儒家政治伦理批判》，《开放时代》1995年第7期。

分析会发现，问题恰恰就出在这里：执政者既可能是"圣人"或"君子"，也可能是"昏君"或"小人"。这种"贤人政治"如果"卡"在"人不贤"的问题上，就会出现"人亡政息"的大问题。"子曰'文武之政，布在方策。其人存，则其政举；其人亡，则其政息。故为政在人'。"①对此，儒家除了主张加强道德修养、制约之外，没有提供避免万一出现"小人治政"，如何制约当政者"昏庸化、小人化"的更好办法。退一步讲，即便执政者都是好人，寄望于他们"德化"也不容易办到。因为，儒家的道德修养标准设置过高，企图使每一个人特别是执政者都能"成尧舜"——"成圣"。"三纲八目"、"纲常名教"等之所以是"磨灭不得"的"万年常道"，②就在于它们在道德上适合一切世代，却在每一个具体的现实社会中均缺乏可操作性。如"孝"有24孝，不仅要"守孝三年"，还有其他令人发指的表现方式。《宋史·孝义传》有载："（某）母病经三年，孝忠割股肉、断左乳以食母……（太祖）召见慰喻"；"（某）母病，割股肉食之，诏赐粟帛醪酒"；"（某）丧父，庐于墓侧。母病，又割股肉以啖之……特诏旌表"，云云。这种唐代兴起的、"血淋淋"的伤身割肉（割股、割乳、剔臂、探肝等）行孝"名目"，③不仅得到朝廷的"慰喻"、"旌表"等，而且得到正统儒家的一致称许，以使更多民众仿效。但是，遍查传统中国的历史，如此高悬、繁复的道德标准，不管出于何种动机，又有几人能做到？做不到，就要"被迫"找出各种"名目"加以掩饰和虚张，由此久而久之，就形成了各种"门面文化"和形式主义等恶习，人前一套，人后一套，人格分裂，知行分裂。

至此，上述所谓"以名为表"，也就无法"以参为验"了。儒家定名分、设教化的"名教"，也衍生、质变为各种虚伪的"名目"操作。

---

① 《礼记·中庸》。
② 参见《朱子语类》卷二十四。
③ 参见《新唐书·孝友传》。

"名"与"实"的分离，使儒家道德人格、政治价值开始背离内圣外王设计的初衷，"内圣"与"外王"在道德价值上断裂了，"善"与"恶"在表现上扭曲了。而与之相关的一系列道统、王统、族统，要么成为"治人"者手里不受约束的统治工具，要么成为套在"治于人"者身上的枷锁，并且"治人"者和"治于人"者一道——他们的全部现实生活特别是人格、精神、价值追求，也不可遏止地裂变了。

（二）"名的高扬"与国民精神的衰变

人最关心的，是自己的存在及意义。在这个意义上，"生"与"死"，是一个终极关怀问题。人总希望在生与死的转进中找到最有价值的生命寄托，从而超越有限，达于无限；超越死亡，达于永生。"对死的思索极大地占据了人的精神——死是人各种活动的主要动力，这些活动多半是为了逃避死亡的宿命，否认它是人的最终命运，以此战胜死亡。"①对此，中国传统生死观倾注了大量智慧，儒家的生死价值立意，落脚在"求道"、"卫道"、"载道"的使命中，人只要"生以载义"，"死守善道"，求行仁义，为群体秩序和谐做出贡献，就能凭借群体生命绵延的无限和人生道义的永恒获得超越。只要获得这种永恒价值，君子就能"称述"于世，去除离世时"名不称"之"忧"。② 所以，"君子也者，人之成名也。"③ 看来，"名"十分重要，它表征着人生价值的最终归宿。因而，在传统中国，建功立业，扬名于世，对名的渴望和追求，成了绝大多数读书人的文化情结和心理动力。④ 特别是在

---

① E. 贝克尔：《反抗死亡》，贵州人民出版社 1988 年版，第 25 页。
② 《论语·卫灵公》；《孟子·离娄下》。
③ 《礼记·哀公》。
④ 参见袁阳：《名的高扬——儒家终极关怀与名的文化心理动力功能》，《中华文化论坛》2006 年第 1 期。

科举制诞生后，"金榜题名"成为他们最向往的人生目标，成为他们索解生死、人生价值问题的一把钥匙。

科举取仕的最突出特点之一，就是对"功名"的崇尚与高扬。本来，传统中国早就有关于"名"与"实"的争论。《荀子·正名》说："名也者，所以期累实也。"这就是说，名实一体，功名一体，名只是"实、功、义、道"的表征，是建功立业、实现真实人生价值的后至结果。在此前提下，春秋战国以降的"事功精神"尚可以保留，传之久远。然而，在科举制度下，名与实、功与名相比较，都是名更重要。人们生与死的最大寄托从实、功转到名——"名分"上。这就造成了名与实、名与功、内容与形式、过程与结果的背离，而这恰恰是前述内圣与外王价值断裂在看待生死价值问题上的必然延伸。德行、事功，对立德、立言、立功，义与利等，具体落实到后儒求功名上，都变成了"名"的问题。名本身就是"意义"，就是"价值"。有了名特别是金榜题名，人生才有名分（分量），受人尊崇，令人钦佩，才可能蠹立不朽。对这种名与实（功）的倒旋，先秦时代的庄子早已窥见："自三代以下，天下莫不以物易其性矣！小人则以身殉利；士则以身殉名；大夫则以身殉家；圣人则以身殉天下。故此数子者，名声异号，其于伤性以身为殉，一也。"① 在庄子看来，从"残身伤性"这一点上看，求名未必与求仁义直接挂钩，它甚至更可能与求利欲相一致；它不仅不见得有像儒家美丽外衣包裹下的高尚境界，而且人们更可能因追逐名利而招致精神畸变与堕落。

现实地讲，求名和求利是人生活的两种心理动力，名利双收更是人追求的目标。虽然儒家高扬不朽之名，包含着克服感性、超越利己，以求崇高与永恒的意向，但是，由于生命不朽并不表现为肉体或灵魂不灭，而是依赖于群体的延续和后人的铭记，在很大程度上虚置

---

① 《庄子·骈拇》。

了不朽对现世生者的实质意义。"实无名，名无实，实者，伪而已。"①
事实上，人们在生活中追求自身利益，与惟利是图并不能完全画等
号。这就是为什么在广阔的历史和现实中，当名与利两船发生碰撞
时，有倾覆之虑的往往总是求名的那只船。在科举时代，受享乐欲望
的驱使，是多数人求名特别是那些读书人科第入仕的基本动机。所谓
"立功名，取富贵"，追求的已经不是超越而是现实，"名的高扬"坠
落于其所要超越的利欲之中，② 这种矛盾的存在导致了国民精神的多
重衰变。

第一，科学精神的衰落。我们在导言中谈道"李约瑟难题"，其
实它的严格表述应是：为什么在 15 世纪前，中国在发展"技术"方
面一直领先于西方，却没有原发科技革命？传统中国主要是技术领
先，而不是科学领先。中国土木、航海、纺织、军事、冶金、印刷等
技术确曾领先于世，但数学、天文、地理和物理等科学却"一直处于
原始的经验主义阶段"，③《墨经》、《九章算术》、《齐民要术》、《农政全
书》、《伤寒杂病论》等著作包含着科学成分，但只是自然现象的描述、
实践经验的总结或相关计算问题，尚未提出任何科学概念、定理、公
式和定型学说，不能与欧几里德《几何原本》、托勒密《天文学大全》、
亚里士多德《物理学》和阿基米德静力学同日而语。④ 据金观涛等人
研究，近代以前，中国科学发展只及技术发展水平的四分之一。⑤ 美
国学者席文（N.Sivin）指出，公元 1300 年左右，中国数理天文学达
到最高峰，但在预报准确性上"还远不及托勒密在一千一百多年以前

---

① 《列子·扬朱》。

② 参见袁阳：《名的消解——名的文化心理动力功能弱化分析》，《社会科学研究》
2006 年第 6 期。

③ 参见李世闻：《理性精神：李约瑟问题的钥匙》，《南京师大学报》1997 年第 1 期。

④ 参见钱兆华：《对"李约瑟难题"的一种新解释》，《自然辩证法研究》1998 年第 3 期。

⑤ 参见金观涛等：《历史上的科学技术结构》，《自然辩证法通讯》1982 年第 5 期。

就已经掌握的一般水平。"① 所以，罗素说："中国文化有一个弱点：缺乏科学。"② 冯友兰甚至说："中国向来无科学"。③

关于中国古代科学不发达的原因，学术界认为有地理环境、语言文字、封建制度等多种解释。我们认为，还有一个重要原因，就是从事科学研究不易博取功名，"科学无名分"致使科学精神过早衰落了。如前，中国自给自足的农耕经济衍生出稳固的乡土社会生活结构，其上是"家国同构"的政治生态，和以儒学为主导的"大—小传统"互渗互动的文化形态，"王统"、"族统"与"道统"④ 彼此契合，形成传统中国特有的"学术文化建制"：一是"官本位"建制。从以师为吏到科举取仕，人们致学的主导取向，是研习《四书五经》，掌握子曰诗云。人生价值不在于穷宇宙之理，而在于搞政治，"学而优则仕"，⑤ 成就内圣外王的功名，所谓"事业从五伦做起，文章本六经得来"。科举考试的经史传统均与科学知识无关，致使科学精神过早地衰落了。⑥ 二是"儒本位"建制。儒学独尊必然使书生逐名时"趋儒若鹜"，使百家尤其是科学知识因受冷落而相继萎缩。儒家强调"格物致知"似与科学相近，实则相去甚远。它反对研究没有直接现实用途的学理，提倡理性与实用结合，学以致用，不务虚玄。圣人、君子不会因一只苹果落地而联想到地心引力问题。它主张中庸，"从容中道"，这种"过犹不及"⑦ 的人生智慧，不利于钻牛角尖、打破砂锅问

---

① 席文：《为什么科学革命没有在中国发生》，《中国科技史探索》，上海古籍出版社1986年版，第98页。

② 罗素：《中国问题》，学林出版社1996年版，第39页。

③ 参见桂质亮：《李约瑟难题究竟问什么?》，《自然辩证法通讯》1997年第6期。

④ 参见李世闻：《理性精神：李约瑟问题的钥匙》，《南京师大学报》1997年第1期。

⑤ 《论语·子张》。

⑥ 参见陈炎：《儒家与道家对中国古代科学的制约——兼答"李约瑟难题"》，《清华大学学报》（哲学社会科学版）2009年第1期。

⑦ 《中庸》第二十章；《论语·先进》。

到底的科学研究。杨振宁说，中庸"对科学是不利的"①。由于儒学独尊，道家"法自然"、"希言自然"，②成了前述补充儒家入世价值的出世价值，在形而上本体前却步、沉默了；墨家"六经"从概念、判断、推理入手，初具逻辑学、数学等学科特点的萌芽不幸中衰，成了"绝学"。③李约瑟叹道："中国科学史上最大之悲剧，或者即是道家自然主义之卓见未能与墨家逻辑之相融合耶。"④在这种学术文化环境和建制下，科学精神必然衰落。章太炎说："吾国民之常性，所察在常事日用，所务在工商耕稼，志尽于有生，语绝于无验。"⑤结果，中国能为圆周率 π 值找到精确数据，却不能建立几何学；能建造天坛祈年殿式的精美建筑，却不能建构力学理论体系，还有"四大发明"……但技术成果再多，却因没有相应理论支撑，只能零散地停留于直接经验层面，助长了大多数人按部就班、不思进取的惰性心态。

第二，"仕"人格的裂变。从以师为吏到科举取仕，传统中国通过文官考试和选录，造成了庞大的士大夫阶层。据清史料，科举功名有三：上有贡士及进士，中有贡生及举人，下有各种生员（俗称"秀才"）。⑥中上级考试合格者充当天子手足，直接任命为中央和地方各级官僚，为替天子效命。他们"体察天子之心"，形成了特定的思考方式——士大夫意识。这种意识，按照儒家内圣外王理想，就是要身体力行纲常名教，在人民中做追随圣教、效忠王政、践履仁义的模

① 杨振宁：《我的读书和教学经验》，见《2001北大最佳讲座》，长江文艺出版社2002年版，第162页。

② 《老子》第二十五章；《老子》第二十三章。

③ 参见陈炎：《儒家与道家对中国古代科学的制约——兼答"李约瑟难题"》，《清华大学学报·哲学社会科学版》2009年第1期。

④ 李约瑟：《中国古代科学思想史》，江西人民出版社1990年版，第231页。

⑤ 章太炎：《驳建立孔教议》。转引自李世闻：《理性精神：李约瑟问题的钥匙》，《南京师大学报》1997年第1期。

⑥ 参见杨学为：《科举制是对封建宗法制度的革命》，《湖北招生考试》2005年第8期。

范。他们把一切归结为以"仁"为本的道德修养，以"义"为原则的社会道德实践。他们的道德行为，以忠、恕作为仁的注脚，以恭、宽、信、敏、惠为仁的衍生德目。他们坚信，不必依仗身外力量获得救赎，只须向内反求诸己，向外笃行仁义，便可以"堂堂君子"之风，成全由内圣到外王的理想。

　　然而，理论设计的自我意向是一回事，它在历史进程中的现实表现又是另一回事。士大夫意识受制于科第，受制于日益骄横的君主以及各种专制规范，加之明代又深陷"八股"等极端形式，呈现出与其初衷日益远离、最终背离的两种取向：一是对皇帝，出于受授官禄的依附性，媚迎主子需要，鼓吹尊君集权。① 如果说当年法家宣扬"权制独断于君"、"顺上之为，从主之法"② 为在野先儒所不齿，那么，汉儒成为在朝派后，却明确步法家后尘，转向绝对尊君："善皆归于君，恶皆归于臣"，③ 媚主暴露无遗。隋唐宋明，在科举诱导下，儒士尽入君主"彀中"，尊君从自发转到自觉、自为。宋儒"君叫臣死，不死不忠"，④ 奴颜无以复加。"君日益尊，臣日益卑"，⑤ 一切都是名分的附属物，士大夫步步堕落，成了"万劫不复的奴才"。⑥ 二是对老百姓，他们是"为民作主"的"父母"，自我"君父化"。董仲舒说："屈民以伸君"，⑦ 以道统自居的韩愈更说："君者，出令者也；臣者，行君之令而致之民者也；民者，出粟米麻丝……民不出粟米……以事上，则

---

① 参见王四达：《从"神本"到"君本"——试析中国古代"人文"的渊源流变及其本质》，《哲学研究》1999 年第 9 期。

② 《商君书·修权》；《韩非子·有度》。

③ 《春秋繁露·阳尊阴卑》。

④ 转引自古川裕：《关于"要"类词的认知解释——论"要"由动词到连词的语法化途径》，《世界汉语教学》2006 年第 1 期。

⑤ 唐甄：《潜书·抑尊》。

⑥ 《鲁迅全集》第 1 卷，人民文学出版社 1996 年版，第 163 页。

⑦ 《春秋繁露·玉杯》。

诛!"①当民众处于被"屈"或"诛"地位时，儒家内圣之"民本"荡然无存，只剩下鲁迅所言外王之下"比暴君更为残暴的奴才"。②上述两种取向——"事上"的奴性与"治下"的残忍，在专制时代并不矛盾。矛盾的只是，儒家德化操作的现实与其宣称的高尚价值追求形成了巨大反差，到处是人格分裂的陋儒、贱儒、凶儒，这在事实上宣告了内圣外王道德实践的破产。不错，中国自古"就有埋头苦干的人，有拼命硬干的人，有为民请命的人，有舍身求法的人……虽是等于为帝王将相作家谱的所谓'正史'，也往往掩不住他们的光耀，这就是中国的脊梁"。但是，正因有上述陋儒、贱儒、凶儒，那些"中国的脊梁"才"在前赴后继的战斗"中"总在被摧残，被抹杀，消灭于黑暗中"。③陋、贱、凶儒维护君主专制的主旨或结果，要么以贤儒之名从祀文庙，这是朝廷授予弘扬师说模范者的至高荣誉。要么居官而求尊显，学优而仕，光宗耀祖，终生富贵，封妻荫子。虽然他们并没有把内在超越在自我生命实践中呈现出来，却也春风得意，受人尊重和羡慕。在这种情况下，孔子语录中修齐治平的价值理想已无法继续驻足大多数士人心中，呈现的只是先前那种秉笔上策、犯颜直谏、忧患呖血、裹尸疆场等追求不朽之名的情怀，以及"宁可站着死，决不跪着生"、"宁为玉碎，不为瓦全"等忠、信、廉之神圣名节，反而被腐败盛行、专制自私、惟君命是从、权势依附、盲目自大、麻木沉默、明哲保身、苟且偷生等人格所压倒，所谓悬梁苦读、营造声誉、口含天宪、打击异端、捍卫名节等追求，多被扭曲成一颗颗勃郁不宁且境界灰暗的功名利禄之心。所以，当近代儒家道德实践在与西方文化对决中完全破产时，中国先进知识分子才力主远离传统儒学，突破

---

① 《韩昌黎集·原道》。
② 参见周楠本：《谈耶稣受难的故事——以鲁迅散文〈复仇（其二）〉为中心》，《鲁迅研究月刊》2006年第11期。
③ 《鲁迅全集》第6卷，人民文学出版社1981年版，第118页。

其束缚，从此走上追求国家自强、民族解放——也包括知识分子自我精神解放的道路。

第三，国民性格的麻木。当儒学成为王政意识形态工具，特别是科举制确立以后，孔孟基于"善"而企望的文化自觉、生死价值耗散殆尽，只能存在于彼岸的道德理想国。这种道德理想国，也表现在佛教中，直接影响着国民的性格。佛教传入中国后，儒道佛三家逐渐"合流"，汇成被扭曲了的"无为"、"中庸"与"清静"，形成了一种消极、避退、独善其身的"无是非"旁观文化，泯灭了人们的自我意识和独立人格，形成了一种任由统治者摆布的"中性"人格。千年文化整合使每个中国人都兼摄了三家思想，并落实到人生之中。表面看，个人壮盛之年常取儒家"入世"态度，但不能用进只能退藏时，可用佛、道的超然、恬淡寻求安身立命。以生顺死息之法保持生死"尊严"，甚至可如"白云苍狗"，泰然面对种种世变，而不致迷失。但是，正如鲁迅所言，孔子、释迦牟尼虽然"每为故国所不容，也每受同时人的迫害"，但是"待到伟大的人物成为化石，人们都称他为伟人时，他已经变了傀儡了"。① 千年帝王无不以"圣躬"自居，士大夫说话、行事无不以"圣言"标榜，维护以"纲常名教"（儒）为核心的各种清规戒律（儒佛道），就是要把这些"神圣相传之至教"，②煎成维系君权、父权、夫权的"天柱"与"地维"，以此毒药强制操纵民众的内心世界，使后者自认专制等级"天理"，自甘在贫与贱中终其一生。

如此，古国大地上的"名"被高扬到极致，到处流行各种表明身份地位的名位、名分及其附属物，如文武圣人、君子、神仙等偶像。从祀文庙者分为"国家级"和"地方级"，佛与仙也有森严的等级名

---

① 《鲁迅全集》第3卷，人民文学出版社1981年版，第256页。

② 《劝学篇·序》。

分秩序。生有名，死者分，从中央到地方广建昭忠祠、贤良祠及名臣专祠，旌表忠、义、节、孝等"节烈"。晚清同治二年七月，安徽六安获旌恤入祀殉身绅、民、妇女1887名，山东莱州3282名，都是抵抗太平军而亡者，或为成全名节自尽者，[1] 节烈牌坊遍布神州。"凡属孝子悌弟、贞女节妇，至行可嘉者，例得褒旌，……建坊立祠，聿昭盛典，俾人人知所观感。凡若此者，皆所以振聩觉聋，宏宣教化也，维风俗，正人心，于是乎在。……悉主悉臣，而无敢逾越者矣。"[2] 死亡仪礼也是如此。从报丧到出殡，"哭泣之哀，吊者大悦"。[3] 吊者的"满意"不是幸灾乐祸，而是称许其在仪礼上合乎众所期望的"规矩"！人就在这些仪礼中成长，不断强化着对群体的归属感和各种规范。于是，在沉重历史包袱的重压下，在王统、族统、道统三管齐下的毒害下，各种规矩内化为民众生活的一部分，从"大传统"文化到"小传统"习俗，凡事不必也不可能有多少选择，人们大致不会有多少心理负担，也没有精神上的迷惘与困扰。这样千年麻木，使从陈胜、吴广到太平天国，一次次揭竿而起、不屈不挠的抗争，都成了王政换代的工具；历久的朝代轮回，使固有的勤劳勇敢、刚健自强等正常心理，让位于好像是天经地义的伦常和等级观念，再也不敢或不能正视事实上的贫贱和屈辱，用幻想、健忘、自欺自我麻醉，在失败中求得解脱和安慰。他们"无声无息地被压在封建大山之下"，小生产像汪洋大海中农民本身的依附性、狭隘性、散漫性、孤立性、保守性，以及满足现状，排斥异端的心理逐渐变成普遍现象。[4] 总之，上层精英道德人格的分裂，与下层民众精神活性的枯萎相叠加，充分呈现出传统社会后期国民精神的基本

---

[1]　参见张昭军：《圣贤学问与世俗教化——晚清时期程朱理学与纲常名教关系辨析》，《孔子研究》2008年第4期。

[2]　余治：《教化两大敌论》，《尊小学斋集·文集》卷一，光绪九年古吴得见斋刻本。

[3]　《孟子·滕文公上》。

[4]　参见张锡勤：《"三纲"漫议》，《道德与文明》2007年第4期。

状态：一是不问是非，愚忠愚孝，"君为独夫民贼，而犹以忠事之"。①
二是明哲保身，甘当看客，在看和被看的背后，透露出"事不关己"
时人性的麻木和残酷。三是善于钻营，巧于投机，热衷于统治术、应
变术，使舍生取义，愚忠愚孝的德性修养与见风使舵、见利忘义的现
实行径形成强烈反差。四是讳疾忌医，死要面子，对自身缺点却讳莫
如深，借助健忘、瞒和骗来维护虚伪的心理苟且偷安，以"留得青山
在，不怕没柴烧"安慰自己。大家多道貌岸然如同西太后，被西方列
强逼得无法，每天端坐宫中念神团咒语十遍，念毕则由太监启奏咒死
了洋人云云，自欺欺人到了无以复加的地步。② 五是自尊成癖，贬低别
人，掩饰"被轻蔑打击之后的"失败感，用攀附、虚构和调包等办法，
突出过去的辉煌或古国的特殊，在近代世界竞争中的失败中幻想用纲
常名教"同化"西方列强。③ 六是只信强弱，所谓"胜者王，败者寇"，
不独"商女不知亡国恨"，即便那些道德君子的民族意识也淹没殆尽，
往往立此朝堂表演"忠义节烈"的表面文章，而入彼朝堂时却暴露出
"有奶就是娘"的卖主求荣卑怯奴隶性。这如杜甫《可叹》的"天上浮
云似白衣，斯须改变如苍狗"，成为后世汉奸层出不穷的重要文化根
源。……正如鲁迅所说，在"这曾经文明过而后来奉迎过蒙古人满洲
人大驾了的国度里，……怎样敷衍，偷生，献媚，弄权，自私，然而
能够假借大义，窃取美名。"并且不妨放手这么干，从经典悟出"人是
健忘的，无论怎样的言行不符，名实不副，前后矛盾，撒诳造谣，蝇
营狗苟，都不要紧，经过若干时候，自然被忘得干干净净，只要留下
一点卫道模样的文字，将来仍不失为'正人君子'。"④ 一句话，由生死

---

① 蔡尚思、方行编：《谭嗣同全集》（增订本），中华书局 1998 年版，第 340 页。

② 参见周成霞、王化兰：《论"精神胜利法"的产生、发展及消亡》，《徐州师范学院学报·哲学社会科学版》1995 年第 4 期。

③ 参见《鲁迅全集》第 1 卷，人民文学出版社 1981 年版，第 214 ~ 216 页。

④ 《鲁迅全集》第 3 卷，人民文学出版社 1981 年版，第 129 页。

价值到高扬"名"的价值，使传统中国人养成了诸多病态精神品性。

（三）"重文轻武"与尚武精神的弱化

中国传统"内圣外王"道德实践之路，因其内在的矛盾与悖论，造成了民族精神的畸变。随着这一进程的加深，人们走上了一条注重追求个人功名利禄的道路，这必然导致轻视国家、民族安危的价值取向。文人与日俱增的光环，使社会轻武、贱武之风渐居上风，春秋战国时期忧国忧民的忧患意识，和洋溢着尚武精神的酒神时代宣告结束，并在专制社会后期逐渐趋于弱化甚至泯灭。

读书人魂断经书，天下人重文轻武，是西汉帝王推行以师为吏、隋唐以降大兴科举的必然结果。肇始于西汉，不仅其他百家知识、科技没有了"名分"，就连开疆拓土、建立新朝的武功也没有了相应的"名分"。许多人宁愿做较低的文官，也不愿意做较高的武官，他们知道在博得社会好感和尊崇以及在发财谋利方面，文官远远优于武官。这种与先秦时代对比鲜明的价值取向，使习武从军"非好男"渐成风气。历史证明，秦灭六国从根本上说是法家事功精神对儒家伦理精神的胜利。儒家企图首先以伦理塑造历史，只能是超历史的价值理想；法家用事功精神拥抱历史统一潮流，追求强国一统，梦想终成现实。因此，在当时，事功精神有其进步性。[①] 这一点，就连先秦儒家也是承认的。然而，"物盛而衰，固其变也"。[②] 大一统君主专制确立以后，秦王朝极端功利、酷法等非道德主义充分曝光，引起后世恒久的反思。本来，事功诉求与德治原则保持必要的张力，应成为政治思想发展的新走向。虽然汉武、唐宗对先秦事功及其精神遗产有所继承和

---

① 参见王健：《法家事功思想初探》，《史学月刊》2001 年第 6 期。
② 《史记·平准书》。

扬弃，从当时儒家关切的"修齐治平、内圣外王"到儒法合流，也在一定程度上体现了寻求事功与伦理统一、立功与立德互补的努力。但从整个传统中国历史发展看，并没有使传统事功精神迈向一个更高阶段，反而逐渐将其淹灭。即使宋代出现过王安石变法和事功思潮，也无法削弱儒家尚和、尚文、尚义思想在政治前台和全部社会生活中的巨大主导力。从政治功利角度讲，如果说历代王朝开国时的军事主要是为建立大一统江山社稷服务，那么，天下初定以后，其政治主旨则由"打天下"转向"安天下"和"治天下"。① 在这种情况下，"偃武修文"势在必然。儒家生死观、人生价值的"刚健进取"最终服从于伦理"德义之勇"，武夫"匹夫之勇"日益变得不足挂齿。这种与尚武精神枯萎伴生的人生价值转向，与其说是对先秦儒家生死、人生价值取向的回复，不如说是统治者出于维护大一统王政秩序的需要，与后儒联手对孔孟生死"义命之辨"进行肢解的产物，是对王道仁政的单向发挥，目的是形成一种有利于社会稳定、王政永固的尚和与尚文风尚。这种风尚形成的重要标志，是不再以武功，而是以经学知识作为衡量人生价值、生死意义的根本标准。历史从这个时期走上了另一个拐点：重文轻武。军事这块"生死之地"，再难被儒家士大夫提倡和关注，"好男"不当兵，不愿与"市井无赖之徒"为伍，固守道德本位、王道仁义、诗书礼仪等价值取向，加之科举知识本位的社会效应，从上层到民间"世风贱武"成为必然。

历史上，许多王朝除在开国前后的短期内，能较好地把握文治与武功的平衡之外，多数情况下在权衡文治与武功何者为重问题上，均主张以文治为重。与"攘外必先安内"相联系，有效控制军队是历代统治者安内的重心。面对可能出现的时变以及自己无法预知的民乱特

① 参见黄朴民：《秦汉兵学的建树及其文化特征》，《济南大学学报》（社会科学版）2001 年第 5 期。

别是兵变，统治者往往本能地过度强化军事集权，在军事上乾纲独断，不断加强对军队、军事活动的管制：在军事职能上，强调军队必须致力于建立、维护和强化君主集权专制体制；在军事治理上，高度重视军队王化建设，以人治为主线控制军权，以文制武；在军力运用上，强调安内重于攘外，主导倾向是注重防御，否定穷兵黩武，崇尚稳定与和平；在军队建设上，重道轻器，相对忽视装备技术和实力建设。这不能说是"轻武"，而恰恰是对"军人作大"隐忧的高度重视。不过，这种重视只是集中在掌控军权上，而不在于对军事发展的关心上。这集中体现为对军队发展设置一定的"限度"。如果说"天子六军，大国三军，小国一军"，[①] 是西周分封制下中央政权对军队规模的规定，那么，后世郡县制集权王朝则对军队规模设置了更加严格的限度：1.限于帝王所能控制的范围；2.限于维护王政、消除内忧外患（主要是镇压内乱）所需范围。同时，用文人辖制军人、控制军事，以文治驾驭和抑制武功。

以师为吏、科举取仕，使"学（经）而优者"的魅力凸显，该阶层因掌控知识资源身价倍增，适应了士阶层向上流动的需要，使其成为士农工商"四民"之首。文治受到统治者重视而明显高于武功，文臣总体上高于甚至驾驭武将，充分彰显了文与武的尊卑高下。这种结果，正是统治者乐于看到的。唐太宗说："及乎海岳既晏，波尘已清，偃七德之余威，敷九功之大化，当此之际则轻甲胄，而重诗书。"[②] 汉光武帝刘秀推行"兵儒合流"，以儒家国家观、治世观为治军用兵的根本原则，"去甲兵，敦儒学。"[③] 从此，儒家军事观的统治地位得到确立，成为传统军事主流。[④] 政略决定战略。在兵儒合流影响下，传统社会无

---

① 《周礼·夏官·司马》。
② 《帝范》卷四。
③ （清）赵翼：《廿二史札记》，世界书局 1936 年版，第 55 页。
④ 参见黄朴民：《秦汉兵学的建树及其文化特征》，《济南大学学报》（社会科学版）2001 年第 5 期。

不以道德礼仪、和平仁爱为时尚。皇帝及其僚属处理军务时，首要考虑的是维护王政既得权益，一旦军事战略与统治者权益抵触，就毫不犹豫地牺牲前者以满足后者。为防止军人不忠，甚至不惜违背一般军事规律，单纯从控制军权考虑军事问题，本能地推行"将从中御"① 做法，剥夺前线将帅战场机断指挥权。还有意识任用惯于奉命行事、庸碌贪财的庸将，防止威望素著的将帅手握重兵，发动政变。赵宋时代以文驭武达于顶峰。"文盛武衰，亦自此始。"② 汉唐文治武功"为宋儒所极不满"。③ 朱熹指责汉帝、唐宗所为"无一念之不出于人欲也。直以其能假仁借义，以行其私"。他和程伊川诸儒反对"尊三王而不废汉唐"，④ 无非是认为汉唐尚存法家重力、重事功、文武并举遗风。他们无法想到，恰是赵宋重王抑霸、重文轻武，才"使文武分途，武者既不学无术，文者则好为党争而不负责任，不切实际，专以文章斗其议论。至明太祖以八股文取士，中国民族之聪明才智更消磨于舞文弄墨中，愈益文弱"，汉唐精神"殆久已亡失净尽矣"。⑤

马克斯·韦伯在《儒教与道教》一书中说，中国中举的儒生头上有一种"卡里斯马(charisma) 光环"。⑥"他在非常大的程度上有了'神'意。做高官的人被视为是有神奇品质的人，他们自己可以永远保留卡里斯马的'验证'，死后甚至生前成为礼拜对象。"⑦ 这在传统社会到处

---

① 北宋军权高度集中，将帅领兵作战要根据皇帝预颁的阵图进行，使之"尽受纪律"，"贵臣督视"，不容有任何变通，此即"将从中御"。参见于汝波：《论中国古代"中和"思维在国家管理中的运用》，《南开学报》（哲学社会科学版）1997 年第 6 期。

② （元）袁桷：《书艺祖皇帝十节度风云图》，《清容居士集》卷四七。

③ 贺昌群：《汉唐精神》，《读书通讯》（1948 年）第 84—86 期。

④ 《答陈同甫书》，《朱子文集》卷一。

⑤ 贺昌群：《汉唐精神》，《读书通讯》（1948 年）第 84—86 期。

⑥ Charisma，本义为蒙受神点化而获天赋的神性人物。韦伯引申其义，指那种社会生活中具有原创性、富于神圣感召力的特殊品质。参见宋新夫、李承：《"知识本位"下的无兵文化与"武士"的回归》，《人文杂志》2008 年第 4 期。

⑦ 马克斯·韦伯：《儒教与道教》，商务印书馆 1995 年版，第 186 页。

可见。进士及第，名目繁多的喜宴接踵而至，社会地位直线提升，各界顶礼膜拜，功名利禄如影相随而来。因此，在久远而广大的民间，儒学教育的威信直到近代被西方教育冲击破坏之前一直坚如磐石。武则天长安二年（702 年）兴武举，但因轻武观念根深蒂固，世人贱之，应试者少甚至不能足额，就以营卒或无赖子弟充之。① 在重名的中国，与文进士或状元入阁拜相的显赫相比，武进士或状元至多担当皇帝侍卫，"冷暖之判，不啻天渊"。由唐至清，文状元皆有登科录，而武状元无一份登科录。② 这些，对本来就处在士农工商——"四民"之外的"兵民"而言，无异于雪上加霜！行伍成了"豪猪健狗"的"役夫之道"。③ 士人"是一切美德的最高代表，而当兵的只不过是流氓而已，也许他们力大如牛，可是不见得比牛聪明"。④ 谚语云："做人莫做军，做铁莫做针"，"能挽两石弓，不如识一丁字"。"衣冠之士，羞与武夫为伍"。⑤ 即便高级武将，虽将兵千万，逐强藩于穷漠，献捷太庙，但与科第出身的文官相比，依旧相别天壤。军功入士不过鄙夫偏裨攀扶之途，无足轻重。甚至清代竟有官居二三品的武将遭举人羞辱，视若犬马贱役的事发生，凸显了崇文贬武的风尚。⑥ 文人头上的光环，通过朝廷政治推动延伸于社会，通过上层大传统延伸到民间小传统，不断加速、强化着人们对经学价值的正面期许，使他们更趋贬低行

---

① 参见宋新夫、李承：《"知识本位"下的无兵文化与"武士"的回归》，《人文杂志》2008 年第 4 期。

② 参见刘海峰、李兵：《中国科举史》，东方出版中心 2004 年版，第 304 页。

③ 黄宗羲：《明夷待访录》（《黄宗羲全集》第一册），浙江古籍出版社 1985 年版，第 35 页。

④ 鲍威尔：《中国军事力量的兴起》（1895—1912），商务印书馆 1998 年版，第 11 页。

⑤ （清）戴望：《颜氏学记·卷一》，中华书局 1958 年版。

⑥ 清咸丰年间，总兵樊燮拜谒巡抚骆秉章时，未及向师爷左宗棠请安，竟遭左斥呵："王八蛋。滚出去！"樊极受羞辱。为激励后人，樊将"王八蛋，滚出去！"书于洗辱牌，置于祖宗神龛下。告其子曰："不中举人以上功名。不去此牌。"参见宋新夫、李承：《"知识本位"下的无兵文化与"武士"的回归》，《人文杂志》2008 年第 4 期。

伍、"兵"的价值，造成了一种表面有兵实而"无兵的文化"。[①] 在这种文盛武衰的时代氛围中，屡见不鲜的是那些卫社稷、死君事之忠勇将士的厄运与悲歌；而一个身处无其位置之"四民"文化圈中的军人，他的选择只有两种：要么回归军营，要么去做匪盗。[②] 这又促使无兵文化发展到极致，夯实着无兵的四民社会秩序，强化着尚文耻武的人生价值取向，使社会尚武精神趋于泯灭。不管这种取向对维护专制秩序有多大好处，但对中国传统军事理论与实践，则产生了极大负面影响。它埋下了近代中国面对凭借工业文明之力而来的西方，及其带有强烈功利性的开放经商诉求而不知所措，面对西方坚船利炮的军事打击而陷入"兵"不堪战、"兵败"迭至的结局，最终走向全面衰落。

三、传统生死观的现实危机、超越与反思

中国传统生死观特别是儒家生死观——它所蕴含的人生价值取向，所造成的社会文化氛围，对中国社会发展、军事发展包括国民尚武精神的影响是十分深远而巨大的。特别是明经取仕、重文轻武的社会与人生价值标准，使传统中国及其军事发展受到极大制约，使中国及其军队无法在与西方列强交手中，承担起消除民族危机和应付现代化挑战的历史使命。而历史发展到今天，上述生死观、人生价值观对中国民众精神面貌尤其是国民尚武精神和军人战斗精神的影响依然存在，成为推进中国军事现代化必须面对并切实加以解决的重大现实课题。

---

① 雷海宗、林同济：《中国文化与中国的兵》，商务印书馆 2001 年版，第 94 页。
② 参见宋新夫、李承：《"知识本位"下的无兵文化与"武士"的回归》，《人文杂志》2008 年第 4 期。

（一）扬弃传统国民性格仍然是艰巨的时代课题

有国者，必有以立。抽象地说，国家要不断发展和强盛，既当立"器"，也当立"道"。器与道何者为重，并不像儒家所谓"道重于器"那样绝对，而要据具体历史现实而定。具体地说，道器不能俱废，道也好器也罢，都要与时代潮流相契合，此即近代先进知识分子张扬"首在立人"与当年儒家"立千年道统"的根本区别，也是他们突破传统生死价值观禁锢，催生中国新价值伦理的真理性所在。立人也是立道，但却不是内对外王之"道"，也不是重道轻器之"道"，而是立"新道"，立"新精神"，立"新价值"，推进国民精神由传统向现代转型。推进民族精神的现代转型，就是寻求与现代物质文明发展相契合的精神文明，寻求与现代社会发展相契合的人生价值取向。这就要求，必须超越传统生死观，扬弃其以"纲常名教"方式设定的生死价值伦理。这一重大历史课题的启动，主要导源于近代中国横遭西方列强入侵带来的民族危机，导源于中国人在经济、政治改革失败后不得不转换认识国情的视角，从国民精神层面思考失败原因的努力，并最终以"改造国民性格"的方式展示出来。这个历史话题，一直波及于当代中国国民精神的发展现状及其重塑问题。

早在明清资本主义萌芽之际，黄宗羲、唐甄、戴震等早期启蒙思想家，就已看出传统生死观维护君权、泯灭人性价值、愚民弱国的弊病，提出"后儒以理杀人"[①]的著名论断，试图解构业已绝对化的旧传统的正当性。此后，严复面对国家落后挨打、积贫积弱、国民麻木时状，大力译介传播西方进化论、民权论，所谓"鼓民力、开民智、新民德"，[②]"民

---

① 戴震：《孟子字义疏证》（卷上），中华书局 1982 年版，第 174 页。

② 《严复集》第 1 册（上），中华书局 1986 年版，第 31 页。

权者，不可毁也"，① 为以后维新派、立宪派、革命派的国民性格改造思想提供了重要理论前提。站在近现代中与西、传统与现代文化交汇点上的梁启超，在严复上述"三民"思想基础上继续前进，创办《新民丛报》，提出"新民说"，指出："数千年之腐败，其祸极于今日，推其大原，皆必自奴隶性来；不除此性，中国万不能立于世界万国之间。"② 所谓奴性，即"既无自治之力，亦无独立之心。……无不待命于主人"③。他揭露官吏是"禀奴性独优之人也。苟不有此性，则不能一日立于名场利薮间也。……他无所学，而惟以学为奴隶为事。"故举国"无一人不被视为奴隶者，亦无一人不自居于奴隶者，而奴隶视人之人亦即为自居奴隶之人"！④ 最惨痛的是心奴："人之奴隶我不足畏也，而莫痛于自奴隶于人……辱莫大于心奴，而身奴斯为末矣。"⑤ 他从多方面揭示了奴性的危害，分析了专制统治、纲常名教是奴性产生的根源。他呼吁国人独立、自尊、自信、自强，"勿为古人之奴隶"、"世俗之奴隶"、"境遇之奴隶"、"情欲之奴隶"，勿为外国人之奴，不可"脱崇拜古人之奴隶性，而复生出一种崇拜外人、蔑视本族之奴隶性"。⑥ 世界日日进化，赖有新人辈出，而这种新人就是有独立性之人。他坚信："欲维新吾国，当先维新吾民"，"新民为今日中国第一急务"。"苟有新民，何患无新制度，新政府，新国家。"⑦ 可以说，在近现代中国，梁启超是严厉、尖刻而系统批判奴性的先行者。他的思想振聋发聩，与他对专制王朝同近代民族国家所做的区分一

---

① 《严复集》第 4 册，中华书局 1986 年版，第 917～918 页。

② 《梁启超文集》，北京燕山出版社 1997 年版，第 698 页。

③ 《梁启超文选》（上），中国广播电视出版社 1992 年版，第 73 页。

④ 《梁启超文选》（上），中国广播电视出版社 1992 年版，第 71、72 页。

⑤ 梁启超：《新民说·论自由》，辽宁人民出版社 1994 年版，第 55、64～67 页；

⑥ 《梁启超文选》（下），中国电视广播出版社 1992 年版，第 217 页。

⑦ 梁启超：《本报告白》、《论新民为今日中国第一急务》（1902 年 2 月 8 日），《新民丛报》第 1 号。

样，都是近代思想史上的光彩篇章。虽然当时"基本上是他一人唱独脚戏，即使有同和者也甚少"，[①] 但是随着时间的推移，经他洗礼的后来者注定要掀起一场无比深刻的改造国民性格、传统生死价值的历史大潮。

正是站在前人的肩膀上，陈独秀、胡适，尤其是新文化"最伟大和最英勇的旗手"、"空前的民族英雄"[②]鲁迅，从历史渊源上掘了专制文化的祖坟。他们看破了孔学为"治民众者"设计治国方法的初衷，道破了统治者以儒学为"敲门砖"的荒谬，剖露了纲常名教制造"看似无事"悲剧的残酷。有鉴于礼教扼杀人的个性，有感于某些新派人物汲取外来文化时单纯畸重"制造商沽"和"立宪国会"，鲁迅深刻揭露了专制制度下民族心理的诸多弱点，提出了"首在立人"的原则。而改造国民性格，作为人之解放的重要方面，就是对民族文化在社会心理中的历史沉积进行一番革命的清理，从而致力于民族灵魂建设。这一切都意在告诉世人：虽然儒学大有可资继承的精华，但当一种古老传统如梦魇一般缠绕和压迫着民族生机时，走出梦魇后的觉醒，恰恰是复原历史、发现前途，摆脱沉重的精神负担，启动沉睡的精神资源，争取自身彻底解放的先决条件。[③]沿着这个方向前进，人们看到了国家和民族的希望，看到了自身人生追求、精神境界的真正指归。通过改造国民性格，塑造新的生死、人生价值，是 20 世纪中国思想文化高昂的主调。没有这一点，就谈不上何以唤起多数国民的自觉与行动，何以亿万民众包括青年出生入死地献身革命，何以中国及其军队何以由萎靡到振作，由不堪一战到越战越勇，由弱到强，最终走向

---

① 许全兴：《奴性批判录》，衣俊卿主编：《哲学之路》第 2 辑，黑龙江人民出版社 2004 年版。

② 《毛泽东选集》第二卷，人民出版社 1991 年版，第 698 页。

③ 夏兴有、郭凤海：《文化的价值——中国文化的历史发展及启示》，《洛阳师范学院学报》2002 年第 3 期。

现代化的文化精神之源。

　　然而，改造国民性格，推进民族精神向现代转型，是一个长期而复杂的历史过程。从梁启超提出新民说至今一百多年来，中国人的精神状态和价值追求品质这一重大问题，至今仍没有完结。毛泽东指出，传统中国孔子思想为中心，郁郁人们做了二千多年奴隶，"国民性惰，虚伪相崇，奴隶成性，思想狭隘"。[①] 要改造国民性格，必须反对迷信盲从，提倡批判精神。"没有批评的精神，就容易成他人的奴隶。"[②] 他曾引用《共产党宣言》"每个人的自由发展是一切人的自由发展的条件"的话，指出："不能设想每个人不能发展，而社会有发展，同样不能设想我们党有党性，而每个党员没有个性，都是木头，一百二十万党员就是一百二十万块木头。"[③] 这种性格的存在，固然与党缺乏经验有关，与共产国际和斯大林的影响有关，也与传统文化存在奴化思想、缺乏主体意识有关。因此，毛泽东大声疾呼：共产党人"绝对不应盲从，绝对不应提倡奴隶主义。"[④] 新中国成立以后，针对一些人的思想状态，他提出要"反对贾桂"。[⑤]"破除迷信，打倒贾桂！"[⑥] 人们要独立自主，清除心理上消极的东西特别是奴性，发扬主动性和创造性，推动我们事业生机勃勃地前进。然而，历史总是以某种"变形"方式在现实中重现，曾几何时党内、国内个人崇拜盛行，干部群众个性弱化，民主法制破坏。据胡耀邦回顾，有两件事"难以原谅自己"：一是 1959 年批彭德怀，明知彭正确，但为与上边保持一

① 《毛泽东早期文稿》，湖南出版社 1990 年版，第 639 页。

② 《毛泽东早期文稿》，湖南出版社 1990 年版，第 368 页。

③ 《毛泽东文集》第三卷，人民出版社 1996 年版，第 416 页。

④ 《毛泽东选集》第三卷，人民出版社 1991 年版，第 827 页。

⑤ 贾桂是明朝大太监刘瑾的手下，刘瑾叫贾桂坐下，贾桂不敢坐，说我站惯了。这就是奴隶性。参见《建国以来毛泽东文稿》第 7 册，中央文献出版社 1992 年版，第 195 页。

⑥ 《建国以来毛泽东文稿》第 7 册，中央文献出版社 1992 年版，第 231 页。

致，也举了手；二是在党的八届十二中全会上，明知说刘少奇是"内奸"站不住脚，还是抱着"夫复何言"和"不得已"的心态举了手。他痛剖自己"存在一种奴化思想意识。……过去到现在，这种奴化思想都是有的，程度不同而已。"① 同样，在延安整风中，周恩来曾检讨自己身上存在的"党内奴性、软弱性"。② 上述情况，触及一个重大理论和现实问题：由于特殊的历史和国情的影响，传统国民性格中的家长制、明哲保身、形式主义和奴性意识等还不同程度地存在于一些人（包括党员、干部）身上。这个问题，很容易而且事实上长期被忽视，没有受到批评和遏制，反而一度有所滋长和蔓延，成为我们工作中出现相关问题尤其是发生"文化大革命"的重要思想文化根源。

改革开放以来，中国发生的一系列思想解放运动，有一个适应国家现代化发展要求的基本指向，就是把人们从个人崇拜、迷信盲从的禁锢中解放出来，发挥自己的主动性、积极性和创造性，以此推进国家的现代化。通过改革开放，中国发生了翻天覆地的变化，但也要看到，与上述指向相反，社会经济、政治、文化和日常生活中，自主性尚未完全确立，传统国民性格还时隐时现：那种"蹲在影子里张目摇舌"的人、"合群的爱国的自大"的人、"掉了鼻子，还说是祖传老病，夸示于众"的人及"谣言世家的子弟"，仍不感陌生；"倘使路上有暴病倒地，或翻车摔伤的人，路上围观或甚至于高兴的人"并不是少数；人治、权力至上、等级和特权、封建宗法等观念，"要面子"、"揩油"、"不为最先"、"奴才式的破坏"等，也有死灰复燃趋势。③ 传统儒术被变成官场化的应酬哲学，虚荣、鄙俗、拍马、迎合、明哲保

---

① 程良方：《"难以原谅自己"》，《瞭望》新闻周刊 2000 年第 25 期（6 月 19 日）。

② 《周恩来在中共中央政治局会议上的发言提纲》，1943 年 11 月 15 日；参见许全兴：《奴性批判录》，衣俊卿主编：《哲学之路》第 2 辑，黑龙江人民出版社 2004 年版。

③ 参见吕忠堂、韩绪芹：《德育，应以国民精神的新生为着眼点——鲁迅的改造国民性思想及对当前德育工作的启迪》，《山东教育》2002 年第 11 期。

身之风蔓延一时。一些人对再次祭起对"名"的高扬，部分精英通过"触电"（电视出镜率等）寻求名气更上一层楼，使身价更为显赫；不太有名或小有名气者，也想通过媚俗趋众获取名声。能为大众读者家喻户晓是一种"名"，为报刊鼓吹也是一种"名"；能得到要人认可是一种"名"，获得各种奖励又是有"名"。为了"名"而迎合投机，不算罕见。古代兵学被广泛应用于一个"兵法社会"，把民族崇尚谋略的特点发挥到自己的同胞身上，玩弄权术、诡辩术、欺骗术、小报告术，人人相轻、缺乏团队精神、疑心大、不诚信、蔑视制度、无视法制和信义、推卸责任、缺乏包容。同时，我们重建价值、信仰的努力，却一直成效不彰，一些人效忠个人，不效忠国家，为一己私利不顾他人、不顾社会、不顾长远，良心泯灭、道德沦丧，及时行乐、醉生梦死、精神颓废，忧患意识、沉重的反思、自强进取日趋淡化。上述心态和行为与梁启超、鲁迅当年阐述的国民性格，是何其相似。它虽然不是主流，但也表明了传统生死观的诸多负面因素、儒家负面人格依然蛰伏在一些人的深层心理和行为模式中，对改造国民性格、驱除劣根性、促进国民精神的现代转型造成了异常艰难和复杂的局面。这种极为不正常的精神状态、价值取向，对国家和军队现代化形成了无形的精神枷锁和障碍。

对中国人形成上述心理和道德状态，传统儒道佛特别是儒学负有不可推卸的责任。它们虽然在历史上发挥过重要的积极作用，但历史表明，这三个传统文化流派同样包含大量弱化民智、扭曲人性的因素，单靠它们无法振兴中华。历史不会退回到孔孟时代，但传统观念的负面影响却不能低估。正因如此，鲁迅告诫世人，中华民族要掌握自身命运，赢得未来的光明，必须首先疗除导致自身积贫积弱的精神病灶，而不是"从奴隶生活中寻出'美'来，赞叹、抚摩、陶醉"。①

---

① 《鲁迅全集》第4卷，人民文学出版社1996年版，第588页。

因为，那里"没一处没有名目，没一处没有地主，没一处没有驱除和牢笼，没一处没有框外的眼泪。我憎恶他们，我不回转去！"① 也因如此，邓小平指出："我们的人民、我们的党受封建主义的害很重，但是一直没有把肃清封建主义的影响作为一个重要任务来对待。现在，党内为什么有人搞特权？这和封建主义影响分不开。废除领导干部职务终身制、领袖终身制的问题，我们这代人活着的时候，非解决不可。党内生活、社会生活都要肃清封建主义的影响。各种制度，都要从肃清封建主义影响的角度去考虑，逐步加以解决。"②

（二）在张扬现代理性价值中超越传统实用理性

从梁启超的"维新吾民"到鲁迅的"首在立人"，再到当代中国继续推进国民精神由传统向现代转型，这一持续不断的国民精神超越史告诉我们：当代中国及其军队现代化，需要社会确立一种新的时代精神，需要人们确立一种新的生死价值和人生境界。这涉及"五四"新文化运动以来那个未完结的话题，即树立科学与民主两大精神。所谓立"新道"，立"新精神"，立"新价值"，就是要张扬现代理性价值，包括工具理性和价值理性，在张扬现代理性价值中内在地超越传统生死观，超越传统道德理性。传统道德理性尚未发展到现代理性层次，它所确立的生死价值、人生价值也不具备现代性，它在传统社会后期特别是近代以来基本上不曾起过顺应时代、振奋民族精神、引领民族自强的作用。虽然我们说树立国民的现代精神离不开传统，但这只是说，必须于超越和改铸传统，把其中被窒息的优秀成分解放出来，纳入现代思想文化和民族精神框架。它包括彼此衔接的两个层次：一是继承和超越传统实用理

---

① 《鲁迅全集》第 2 卷，人民文学出版社 1981 年版，第 191 页。
② 中共中央文献研究室编：《邓小平思想年谱》（1975 ~ 1997 年），中央文献出版社 1998 年版，第 159 页。

性，补上国民现代工具理性（科学）这一课；二是在工具理性之上安置价值理性，在科学精神之上安置民主精神，真正扬弃和超越传统的道德理性特别是儒家价值理性。只有这样，才能进一步形成工具理性与价值理性相统一的现代价值，确立科学精神与民主精神相统一的国民精神，使之真正发挥支撑国家和军队现代化发展的积极作用。

纵观传统文化发展脉络，它始终处于一种实用——特别是政治实用理性层次上。这一点，不仅表现在儒家大传统文化因可操作性强且倾向于尊君在传统中国备受重视，而其他百家之学则要么因为"玄远"要么因为实用性弱于儒学而普遍受到冷落；也表现在技术因实用性相对较强受到一定重视（尽管也被说成"奇技淫巧"），而科学则因缺乏直接可见的实用性基本上没有得到发展；还表现在从大传统文化到民间小传统文化对待知识以至于宗教，都普遍采取了实用—功利主义的态度。这种实用理性，两千多年特别关注现实，缺少抽象思辨，事事强调"实用"、"实际"、"实行"，满足于解决问题的经验论水平，行为模式奉行以理制欲，人生观上既乐观又冷静（冷漠、麻木——引者）。① 故，"以实用理性为特色的儒家文化是塑造中华民族之民族精神的底蕴。"② 从生死观角度看，它本质上是一种重此岸世界、轻彼岸世界的生死价值观。在其影响之下，人们更关注人伦日用，较少陷于冥思玄想。他们的生死观和与之相关的现实生活，事实上都带有浓重的功利色彩。中国人所谓信仰宗教，大多不是"因'信'而信"，即因为宗教是真实的而相信；而是"因'用'而信"，即因为宗教是有用的而相信。③ 从文化发展史看，在先秦诸子之后，道教兴起，佛教

① 参见李泽厚：《中国现代思想史论》，东方出版社 1987 年版，第 320 页。
② 黄岭峻：《清朝末季：民族自信的丧失与实用理性的延续——中华民族精神的现代转型研究之一》，《华中科技大学学报·社会科学版》2004 年第 3 期。
③ 参见黄岭峻：《因"用"而信与因"信"而信——以清末士大夫宗教观为例的研究》，载《宗教学研究》2003 年第 3 期。

传入，曾使传统中国民族精神有所改变，但直接实用—功利取向并未减弱。道教衍变为追求长生不老的"活命哲学"，佛教则转化为致力于修身养性、追求"清静"的禅学，以彼岸为目标的宗教，最终变成了以此岸为目标的"归化"——"放下屠刀，立地成佛"，"拜佛烧香"不为忏悔，而求"消灾避祸"或得到"恩惠"等，都是上述实用理性在作祟。与此联系，孔子在人生价值规范上采取"君子喻于义，小人喻于利"①的二重标准。君子知义，故可用圣人之道来启迪；小人唯利是图，就只能用鬼神来吓唬。此即荀子云："其在君子，以为人道也；其在百姓，以为鬼事也。"②在这种标准影响下，大传统以此岸人伦否定彼岸上帝，而民间小传统则将彼岸上帝变为此岸人伦。换言之，大小传统，本质上均执着于实用范畴。③然而，这种标准的二重性悖论，却被陆王心学窥穿："良知良能，愚夫愚妇与圣人同"。④既然按照先儒之见，每个人都有良知（人性善等），那么，通过致良知方法就可使他们遵守道德，无须用鬼神来恐吓。可以说，心学是从儒学内部反对儒家成见，特别是理学道统的异端，但是，就像当代新儒家一样，它并没从根本上把儒学引向内在自我超越，而真正对儒学的超越，只是近代随着西方思潮大量涌入，中国举起科学和民主大旗之后，才以现代工具理性和价值理性——"新学—异质性超越"的方式全面展开。

近现代中国以科学精神超越传统文化，主要表现为以科学工具理性扬弃一直处于经验层次的传统实用理性。虽然从科学发展史看，20世纪中叶随着牛顿理论的垮台，科学界发现"从任何有限数量的事实中不

---

① 《论语·里仁》。

② 《荀子·礼论》。

③ 参见黄岭峻：《因"用"而信与因"信"而信——以清末士大夫宗教观为例的研究》，载《宗教学研究》2003年第3期。

④ 《王阳明全集》（上册），上海古籍出版社1992年版，第49页。

可能合法地推出一条自然定律"，① 这就意味着通过工具理性获得的知识在更大的范围内不一定总能确凿无误，但这并不排斥某一科学在其"适用范围"内仍有其真理性，就像"太阳东升西落"在传统农业生活条件下有其对于农民的"真理性"一样。同样，就像在牛顿理论垮台之前西方工具理性仍有其"认识论上乐观"的理由一样，中国人引进科学工具理性，当时也有其合理与进步性，因为中国人的眼界和精神从此开始逐步上升到更高的理性层次，开始跨越传统文化、传统价值的经验—实用界限。经过一系列思想启蒙特别是"五四"新文化的洗礼，中国思想界最终以科学理性全面取代了大传统文化的实用理性。同时，民间小传统迷信、愚昧、盲从等麻木习性也发生了重大改变，工农运动的蓬勃发展，各种反叛、疏离传统的移风易俗运动方兴未艾，极大地解放了基层民众千百年备受禁锢的内心世界，改变了民众的精神状态和行为方式，对推动民族救亡图存、国家赢得独立并走向现代化，发挥了重大而积极的作用。但是，要真正确立起科学精神并不是一朝一夕的事，有时还会走弯路甚至错路。新中国成立后，在普及科学知识上做了大量工作，但深藏于人们心理深层的某些落后传统观念依然存活着，"大跃进"、"文化大革命"都留下了以"科学"的方式反科学、迷信盛行的历史教训。改革开放以来，在科学昌明的同时，各种伪科学借科学之名行欺诈、迷信、愚弄之实，以所谓"最新科学发现"否定既有科学成果，沽名钓誉；宣扬封建迷信，搅乱群众思想，借机谋取暴利等，给社会发展带来诸多危害。② 时下，一些民众包括干部，往往不看重科学对人生的重要性，并不把科学作为解决人生问题的指导，作为衡量人生价值的标准，而是把生死、命运寄托在"赵公元帅"和求神拜佛上。这些，都说明真正的科学精神尚未完全在国民中扎根。

① 拉卡托斯：《科学研究纲领方法论》，上海译文出版社 1986 年版，第 3 页。
② 参见雪山：《我国近年伪科学流行的原因——兼论现代中国人文、科学精神的迷失》，《成都大学学报（社会科学版）》1995 年第 4 期。

　　当然，科学精神不等于科学，也不完全是工具理性，它是社会人文精神的重要内容之一。作为人们把握世界的理性精神力量，科学固然是反对迷信的有力武器，是一切旧传统、旧迷信、旧价值的克星，[①]但只有单纯的科学知识即工具理性，还不能算完全确立了科学精神。在中国，梁启超较早地注意到，欧洲的堕落在于自由放任的政治、唯科学主义和极端个人主义，唯科学主义动摇了人的宗教和哲学信念，把人引向科学万能崇拜，终至否定人的价值、意义关怀，是"托庇科学宇下建立一种纯物质的纯机械的人生观"。[②]贺麟也说："我们没有科学，因为我们没有科学的殉道者。我们之所以研究科学，是因为它有用。"[③]因为科学理性总是受制于某种价值理性。如前所说，深藏于人们心理深层的某些落后传统观念如果存活，传统实用理性如果存活，它就要时时冒出来干预科学走向，导致人们在运用科学时陷入新的盲目、迷信和专断，陷于反科学。超越传统时，有时也会不小心沿袭传统的老路，倡导新运动，有时仍导向"昨死今生"、"起死回生"的操作。某些传统道德、生活态度实在太不适于现代，但却顽固地存活于现代，使整个民族面向现代的价值选择陷入困顿。这一现象西方也注意到了，马克斯·韦伯从"合理性"范畴出发，把理性区分为工具理性和价值理性，工具理性追问世界是什么，价值理性追问为什么，侧重于人们把握世界的目的性。韦伯主张在现代认知基础上使工具理性和价值理性"合理归位"，恢复价值理性应有的地位，用以合理地规约工具理性，克服人类理性自身亟待解决的问题，把西方现代化引向合理之路。[④]以现代价值理性引导工具理性，就是以人文精

①　参见郑镇：《国民精神重塑的百年追思》，《东南学术》2000年第1期。

②　《梁启超文选》上集，中国广播电视出版社1992年版，第408页。

③　贺麟：《文化与人生》，商务印书馆1988年版，第160～161页。

④　参见陈绍芳：《论理性的三维结构——对马克斯·韦伯理性"二维结构"的补充》，《中共浙江省委党校学报》2005年第6期。

神引导科学发展，重塑科学精神。而被重塑了的科学精神，本身就包含了现代人文价值导向的精神。因此，我们今天既要继续补工具理性这一课，同时还要注意防止它暴露出的问题，更要防范传统经验——实用理性代替现代价值理性，无声地渗入工具理性操作。有人说，中国传统文化包含着"人文精神"，好像现代人文主义（humanism）就是中国传统的"人本主义"。但是，传统之人本"可以是社团主义的，也可以是神权或王权主义的"，其真正的"价值理性并没有形成气候"，它关于人性善与恶、义与利、"天理"与"人欲"的讨论，都把终极价值引向现实的人高不可攀的东西，又视为操作现实的金科玉律，本身就是反理性的。① 如果用这样的"人本主义"代替现代价值更改，来操作现代科学，不仅有"张冠李戴之嫌"，② 而且会铸成大错，延误以现代价值理性扬弃和超越传统道德理性、以现代价值理性包括民主精神合理规划科学理性的进程，从而延误健全我们民族的现代精神品质的历史进程。

（三）复兴刚健有为、自强不息的伟大民族精神

从生死观转型角度看，以现代价值理性扬弃和超越传统道德理性、合理规划科学理性，就是要扬弃和超越传统生死观，确立适合现代化发展要求的人生价值取向。这项工作，从梁启超到陈独秀，早就开始做了。他们不仅讲科学，而且大力宣扬民权、民主，试图以此纯化人心，确立"新民德"，培养新国民。新国民是民主、自立、自主的国民，是公民。只有实现了民主，民主与科学、民主精神与科学精神才能真正融为一体——民主因为有科学，所以是真民主；科学因

---

① 参见翟振明：《价值理性的恢复》，《哲学研究》2002 年第 5 期。
② 翟振明：《价值理性的恢复》，《哲学研究》2002 年第 5 期。

为有民主，所以是真科学；真民主与真科学，才是真正的现代理性价值。而所谓新国民，就是内心深植着这种现代理性价值并能出生入死捍卫这种价值的公民。有了这种现代价值，国民必有新灵魂、新精神，前述所谓工具理性问题、超越传统问题，以及民族救亡图存问题、国家走向现代化问题，就有了解答的钥匙，有了真正一往无前的精神支撑力量。

为此，梁启超和陈独秀对"灵魂"、"灵魂不死"进行了新的诠释。梁启超以进化论解释灵魂，说每个人都有"小灵魂"，小灵魂要不朽，就必须归向民族"大灵魂"即民族精神，或人类"大灵魂"即人类精神，在遗传给子孙后代中获得永恒与升华。"人死而有不死者存而已。此不死之物……吾曰精神。"① 灵魂不死不再专指个人死后其灵魂继续存在，而是与家庭、群体、国家和社会相联系的人类生命延续和精神继承与超越。在反抗外侮的斗争中，"我"岿然不死，因为我与社会、群体，与国家、民族联为一体，只要我之家、之国、之群体、之世界不死，我就能在为家、为国、为世界的奋斗中获得永生，而不像过去那样，执着于忠、孝、仁、义而"死君事"。"若夫至今岿然不死者，我也；历千百年乃至千百劫而终不死者，我也。何以故？我有群体故。"② 陈独秀也认为，灵魂是绵延国家群体、贯穿民族终始、跨越时空的精神。"物质的自我扩大是子孙、民族、人类；精神的自我扩大是历史。各种历史都是全体生命大流底记录。我与非我一切有生命底现象，痕迹，都包含在这些记录里面。"③ 由此，前述"名"的内涵也发生了根本变化。人们对名的高扬，不再是传统的"金榜题名"、"从祀之名"、"节烈之名"等等，先秦思想家对不朽之名的追求（君子

---

① 梁启超：《余之死生观》，《饮冰室自由书》，商务印书馆1916年版，第142～147页。
② 梁启超：《余之死生观》，《饮冰室自由书》，商务印书馆1916年版，第154页。
③ 陈独秀：《自杀论》，戚谢美、邵祖德编：《陈独秀教育论著选》，人民教育出版社1995年版，第217页。

"死于义"、为后人"称述"之类）中的"义"、"称述"，在内容、取向上都发生了根本变化，转化成为祖国、民族和人民大义而献身的不朽之名。人过留名、雁过留声。人们对自己"名"（名声、名誉）的珍惜，对自己灵魂能否安宁的寄望，无不联系或顾及祖国和民族，顾及大众和子孙后代的评价。灵魂不死，开始摆脱传统社会迷信和宗教梦呓，转化为一种崇高的向往或创造，它之所以瑰丽而光辉，在于它不朽的爱祖国、爱民族、爱同胞的精神。"只有洞彻了死的含义，才能使自己不枉此生，活得更有价值和意义。"① 这种生死观，道出了死的辉煌和伟大，弥补和克服了一些中国人贪生怕死的心理，鼓舞了人们以"誓死不当亡国奴"、"不当汉奸"，为民族大义慷慨赴死的英雄气概。这种生死价值的确立，标志着对上古以来特别是秦汉以来传统生死观、人生价值追求的全面扬弃与超越，它使个体精神在人类、国家、民族、群体等大群体、大灵魂中复活，呼唤群体意识、强化国家观念，为悠悠中国近现代思想史特别是生死价值观增加了一道最光亮的风景线。② 从此，中国人才得以可能以超越传统的力量，不再把自己的命运寄托在专制政权（家国、家天下）旧制或鬼神上，逐渐确立起为祖国独立、民族解放不顾自己利害得失、蹈死如生的全新生死观和人生价值追求，以空前的责任心和自信心，满腔热忱地投身于艰苦卓绝的民族群体奋斗之流。

上述民主精神和科学精神，以及对传统生死观的扬弃与超越，使春秋战国时期中国生死观、人生价值追求跨越秦汉以后两千多年被逐步窒息的时空，再以现代全新的超越内涵——与国家和民族生存与发展相联系的忧患意识、尚武精神和战斗精神，再次复活起来，释放出来。它展示了近现代中国社会与军事迈向现代化的刚健脚步，展示了

---

① 魏义霞：《死亡哲学：灵魂不死的历史追溯与深层思考》，《北方论丛》1998 年第 3 期。

② 参见魏义霞：《死亡哲学：灵魂不死的历史追溯与深层思考》，《北方论丛》1998 年第 3 期。

中华民族刚健有为、自强不息的伟大民族精神，也展示了中国国民精神建基于现代理性的人生价值取向的升华。它是一种"天行健，君子以自强不息"的不懈进取精神，是一种"地势坤，君子以厚德载物"的开放包容精神，① 是一种甚至提出"杀己以存天下"② 战斗精神，是一个伟大民族永恒的生机与活力。把这种精神与活力展开来，就是：

第一，永不失去忧患意识。中华民族自古以来就有着"居安思危"的忧患意识。如前，传统生死观特别强调忧患意识，所谓"乐民之乐者，民亦乐其乐；忧民之忧者，民亦忧其忧"，③"身在江海之上，心居乎魏阙之下"；④ 身处变世而心忧天下，"天下兴亡，匹夫有责"，⑤ 无不体现出深深的忧患意识。正是这种忧患意识，这种强烈的爱国精神，使中华民族历经盛衰磨难，始终屹立于世界民族之林。因为爱国才会为国家忧患，因为爱民才会为百姓忧患。就人生价值观而言，为生活、事业、感情等而忧，是人之常情，谓常人之忧；立世坦坦荡荡，行事光明磊落，关心他人、胸怀天下，"先天下之忧而忧"，此谓常人之忧向国家之忧、民族之忧、天下之忧的升华。在现代生死观、人生价值取向视野下，国家之忧是"大忧"，常人之忧亦非"小忧"。一个国家或民族，把个人、民众之忧视为大者，国之忧才能有人民为之忧。把人生奋斗目标契合到所服务对象的诉求、需要之中，这样才会"忧"到"点子"上，才能"忧"有所值、"忧"而有为。忧患对于一个人来说可以使其保持清醒，始终不骄不躁；对于一支军队来说可以使它始终绷紧战备这根弦，保持旺盛的战斗意志。军队现代化建设也要有忧患意识，天下虽安，忘战必危，这永远是一种宝贵的清醒。战

---

① 《易传·坤卦·象辞》。
② 《墨子·大取》。
③ 《孟子·梁惠王下》。
④ 《庄子·让王》。
⑤ 顾炎武：《日知录·正始》。

争成败涉及国家存亡、民族的兴衰。一个历经辉煌与磨难，但是却常忘战的国家，是没有前途的国家。居安不思危，安必不能长久，危则随时可能袭来；居安不思危，是对惨痛历史教训的遗忘，是对严峻现实形势的漠视，其本身就是一种危。生于忧患，死于安乐——前人的危言如黄钟大吕，始终提示着为国家、为民族履行义务的国民人生价值和军人奉献牺牲价值。

"人无远虑，必有近忧。"的确，改革开放以来，现代化建设成就巨大，来自各方的赞扬、叫好声不绝于耳。特别是，许多人看了国庆大阅兵以后，深受鼓舞，觉得军队武器装备已经现代化了。其实，我军距发达国家军事力量仍然有明显的代差，绝不能把现代化建设"回升向好"的趋势等同于根本好转。不能沉溺于所谓"盛世心态"，而淡薄了危机感和忧患意识。"皮之不存，毛将焉附？"面对我国新的安全形势，我们有一百条居安思危的理由，却没有一个安享太平的借口。基于历史的伤痛，许多人对落后就要挨打有深刻的认识，但对崛起必遭遏制却思想准备不足；基于现实的经验，许多人对发展才能安全有切身的体会，但对伴随持续高速发展而来的新安全挑战却思想准备不足。无数事实昭示国人，富国不能不思虑强军，强军是富国的必然选择。从这个意义上说，每一个国民、每一个军人的人生价值，就体现在推进中国富国强军的征程中，体现在推进中国军事现代化的进程中。

第二，永不泯灭尚武精神。尚武精神是什么？它意味着对综合国力、军事实力和军人精神的自觉追求，意味着与敌人战斗中表现出的意志与勇气，意味着那种"损我王威、虽远必伐"的自信、成熟和健全的民族精神。它是自励图强、行健不息的现代民族精神的集中体现，是积极果敢、有原则、有坚持、不苟且、不委琐的生活态度和人生价值取向。当年，慷慨豪迈的秦腔出自"耕—战"结合的秦人，尚武的勇悍早已深入了他们的骨髓，秦人连在饮酒唱歌时都高唱那首《无衣歌》："岂曰无衣？与子同袍。王于兴师，修我戈矛，与子同仇！岂曰无衣？与子同泽。王于兴师，修我矛戟，与子偕作！岂曰无衣？与子同裳。王于兴师，修我甲兵，与子偕行！"[1] 这是秦国的"义勇军进行曲"。这是一种多么伟大的生死观、人生价值观！它充实于人——作为国民，他们重朋友、重道义、重名誉、重诺言，轻生死、淡功名、有血性、有个性，除暴安良、扶危济困、急人所难，行侠仗义。它充实于人——作为军人，以国家为重，有损于国家者刻不能忍；他们在保卫国家安全中，有损于国家主权者以死生之争，不畏强暴；他们苟杀其身而有益于国家者，必趋死而无畏；他们爱自己的国家，忠于职责，坚守岗位，国家的利益、民族的大义高于生命，当使命不能完成，国家遇到危难的时候，宁肯牺牲自己生命，来挽救国家的命运。

如前，汉代以后在传统生死观转型、质变中，中国尚武精神逐渐弱化，先前知武、主张"足兵"的孔子，在身后千百年中，竟成了其门徒"去兵"的文化始作俑者；先前曾留下"风萧萧兮易水寒，壮士一去兮不复还"壮丽悲歌的武士阶层，在传统社会后期也一度成为绝响。春秋战国时代的"好兵"传统没有在历史上延续下来，天下自愿为原来共同体——国家当兵打仗的人逐渐消失，爱国主义失去了依托。使传统文化变成了"一个完全消极的文化，主要的特征就是没有真正的兵"，故可为"无兵的文化"。[2] 缘何呈无兵文化？梁漱溟回答："所谓无兵者，不是没有兵，是指在此社会中无其确当安排之谓。"[3] 这种状况，直接造成了中西方军事发展与近代化的大分流，成为中国日益积弱，近代以后屡受西方列强欺凌、宰割的重要原因。近代从以半部《论语》治天下转化为以利器立国、以自强保社稷，可以视为在新时代、

---

① 《秦风·无衣》。

② 雷海宗、林同济：《中国文化与中国的兵》，商务印书馆2001年版，第94页。

③ 梁漱溟：《学术论著自选集》，北京师范学院出版社1992年版，第329页。

在更高文化层面上，对先秦法家事功精神、儒学事功思想成分的继承和发扬，是对两千五百多年前洋溢着"酒神型"气质的尚武精神的继承和展现。历史表明，现实是残酷的。有传统文人的君子之风，在与强盗对话时，也是要以实力为基础的。在遭遇西方列强的强盗逻辑时，即便最有气节的文人"死"也难成其"义"，难成其"仁"，反而成了历史代价。在一个以竞逐富强为主调发展起来的世界中，中华民族的文化包括其人生价值观，再也不可无兵、无尚武精神。人们好讲传统中国以德服人，以柔克刚，有容乃大。但事实告诉我们，离开强大国力尤其是军事力，"柔"克不了刚，"容"也不会大。今天，人们关于尚武的看法，许多来自于传统生死价值观的影响，对此，我们应当有选择，有扬弃，有继承，有发展。毛主席深知尚武精神的重要，他领导中国抗日、战美国、反击印度侵扰，从被欺凌到扬眉吐气，在一片瓦砾中"战一站"起来的新中国，令全世界侧目。正是尚武精神，推动民族凝聚力空前提高，造就了这一切辉煌奇迹。白驹过隙，新中国成立 60 多年弹指一挥间。改革开放以来，在国外尚武精神长盛不衰的同时，中国却因长期的和平环境尚武精神有所弱化，一些人沉溺于"和合"之音，或沉溺于游戏主义。新中国成立后，我军打了几次边境局部战争，而现在一些人对当年那些为国捐躯、立过功和参战人员，却缺少起码的尊意。先人"犯我强汉者虽远必诛"①的豪情，今天却成了微弱的声音。当年，毛泽东曾告诫一些外国人，不要用中国文化讲和谐的观念和他打交道，因为现代中国人和西方人一样，也是讲斗争的。②和谐与斗争、尚和与尚武是辩证的。尚武不是好勇斗狠，不是恃强凌弱，不是时下的狭隘民族主义、民粹主义，也不是粗陋的武夫主义、阴毒的军国主义，而是与"文"、与"和"相济、文武并举的人生

① 《汉书·陈汤传》。
② 参见夜食鹰：《中国近代史的"百年耻辱"与"尚武精神"》，"乌有之乡"网点（http://www.wyzxsx.com），2009 年 12 月 19 日。

智慧和政治智慧。在相对和平时代对尚武精神的保留，是对我们民族生命力的保留。有尚武精神的民族并非总是要通过战争解决争端，并不总是偏好战争，只是把它当成迫不得已的最后选择。

第三，永不丧失战斗精神。在对待生与死、利与义、人生价值问题上，传统生死观在特别坚持尚道崇德、宽容大度、修身为本、注意和谐的仁政理想，也强调舍生取义、见义勇为、死而后已的尚义精神。尚义精神，在其初成的春秋战国时期是与民族尚武精神相伴随的。这种精神千百年在中国人中薪火相传，深深影响了古代中国，也深深影响着现代中国。尽管传统文化赖以产生的土壤已经弱化或消失，但它却仍能顽强地沉淀于民族生命基因中，留存于人们的日常生活世界里。我们平时看不到它存在，而一旦本民族面临重大的历史转折和抉择时，这种民族精神就会再现出来，展现出巨大的历史力量。在近现代史上，这种力量既体现在人民革命战争中，也体现在新中国成立后中国人民建设现代化、推进军事现代化的伟大实践中。它是北伐战争中打倒列强与军阀的战斗精神，是红色苏区不屈不挠的艰苦斗争精神，是红军二万五千里长征中战胜一切艰难险阻的一往无前精神，是抗日战争中全民族的空前凝聚精神，是解放战争中为人民解放不怕流血牺牲的战斗精神，是向大西南、大西北进军中的顽强拼搏精神，是抗美援朝战争中不畏强敌的保家卫国精神……这些精神再现了传统文化特别是其生死观的积极方面，是我们民族在几千年历史中历经磨难而能巍然屹立的重要精神资源，[①] 也是培育军人战斗精神的珍贵精神资源。

战斗精神是一种战略要素。作为战争中最重要的精神力量之一，战斗精神是战争力量对抗的精神标志，从某种意义上说也可以理解为军人的职业精神。一支军队只有以昂扬的斗志为支撑，才能具有强大持久的战斗力，并成就一番伟大的事业。作为军队的核心精神面貌和

---

① 参见郭鲁兵：《儒家的生死观论析》，《湖南师范大学社会科学学报》2008 年第 6 期。

气质特征，战斗精神是在敌我对抗中动员起来的一切思想、情感、意志、决心、信心、作风、气节等精神因素的凝结和升华。培育战斗精神是部队建设的永恒主题。培养战斗精神的一个重要方面，就是防止传统生死观消极因素对部队战斗精神的影响。如，道德是传统文化的核心内容，然而某些道德价值如果不加科学分析，就不利于官兵战斗精神的培育。我军的根本宗旨，决定着人民军队必须把为维护祖国安全统一，为维护国家发展战略机遇期和国家利益作为根本目的。如果不把兵练精练强，就实现不了这一目的。军人并不是生来好战，和平同样是军人最大的愿望和追求。但是，当有人蓄意破坏和平挑起战争时，军人就应毫不迟疑地与之战斗，还要做到战则必胜。唯其如此，才尽到职责、不辱使命。文有文德，武有武德。军人没有勇敢的战斗精神，就无法作战。防止消极传统文化对战斗精神的影响和侵蚀，重要的是认清什么是优良传统文化、什么是消极传统文化，引导官兵汲取优良传统文化精髓，剔除消极传统文化糟粕。要通过培养正确的世界观、人生观、价值观抵制消极传统文化对官兵的不良影响，使官兵始终保持昂扬的精神状态和旺盛的战斗精神。

总而言之，作为民族，不应是一个缺乏尚武精神的民族；作为军队，不应是一支缺战斗精神的军队；作为国民，不能忘记自己对国家应当负起的义务；作为军人，不能忘记自己应当履行的职责。民族不是庸众的累加，而是无数个性鲜明国民的凝聚。他们作为"在寂寞里奔驰的猛士"，[1]"敢于直面惨淡的人生，敢于正视淋漓的鲜血"，[2] 敢于冲破一切传统成见的禁锢，以自己健全的人格和进取精神"担干系，负责任"，[3] 在实现中华民族伟大复兴、推进国家和军队现代化的历史进程中，创造和成就着自己光辉的生命价值。

---

[1] 《鲁迅全集》第 1 卷，人民文学出版社 1981 年版，第 130、419 页。

[2] 《鲁迅全集》第 3 卷，人民文学出版社 1981 年版，第 274 页。

[3] 《胡适文存》第一集，黄山书社 1996 年版，第 466 页。

第三部分

中国军事现代化的传统
文化资源反思与整合

　　通过前述关于传统国家观、安全观、生死观的分析，我们进一步认识到，对中国大传统文化、小传统文化以及它们包含的优秀文化成分的反思，是发掘、整合中国军事现代化传统文化资源的重要前提。这种反思，就是要发现被传统文化旧体系、旧形态、消极思想要素制约、束缚的积极因素和优秀民族精神。只有推进文化现代化，才能克服传统文化体系约束，把传统文化改铸成有价值的文化成分，释放出优秀文化资源，从而对推进军事现代化奠定坚实的文化基础。

　　反思、批判、扬弃和改铸传统文化，推进中国文化现代化，只是释放传统文化正面价值的文化前提和宏观举措。要真正具体地发掘传统文化优秀成分，继承和弘扬民族精神，还必须对其进行一系列整合。这种整合，既包括体系整合，也包括要素整合，是一项极其复杂而艰难的工作，需要具备一系列社会条件，主要是经济条件和政治条件。只有在有效整合传统文化资源，使其中包含的积极思想要素、优秀民族精神整合、延伸到军事领域，才能使之真正发挥推进军事现代化的正面作用。

本部分包括第六章和第七章。其中，第六章，主要是围绕中国文化的现代转型，对传统文化进行全面反思，研究文化现代化对释放传统文化推进军事现代化正面价值的重要意义。通过总结历史经验和教训，提出整合传统文化的两个并行不悖的方向——马克思主义和当代国学，并把国学定位于中国的"新教伦理"，以区别于传统旧学。第七章主要探讨传统文化资源整合问题，提出传统文化资源的体系整合与要素整合，探讨文化整合实现的社会经济、政治条件，以及传统文化资源整合向军事领域延伸问题。最后指出，只有通过社会经济、政治和军事领域的一系列建构，才能在推进中国军事现代化进程中，形成充分发挥优秀传统文化资源作用的正向联运机制与途径。

第六章
全面反思中国军事现代化的
传统文化资源

前面，我们分析了中国传统国家观、安全观、生死观，及其对中国军事现代化的重要影响。通过分析，我们进一步认识到，文化反思是发掘传统文化资源的重要前提。推进中国军事现代化必须考虑传统文化的影响问题，必须对中国大传统文化、小传统文化及其对军事现代化的资源意义进行全面反思。

一、大传统和小传统文化反思

当代中国军事现代化，必须奠基于传统文化的内在自我超越之上。而传统文化的超越，只有借助克服其思想糟粕的消极作用，发挥其优秀思想成分的积极作用才能实现。这就要求我们，深入反思中国大传统文化、小传统文化，认清传统文化中究竟哪些是积极的思想要素，哪些是消极的思想要素，它们在今天以什么状态存在并发生影响？这是发掘、释放与整合传统文化资源的重要前提。

（一）关于大传统文化体系的反思

如前所述，传统文化特别是儒家文化作用于现实的基本途径，就是使那些集道统、王统与族统于一身的儒士"当官—成仕"，以实现"内圣外王"的道德与政治价值。这种设计通过"以师为吏"特别是"科举取仕"，以传统知识分子"顺畅向上流动"的方式，使他们不再有犯上作乱的心思，有效扩大了王政基础。因此，以儒学为代表的大传统主流文化体系，不论是其天人观、国家观，还是安全观、生死观等，在性质上都是适应维护集权君主专制秩序需要的文化体系。它所包含的一切优秀成分，都被框定、窒息在这个体系中，都被这个体系中的一系列有利于王统、族统、道统等思想要素限制和约束着，这是由传统文化所谓"内圣外王"的政治伦理设计决定了的。

在传统中国，"内圣外王"是儒、道、法家共同的政治与人伦理念。在这一点上，在催生君主专制方面，儒家与法家有许多共同语言。但是，道家对内圣外王内涵的诠释，却与儒家大相径庭。

众所周知，儒家的"内圣"是内求于己，通过潜心加强道德修养，将内在于主体心理结构中的善凝聚起来，建构正确的人生价值信念，完成内在的精神超越，成为仁人君子或圣王；"外王"是外用于世，在内圣基础上通过实践，将自我人格力量外化于世俗社会的价值创造中，尽职尽责于社会，治国安邦，创造出"立德、立功、立言"之三个不朽价值。从"内圣"到"外王"，似乎是顺理成章的道理。不难看出，这套设计的基本前提，就是"人性善"。没有孔子的"人性善"，就没有《孟子·公孙丑上》的人皆有"恻隐之心"等"四端"——人人共有善端，也就没有"明明德"、"亲民"和"止于至善"。[①] 这种善

---

① 《礼记·大学》。

的序列，由内而外，分别是格物、致知、诚意、正心、修身、齐家、治国、平天下，呈现出一种完美的圆融：要管理好国家，以德配天的王者及其品学兼优的臣属，都须是至善的实践者，是天下苍生福祉的寄托，进德修业，服务大众，践履富贵不淫、贫贱不移、威武不屈等舍生取义操行，落实民贵君轻的理念，以王与仕行仁政的行政干预实现天下和谐与"万国咸宁"。① 如此，君主也好，官员也罢，基本的人性前提都是"善"。正因如此，孔子才将"圣"与"王"合用，认为圣者就是体道行德、博施济众的道德楷模与政治领袖。其后学即便是主张"人性恶"的荀子，也进一步发挥说："圣也者，尽伦者也；王也者，尽制者也；两者尽，足以为天下极矣。"② 董仲舒、朱熹等后儒，更是沿着这框架下继续前行。虽各有侧重和发挥，但在施行仁政、以仁至王的理路上则始终一致。③ 他们坚信，神州万众"皆可成尧舜"，人们生死和为之奋斗的一切，都将在人性善的太阳照耀下，在苦其心志、临大节而不夺的生命里程中，由内圣而外王，放射出"止于至善"的灿烂光辉。

　　然而，考诸本始于道家的"内圣外王"词源，就会发现一个问题，就是《庄子·天下》言"圣有所生，王有所成，皆原于一。"其内涵，与儒家"推己及人"的仁政方略截然相反：其言"内圣"、"'圣'若'王'"，竟然是老子的"绝圣"！ ④《庄子·徐无鬼》说："仁义，几且伪哉。""悬企仁义"的"圣人"，实指废大道、生大伪、毁道德的罪人！老子言"绝圣弃智"，理由是在现实社会生活层面，人性"私"与"无私"并无道德批判价值，二者在抽象意义上性质是一样的，都是人的本性或天

---

① 《易经·乾卦》的《象》辞。

② 《荀子·解蔽》。

③ 参见陈祖怀：《先秦儒道"内圣外王"说会议》，《史林》2008 年第 6 期。

④ 参见《张舜徽集·周秦道论发微·史学三书平议》，华中师范大学出版社 2005 年版，第 61 ~ 62 页；傅佩荣：《读解庄子》，上海三联书店 2007 年版，第 389 页。

性，就像水往低处流，生生死死，都不违背这种天性。违背了天性，人生价值便会陷入"大伪"。只有顺应天性，使人们完成自身的本性，才是人间大道。当年孔子问道于老子，老子请他述其要旨，"孔子曰：'要在仁义。'老聃曰：'请问：仁义，人之性邪？'孔子曰：'然。君子不仁，则不成；不义，则不生。仁义，真人之性也……'老聃曰：'请问：何为仁义？'孔子曰：'中心物恺，兼爱无私，此仁义之情也。'老聃曰：'意！几乎后言！夫兼爱，不迂迂乎？无私焉，乃私也。……夫子乱人之性也！'"老子的意思是，现实中不存在真正的"无私"，或可举出若干"无私"之例，但这并不避免更大的"私"，所以"圣人不死，大盗不止。"① 老子确认，孔子的"人性善"以"修己"为起点，却是以"人治"——行政干预之"有为"为终点。老子似乎已经看到了从儒家"内圣"到"外王"的疑难：

第一，什么是"善"？这是一个辩证的、形而上的问题，它可以思辨而不容易操作，所以更多是属于"道德评价"领域的问题。而儒家以"善"为内圣外王的初始前提，实际上是为一个（群）自以为秉持"善道"的人越出道德领域，进入政治领域——掌权——僭越为"善"的化身，并以权力推行这种"善"，铺垫平了理论依据。"行善"是无需受到限制的。因此，推行这种"善"的掌权者也不应受到限制，他（们）可以凭借手中权力不受限制地"推己及人"、"推恩及于四海"。这样，把辩证的形而上道德评价，归入操作性极强的、形而下政治操作，必然导致不受限制的行政干预——"人治"。

第二，"善的评价"何以过渡到"善的操作"？在道德评价这个形而上领域里，人们可以围绕"善"的问题展开多元争论。你的看法或取向，我（他）可接受，也可不接受，双（各）方彼此都是"软约束"，谁也没有权力扼杀对方的发言权或价值选择。这个领域的特点是通过

---

① 《庄子·天道》；《庄子·月去箧》。

对话与争鸣，追求共识或精神超越。然而，一旦进入政治操作领域，性质就变了。按照儒家人治观，那些自以为（或自称）秉持善道的人，均应握有"硬约束"权利。在这种情况下，"道德—善"的权重是一元的，其"真理性"单向度地倾向于掌权者，尽管掌权者秉持的"善"实际上也可能是"恶"，但其一旦"认定"对方的价值追求是"恶"（实际上也可能是"善"），就有权力也有能力生杀予夺，以"善的名义"侵犯、扼杀对方的一切哪怕实际上是"善"的权利。

　　古今中外，行政干预、硬约束都是政治一元操作的本性。儒家以人性善为前提的内圣外王设计，实际上赋予了"内圣"（道德）者，以"外王"（政治）的方式，不受限制地操作（执行）"善"的治权。这就意味着，内圣——具有形而上（内在道德超越）性，与外王——具有形而下（外在实际操作）性之间，无法启示抵御硬约束的权力制衡机制，因而无法限制掌权者"一元道德滥用"，埋下了权力滥用、扼杀"多元道德评价"的种子，即道德与政治不分彼此结合（政教合一）的内在悖论：从善出发，收获的是恶。老子显然看到了这一点，看到了儒家内圣外王说的局限，故提出，人性皆出"自然"，无所谓善与恶；善与不善是辩证的存在："道者，万物之奥，善人之宝，不善人之所保。"天下"皆知善之为善，斯不善矣"。[1] 人们强调某一面，往往遮蔽另一面。由此，道家反对阳示某种"美好"、阴藏不良目的的种种刻意，力倡"绝圣弃智，民利百倍"，"天下之善人也少，而不善人多，则圣人之利天下也少，而害天下也多"。[2] 王之大德在于"无为"，"法天性"、"法自然"，给百姓各就天性的空间和舞台，即"圣人处无为之事，行不言之教"，[3]"我无为而民自化"。[4] 确立善，必起步于正

---

① 《道德经》第 62 章；《道德经》第 2 章。

② 《庄子·月去箧》。

③ 《道德经》第 2 章。

④ 《庄子·让王》。

视恶。"反者道之动","天之道,利而不害。圣人之道,为而不争"。像"水之德","道之在天下,犹川谷之于江海",① 百姓如江河源头之涓涓细流,都有各自的出发点,有各自的进取路径与发挥空间,他们自由奔涌,在实现自己最大理想时融入大江大河的更大利益走向。"最低下的地方是大江大海,那便是王者之所在。"② 因此,与儒家不同,道家的内圣外王,要求祛除王政意志干预,防止"一人之断制利天下",力避扼杀民众自由、自主和自为等生命价值,其立意比儒家深刻得多。由此,《庄子·达生》说:"从水之道,而无私焉。"这种"法自然"的立意,让人性价值追求中的隐秘力量摊开到阳光下运作,明显比儒家更接近于未来触及实施法制的问题。

然而,历史没有提供道家输入法家制度建构因子的机缘。西汉罢黜百家,独尊儒术,最终使内圣外王走上了"援法入儒",而不是"援法入道"之路。这样的制度建构只是在两千年后,在西方世界才得以生发出来。秦汉以后的中国,一方面道家消极地隐入"世外"旷野,成为千年"孤灵",成为补充儒家"入世价值"的"出世价值"。另一方面,汉、宋以至于清,儒家"仁政"成为内圣外王的旗帜。在儒家看来,仁政是人民对"王"与"仕"的诉求,但历史却表明,这种基于人性善的诉求,在几千年政治操作实践中,始终没有开出呈现志士仁人内圣外王价值的花朵。这是一道横在儒家生死观、人生价值追求实践面前的历史性难题。虽然当年孔子号召后儒"天下有道则见,无道则隐",在有道时代"学而优则仕",在"道不行"时则"乘桴浮于海。"③《孟子·尽心上》也用"穷则独善其身,达则兼济天下",来补充儒家的入仕执政观。但是,当以师为吏、科举取仕制度确立以后,"孔圣人"与其"学而优则仕"的内圣外王学

① 《道德经》第81章;《道德经》第81章;《道德经》第8章;《道德经》第32章。
② 陈祖怀:《先秦儒道"内圣外王"说会议》,《史林》2008年第6期。
③ 《论语·子张》;《论语·泰伯》;《论语·公治长》。

说被高高祭起，王统、族统、道统全面合流，后儒为了"成仕"，再也无心关照先师"无道则隐"的教诲，对内圣与外王之间的价值断裂视而不见、讳莫如深，纷纷奋不顾身地投入到追逐功名利禄的历史洪流中。从这个时代开始，先秦思想家们（包括孔孟）那些无限丰富的精神想像，他们所寄望的"大同"理想社会，他们所创造的一系列忠、孝、仁、义、礼、智、信，以及民本、至善、中正、和谐等思想意向，都日甚一日地窒息在君主专制王政学说体系——西汉董仲舒的经学体系、宋代的程朱更深体系之中，无可挽回地被扭曲变形，走向自身的反面。

（二）关于小传统文化生活的反思

中国传统社会结构不是一般的社会结构。其"原型"是 5000 年前形成的以农耕经济为基础的宗法专制结构，费孝通称为"乡土社会结构"。① 同样，亦如前述，中国传统文化也不是一个单面的板结块，而是有层级差别的，表现为大传统与小传统的双重结构。如果说传统文化的"大传统"指历史上经过思想家加工定型了的、为统治者所倡导的、作为社会主流的思想文化，那么，"小传统"则指作为潜意识而在民间日常生活中流行的社会心理和风俗习惯。从历史发展的一般进程看，日常生活世界最初是人类社会的原生态，而所谓"上流"的非日常生活世界，则是人类社会的次生形态，它是从日常到非日常逐渐建构发达起来的。而那个"源本"的日常生活世界则逐渐作为人类社会和历史的潜基础结构，退隐为人们生于其中而又常常察觉不到的"背景世界"。同时，这个背景世界也是不断生成着的，它也由一

---

① 参见周运清：《中国农耕经济变革与乡土社会结构转型的推进——中国社会结构的原型与演化》，《社会科学研究》1999 年第 5 期。

切后世历史传统沉降、积淀而构成着，并不断成为"显在世界"的底色或底蕴。与上述一般进程相比较，中国小传统世界的特殊性与生命力更加鲜明：中国小传统一开始就处于与大传统的"同构"中，表现为家（血缘）与国（政治）同构、小传统文化与大传统文化同构，传统自然农耕社会的经济根基和文化基因，以一种农业文明特有的"成熟"方式，一直从容地持续生存、延续着。"虽然中国社会的非日常的社会生活和精神生活已经相当发达，但在非日常生活领域的运行机制中，处处活跃着日常生活世界的自在的文化模式。这是我们理解中国问题时不可回避的事实。"①

作为中国社会结构灵魂的儒家大传统文化，通过师范教育、官方意志和国民素质等因素，不断向民间小传统宗族文化渗透。两者互为表里，相互推动，形成了"儒教设教"这种特殊的"神道设教"信仰生活形态，生成了小传统生活的独特逻辑：一是"适应"逻辑。韦伯指出，从文化精神差异看，新教伦理和儒教精神的根本区别在于，"儒教理性主义意味着理性地适应世界；清教理性主义则意味着理性地把握世界。"② 二是"群体"逻辑。民间儒教基于对群体秩序（"合群"）意义的认识，强调群体原则。从汉至宋，儒教群体原则日益导向整体主义，强调个体对群体秩序及其代表——君主的服从，贬斥和抹煞个体独立的价值。③ 三是"循环"逻辑。黑格尔说："东方观念的光荣在于'唯一的个人'一个实体，一切皆隶属于它，以致任何其他个人都没有单独的存在"。④"一方面是持久、稳定——可以称为仅仅属于空间的国家——成为非历史的历史……。因为它只是重复着那终古相同的庄严的

---

① 参见衣俊卿：《论中国现代化的文化阻滞力》，《学术月刊》2006 年第 1 期。

② 马克斯·韦伯：《儒教与道教》，商务印书馆 1995 年版，第 300、35、293 页。

③ 参见刘晓虹：《从群体原则到整体主义——中国传统价值体系中的群己观探析》，《国学研究》2002 年第 4 期。

④ 何兆武等主编：《中国印象》（上册），广西师范大学出版社 2001 年版，第 178 页。

毁灭。"①中国君主专制社会长期徘徊在农业历史的原点上，几千年没有质的飞跃，只是在原有体系框架下演进和完善，并没有像西方那样靠自身的力量实现向工业文明"内在超越"。这与鲁迅指认整个中国历史，只是在"想做奴隶而不得"和"暂时做稳了奴隶"的时代中循环②的思想是一致的，也与斯宾格勒关于农民"无历史"的断言一致。③它使中国处于一种特殊的静态中。仓父、李大钊等人持中国文化"主静"论，雷海宗也说："秦汉以上的中国——动的中国……秦汉以下的中国——比较静止的中国"。④这种"静"在传统社会早期没有充分显露其惰性，看上去反而很安然。但是，它却在无形之中强化了中国人的人格依附性，传统社会被拉长。它历经内外变乱仍能"自我修复"，除了以分散的小农经济和宗法制度作基础外，以普遍天理为核心的王（权）朝（天下）观及其整体主义价值体系，无疑提供了有力的支持。⑤到了传统社会后期尤其到了近代，它对中国社会从传统向现代转型，对中国追赶世界先进水平，则形成了极大的后拉力。

上述独特的社会运转逻辑，使传统文化负效应的释放呈现出一种顽固性：它不只来自于上层统治集团的支持与利用，也不会因上层统治集团被推翻而自动消失，更重要的还在于，它来自久远历史的惯性，深植于广大民众的日常生活世界之中。"19 世纪之前使得中国如此伟大的东西，恰恰被证明也就是后来严重地阻碍着中国实现现代化转换的东西"，⑥由于传统文化昔日的辉煌，使它深深扎根在自给自

---

① 何兆武等主编：《中国印象》（上册），广西师范大学出版社 2001 年版，第 179 页。着重号系引者所加。

② 《坟·灯下漫笔》，人民文学出版社 1980 年版，第 207 页。

③ 斯宾格勒：《西方的没落》上卷，商务印书馆 1995 年版，第 198 页。

④ 雷海宗：《中国文化与中国的兵》，商务印书馆 2001 年版，第 1 页。

⑤ 参见刘晓虹：《从群体原则到整体主义——中国传统价值体系中的群己观探析》，《国学研究》2002 年第 4 期。

⑥ G·罗兹曼主编：《中国的现代化》，江苏人民出版社 1988 年版，第 669 页。

足的小农经济土壤中绵延两千余年，如果不经过总体性的、异质性的改造与创新，它就只能适应血缘、宗法式的小农经济。斯宾格勒认为："区别市镇和乡村的不是大小而是一种心灵的存在"。农业是一种自然的生存方式，一种自然的文化。"种植的意思不是要去取得一些东西，而是要去生产一些东西。但是由于这种关系，人自己变成了植物——即变成了农民。"他的心灵"生根在他所照料的土地上"。① 因此，衣俊卿指出："有农本社会就必然有'乡村心灵'。从社会转型期传统文化模式的反弹，不难看到传统日常生活世界的自在自发的文化图式的强大生命力，不难看到经验性和人情化的日常文化模式对于个体生存和社会公共生活的深刻影响和制约。"② 尽管近代以来政治、经济现代化的挫折和王朝没落早已使依附于王权的儒家学说名誉扫地，尽管人类已经进入信息化和全球化时代，尽管现代理性文化前所未有地渗透并推进着现代中国城市文化，但是，依旧可以在现实生活中处处"看到乡村心灵的活力，看到传统日常生活世界的经验文化和人情文化图式的生命力，看到表层的城市文化与深层的乡村文化的奇特结合。"③ 从这个意义上说，中国传统文化的确可以构成一个"世界之谜"：它可以历经磨难而在无数世代炎黄子孙的血脉中流淌，不仅对外来的异样文化有从容不迫的"同化力"，并且对"它的代代子民"形成"难以抗拒的魅力，而且似乎历史愈久远，它的子民愈年长愈成熟，它的魅力就愈大。我们常常看到严复、梁启超、胡适们从年轻的、血气方刚的、批判的文化激进主义者，变成有阅历的、雍容的、平和的文化保守主义者。"④ 难怪雅斯贝尔斯说："中国和印度总是在延续它们自己的过去时存活"。⑤

---

① 斯宾格勒：《西方的没落》上卷，商务印书馆1995年版，第198页。
② 衣俊卿：《论中国现代化的文化阻滞力》，《学术月刊》2006年第1期。
③ 衣俊卿：《论中国现代化的文化阻滞力》，《学术月刊》2006年第1期。
④ 衣俊卿：《论中国现代化的文化阻滞力》，《学术月刊》2006年第1期。
⑤ 雅斯贝尔斯：《历史的起源和目标》，华夏出版社1989年版，第71页。

不论是革命战争年代，还是改革开放时期，随便在什么地方，都不难看到现代生活条件下传统文化负面因素在各种生活领域复活与反弹的现象。不仅现代城市依旧保持着乡村心灵，村庄还"唱着过去的歌谣"，而且，更为严重的是，反复出现的传统反弹，[①] 对中国社会与军事走向现代化形成了强大阻滞力量。

从另一方面看，在传统中国的漫长历史发展中，特别的农业经济、政治和文化发展状态，特殊的经济剥削、政治压迫和文化控制——特殊的严酷现实，不单单是形成了上述保守、封闭的惰性逻辑和"乡村心灵"，与此相反，同时也以极其特殊的方式"锻造"了中国人的忍耐力、抗压力、适应力，正如大传统文化中包含着主张道德优先、推崇忠孝礼义、倡导以德感人、标榜取义舍利、追求德治和谐等等一样，民间小传统文化中也形成并积淀了一系列优秀传统，如勤劳、节俭、淳朴、坚韧、宽容、和善、互助、友爱、诚实、守信，等等。但是，问题在于，这些优秀的文化成分和人格品质，在现实层面处于什么状态？为什么每一次朝代轮回之后，天下家国的发展总是缺乏一种持久的动力和一贯的进取精神，社会民众意志消退，睿智的领袖也后继乏人？为什么安于现状、墨守成规、趋向守成、道德沦丧、日益昏暗、风气败坏总会后来居上？为什么社会思想总是由开拓进取逐渐转向"持盈保泰"，社会风气由奋发有为逐渐转向享受升平，先哲一再告诫的"安不忘危"等忧患意识逐渐转向歌舞升平？途径总是最后都走向自高自大、掩盖矛盾、粉饰繁华，纵情于声色犬马，以致造成"渔阳鼙鼓动地来，惊破霓裳羽衣曲"[②] 的悲惨结局？[③] 答案很简单，就是这些留存于中国人生存与发展历史中的优秀成分，总是约束

---

① 参见衣俊卿：《论中国现代化的文化阻滞力》，《学术月刊》2006 年第 1 期。

② 白居易：《长恨歌》。

③ 参见姚有志、李元鹏、钟少异：《缘何盛极而衰？——中国历史上三大盛世的理性审视》，《军事历史》2004 年第 3 期。

在那个时代的小农经济形态及其社会结构之内、受控于建立在此种经济基础上的集权君主专制体制之下、窒息于与这种经济和政治相契合的大小传统总体文化生态之中。由于这种经济、政治、文化的持续作用，特别是由于传统文化生态具有相对独立传承的"集体强制性"，[①]因而总是使那些优秀的传统价值和人格品质陷于弱化或泯灭。

（三）关于传统文化优秀成分的反思

由上可见，第一，中国传统文化——不论是大传统文化，还是小传统文化，都包含着许多优秀的成分；第二，这些优秀成分均被大传统文化体系和小传统文化土壤包裹、制约着，优秀成分正面作用释放是有约束、有限度的，历史上总是时断时续，时起时伏，时显时隐。这种情况，从前述传统国家、安全观、人生观基本内涵、取向等，由先秦到汉以后，由西汉到晚清，再到近现代的历史变化，都可以十分清楚地呈现出来。

从中国历史发展看，传统文化体系以及与此相联系的小传统文化形态，毫无疑问"是封建文化，但又不完全等同于封建文化，其中包含着大量值得批判吸收的优秀成分。"[②]这些优秀成分或者如人们所说的"中华民族精神"，有人认为是爱国主义，自强不息，崇尚道德，求是务实，宽容大度；[③]有人认为是尚贤便能，民为邦本，仁政理想，隆礼重法，节用裕民，修身为本；[④]有人说，主要是穷本探源的辩证

① 乔玉光：《论民族传统文化表达系统》，《内蒙古社会科学：汉文版》2000 年第 4 期。

② 徐长安：《中国传统文化与现代化》（结束语），海潮出版社 1997 年版，第 326 ~ 362 页。

③ 参见张公武：《简谈中华民族的优秀传统文化》，《思想政治教育》1992 年第 3 期。

④ 参见楼宇烈：《儒家思想与官僚文化》，《国学研究》第 2 卷，北京大学出版社 1994 年版，第 29 ~ 43 页。

精神，究天人之际的探索精神，人格养成的道德人文精神，博采众家之长的会通精神，以天下为己任的责任精神；[1] 有人则说是丰富的爱国主义思想，崇尚道德的伦理文化，深刻而丰富的智慧，重礼与和谐；[2] 还有人说，主要是勤劳勇敢、富于革命的精神，爱国主义、集体主义精神，注意人际和谐的精神，顾全大局的精神，追求人的最高思想境界的精神，努力自我修养的精神，[3] 等等。说法各异，大同小异。这些当然都是传统文化优秀成分的具体体现，对中国现代化、军事现代化有积极推进作用。中共十六大报告在吸取上述研究成果的基础上，把中华民族精神概括为以爱国主义为核心的团结统一、爱好和平、勤劳勇敢、自强不息精神。并强调，这一伟大民族精神是中华民族自立于世界民族之林的精神支撑和思想保证。[4]2006 年 4 月，胡锦涛在耶鲁大学演讲时指出："中华民族在漫长历史发展中形成的独具特色的文化传统，深深影响了古代中国，也深深影响着当代中国。现时代中国强调的以人为本、与时俱进、社会和谐、和平发展，既有着中华文明的深厚根基，又体现了时代发展的进步精神。"即："中华文明历来注重以民为本，尊重人的尊严和价值"；"中华文明历来注重自强不息，不断革故鼎新"；"中华文明历来注重社会和谐，强调团结互助"；"中华文明历来注重亲仁善邻，讲求和睦相处"。[5]

根据上述概括，结合前几章我们关于传统王权观、安全观、生死观的研究分析，我们认为，传统优秀文化成分内容异常丰富，主要表现在：1. 传统国家观体系遮蔽下，但又在民族自强不息的历史进程

---

[1]　参见张岂之：《中国优秀传统文化的内在精神》，《历史教学问题》1998 年第 5 期。

[2]　参见伊介：《中国优秀传统文化的特点及现代价值》，《社会科学战线》1999 年第 6 期。

[3]　参见李生林：《弘扬中华民族优秀传统文化》，《工会理论与实践（中国工运学院学报）》1998 年第 5 期。

[4]　参见《十六大报告辅导读本》，人民出版社 2002 年版，第 312 页。

[5]　胡锦涛：《在美国耶鲁大学的演讲》，《新华月报》2006 年第 12 期。

中，特别是在近代中国人的文化觉醒中表现出来的民族精神，如祖国意识，"多元结合"、"诸夏一体"的中华整体意识，爱国主义精神等。没有这种精神，近现代中国先进思想家们就不可能重塑新的家国关系体认和近（现）代爱国主义精神，等等。2. 传统安全观体系"内—外"、"战—和"、"德—力"、"道—器" 等关系制约下的维护统一，反对分裂；文治武功，相得益彰；以战止战，有备无患；不畏强暴，敢于斗争；以计为首，谋略制敌；兵以昭德，心战为上等观念。①3. 传统生死观体系规约下的"生死自然"、"死于义"、"生于忧患"、"刚健有为"、"尚武"、"勇" 等价值追求和精神状态。这里，当我们探讨优秀文化成分或民族精神时，用的是"传统国家观体系遮蔽下……"、"传统安全观体系……制约下……"、"传统生死观体系……"的表达方式。我们认为，这种表述实际上是要把上述所谓优秀文化成分置于具体的、真实的历史语境界下，更加切近历史真实，更符合中国历史和文化发展的规律。因为，如果我们抽掉具体的社会历史和文化发展背景，单纯地谈论某些文化成分，如"爱国主义"、"尚和"等，对它们"优秀与否"实际上都不能简单地作出肯定或否定，"爱国"有愚忠于君与忠于祖国、传统与现代之分，这里的"国"也有传统"家天下"与"祖国"之分；"尚和"也是这样，有爱国的尚和，也有卖国的尚和。其他传统文化成分，如"天人合一"、"民惟邦本"、"善"、"仁"之类，都可作如是观，不可一概而论。刘泽华认为，中国传统政治思维是一种"阴阳组合结构"，"天人合一与天王合一"、"君本"与"民本"等，两个命题相互对应，相互定义，但阳与阴比重不同，主次不能错位，阳是君本，是"道从王出"，阴是民本，是"从道不从君"，核心是王权主义。儒学体系是旧时代的东西，是君本文化，不是民本文化；即使其包含一些民本等优秀成分，也是君本制约下的民本，与现代民主

---

① 参见李克富：《中华民族优秀的传统文化》，《兵团党校学报》1994 年第 1 期。

观念不一样。[1] 换句话说，传统文化包括儒学的性质，主要取决于其思想体系的历史性，而不完全取决于其思想成分的复杂性。仅据若干开明语录，掩盖不住其整体上耦合于王权的千年意向。进一步说，在传统中国，不论从传统国家观、安全观、生死观来看，还是从其思想要素，如"仁义"、"民本"、"和谐"之类看，都体现了专制时代统治者在王道（皇权）政治、政权（家国）安全、生死（人生）价值等问题上的基本看法和价值取向。从国家观看，孔、孟、董、朱等儒说，作为传统中国正统思想，把源于"天文"的"人文"与"化成天下"直接联系，本质上体现了以"天—子"为最高权威，"以通天下之志，以定天下之业，以断天下之疑"，[2] 建构天地君亲师、尊卑贵贱社会秩序——的君本意识形态本质。[3] 在这一点上，儒法是相通的，当年韩非、李斯都是从荀儒那里学习的"帝王之术"。从安全观看，历代王朝重内轻外、重和轻战、重文轻武、重德轻力、重义轻利、重道轻器的重要隐秘，就是防己军胜于防敌军、"防民甚于防寇"，[4] 对内不断强化对臣下、军民的专制统治，维护王政既得利益。从生死观上看，从秦汉到明清，从以师为吏到科举取仕，儒学以"民本"、"和谐"虚饰的其实是王者收天下之权于一人，生杀予夺，极尽扼杀人性之能事。王臣公、公臣大夫、大夫臣士、主臣奴，等级森严；士大夫步步奴化，"顺上之为，从主之法，而无是非"；[5] 到处是纲常名教、忠孝仁义"治人"的生死剧，找不到完整的"人"，找不到独立人格，找到的只是人性趋于泯灭。马克思指出："专制主义的唯一原则就是轻

---

① 参见刘泽华：《关于倡导国学几个问题的质疑》，《历史教学（高中版）》2009 年第10 期。

② 《易·系辞上》。

③ 参见王四达：《从"神本"到"君本"——试析中国古代"人文"的渊源流变及其本质》，《哲学研究》1999 年第 9 期。

④ 转引自施渡桥：《论林则徐、魏源的军事思想》，《军事历史研究》1999 年第 1 期。

⑤ 《韩非子·有度》。

视人类，使人不成其为人……哪里君主制的原则是天经地义的，哪里就要根本没有人了!"①

因此，儒学包括其"民为邦本之说"是与王权绑在一起的。今天一些"儒学开明论"者，鼓吹"郁郁乎文哉"、"极高明而道中庸"的"王道"、"民本"②之论，均不能自圆其说。现代性理念从张扬个性解放与自由平等、反对宗教桎梏与封建专制的"人文—主义精神"生发开来。而作为君主专制理论基础的儒学体系，纵然"人文"郁郁，其"人本"、"和谐"也被窒息其中，与文艺复兴的人文主义相距尚远，不可能直接成为中国现代化的"开新"之"本"。③然而，作为由一系列思想要素逻辑地联系起来构成的体系，儒学中某些思想要素却可以被现代人剥离出来，经过扬弃、改造而纳入现代思想文化框架。正如传统基督教里的一些思想要素，进入基督教新教伦理体系以后，其内涵、功能等必然相应发生时代性改变一样。从这个意义上说，当年"亚洲四小龙"崛起并不能完全归功于儒教，而恰恰是儒学中某些思想要素被改造后，纳入一种现代文化，与这些国家的其他经济政治和现代科技教育等因素共同起作用的结果。④儒学不是一种"普照之光"。那些剥离出儒学体系融入新文化的思想要素，与今天一些论者"汲取和借鉴世界尤其是欧美近现代文化中的精华成分，给国学注入新的生机"中的所谓"国学"一样，已经不再是"传统学术"中的问题了。⑤

所以，以儒家为主脉的大传统文化在思想体系上是历史的，"是上个历史时期的东西"，其核心是王权专制主义，其历史作用也是专

---

① 《马克思恩格斯全集》第一卷，人民出版社 1956 年版，第 411 页。
② 《唐君毅集·中国人文精神之发展》，群言出版社 1993 年版，第 290～292 页。
③ 参见王四达：《从"神本"到"君本"——试析中国古代"人文"的渊源流变及其本质》，《哲学研究》1999 年第 9 期。
④ 参见贾作林：《是"儒教文化"塑造了它们吗?》，《发展》1996 年第 2 期。
⑤ 刘泽华：《关于倡导国学几个问题的质疑》，《新华文摘》2009 年第 15 期。

制主义的。① 我们"不否认其中有精华，但从体系说与现代意识是两回事。"②"五四"时期进步学者包括一些饱食旧学的老先生提出"打倒孔家店"，不仅是因为儒学中存在精粗性思想要素，更重要的还在于"孔家店"在整体上、本性上是个"把现代化扼杀在摇篮里"的旧体系。③ 今天，儒学在意识形态领域的统治地位早已终结，但是，各种各样的孔教组织、读经会等仍然存在，④ 仍然通过支撑旧体系的社会思潮、生活架构，通过大传统"典籍遗存"和小传统"观念遗迹"，对社会生活发生着广泛影响。因此，要发掘以儒学为主脉的传统文化对中国现代化、军事现代化的资源价值，有必要进一步对其思想体系与思想要素的关系进行分析。而这，首先必须对其思想体系——包括传统国家观、安全观和生死观的时代性质进行认定，这是我们在第三、四、五章分别阐述上述"三观"基础上，必须进行的一项总结性工作。总之，中国大传统文化体系与小传统文化形态，深深地影响了古代中国，也深深地影响着当代中国，影响和制约着民族精神或者说传统文化的上述优秀成分。而那些优秀成分是中国古代人民在奋发向上、进取有为、文治武功相得益彰的年代里创造并积淀下来的，既是那个时代大传统或小传统文化的构成要素，又有与传统文化体系或形态的可分离性。一旦本民族面临重大的历史转折和抉择时，这种民族精神就会再现出来，并展现出巨大的历史力量；一旦与现代先进文化体系或形态结合，也可以脱离原旧体系，转化、异变成新的文化因子，成为现代先进文化的构成要素。

---

① 当然，这里的"专制"也有历史性，有一个从推进历史发展（战国、汉、唐时期的传统社会）到阻碍历史发展（宋以后至明清总体趋于衰落时期的传统社会）的演变过程。

② 刘泽华：《关于倡导国学几个问题的质疑》，《新华文摘》2009 年第 15 期。

③ 刘泽华：《关于倡导国学几个问题的质疑》，《新华文摘》2009 年第 15 期。

④ 参见李侃、李时岳等：《中国近代史》，中华书局 1994 年版，第 481 页。

二、中国文化现代化问题反思

如前所述，如果离开观念变革、文化现代化谈论改革、谈论现代化，就难以清晰地认识和把握中国社会转型、军事现代化的精神条件和思想基础。中国文化由传统文化向现代文化转型，就是中国文化的现代化问题。这种转型不是传统文化体系或形态本身的现代化，世界上从来不存在"现代化的传统文化"！如果传统也"现代化"了，那它就不再成其为传统了。因此，中国文化的现代转型，只能是指：第一，在传统文化体系或形态之上，重铸新的文化体系或形态，实现文化体系置换。简言之，建设新文化。在"新文化"的意义上，即便以研究传统文化为对象的"国学"，也不应当理解为"传统化"的东西。第二，以现代文化体系或形态改铸、抢救传统文化体系中的优秀成分，使它们在现代文明洗礼下成为适应现代社会发展要求的新的文化要素或因子，纳入各种现代文化体系或形态之中，并在推进国家和军队现代化进程中释放出巨大的正面资源作用。

（一）近现代文化现代化进程与效果

近代以来，由于西方工业文明、各种异质文化的强力冲击，加之声势浩大的启蒙、救亡运动，支撑传统文化的政经结构、社会认知结构、文化发展机制逐步瓦解，原有大传统文化的主导地位，也被另一种文化——"五四"新文化、新民主主义文化以及后来的社会主义文化取代。这种"主文化体系置换"，对中国走向现代化，对推进中国军事现代化，产生了无法估量的历史影响。

前文谈到，中国传统社会始终没有超出农业社会的发展水平，其军队是一支以儒学国家观、安全观和人生价值观武装起来的农业军队。只要中国农业社会性质不变，只要引领军队的"军魂"不变，那么，这支军队的发展绝不会超出农业文明容纳的最大限度，它在与以工业文明为后盾的近代军队作战时，摆脱不了失败的命运。1840年以后，在与西方列强的一系列较量中，最先倒下的正是这支军队，由此引发了中国从经济到政治、再到文化等一系列"多米诺骨牌效应"。怎样摆脱民族巨大的亡国灭种危机？怎样解决民族面临的时代课题？传统儒学在这方面全面失效。这就空前地提出了诉诸全新的文化选择，以全新的文化引领国家和军队，再造国魂和军魂，从而以全新的战争方式夺回国家独立发展的主体资格的时代课题。这场文化选择，不再像从前那样走"中学为体、西学为用"的老路，而是从总体上实现对传统的异质性颠覆——新文化树起的民主和科学，既是文化革命的纲领，又是变革社会的纲领，预示了现代文化发展的方向。它造就了投身民族解放和人民革命事业的一代新人，深刻启迪了1919年"五四"爱国民主运动，后者"带着为辛亥革命还不曾有的姿态"，以"彻底地不妥协地反对帝国主义和彻底地不妥协地反对封建主义"精神，[1] 展示了文化革新对民族救亡的巨大价值，催生了后来的新民主主义革命文化和中国特色社会主义文化，全面实现了对中国封建"大传统"文化的异质性置换。[2] 这种"主文化体系"的置换并不是凭空完成的，而是以旧的社会结构、社会文化认知结构和大传统文化传承机制瓦解为前提的，是以新兴社会经济(包括民族工商业经济)力量、政治力量（包括工人阶级、新一代知识分子等）的发展，以及由此形成的全新社会文化认同机制来支撑的。有了全新的文化来引领，就会催生全新的社会运动，催生全新的人民军队、全新的人民战争。"主

---

① 《毛泽东选集》第二卷，人民出版社1991年版，第699页。

② 参见夏兴有、郭凤海：《文化的价值：中国文化的历史发展及启示》，《洛阳师范学院学报》2002年第3期。

文化体系"的置换，解决了中国独立、自强的文化再造问题，解决了中国军队发展壮大的"军魂"问题，为中国军事走向现代化提供了全新的思想文化推进力。

　　中国近现代主文化体系的异质性置换，本质上是新旧文化对中国发展主导权的争夺，并不是说传统文化已一无是处，它所包含的优秀成分对中国现代化（包括军事现代化）全然失去了推进作用。文化创新的主旨，是在全新的体系、架构和视野内批判地扬弃传统文化，使其优秀成分与精华在经受现代文明的洗礼中再现活力，由此重构中国的主文化体系。近代以来，从魏源、严复、康有为、梁启超到章太炎，从"西学东渐"、"中体西用"到"会通中西"，人们追求的都是对传统文化进行批判和价值重构。他们对世界大势的关注，对专制政体改革和变法维新的呼唤，无不以时代良心和民族大义为精神旗帜，试图展开中国文化创新之路。① 即便是"五四"思想家们，也没有完全拒斥民族优秀传统文化，而是继承了传统文化中的精华特别是明清之际"复兴子学"、打破儒学正统独尊格局的新传统，复活传统文化中自由、民主和科学的活性因素，使之成为日后中国文化发展的重要源泉。他们对中西文化进行了深入比较，力图使中国文化取优补劣，借助外来养料实现新的飞跃。梁启超对传统文化进行了开创性的反思，陈独秀把"德、赛两先生"引入中国；鲁迅本着"外之既不后于世界之思潮，内之仍弗失固有之血脉，取今复古，别立新宗"原则，提出"拿来主义"；胡适主张使"世界文化充分和我们的老文化自由接触，自由切磋琢磨"，从而铸造将来以中国为本位的"文化大变动的结晶品"。这些，都显示了国学发展的主导取向，和一代国学大家立足时代、广纳百川、架构中西、改铸传统、再造文明的宏大气魄，

---

① 参见陈遵沂：《中国传统思想文化的演进及其现代化》，《理论学习月刊》1998年第5期。

与今天某些新儒家"原教旨主义"地看待传统，形成了鲜明对照。[1]

与此同时，由于大传统儒学及其所代表的旧势力，在看待社会变革与发展问题上严重落后与不开化，顽固坚持反变革立场，使几次改良流于失败，中国面临的危机日益加深。"各种矛盾广泛集聚、深度积累、普遍激化……断然不是'改良'这种温进方式所能解决的，因此，'革命'便成为历史发展的一种别无选择的方式了。"[2] 俄国"十月革命"给中国人送来了马克思列宁主义，"帮助了中国的先进分子，用无产阶级的宇宙观作为观察国家命运的工具，重新考虑自己的问题"。[3] 马克思主义在中国迅速传播，影响很快超过"五四新国学"。马克思主义的引入表明，中国走向现代化，有其外因，即西方列强入侵和资本主义渗透，形成了"侵略—反侵略"的矛盾；有其内因，即近代社会与文化停滞落后，形成了"传统—现代"的矛盾。内外因素合起来，使中国人不会等待国学完成之后再拯救中国，而是按照马克思主义揭示的方向前进：通过"反帝—反封建"（革命化）走向现代化。"五四"以后，随着新民主主义革命全面展开，中国文化主流逐步前进到把马克思主义与中国革命实践相结合的新阶段。罗荣渠认为："追求现代化的中国知识分子对现代西方文化的认识，对马克思主义的认识，主要是从它具有强国富民的使用价值来考虑问题的。"[4] 在这方面，传统儒学、近代国学都让位于新的革命文化。革命文化赢得了各界广泛认同，从"文化认同"到"实践契合"，[5] 从国内革命战争到抗日战争，从解放战争到抗美援朝战争，革命文化不断融入战争实

---

① 参见夏兴有、郭凤海：《文化的价值：中国文化的历史发展及启示》，《洛阳师范学院学报》2002 年第 3 期。

② 陈遵沂：《中国传统思想文化的演进及其现代化》，《理论学习月刊》1998 年第 5 期。

③ 《毛泽东选集》第四卷，人民出版社 1991 年版，第 1471 页。

④ 罗荣渠：《从"西化"到现代化》，北京大学出版社 1990 年版，第 32 页。

⑤ 参见李海荣：《从文化认同到实践契合：马克思主义中国化的现实过程》，《学术论坛》2002 年第 3 期。

践，充分显示了对中国独立、自由、解放的非凡意义，当之无愧地成为中国革命和中国军事发展的"实践引领学"。这个实践引领学在新的社会认知结构、文化视野下整合传统文化，"从旧文化中看到了为历代帝王所不喜爱的学术思想，认为这是真正的'国粹'，并努力促使这种国粹的时代性转变，从这种国粹中汲取思想营养和民族崛起的力量"，[①] 它完成着国学未竟的使命，推进了中国现代文化体系、包括军事思想的完善和发展。有了这个引领学，中国军队成为一支"有了新精神的军队"，即便"物质生活如此菲薄，战斗如此频繁"，仍然使"奋勇向前的革命精神充满了军队"。这种"新精神"在集挑战、搏斗、考验和洗礼于一体的革命战争中，得到了集中而充分体现。[②] 这种新精神造成了新的文化凝聚。在抗日战争中，中华儿女空前凝聚，各党各派、各团体特别是国民党军队和共产党军队，都在共御外侮的目标下团结起来，共同对外。"在中国近代史上，还从来没有一个历史事件能像抗日战争那样，将全民族动员得如此广泛，如此彻底，将全民族的抗战力发挥得如此淋漓尽致。"[③] 这正是上述革命实践引领学对传统文化反思和重构、对其优秀成分发扬光大，并以此引领中国军民顽强抗战的集中体现。

前述主文化体系的全面置换，首先发生在中国知识界即所谓"精英圈"，继而迅速向社会各领域扩展，直至影响到中国社会的深层，影响到广大工农群众的日常生活世界，由此引发了中国历史上旷古未见的工农运动。这种工农运动，比之于精英圈的思想文化变革，对中国现代化、军事现代化的影响更具根本性。因为，它意味着在中国原有大传统文化失效并被重构之后，小传统中的优秀文化成分也被点

---

① 参见许苏民：《文化离析与文化整合》，《江淮论坛》1989 年第 3 期。

② 参见章传家、郭凤海：《论伟大的长征精神》，《解放军报》2006 年 9 月 15 日。

③ 胡德坤：《抗日战争是一场改变中国面貌的正义战争》，《抗日战争研究》1995 年第 3 期。

燃和重构，大众日常生活中蓄积的历史能量被空前激活，被历史压抑已久的中华民族精神绚丽绽放出来，释放出"向天造命"的时代伟力，从而为中国现代化、军事现代化奠定了深厚、广泛的群众基础和有生力量。这就从根本上解决了中国现代化、军事现代化的历史主体问题。

毋庸置疑，我们今天生活在一个"呼唤民族精神"的时代。众所周知，中国革命与建设，中国军事现代化的发展，是始终以新民主主义文化、社会主义文化来引领的，但这并不排斥中国优秀传统文化在革命和建设中发挥作用。不论是革命战争年代，还是在和平建设、改革开放年代，中国人民都展示了以爱国主义为核心的中华民族精神，包括"注重以民为本，尊重人的尊严和价值"、"注重自强不息，不断革故鼎新"、"注重社会和谐，强调团结互助"、"注重亲仁善邻，讲求和睦相处"。[①] 具体表现为，解放以后广大人民节衣缩食、勤俭建国的艰苦创业精神；改革开放中面向世界、面向未来、面向现代化的不懈进取精神；战胜无数次自然灾害、重建家园的吃苦忍耐精神，等等。这些精神再现了中国传统文化的历史精华。还表现为新中国成立以后相当长的一段时期内，人民国防观念非常强烈，尚武拥军意识浓厚，自觉"支持国防，拥护军队，军人在社会上具有很高的地位，受到人们的普遍尊重。"[②] 这一切，都以其特定时代的形式和内容展现了"传统—现代"的张力，对人民军队的现代化起到了巨大的推动作用。

（二）文化现代化依然面临三大问题

历史表明，中国文化现代化，是围绕怎样批判地继承和弘扬传统

---

① 胡锦涛：《在美国耶鲁大学的演讲》，《新华月报》2006 年第 12 期（下半月）。

② 张兴业主编：《国防精神》，军事科学出版社 2003 年版，第 16 页。

文化的优秀成分这一论题展开的。这表明了文化现代化的历史使命，即冲破、扬弃传统文化体系或形态的制约，使其中包含的优秀成分解放出来，建构新的"中国本土"文化体系或形态（新—国学），或者纳入主文化体系（中国化马克思主义）以及其他现代文化形态之中，从而在新的历史条件下释放正面、积极的历史作用。与这一问题相联系，近现代中国文化现代转型至少还存在三大未完结的现实问题：

第一，**国学的定位问题**。国学的定位问题，是近代以来改铸中国大传统文化体系中遇到的一个重大问题，涉及如何改铸传统文化中的优秀成分，使它们实现新的"体系重构"，从而形成适应中国现代化发展要求的"中国本土文化"问题。从这个意义上说，国学的产生，是与近代中华民族"中国意识"觉醒联系在一起的，它的对象是传统文化，但本身并不是传统文化，而是新文化。我们前面讨论传统国家观时说过，在"家天下"背后，存在一条超越王朝更替时空界限的历史主线——关于中华民族五千年延续发展的观念。然而，由于历代王朝在历史的现实层面把自己与儒学"文化的价值、理想层面"——天下秩序捆在一起，致使由天下正统可能升发出的"祖国—中国"观念被堵死，使古人只知有王天下"而不知有国家"。[1] 中国作为"国家"，"是近代的事"。[2] 随着近代民族国家、中国意识的觉醒，儒学王权主义走向终结，国学也由一批清末学者提出。虽然它有针对西风东渐倡兴国粹的背景，但更多是着眼于学术本身，从古今中外广阔背景上发掘民族文化的活性成分。其时代性在于"外之既不后于世界之思潮，内之仍弗失固有之血脉，取今复古，别立新宗"，"阐旧邦以辅新命"，创造中国自己的"新教伦理"——这是国学定位之基本时代精神。令人困惑的是，时下一些"儒学开明论"者所讲的"国学"，还停留在

---

[1]　梁启超：《饮冰室合集》第六册，中华书局1989年版，第21页。

[2]　张璇如：《民族关系史若干问题的我见》，翁独健主编：《中国民族关系史研究》，中国社会科学出版社1984年版。

与传统不分的水平上。他们大谈传统的"连续性"、"恒常性"。但是，传统文化的连续性、恒常性，并不等于其逻辑顺延性。正如我们说过，现代中国是传统中国的延续，但现代中国的国学却并不必然是儒学或其他传统文化的顺延。一些人主张以"六经注我"方法打造国学，却在旧体系的连续性和恒常性上来回打转，看不到"我注六经"未必不能把现代意识带入传统，"六经注我"也未必不会把陈腐的"旧货"装入现代生活。不经新时代改铸的连续性、恒常性是没有的。基督教的连续性、恒常性不是停留在旧教体系中，而是经过改革保留在其新教伦理中。相比之下，中国传统文化的现代改铸还远未完成，类似"新教伦理"式的现代本土文化伦理还远没有确立。

第二，**马克思主义中国化问题**。马克思主义也是在近代以来中国人改铸大传统文化体系进程中传入中国的，并在中国革命、建设和改革中发挥了主导——"实践引领学"的作用。儒学在古代中国是主文化，是占主导地位的大传统文化，而在当代中国则是一种亚文化；在当代中国，主文化是以马克思主义为核心的现代文化。以马克思主义为核心的当代中国主文化，可以溯源于"五四"新文化、新民主主义文化，承接着革命先贤"打碎旧世界、建设新世界"的文化火炬。它对每一个中国人、每一种中国文化流派的影响都是巨大的。在这个主文化中，寄寓着整个民族通向明天的希望。1949 年，当一个时代的宏大气象澎湃而来时，胜利的喜悦、飞扬的情绪，仿佛激昂的交响乐，震撼着人们的心灵。他们会情不自禁地宣布"新时间——的开始"，昭告"旧时间——的终结"。[①] 然而，从文化意义上讲，旧东西并不会轻易地终结，即使在诗人酝酿诗篇时，就已潜伏下来，以后甚至会成为"开始了"的时间的主调。新中国成立以后，大规模的、急

---

① 参见胡风：《时间开始了》。是胡风所作系列组诗的总题，包括《欢乐颂》、《光荣颂》、《安魂曲》等。首章《欢乐颂》发表于 1949 年 11 月 20 日《人民日报》，是献给新中国的"开国绝唱"。

风暴雨式的阶级斗争基本结束，和平建设逐步展开。毛泽东提出"百花齐放、百家争鸣"文化发展方针，但是，从总体上看，并没有避免传统文化中一些专制主义思想要素，借"反右扩大化"、"文化大革命"等条件，借激烈地"批判封建专制"的方式奇特地还魂，泛滥于现代中国社会特别是思想文化领域，[①]给我们留下了许多值得记取的教训，以致于新中国成立60多年以后的今天，如何以马克思主义吸收、改造传统文化体系中的优秀成分，结合中国的具体实际丰富和发展马克思主义，推进中国化马克思主义的中国化，推进中国文化现代化？仍然是当代中国思想文化的上空一再回荡的重大问题。

第三，改铸民间小传统文化问题。这个问题客观上一直是近代以来中国推进现代化特别是文化现代化无法回避的重要问题。历史发展到今天，解决这个问题的重要性依然很突出。在近现代史上，传统农耕经济在专制统治和西方帝国主义的双重压下陷入严重危机，中央政府对社会尤其是农村的控制力有所下降，社会动荡，政治黑暗，军阀混战，使社会大众处于水深火热之中，原来大传统文化对大众日常生活影响力日益减弱，衍生了小传统与大传统"离散"效应。这些都使广大民众丧失了对当时政权的信心与希望，他们渴望改变政治现状，使天下重新归于安定。加之新的革命文化介入农村生活，以"土地革命"为指向重构、改造农民思想，使中国人的日常生活世界再次复活起来。就这样，一系列重大的历史事件与各种新思潮相互触发，新思潮既继承、发展着传统，又批判、过滤、超越着传统；在置换了精英主流文化的同时，重构了日常生活的"意义谱系"。整个社会认同架构持续变动，上层与下层相互呼应、共同呼唤着新世界的到来，从而形成了强大的历史合力。人民日常生活中蕴藏着的民族精神的空前展现，从根本上决定了中国民族、民主革命战争的历史结局，也从根

---

① 参见刘泽华：《关于倡导国学几个问题的质疑》，《新华文摘》2009年第15期。

本上决定了中国军事现代化的必然历史进程。然而，历史发展到今天，时代变了，但问题并没有结束。如果说近现代中国终结了以儒学为主脉的大传统文化的统治地位，同时也引起了民间小传统文化形态的转向，中华民族再次展现了执着、忠于职守、自强不息、厚德载物的伟大品格，那么，由于各种历史和现实的原因，如新中国成立后我们没有正确地从根本上开展对传统文化消极因素的批判，"文化大革命"等运动中某些传统社会专制文化残余借机泛滥，改革开放以后思想文化多样化迅速发展加之我们某些工作失误等，一些人所表现出来的精神状态，仍然透露出传统中某些封闭、保守、落后、腐朽文化因素死灰复燃的影子。从某种意义上说，中国人的日常生活世界至今没有从根本上超越传统农耕社会及其文化传统（如经验理性、"乡村心灵"等）的影响。这一点，前述多次谈到，此不赘述。问题是，当民族优秀文化精神正面效应发挥受到梗阻时，就意味着原有的文化模式阻碍了新文化精神和文化模式的生成，这"原有的文化模式"本身也包括民间小传统文化模式。为什么几代中国人经历了一百多年的价值追求和社会践行，现代化的生成在实质上依旧艰难？[①] 这个问题，无疑进一步凸显了改铸民间小传统文化仍然是一个亟待解决的重大现实问题。解决这个问题的重要方面，就是通过推进文化现代化、国民精神现代化，抑制小传统文化中消极因素在民间的反弹，阻止其内在结构和经验理性、人情化取向、潜规则等泛滥，从而促进人民日常生活中蕴藏着的那些优秀文化成分释放优秀能量，充分发挥推进现代化的正面作用。

上述三个问题，前两个属于大传统文化体系转换的问题，第三个问题是小传统文化形态转换的问题。中国文化现代化具有多重指向，既包括建构现代本土文化（比如国学）的问题，也包括进一步推进马

---

① 参见衣俊卿：《现代化与文化阻滞力》，人民出版社 2005 年版，第 103 页。

克思主义中国化的问题，还包括改铸小传统文化，使民间日常文化生活现代化的问题，等等。上述三个问题如果不能得到根本解决，中国文化整体现代化就成了一个未知数。与此相联系，扬弃和超越传统文化体系或形态的制约，释放其中包含的优秀传统文化资源，发挥它们推进中国社会、中国军事现代化的正面历史作用，也会成为一句空话。

（三）确立中国文化转型的三大指向

现代化从根本上是以文化转型、素质提高、生存方式和行为方式转变为主要内涵的人的精神的现代化。传统文化存在形态与经济、政治等社会存在有很大的不同，它作为历史地凝结成的稳定的观念指向，并不是独立存在的，而是在一切社会活动和社会存在领域中表现为内在机理性的东西，它从深层影响着个体和社会活动的样式。[①] 所以，文化现代化对于社会整体现代化至关重要。中国文化现代化必须确立这样的指向：通过文化反思与整合，释放中国传统文化中大量优秀成分对现代化的资源作用。与上面三大问题相联系，从根本上解决中国化马克思主义、国学和民间日常文化生活的现代化问题，都与释放传统文化优秀文化成分的资源作用有着内在的、本质的联系。

从某种意义上说，文化现代化的更为本质性的标志，是与传统社会的经验本性相对的一种理性化文化模式和社会运行机理的生成，它是人类社会从狭隘地域性关联中"脱域"出来以后形成的一种新的工具理性，以及调理这种工具更改的价值更改运行模式。吉登斯将其归纳为："'现代性'指大约从 17 世纪开始在欧洲出现，此后程度不同地在世界范围内产生影响的社会生活或组织模式。"[②] 就此而言，现代

---

① 参见衣俊卿：《现代化与文化阻滞力》，人民出版社 2005 年版，第 103 页。

② Anthony Giddens, The Consequences of Modernity, p. 1, Califomia: Stanford University Press, 1990.

化是与"传统化"相对的。但是，时下一些人研究国学，实际上是按照传统化方向运作的，这必然使国学"非国学化"，使其传统化或儒学化。与此类似，有人讲马克思主义中国化是马克思主义与中国传统"相结合"，如果这种结合不是对传统的批判性扬弃，那么，实际上也包含着使中国马克思主义传统化的倾向。至于当下民间小传统的反弹，传统宗法、传统迷信、拒斥"洋节"、读经祭祀之类，更是与现代化方向背道而驰的。因此，中国文化现代转型，不管面对什么对象，都必须确立面向现代化的视角或指向。在这方面，当代中国传统文化强力反弹，应当引起我们的高度关注。1979 年，伊朗国王巴列维领导的现代化运动失败，伊朗发生了震惊世界的伊斯兰革命，政教分离回转政教合一，《古兰经》成为立法依据，伊斯兰原教旨主义兴起。其中的重要原因，可以追溯到 1920 年奥斯曼帝国瓦解，分裂出来的伊斯兰国家切望自强而寻求出路，他们在原教旨复古主义运动中寻求力量。1994 年年底，日本石原慎太郎等人提出所谓"亚洲价值"，认为当代文化正发生一种革命性变化，欧美正受到儒家价值观的冲击。值得注意的是，对这种"亚洲新价值观冲击欧美"论，一些东南亚国家和我国国内学者也表示了相当的认同。[1] 更值得反思的是，继 80 年代"文化热"中出现"全盘西化"思潮之后，中国内地掀起了"儒学热"。当代新儒家把儒家思想、价值观念"再认"为古圣先知留给我们的思想本源，宣称儒家思想具有超越历史的神圣、永恒性，儒典是中华文明的源头活水，是实现民族复兴的根本。如果说"西化论"集中体现了"西方中心主义"的价值话语，那么，"儒化论"则隐喻"中国本位主义"的价值理念。且不说"亚洲价值"究竟反映了日本国内某些人的何种心态，也不说"西化论"和"儒化论"两种各持一端的思潮指向究竟会把中国引向何处，单说它们的意识形态取向，就已经是潜

---

[1]　参见廖盖隆：《全球走势、社会主义和中国传统文化》，《学术月刊》1995 年第 8 期。

在地附和曾名噪一时的"文明冲突论"（暗含"中国威胁论"），同时，更是在无声之中消解着现代文化价值观念在中国社会的影响。①

如何通过推进中国文化的现代转型，使传统文化的资源性要素焕发新的生机与活力？关键的问题，是要确立与文化现代化发展相契合的合理"标准"或"维度"。根据中国文化发展的历史经验和当前的主流看法，我们认为当代中国文化转型应当确立以下三个指向：

第一，中国化指向。文化的民族性是世界文化繁荣发展的根基。只有保留自身民族性，才有可能长期与世界其他民族的文化平起平坐。如果丧失民族性，将会成为其他民族文化的附庸，永远低人一等。孙中山在《三民主义·民族主义》讲演中说："我们要知道世界主义是从什么地方发生出来的呢？是从民族主义发生出来的。我们要发达世界主义，先要民族主义巩固才行。如果民族主义不能巩固，世界主义也就不能发达。"② 因此，文化现代化不走"西化"道路，其发展的结果只能是中国文化，而不是西方文化。需要指出的是，这并不排斥批判地吸收和借鉴西方社会的一切优秀文化成果。我们守住中华民族固有的血脉并不错，但以此否定一个多世纪以来"中西融和"的成果是很难站住脚的。一百多年来，中国对西方文化的接受，既有被动的一面，也有主动的一面。所谓被动的一面，指的是在列强经济、军事强势下的文化殖民；主动的一面，则是指中国的知识阶层在西方文化中发现了我们业已丧失、缺失的那些富有活力的文化因子，如科学精神、主体人格、忧患意识和自强精神等。他们看到了传统文化发展的弊端，看到了宋代以后儒释道"三家互鉴"蜕变为儒释道"三教

---

① 参见夏兴有、郭凤海：《当代文化与马克思主义》，载侯树栋主编：《实践的呼唤与理论的回声——当代重大现实问题与马克思主义》，国防大学出版社 2003 年版，第 236～272 页。

② 孙中山：《三民主义·民族主义》，《孙中山选集》（下），人民出版社 1956 年版，第 632 页。

合流"，上述传统优秀文化成分日益弱化并延伸至全社会。宋明以后，传统社会的生机与活力由内而外逐渐衰减，最终酿成近代以来落后挨打的历史局面。在这种情况下，近现代以来我们向西方学习，根本原因就在于上述那些优秀传统文化因子自秦汉特别是宋代以来日益丧失殆尽，在传统政治伦理架构下没有发展起来。因此，推进中国文化现代化，既非"西化"，也非"儒化"，而是中国文化综合创新的时代表现，在这个过程中，向西方学习是一个重要选择。

　　第二，**时代化指向**。在思想文化上，我们"古为今用"，但主要是为了"推陈出新"。我们"保存"优秀传统文化的方式有很多种，凡是与现代化没有冲突的传统文化成分，都应加以保留，如与现代化没有冲突或冲突不大的岁时礼仪、人生礼仪、年节风俗及各种祭祀仪式等。但是，最重要的是文化再造，使传统思想文化旧体系中的思想要素，升华为现代文明的因子，使某些传统文化在现代社会中具有新的功能，从而汇聚、形成全新的中国文化。[1] 近代以降，人类在时间维度的转换与比较中提炼出现代化概念。作为一个比较概念，文化现代化无论是被理解，还是被逻辑地确立，都离不开"传统—现代"的时间结构，它暗含着传统向现代转变是一种进步，因此包含着一种面向未来的价值取向与评价。[2] 尽管传统进化论、单线历史发展链，因其时代局限在今天受到种种诘难，但不可否认的是，19 世纪 90 年代，"进化论早已从一种理论变成了一种时代气氛，几乎没有人怀疑它作为一种分类原则的价值"。[3] 进化论在当时从理论变成一种时代氛围，为现代化观念孕育和发展提供了可能，为我们今天理解现代化的逻辑

---

[1]　参见彭彦华：《探赜中华文化走向的脉络——兼驳西方中心主义的现代化文化理论》，《学术研究》2006 年第 6 期。

[2]　参见何中华：《"现代化"观念的逻辑意蕴及其历史表征》，《天津社会科学》1995 年第 1 期。

[3]　埃里克·J. 夏普：《比较宗教学》，上海人民出版社 1988 年版，第 116 ~ 117 页。

实质提供了一把时代锁钥。其所包含的理性精神，呈现着人类面向现实与面向未来的主体性、创造性和进取性的视野，也贯穿着对历史传统特别是传统文化的反观，具有启迪某种"文化寻根"、"返本开新"的意蕴。但是，在传统文化中发现那些"最感人的传统"，也不是件容易的事。鲁迅指出："历史上都写着中国的灵魂，指示着将来的命运，只因为涂饰太厚，废话太多，所以很不容易察出底细来。"① 特别是在今天，在各种"国学"论、"儒学"论、"国粹"论纷纷登场、甚嚣尘上的情况下，哪些是与时代发展契合的精华，哪些是与时代进步相悖的糟粕，更加令人眼花缭乱，难以辨认。

历史上，中国人曾有过"向前看"的视野。春秋战国大动乱年代的孔子，说过"周鉴于二代，郁郁乎文哉，吾从周"。② 但他并不是主张复古倒退，而是鉴于周朝有"百二十国宝书"的丰富典籍而对夏殷二代文献缺乏的慨叹。③ 即使孔子本意是主张"用先王的典章制度规范现时代，才能改变春秋诸侯争雄、'礼崩乐坏'的社会局面，那也是一种'向前看'的态度"，因为"以西周为榜样，建立一种上下有序、尊卑有分的统治形式"，恰恰是后来大一统集权君主专制社会发展所必需的。④ 同样，商鞅、荀子、韩非等法家关于"治世不一道，便国不法古"⑤ 等主张也不是完全否定过去，"法者，所以爱民也，礼者，所以便事也"，⑥"君操其本，臣操其末。君治其要，臣行其详"⑦ 原来与孔子"君君臣臣父父子子"如出一辙，都旨在"向前看"，体现了为后世

---

① 《华盖集·忽然想到（四）》，人民文学出版社 1980 年版，第 8 页。
② 《论语·八佾》。
③ 复旦大学历史系、复旦大学国际交流办公室编：《儒家思想与未来社会》，上海人民出版社 1991 年版，第 377～389 页。
④ 刘开会：《从解释学看中国传统文化与现代化》，《甘肃社会科学》1996 年第 2 期。
⑤ 《商君书·更法》。
⑥ 《商君书·更法》。
⑦ 《大体篇·群书治要》。

谋的"良苦用心"。① 必须指出，虽然孔子"法先王"可以解释为"向前看"，用心良苦且伟大，然而，在漫长的历史中恰恰是一批批孔门士大夫，将其"吾从周"着实变成了"向后看"的复古倒退史观，表现出种种不顾时势、死守旧道学的鼠目寸光。谁也不能否认，汉以后传统文化中各种复古史观，特别是近代中国激烈反对变法革新的保守愚见，都可溯源于孔学及其变种。的确，中国传统文化有超常稳定性和生命力，同化过无数外来文化。但也正因如此，其消极、落后因素也同样超常稳固和顽强。鲁迅一针见血地指出："老调子将中国唱完，完了好几次"，②"试看元朝的蒙古人，清朝的满洲人，不是都被我们同化了么？照此看来，则将来无论何国，中国都会这样地将他们同化的。"③鲁迅认为，这种"同化论"很可能把中国人引到盲目自大的错路上去："我们为甚么能够同化蒙古人和满洲人呢？是因为他们的文化比我们的低得多。倘使别人的文化和我们的相敌或更进步，那结果便要大不相同了。……我们不但不能同化他们，反要被他们利用了……。他们对于中国人，是毫不爱惜的，当然任凭你腐败下去。现在听说又有别国人在尊重中国的旧文化了，哪里是真在尊重呢，不过是利用！"④

第三，大众化指向。中国文化"转型的深刻意义"，即"即单纯的经济增长并不一定体现为社会的发展，社会发展的最深刻的内涵是人自身的发展，是人自身的现代化。而人自身的现代化最终体现为深刻的文化转型。"⑤从大传统与小传统的关系看，在中国历史上，传统文化，特别是传统儒学很好地实现了大众化，其伦理价值长期嵌入民

① 刘开会：《从解释学看中国传统文化与现代化》，《甘肃社会科学》1996年第2期。
② 《鲁迅全集·集外集·集外集拾遗》第七卷，人民文学出版社1981年版，第309页。
③ 《鲁迅全集·集外集·集外集拾遗》第七卷，人民文学出版社1981年版，第309页。
④ 《鲁迅全集·集外集·集外集拾遗》第七卷，人民文学出版社1981年版，第309～310页。
⑤ 衣俊卿：《现代化与文化阻滞力》，人民出版社2005年版，第103页。

族心理，嵌入人们的日常生活方式。当代中国文化整合，必须借鉴这个经验。换句话说，当代中国的现代新文化，必须符合大众化的要求，并由此生发出来。辛亥革命的沉痛教训之一，就是没有在解决传统文化上下一番彻底的功底，从而在精神上唤起人民大众的自觉。"五四"时期，大众教育程度和文化素质尚处于较低水平。今天，中国文化状况已发生了巨大变化，其中一个重要现象就是文化大众化，文化主体已从知识精英转向大众。这一转向，使文化的任何变迁不再以少数文化精英思想为依归，甚至往往以大众趋向来导引。因此，文化整合的重心应当由精英文化转向人民大众文化。

中国化、时代化、大众化是当代中国现代文化整合传统文化的三个指向。把这三个指向结合起来，就是：1.当代中国现代文化应当是具有中华民族性的现代文化；2.应当是立足于中国文化由传统向现代转型的现代文化；3.应当是能够普及大众的现代文化。在这三个指向中，时代化是总体，中国化是本体，大众化是主体。而符合这"三化"或"三体"标准的当代中国文化，大体言之有两个：一是来源于西方并已经充分中国化了的马克思主义，也就是毛泽东思想和中国特色社会主义理论体系，这是当代中国的主文化体系。二是来源于传统文化特别是传统儒学的新文化，即国学。人们近几十年来围绕"国学"与"儒学"关系问题的争论，已经表明了这种方向有其可行性。但是，直到目前，国学还没有发展成为一个完整的文化形态，其现代化的建构还远未成。这个方向应当与中国化马克思主义主文化的发展并行不悖，并在文化形态上成为中国化马克思主义的必要补充。反思近代的"中体西用"，它之所以不成功，就是总想以中国"旧体"装西方"新用"，试图在儒学尊尊亲亲和伦常纲纪旧体上嫁接科学、民主、法治等新用，这种"马体牛用"当然不可能成功。因此，作为一种新文化，它直承传统文化，又不是传统文化。只有这样，经过总体的、异质性的扬弃与超越，现代文化才能真正扎根，传统文化的优秀成分、民族精神的精华才能最终摆脱传统旧体系、旧形态的束缚，摆脱各种消极文化因素影响，焕发出推进社会现代化、军事现代化的巨大资源价值。

三、文化转型与军事现代化反思

军事现代化是中国社会发展绕不开的一个重大问题。军事现代化目标的设定、军事现代化方案的选择、军事现代化的价值争论等，直接反映或折射出社会发展状况和时代文化精神状况。显然，这不是一个全新的问题，因为人们已经从经济的、政治的、历史的、文化的、理论的视角对于中国军事现代化实现程度和军事现代化价值进行了很多深入探讨。但我们认为，这一问题依旧没有完结，尚待进一步回答和解决。我们这里需要解决的问题是：中国文化现代转型、文化现代化对军事现代化的影响。众所周知，军事现代化不是现代军事某一方面的特征，而是其全方位的和本质性的规定，它包括以内在机理、深层结构和图式、自觉的文化精神等方式影响军事的文化的现代化。同样，文化现代化也不仅仅只构成军事现代化的一个单项侧面，不仅仅只是军事文化这种特定的文化形态，它还表现为广泛渗透于军事构成各要素、各领域中的社会文化与民族精神。社会文化与民族精神的现代化，是军事现代化的血脉和灵魂。

中国军事的现代化，与中国文化由传统文化向现代文化的根本转型存在着密切的关联。韦伯指出，现代化包含的文化理性不是社会某一方面的特征，"各种各样的理性化已经存在于生活的各个方面和文化的所有领域之中"。① 换言之，文化现代化包含着相互关联的多重

① Max Weber, The Protestant Ethic and the Spirit of Capitalism, p. xxxviii,xxxix, London and New York: Routlegde, 2001.

维度，如个体的主体性与自我意识、理性化与契约化的公共文化精神、意识形态叙事的现代化，以及经济运行的理性化、行政管理的科层化、公共领域的自律化、公共权力的民主化和契约化，等等。① 以这种视角审视中国军事现代化面临的文化问题，我们必须承认，虽然现代化对很多人来说并不陌生，但它只是以"碎片"的、"枝节"的、"初级阶段"的样态或方式存在于我们与此有关的个体的意识中、相关的理论和精神的流动中，出现在军事发展与运行的某些方面或侧面，而没有成为军事理论与实践的深层内在机理、结构、图式、机制、方式和文化精神。换句话说，现代精神，在中国军事现代化发展中，尽管有其历史起点，但有时仍然处于"不在场"和"无根基"的状态。②

（一）文化现代化与中国军事现代化的历史进程

考察近代以来中国现代化的发展进程，会发现一个独特的现象，就是一般而言，军事现代化是国家现代化的有机组成部分，国家现代化与军事现代化有一个"国家现代化优先"的逻辑。但在中国当时的情况下，富国与强军在时间逻辑上是倒置的：国家要通过革命化走向现代化，革命要胜利，军事发展在时间要求上具有最大、最紧迫的优先权。它是中国从革命化走向现代化的火车头。军队首必先强大起来，哪怕武器装备相对低劣一点，但在思想文化上，在军事思想、组织体制和作战方式上，必须比其作战对手更加先进、更加现代化起来，否则，就不可能战胜敌人，夺取革命胜利。事实也是这样，如果说传统军事是近代中国各领域多米诺骨牌最先倒下去的，那么，中国在现代史上站起来，则首先表现为她全面更新和改造了落后的传统文

---

① 参见衣俊卿：《现代化与文化阻滞力》，人民出版社 2005 年版，第 103 页。
② 参见衣俊卿：《现代化与文化阻滞力》，人民出版社 2005 年版，第 103 页。

化，并将文化解放的力量释放于军事发展与现代化，从而在军事上最先站立了起来！

上述事实充分说明了文化现代化对中国军事现代化的重要时代价值。任何战争，不仅是经济、军事的较量，而且是精神、意志的较量。近现代中国主文化体系的置换，形成了引领中国革命化、军事现代化的新的主导文化，极大地改铸了中国军队的"国魂"和"军魂"，增强了人民军队现代作战能力。中国革命与建设、中国军事现代化的历史发展，始终是以新民主主义文化、社会主义文化来引领的。但是，这些新的文化体系或形态都不是凭空产生的，其中一个重要来源就是对中国传统文化的批判性继承与发展。因此，并不排斥中国优秀传统文化的积极作用。对中国现代军事产生了重大影响的毛泽东，从小就受到传统文化的教育和熏陶。他熟悉《三字经》、《论语》、《孟子》、《诗经》、《左传》、《史记》、《资治通鉴》、《日知录》等典籍，对宋明理学（如朱熹的《近思录》、《四书集注》等）以及王船山、曾国藩、康有为、梁启超、谭嗣同的著作都有涉猎。成为党和军队领导人以后，他把掌握马克思主义与批判继承传统文化思想材料结合起来。延安时期除阅读马列著作外，还大量阅读诸子百家著作，研读《孙子兵法》、《孙膑兵法》、《战国策》、《汉书》、《三国演义》和曹操、岳飞等人的军事论著，充实、丰富中国现代军事理论。他的《中国革命战争的战略问题》、《论持久战》、《战争和战略的问题》等著作，广泛征引古代史书与兵法，继承和发展古代军事辩证法思想，总结战争经验，推陈出新。他善于运用中国历史典籍中的思维、语言表达形式，如"实事求是"、"知无不言，言无不尽，言者无罪，闻者足戒"、"惩前毖后，治病救人"、"三个臭皮匠，合成一个诸葛亮"、"以其人之道，还治其人之身"、"凡事预则立，不预则废"、"不破不立"等，加以发挥和改造，以具有中国特色和风格阐述马克思主义理论、党和军队的一系列主张。可见，传统文化成分不仅积淀在毛泽东的知识结构中，而且成为毛泽东思想、毛泽东军事哲学思想的重要来源之一。创新是最好的继承。他把传统文化的优秀成分与时代精神有机结合，在吸收、批判、继承和超越使之现代化，创造性地提出一系列符合中国革命实际的重大军事理论、原则和战略、战役指导思想，对中国军事现代化发挥了巨大的指导和推进作用。

"战争是群众的战争，只有动员群众才能进行战争，只有依靠群众才能进行战争。"① 同样，军事现代化，也必须在广大民众的支持下才能推进。中国文化现代化向军事领域的延伸，集中表现为现代文化、民族时代精神对中国军事发展的积极影响上。优秀的民族文化与精神向军事领域的延伸，可以形成更加具体的国防精神，形成支持军事发展的"尚武拥军"精神。尚武拥军是一种以武为荣，崇尚军功，尊重军人，希望通过军队或全民习武达到国防稳固的民族精神。这种精神自古以来就存在，而且随着时代的发展不断被赋予新的内容。对于一个国家来说，军人以及全体国民的军事素质高低，是国防强大、军事发展决定性因素。一个民族是否具有爱军习武的精神品质，在很大程度上影响着这个国家军事的发展水平和军队的战斗力。民众是国防力量及其发展的强大依托，军事现代化有赖于全体公民的广泛支持和积极参与。和平时期广大民众表现出的军事素质、政治态度对国防和军队现代化建设成败具有重要影响。一个国家不注重军事技能的训练，漠视国民尚武精神的培养，就不可能建成强大而稳固的国防，也不可能建设一支强大而有战斗力的军队。② 从革命战争年代到新中国成立后相当长一段时期内，历经战乱，历经推翻"三座大山"的残酷统治获得自由、解放的中国人民，国防观念非常强烈，尚武拥军意识十分浓厚，保家卫国，献身国防

---

① 《毛泽东选集》第一卷，人民出版社 1991 年版，第 136 页。
② 参见张兴业主编：《国防精神》，军事科学出版社 2003 年版，第 39 ~ 43 页。

在人们心目中是既光荣又崇高的事业，人们自觉"支持国防，拥护军队，军人在社会上具有很高的地位，受到人们的普遍尊重"①。那时，全社会、全民族特别尊重军人，支持军队建设，在不断提高军人待遇和地位的同时，非常关心军属的工作与生活；那时，全社会、全民族都热爱军人、支持军队，热心为军队解决实际问题，为推进国防和军队现代化建设提供助力；那时，所有适龄青年都踊跃参军，一人当兵，全家光荣；那时，社会上最有才华的人都想着进入军队，军人这个职业在社会上的地位是最高的，是最受人羡慕、最受人敬仰、最值得信赖的。② 这一切，都来源于前述民族时代精神的绚丽绽放，来源于中国文化现代化植入全民族而催生的伟大力量，来源于解放后全社会对这种"传统—时代"精神的崇敬与缅怀。一句话，文化现代化不论在战争年代，还是和平建设时期，都以其特定的形式和内容，对人民军队的发展壮大，对中国军事现代化起到了巨大的推动作用。

正是有了先进的时代文化，正是在伟大民族时代精神的激励下，中国的国防和军队现代化建设不断推进，取得了巨大成就。在这种精神的激励下，人民军队在朝鲜战争中，与世界头号军事强国美国抗衡，表现出了无比强大的战斗力，陆军越战越勇，迫使美军撤过"三八"线；空军越战越强，在喷气式飞机上仅飞行了十几个小时的飞行员，竟把参加过二战的美国王牌飞行员击落。在这种民族精神的激励下，中国于朝鲜战争后，加快了军队革命化、现代化、正规化建设的步伐，1954 年起陆续实行军官薪金制、军衔制、义务兵役制，兴建了 79 个规模较大的兵工厂，建立各类军事院校 120 所，人民解放军面貌一新。在这种民族精神的激励下，中国很快能自行研制与生

① 张兴业主编：《国防精神》，军事科学出版社 2003 年版，第 16 页。
② 参见张兴业主编：《国防精神》，军事科学出版社 2003 年版，第 39 ~ 43 页。

产新型常规武器装备，1964 年 10 月第一颗原子弹爆炸成功，1966 年
10 月第一枚导弹核武器发射成功，1967 年 6 月第一颗氢弹爆炸成功，
1970 年 4 月第一颗人造地球卫星发射成功，1966 年 7 月战略导弹部
队——第二炮兵成立……

　　时光荏苒，从 20 世纪 60—70 年代开始，世界经济、科技、军
事发生了深刻的变化。一场以高技术为先导的军事变革，已经悄然
拉开序幕，中国军事现代化面临着复杂、严峻的形势。当世界新军
事变革的浪潮涌入新世纪的大门，当我军建设和改革与之一起涌动
的时候，我们却看到，随着时间流逝，长时期的和平生活使一些人
心理发生嬗变，对战争与和平的认识发生偏离，盲目的绝对和平主
义思想开始泛滥，国防观念淡化，漠视军队，漠视军事现代化对国
家发展的重要价值，漠视文化现代化对军事现代化的重大时代价值，
给国防和军队现代化建设带来许多消极影响。这是与近现代以来中
华民族所展现出来的伟大民族精神格格不入的。一个伟大国家，一
个伟大民族，永远不应当忘却自己过往由于军事上落后而被动挨打
的历史，更不能舍弃自己在逆境中奋起、英勇抗争外侮时展现出来
的那种“民族魂”——“国魂”与“军魂”。这是我们民族全部历史
的真正价值所在，也是我们回望传统文化时发掘出的一种永远居安
思危的忧患意识，一种不懈进取、富国强兵的历史意识，一种持之
以恒地推进军事现代化的时代意识。而这一民族魂的保持与发扬，
都系于文化的现代化。

（二）文化现代化成为实现富国强军的迫切要求

　　1933 ～ 1934 年间，《东方杂志》等刊物开展了一项征文活动，
活动的主题是“梦”。以知识界为主的数百人共同做了一场“中国
梦”，包括“强国之梦”，描绘了理想的中国现代化蓝图；“破碎的梦”，

诅咒当时严酷的社会现实……① 今天，透过时光隧道，比照历史进程，我们深为当时中国人的精神状态所感动。的确，中华民族是一个有"梦"的民族，尽管那是兵祸不断、天灾频发的年代，是政治黑暗、民不聊生的年代，是内忧外患、山河破碎的时代，人们还要做梦，"大同"是梦，"富国强兵"也是梦。这梦，既来自千年古老文化的传承，也激励着时人抗战、解放、建国，一直走到今天。有了梦就有希望，"无梦的民族是没有希望的"。② 今天，我们全面建设小康社会，通过"小康"奔向"大同"；我们通过深化改革、扩大开放推进国家现代化，通过中国特色军事变革推进中国军事现代化，就是为了实现近代以来中国人的"强国之梦"。这个"强国之梦"，概括起来就是在全面建设小康社会的历史进程中实现富国与强军的统一。

正确处理安全与发展的关系，正确处理经济建设与国防建设关系问题，是一个国家的永恒命题。历史昭示，在世界政治舞台上，大国不等于强国，富国也不等于强国。经济上落后有被开除"球籍"的危险，军事上落后则有亡国灭种的危险。作为一个经济文化相对落后的发展中大国，中国能否处理好国家安全与发展问题，关系到人心向背、事业兴衰。从当年大清帝国屡屡战败，割地赔款，被马克思称为"奇异的对联式悲歌"的中国，到 20 世纪末香港、澳门和平回归，翻天覆地的历史巨变，无不表明富国强军对中华民族伟大复兴的战略意义。实现国家富强和民族复兴，关键是实现富国强军。富国强军应当是当代中国社会的最强音。这种深沉的危机意识告诉我们：

第一，**中国必须强军**。在全面建设小康社会的历史进程中实现富国与强军的统一，是中国从革命化走向现代化，经过卓绝奋斗赢得国家独立发展的国际主体资格之后，经过半个多世纪建设与发展特别是

---

① 参见刘仰东编：《梦想的中国》，西苑出版社 1998 年版，第 250～259 页。

② 参见忻平：《梦想中国：30 年代中国人的现实观和未来观》，《历史教学问题》2001 年第 6 期。

经过 30 多年改革开放之后，提出的一个极富进取精神的宏伟奋斗目标。作为一个战略利益不断拓展的国家，中国面临着捍卫自身发展利益的艰巨任务。加入世界贸易组织以后，中国与世界联系日益紧密，面临的金融风险、能源战略通道安全，以及保护海外资产、劳工、市场等问题日益凸显。作为一个自然灾害频发和经济社会处于转型中的国家，中国不但面临抢险救灾、应对突发事件等严峻考验，还面临着安全环境不断变化等新课题。作为国际事务中一支重要的和平力量，中国要对维护地区和世界和平、稳定与发展肩负着重要的历史责任。今天，随着国家财富增长和人民生活富足，人们对自身安全与国家安全的关注度空前提高。所以，邓小平说："现在看，发展起来以后的问题不比不发展时少。"[①] 生存安全问题与发展安全问题相交织，传统安全威胁与非传统安全威胁相交织，现实安全威胁与潜在安全威胁相交织，国内安全问题与国际安全问题相交织……中国的安全环境和安全态势何其特殊、何其复杂、何其紧迫！因此，在全面建设小康社会进程中实现富国强军，是关系国家发展、民族复兴的重大战略决断。这一决断，既是一种"军事决断"，它的本体内涵是军事；也是一种"文化决断"，它的内在灵魂、历史进程和未来结局都取决于文化——取决于文化的先进性，取决于先进文化视野下的历史勇气、责任与气魄。一句话，取决于文化现代化。

第二，中国何以强军。强军需要国家经济、政治、文化、社会等多方面力量的支撑与凭借。其中，经济快速发展可以为国防和军队现代化夯实物质基础；科技创新进步可以为富国强军提供强大的战略支撑；文化大繁荣大发展可以为富国强军提供强大精神动力；体制改革创新，则可以为国防和军队现代化构筑起坚实的制度保障。这里，文化大繁荣大发展亦即文化现代化，既是强军亦即军事现代化的一个重

---

① 《邓小平年谱》下卷，中央文献出版社 2004 年版，第 1364 页。

要方面，也全方位地渗透到推进军事现代化的经济发展、科技创新和体制创新中。先进的军事必有先进的文化。发展先进文化，实现文化现代化，是实现富国强军的必然要求，是实现军事现代化无所不在的血脉与灵魂。

第三，**中国怎样强军**。强军必须走中国特色军民融合式发展道路，这是总结历史经验得出的结论。军民融合，就是富国与强军协调发展，实现国家资源经济效益和国防效益的最大化。对于一个有重要国际影响、正在崛起的大国，要实现长远、稳定的协调发展，必须在实现上述诸多"协调统一"的基础上再上一个台阶，这就是要实现大国强国"特有的协调"——本国经济建设和国防建设的经济技术形态要与世界先进水平保持协调一致。① 实现这一"特有的协调"，才可能真正实现富国强军。实现"特有的协调"，需要有"特有的文化"来支撑。这种"特有的文化"，就是既有民族特色与品格，又与世界现代化潮流相契合的现代文化，是与富国强军要求相协调的文化。同时，富国强军也需要理性文化的科学规划和调理。"明治维新"时期，日本作为后发国家，其奋斗目标也是实现民族振兴，追赶西方国家，不但实现经济上要崛起，还要实现军事上也要崛起，就是达成富国强兵目标。但由于"明治维新"仅实现了经济、军事崛起，没有调整好经济、军事与文化的"文明协调"，反而使富国强兵成为国民盲目爱国情绪、军国主义滋生泛滥的根源。中国传统文化根深叶茂，"和为贵"、"协和万邦"是其内在品质之一。传统文化中的"文化"，早就是相对"武化"而言的，含有"以文化武"之意。《易经·贲卦》曰："文明以止，人文也。"② 王弼《周易正义》注："止物不以威武而以文明，人之文也。"但是，尚和、止武的安全观、军事观，同样也需要另一种文化来平衡，就是尚武、

---

① 参见姜鲁鸣：《中国究竟要实现什么样的富国强军?》，《光明日报》2009年5月11日。
② 《易经·贲卦》。

不畏强权、敢于抗争。中国不搞霸权，耻视军国主义，但中国也应深知：能战方能言和，以战方能止战，这是富国强军应把握的文化张力。这是一种文化辩证法，是一种现代文化的理性，没有这样的文化理性，富国强军、军事现代化目标就不能顺利实现。

总之，中国的发展已经从经济现代化延伸到军事现代化这个"问题域"。中国的发展包括军力在内的强大。这既是中国百年梦想，也是中国和平发展的题中之意。但是，这种发展必须伴随着全民族集体精神世界的成熟，也就是文化现代化。世界上，任何大国崛起都伴随着思想文化的支撑，不然这种崛起就有陷入歧途的风险。无论对个人还是民族，只有思想文化的成熟，才会真正有军事上的成熟与自信。这不仅需要军人具备真正成熟的文化品质、精神风貌和战斗精神，而且需要整个民族都要在文化上现代起来、成熟起来、理性起来，从而确立一种异常清醒的军事现代化理性。

（三）以文化现代化释放军事现代化的传统文化资源

以先进的文化引领军事现代化，一个重要前提，就是理性地批判和重构传统文化特别是传统军事思想。这个过程开始于近代，并不断在更高层次、更广阔的文化视野中展开。一是从废科举到"武士"回归，清政府把"军界"与士农工商一样，重新纳入社会结构。[1] 这是对以往重文轻武文化的反思与重构。二是军事思想由中世纪向近代转型，提出"师夷长技以制夷"的总体战略，"筹海防、御外侮"的军发展和军队建设思想等。[2] 三是近代军事思想向军事实践转化，

---

[1] 参见宋新夫、李承：《知识本位下的无兵文化与武士的回归》，《人文杂志》2008年第4期。

[2] 施渡桥：《中国近代军事思想体系的初步形成述评》，《军事历史研究》2000年第1期。

如开始仿照西法编练新军等。① 四是军事近代化从物质层次向制度层次、思想文化层次不断展开和深化，装备、人才、体制编制、兵役制度、国民尚武精神等都发生了深刻变化。② 同时，传统文化中的一些精神品质，如"变古易常"的思想，"忧患兴邦"的意识，秦、汉、唐代军事实践中的事功精神等，也在新的时代条件下复活。上述军事近代化成果，以及传统文化有益思想成分的再现，对中国军事现代化起到了巨大的推进作用。对此，毛泽东高度评价说："我们这个民族有数千年的历史，有它的特点，有它的许多珍贵品。……我们是马克思主义的历史主义者，我们不应当割断历史。从孔夫子到孙中山，我们应当给以总结，承继这一份珍贵的遗产。"③ 毛泽东在领导革命战争中，十分注意马克思主义与中国传统文化的结合，他用"实事求是"、"知行观"等传统文化中具有恒久意义的命题对马克思主义进行解读，努力实现马克思主义的中国化、民族化，并运用于革命战争的战略指导上。这对中国革命的发展，对中国马克思主义军事思想的形成，对中国军事走向现代化，也起到了重要的推动作用。

历史发展到今天，中国仍然处于追赶现代化的进程中。在这一进程中，通过推进文化的现代转型，实现文化现代化，克服传统文化的一系列保守、封闭、落后因素的负面影响，释放传统文化中一切面向时代、求真务实、自强进取等有利于现代化的资源性要素，使它们发挥推进军事现代化的正面效应，成为中国文化发展面临的一项重大时代课题。但是，如前所述，一些与科学精神、民主精神相对立的传统专制主义意识，仍然无孔不入地渗透于我们的社会生活，渗透于中国

---

① 施渡桥：《中国近代军事思想体系的初步形成述评》，《军事历史研究》2000 年第 1 期。

② 参见余海岗：《清季军事现代化思想及演变初探》，《哈尔滨学院学报》2005 年第 3 期。

③ 《毛泽东选集》第二卷，人民出版社 1991 年版，第 533 ～ 534 页。

军事现代化发展的进程中。各种宗法、等级、依附、消极、企盼清官大老爷等传统观念，禁锢人们的思想，阻碍改革创新，改变科学、民主、法制、自主、自强等制度和思想的原有内涵，使"每一制度、新学术、新名词传入中国，便如落在黑色染缸，立刻乌黑一团，化为济私助焰之具"①。传统文化超常的消融外来文化的同化力，日益变成了一种扭曲力。这说明，前述传统文化体系、形态或其消极因素，作为一种深层的"集体下意识"、民族心理结构和极其顽强的习惯势力潜流，仍然制约着民族文化生机，成为障碍现代化的文化土壤。

任何一种较成熟的文明都是建立在一定理性基础上的。韦伯认为，工具理性为特征的理性化进程得益于新教伦理，得益于欧洲宗教改革以后形成的新教伦理。对于西方现代化发展而言，它孕育了一种被称之为资本主义文化精神的经济伦理。他在分析以新教伦理为标志的资本主义现代理性文化产生的过程时，从发生学意义上说明了西方理性主义的独特性。他指出，虽然资本理性的发展部分地依赖于理性的技术和法律操作，但与此同时，它还由人们采取现代理性行为的能力和气质（精神）所决定。以清教为典型的新教伦理，代表着否定巫术的、彻底祛魅的、积极进取的禁欲主义。当此类理性行为受到精神障碍，理性经济行为的发展也必然遭到严重的内在阻碍。各种宗教、神秘、传统伦理观念，一直产生着这种精神障碍作用。② 在他看来，儒教伦理也是一种类型的理性文化："从一切迹象看，中国人有能力，甚至比日本人更有能力吸收在技术和经济方面都在近代文化领域中获得全面发展的资本主义。"③ 然而，中国及其儒教并没有走上西方的理性化道路，没有生成现代化的文化精神。与清教伦理相比，儒教、道

---

① 鲁迅：《鲁迅全集》第 5 卷，人民文学出版社 1981 年版，第 389 页。

② Max Weber, The Protestant Ethic and the Spirit of Capitalism, p. xxxix, London and New York: Routlegde, 2001.

③ 马克斯·韦伯：《儒教与道教》，商务印书馆 1995 年版，第 300、35、293 页。

教等中国传统文化都没有摆脱"对作为不可更动的行动规范的日常习惯的精神适应与信仰"的"传统主义"。所以，他认为西方新教伦理与以儒学为代表的中国传统伦理——这"两种'理性主义'的根本区别：儒教理性主义意味着理性地适应世界；清教理性主义则意味着理性地把握世界"①。

因此，必须通过推进文化的现代转型，通过"理性地把握世界"，克服传统文化的一系列制约因素，释放传统文化中一切有利于推进中国现代化、军事现代化的文化资源。这种释放，一方面要释放传统中面向未来的优秀文化成分，包括"前瞻"视野、面向世界的"天下"胸怀、务实发展的"事功"精神；包括"重商"与"尚武"、"富国"与"强军"的刚健有为、自强不息精神；包括"以战止战"和"武"、"兵"、"战"、"争"、"谋"等观念，等等。另一方面，还要继承和发扬人民军队自身在革命战争中形成的一系列优良传统，包括北伐战争中打倒列强与军阀的战斗精神，红色苏区不屈不挠的艰苦斗争精神，红军二万五千里长征中战胜一切艰难险阻的一往无前精神，抗日战争中全民族的空前凝聚精神、解放战争中为人民解放不怕流血牺牲的战斗精神，向大西南、大西北进军中的顽强拼搏精神，抗美援朝战争中不畏强敌的保家卫国精神；包括新中国成立后广大人民节衣缩食、勤俭建国的艰苦创业精神，是追赶世界科技前沿、研创导弹卫星的奋发有为精神，是改革开放中面向世界、面向未来、面向现代化的不懈进取精神，是战胜无数次自然灾害、重建家园的吃苦忍耐精神，等等。② 这些精神无不集中体现了中华民族忍耐、执着、忠于职守、自强不息、厚德载物的伟大品格，是一种特别能吃苦、特别能忍耐、特别能战斗、特别能创业、特别能团结、特别能奉献的时代精神，都是推进国

---

① 　马克斯·韦伯：《儒教与道教》，商务印书馆 1995 年版，第 300、35、293 页。
② 　参见章传家、郭凤海：《论伟大的长征精神》，《解放军报》2006 年 9 月 15 日。

防和军队现代化的伟大民族精神。释放这些精神资源，有利于增强全民族朝着现代化目标不懈追求的坚韧力、团结奋斗的凝聚力、开拓新路的创造力，有利于摒弃一切狭隘传统落后观念的束缚和精神状态的影响，更新理念，探索规律，创新模式，在破旧立新、解构和建构中励精图治，奋发图强，不断推进军事现代化。

总而言之，军事现代化需要现代文化的支撑。推进军事现代化，不能割裂军事与经济、政治、文化发展的内在联系。人们对军事现代化发展的条件可以作出多种多样的概括，诸如制度、政策、资金、科技等，但必须看到，人的精神状态（包括态度、认知水平、价值观等）更是军事现代化顺利发展的重要因素，是现代化的强大精神动力。军事现代化是亿万人有意识、有目的、有情感、有意志自觉参与的实践活动，武器装备的更新、军人文明素质的进步、军队体制编制的调整、军事政策的制定和军事科技的发展，均是人们实践活动的结果。这其中，对传统文化优秀成分的改造与注入，以及在此基础上形成的富于时代精神的文化的有力推动，则至关重要。所以，英格尔斯说："无论一个国家引入了多么现代化的经济制度和管理方法，也无论这个国家如何仿效最现代的政治和行政管理，如果执行这些制度并使之付诸实施的那些人没有从心理、思想和行为方式上实现由传统人到现代人的转变、真正能顺应和推动现代经济制度与政治管理的健全发展，那么这个国家的现代化只是徒有虚名。"[1]

---

[1] 张向阳：《社会改革与人的心理健康》，《赣南师范学院学报·社会科学版》1997年第 2 期。

第七章
全面整合中国军事现代化的
传统文化资源

历史表明，传统文化必须经过反思、批判、扬弃和改铸，它所包含的优秀文化资源才能被释放出来，并被整合为军事现代化的有效资源。传统文化整合是一项极其复杂而艰难的工作。其复杂性和艰难性主要表现在，它在不仅涉及传统文化向现代转型中遇到的一系列极其深刻的历史问题和时代内容，涉及传统文化在体系上整体转型，在要素上实现转化的问题，而且，这种转型、转化还涉及更广阔的领域，包括经济、政治、文化、军事等多领域、多侧面的问题。

一、中国传统文化资源的现代整合

文化批判是文化整合的前提。传统政治文化特别是其国家观、安全观、生死—人生价值观，必须经过改铸和重构，整合为军事现代化的有效文化资源。如果我们在这项工作上不能取得突破，那么，它就必将一再地成为推进军事变革、实现军事现代化的强大文化阻滞力。因此，应从更广阔的时代背景上"外之既不后于世界之思潮，内之仍弗失固有之血脉"，以"取今复古"的态度清理沉睡的传统精神资源，启动传统国家观中自由、民主、科学的因素，在不泯灭民族血脉和文化特色的前提下"别立新宗"，[①] 为推进中国军事现代化发掘更加富有生机和活力的精神文化资源。

（一）文化资源整合及历史启示

前文所谓对传统文化思想要素进行现代改铸，就是在对这些各种思想要素进行反思、批判的基础上，把它们改造成具有时代价值的思想文化成分，从而把它们吸收、融入到现代思想文化体系中。这就是文化整合。纵观人类历史，我们会看到，文化整合的必要性在于，一个社会的文化发展状况是复杂的。社会生活中并非只存在一种文化，而是多种文化形态并存，其显著特征之一，就是现代文化与传统文化并存。现代性是当代中国文化的主流，它在精神层面上积淀了长期社会实践和意识活动的成果，体现了中国各民族人民的价值标准、思维方式、群体趋向等特质，因而与中国传统文化有着千丝万缕的联系。传统儒学在古代中国是主文化，是占主导地位的大传统文化，而在当代中国则是一种亚文化；在当代中国，主文化是以马克思主义为核心的现代文化。我国现阶段存在的各种传统文化形态，与主文化共同存在，既有交流、对话与融合，也有摩擦、排斥与冲突，它们相互影响，彼此消长。[②] 多姿多彩的"传统—现代"文化形态，在内容、性质和价值取向上存在着明显差异。文化差异导致文化博弈，传统文化与现代文化的博弈，民族文化与外来文化的博弈，儒家文化与主文化

---

① 《鲁迅全集》第 1 卷，人民文学出版社 1981 年版，第 56 页。

② 参见夏兴有、郭凤海：《当代文化与马克思主义》，载侯树栋主编：《实践的呼唤与理论的回声——当代重大现实问题与马克思主义》，国防大学出版社 2003 年版，第 236 ~ 272 页。

的博弈等，"必然要求文化整合。"① 因此，文化差异与博弈是文化整合的内在根据。

文化整合是人类社会发展中客观存在的一种普遍现象。古今中外，任何统治阶级都想通过自己认可的主文化，整合其他社会文化，为维护自身统治提供合法性论证和有利的文化氛围。但从历史上看，他们对社会文化的整合并不总是有效的：有的很成功，有的则很失败；有的对国家和民族发展有利，有的则给国家和民族造成很大危害。文化整合效果之所以不同，一个根本原因，就在于不同统治阶级，或同一统治阶级在不同历史时期，采取的文化整合政策存在很大差别，体现出两种截然不同的文化整合路径：第一，"一元主导、多样互补"的文化整合路径。主要指一个社会文化领域，存在一种主导性文化，主文化牵引其他社会文化相互竞争、相互补充、共同发展。这种整合路径，在西方和中国都存在过。欧洲中世纪后期，宗教神学强行干预科学发展的情况发生了根本转变。随着商品经济的发展，政教开始分离，科学理性得到张扬，传统基督教不得不进行改革。路德的宗教改革就是反对信仰的权力化，加尔文宗提出了"预定论"和"上帝之选召"教义，这就是基督教新教伦理。新教伦理摒弃以往的禁欲主义，倡导在世俗职业中树立敬业、勤俭、诚实、守信等职业精神，把商业营利视为神圣的事业，以此证明自己是上帝的选民。新教伦理直接导致了资本主义精神的诞生。② 一般认为，宗教伦理属于价值理性，科学理论属于工具理性。宗教伦理近代以来的变化，及其与科学"分立"，意味着价值理性与工具理性开始分立，这对欧洲文化发展产生了很大影响。韦伯在《新教伦理和资本主义精神》一书中，着眼于这种新型的文化互补关系，揭示了新教伦理对欧洲各种社会文

---

① 参见王奎清：《文化博弈与文化整合》，《长白学刊》2005 年第 5 期。

② 参见 M. 韦伯：《新教伦理和资本主义精神》，生活·读书·新知三联书店 1987 年版，第 141 页。

化的整合作用，认为这是西方通达现代化的一个重要文化原因。与西方文化不同，传统中国，工具理性一直不占主要地位。优越的自然地理环境、发达的个体农耕经济，使中国人习惯于靠天吃饭，精耕细作，男耕女织，形成了独特的乡土社会结构。这种乡土社会结构使人们对探索大自然秘密，对科学技术应用，没有像西方人那样的紧迫感，但是，却特别注重调解人伦关系。这就注定了中国传统价值理性异常发达，决定了以调整伦理关系为特质的儒家大传统文化，在两千多年君主专制社会中的统治地位。儒学十分关注社会礼仪制度的稳定和道德人格的提升，表现出很强的沟通和整合功能，能在和平时期起到维护现存秩序、促进社会稳定的作用。这就是为什么在每一次改朝换代之后，新的统治集团都会自然地以儒家文化来主导社会治理的根本原因。

第二，以主文化"同化、兼并"其他文化的整合路径。主要指用一种社会主文化即主导意识形态完全同化社会文化的各个方面，成为整个社会唯一的价值尺度。历史表明，互补型文化整合路径不论对巩固统治阶级的政治地位，还是对国家和民族的长远发展都是有利的。但是，历史总是错综复杂的。在阶级社会，由于受阶级和历史局限，由于人们的利益取向不同，不同阶级、阶层、集团或个人对文化发展的要求不同，因而对文化解释与操作的取向也不同。这就决定了主文化对亚文化的整合，在特定历史时期不一定走互补型整合道路，反而沿着同一化整合路径进行。与互补型整合路径相比，同化、兼并整合路径的最大特点，是只承认社会文化的一元性，完全否认文化形态多样存在与发展的必要性；表现在文化政策上，必然是排斥文化差异的政治——文化专制主义。中世纪基督教对哲学和自然科学发展的强行干预与限制，中国历史上秦始皇"焚书坑儒"，汉武帝"罢黜百家、独尊儒术"，都想达到这样的目的。汉魏以后，针对佛学在中国的广泛传播，儒家士大夫掀起了多次"排佛"、

"灭佛"运动,① 却始终不能根除佛学的影响。儒学自以为，本身在内容上是完满的，在逻辑上是"自圆"的，不需要其他文化特别是外来新文化补充，因此总试图以自身代替或同化其他文化，而结果却适得其反。儒化整合反而导致了儒学本身的蜕变，它在专制社会晚期，日益丧失了自身的先进性和感召力，丧失了整合其他文化的能力。1840年鸦片战争以后，由于西方工业文明、各种外来思潮的强力介入与冲击，原来支撑传统文化的社会结构逐步瓦解，传统儒学在解决民族危机问题上全面失效，引发了声势浩大的"启蒙"、"救亡"运动。随后兴起的"五四"新文化和新民主主义文化，作为从总体上对传统儒学的异质性颠覆，在解决中华民族面临的时代课题上显示出巨大优势，因而彻底取代了儒学在中国的主导地位，造成了中国主文化体系的全面置换。新中国成立以后，大规模的、急风暴雨式的阶级斗争基本结束，和平建设逐步展开。毛泽东提出"百花齐放、百家争鸣"文化方针，但从总体上看，在长达 30 年的时间里，没有调整好主文化与其他文化的关系，文化整合的努力一直在阶级斗争旗帜下激烈地进行,② 终于导致了"反右扩大化"、"文化大革命"百花凋零的文化发展困局。

为什么在文化整合问题上，人们总是一再重蹈"同一化"、"兼并式"整合的覆辙呢？一个根本原因，就在于当政者过于理想化地看待社会，幻想营造一种纯而又纯、无矛盾的社会状态，幻想建构一种纯而又纯、无差异的社会文化。如斯大林在世时长期不承认社会主义社会存在矛盾，也不能容忍思想文化领域里有矛盾，如果出现不同声音或反面意见，便不分青红皂白，毫不留情地加以剪除。对此类做

---

① 参见李承贵等:《关于"儒、佛、道三教关系"的再认识》,《福建论坛·人文社科版》2005 年第 6 期。

② 袁阳:《中国传统文化的非整合性及其对现代化的社会负功能分析》,《社会学研究》1991 年第 6 期。

法，马克思指出："你们赞美大自然令人赏心悦目的千姿百态和无穷无尽的丰富宝藏，你们并不要求玫瑰花散发出和紫罗兰一样的芳香，但你们为什么都要求世界上最丰富的东西——精神只能有一种存在形式呢？……精神的最主要形式是欢乐、光明，但你们却要使阴暗成为精神的唯一合适的表现；精神只准穿着黑色的衣服，可是花丛中却没有一枝黑色的花朵。"①这种文化整合模式，抑制了文化的多样性发展，造成了苏联社会主义文化的内伤：不受任何"挑战"的特殊地位，反而使它丧失了通过与其他思潮竞争求生存的本能。随着岁月流逝，它日益陷入严重的教条主义和僵化，使它在日后的改革年代，最终找不到有哪个现实问题自己能够解决，陷入积重难返的境地，最终走向终结。②

　　历史表明，走互补型整合道路，还是走同一化整合道路，对一个国家的文化乃至这个国家的整体发展至关重要。在这方面，历史上有成功的范例，也有失败的教训。它们留下的启示是：

　　第一，文化整合并不意味着完全消除文化差异，也不可能消除这种差异。一种有效的文化治理，其实质在于理顺文化关系，把各种有价值的文化整合到社会治理体系中，妥善解决多样并存格局下的文化问题，为社会发展、军事现代化奠定坚实的文化基础和积极的精神动力。文化整合成效，并不完全体现在消除各种文化差异（相互吞并、替代）上，而是体现在它们能否形成分工、合作关系；能否通过主文化的引领和影响，使各种文化在总体取向上达成功能互补状态。在这个问题上，主文化的先进性、包容性、引领力——整合力至关重要。

　　第二，整合传统文化，并不能寄望于传统文化与现代化文化的自然融合，而是要以当代中国先进文化对传统文化进行主动整合。就是采取各种合理的（主要文化本身的）方式，通过思想文化里符合现代

---

① 《马克思恩格斯全集》第一卷，人民出版社1995年版，第111页。
② 参见贾泽林：《苏联哲学的终结与后苏联哲学的展望》，载燕宏远主编：《当代哲学主流研究》，广西人民出版社1994年版，第27～78页。

化发展要求的文化（包括现代军事文化），对传统文化进行有意识的选择、取舍、改造，形成一种特定的文化发展局面，为国家现代化、军事现代化提供有效文化资源的过程。

总之，切不可一边总结前人的教训，一边重蹈他们的覆辙。走一元主导、多样互补的整合道路，即是人类文化发展的一条历史经验。当代中国社会、军事的持续性、大规模转型，不仅深刻地改变着人们的思想观念，而且也需要先进而富于包容性的精神文化来支撑。这就涉及在异彩纷呈、相互激荡的文化中，如何把握主文化整合亚文化，特别是现代文化整合以儒家为主脉的传统文化的现实路径和发展方向问题。

（二）传统文化资源的体系整合

体系性文化是人类文明发展进步的精神结晶。面对传统观念带来的和新的历史条件下各种文化的相互激荡产生的问题，我们不应站在滞后、被动的地位，而应主动、积极地适应新的形势，探索、建构中国有利于推进军事现代化的现代文化体系，从体系建构角度整合一切有利于推进军事现代化的文化资源。

破解中国军事现代化的文化资源问题。主要思路包括两个方面：第一，从批判的视角出发。因为在中国并不存在真正超越意义的宗教。所谓儒教，更多的是一种世俗伦理。我们面临的问题是：儒教代表的传统主义文化为什么有那种顽强的存活力与影响力？为什么中国经历了"五四"以来的诸多文化运动与启蒙，竟然不能从根本上撼动这种传统文化？实际上，如前所述，这种传统文化精神，以及它在体系上对现代理性化文化的拒斥来自更为深刻的社会基础，即自在自发的传统日常生活的深层结构。[①]关注生活世界是现代哲学的重要导向。

---

① 参见衣俊卿：《现代化与文化阻滞力》，人民出版社2005年版，第103页。

胡塞尔、维特根斯坦、海德格尔、哈贝马斯、列菲伏尔、许茨、K.科西克和A.赫勒和我国学者衣俊卿等人均提出了各种生活世界理论。本书不想在一般意义上涉及这个问题，而是在军事现代化背景下研究"传统日常生活批判"问题。这一点，我们将在本章第二节进行专门讨论。第二，从建构的视角出发。通过建构有别于中国传统文化的国学新体系，建构中国人自己的"新教伦理"。着眼于衣食住行、饮食男女、婚丧嫁娶等日常生活活动、日常交往活动和日常观念活动构成的日常生活世界，着眼开这一生活层面上的传统文化改造，以文化上的"移风易俗"，确立直接与现代社会生活相契合的新的文化解释体系和规范体系。本书第六章在探讨当代中国现代文化整合传统文化的三个指向，即"中国化、时代化、大众化"时，曾谈到符合这"三化"指向标准的当代中国文化，大体言之有两个：一是中国化了的马克思主义；二是直承传统文化，又不是传统文化——超越了传统文化的近代以来的国学。我们还说，国学这个方向应当与马克思主义主文化的发展并行不悖，并在文化形态上成为马克思主义的必要补充。由于国学专门以传统文化为研究对象，所以它在整合传统文化资源方面具有自己独特的优势。因此，在当代中国，马克思主义和国学都可以发挥总体的、异质性扬弃与超越传统文化的功能，整合传统文化的优秀成分，使它们成为推进社会现代化、军事现代化的文化资源。

第一，关于马克思主义与国学的关系。中国化马克思主义是中国革命和建设的引领学，但这并不排斥国学对传统文化精神的进一步发掘。民族精神在近现代的伟大展现，是传统文化活性因子的具体再现，为国学进一步发掘与整合优秀传统文化提供了丰富的精神资源。传统文化是当代中国人生活实践的文化"大背景"。如果说马克思主义的引领作用是主导的、显在的、动态的，那么，这种作为大背景的传统文化，其影响则具有相对潜在性、静态性，既有积极的方面，也有消极的方面，人们自觉不自觉地就会感受到它的存在。而国学的独特性和必要性在于，它直接以传统文化为对象，目的是发掘这一大背景中蕴藏着的有益于推进现代化的文化资源，并将其有时代价值的活性因子批判地纳入自己体系。从这个意义上说，当代国学以马克思主义为指导，对人们实践活动的影响作用虽然也是显的，但对马克思主义来说，它是辅助性的。

新中国成立以后，中国军事现代化进入了一个相对平稳的全新发展时期。这个时期军事现代化反而面临着更为复杂的社会局面，因为环境变了，人们的思想观念也在变化，价值取向、行为方式必然会跟着变。这个时期，曾经在革命战争年代起引领作用的新文化、革命文化即新民主主义文化，也上升为意识形态领域里占主导地位的"主文化"。与此同时，推进多样性文化形态大发展大繁荣，使多样性的文化与主文化形成相互补充的发展格局，就显得格外重要了。如国学，在全新的"时间开始了"的时代，就可以通过进一步整合传统文化优秀成分，进入一个全新的发展阶段，从而与马克思主义一样，为国家、为军队的现代化提供文化资源支撑。这是时代赋予了包括国学在内的中国文化全新的使命。但是，国学要真正起到这种作用，也不是一个简单的过程。由于 1957 年"反右扩大化"特别是"文化大革命"期间主文化发展的曲折，及其对各种社会亚文化的兼并式整合，导致多样性文化互补发展局面的严重受阻。1978 年，承接新中国成立初期"百花齐放、百家争鸣"余音，马克思主义主文化、其他亚文化也空前繁荣起来。按理说，国学应及时明确自身发展定位，以现代文明的视野，在发掘传统文化有益资源，弘扬优秀传统上大有作为。但是，20 世纪 80 年代以来"文化热"、"国学热"、"儒学热"持续而至，各种名目的"新儒学"、"国学"纷至沓来，社会上刮起了一波又一波"崇古风"、赞美旧学风。更有一些新儒家试图用儒学取代马克思主义，鼓吹以儒学为引领当代中国社会实践，建立所谓儒家共同体专政，再次呈现了传统社会儒家集团积极介入国家政治的历史惯性。这一切，都干扰了国学的正常发展和繁荣。尽管少数学者看到了国学不同于儒学或其他一切旧学的特点，呼吁国学面向时代，面向未来，但直到目前为止，学术界还在围绕"国学的定位"问题进行着莫衷一是的争论，没有完全实现中国人的"新教伦理"这一定位。

中国文化的历史发展表明，文化固然要积极融入社会，才能在推动社会进步中充分实现自身的价值。但一个社会的不同文化，介入社会、发挥作用的方式是不同的。马克思主义的主导地位是近现代中国历史发展的客观选择，而传统儒学在中国的统治地位也由于它在近代所起的恶劣作用，在"五四"时期就被置换掉了，这同样是历史发展的必然选择。在当代中国，它只能是一种亚文化。不可否认，它在当代中国道德评价领域，的确发挥着独特的影响，有积极的一面，但这还不足以支持它溢出道德领域，介入国家政治操作。历史上存在诸多"教权"介入"政权"造成道德背反的事实，儒家本身就是典型案例。因此，国学的任务不完全是执着于儒学，搞"我注六经"或"六经注我"，而是要发掘包括儒学在内的全部传统文化的精华，在此基础上建构当代中国的"新学"，形成中国的"新教伦理"，倡导、规范人们的道德行为，提升人们的道德境界，以这样的方式配合主文化推进国家和军队现代化。

以中国特色社会主义文化引领军事现代化，需要整合多方面的文化资源。一方面，要批判地借鉴和吸收一切有利于促进中国军事现代化的外来文化，包括世界科学技术发展前沿积极成果，自觉适应世界新军事变革时代大势。另一方面，也要系统整理、批判、反思和提炼传统文化，厘清大传统文化、小传统文化中的有益思想资源，即便传统文化中那些"最感人的传统"、"最灿烂的民族精神"，也需要经过现代文明的洗礼。只有以一种富于现代理性的冷静与清醒，以面向现代化的眼光审视传统文化，才是与军事现代化发展相契合的"自觉文化"。这种自觉文化就包括国学。推进军事现代化，需要国学发挥积极的推动作用。推进军事现代化，既需要促进社会有机体不断更新、保持进取向上的文化理性，又需要维护社会平稳有序，整合各种社会资源，协调各种社会行为。这就需要建构多种文化体系或形态相结合的社会"文化合力"系统。① 这种"合力"系统，构成了当代中国文化作用于社会各领域包括军事领域的动力机制。本书就是在这个意义上，把国学定位为推进中国军事现代化"新教伦理"的。

第二，国学与传统儒学的关系。如前，国学作为中国"新教伦理"，标明了当代中国传统文化整合的重要方向，这个方向与马克思主义在中国的发展是并行不悖，互为补充、相辅相成、相互促进的。但是，从实际历史发展看，近现代以来，中国文化整合的发展趋向表现在国学领域，除了梁启超、鲁迅、胡适等人有突出的建树外，直到今天尚无根本性的进展。国学的上述定位，主要是针对当代中国文化热衷一种流行的误解，即认为国学"是中国传统的学术文化"。② 不是的，如果这样理解，相对于传统文化，国学就多余了。它恰恰应当理解成中国人对传统文化的自我改造。"周虽旧邦，其命维新"。③ 这是当年熊十力提"新唯识学"、冯友兰提"新理学"、贺麟提"新心学"、金岳霖提"道论"、钱穆提"新国学"，也是张岱年、侯外庐等梳理中国哲学史料的重要宗旨。只不过，他们试图在中国文化"旧瓶"注入现代文化"新酒"，④ 试图从"老内圣"开出"新外王"罢了。陈寅恪指出："二千年来华夏民族所受儒家学说之影响最深最巨者，实在制度法律公私生活方面。"⑤ 儒学在传统社会是通过法律、礼制、礼教等

① 袁阳：《工具合理性、价值合理性与现代化》，《社会科学研究》1991 年第 5 期。
② 李存山：《国学的价值评估与文化的辩证法》，《光明日报》2010 年 1 月 25 日。
③ 《诗经·大雅·文王》。
④ 参见金岳霖：《论道》，商务印书馆 1987 年版，第 17 页。
⑤ 陈寅恪：《审查报告三》，冯友兰：《中国哲学史·附录》，华东师范大学出版社 2000 年版，第 440 页。

环节实现其价值的。环顾时下，儒学热惶惶以"当代价值"触目皆是，然而传统儒学与当代中国毕竟已经十分遥远了。当代中国发展商品－市场经济，创新体制机制，兴起大众文化，流行新潮时尚，使儒学上述传播－实现环节依附之制度、生活、文化基础不复存在，传统中国"朝闻道，夕死可矣"①的庄严感已经基本消解。在这种情况下，国学作为中国现代化文化整合传统文化的结果，其研究对象虽然是传统文化特别是儒家，但其内涵与使命，则是"维新"的；维新之道，端于反思与扬弃传统国家观、安全观和生死观，以一种全新的精神视野（新教伦理）提升当代中国人的现代国家意识、爱国情怀和人生价值理想，从而促进中国的文化自觉，由此推进中国社会的发展进步和军事现代化。这种国学视野并不是今天北京数十名博士生联名抵制洋节的视野，也不是教小孩子读四书五经，主张恢复私塾教育的视野。②

因此，国学不应当理解为包括儒学在内的一切传统旧学，国学的复兴更不是儒学体系的复兴，它应当合理地理解为反思、整合传统文化特别是儒学体系中那些积极思想成分的近现代文化发展结果，是中国传统文化转型的直接产物，是中国人的"新教伦理"。欧洲新教伦理就来源于欧洲近代思想文化变革，得益于 15 世纪文艺复兴、16 ～ 17 世纪宗教改革——这两大思想解放运动的持续推动。文艺复兴孕育的人文主义，即自由、人权、人性、理性等观念，催动了大规模的宗教改革运动，形成了基督教新教伦理。人文主义、新教伦理，又与 18 世纪启蒙学者提出的经济自由竞争、政治分权制衡、主权在民等新观念融为一体，基本上勾勒出近现代资本主义精神的全貌。从文艺复兴到宗教改革，再到 18 世纪启蒙运动，实质上是持续四百年的对传统文化的整合与改造过程。这种文化整合对西欧近现代化起到

---

① 《论语·里仁》。
② 参见许总：《"国学"的定位与文化选择的"度"》，《中国文化研究》2007 年第 2 期。

了积极的规范、引导和促进作用。[①] 中国也应当有源于自身传统、又超越这一传统的新教伦理,它是使中国避免导向复古主义和狭隘民族主义(盲目排外)的重要文化选择。

(三) 传统文化资源的要素整合

未经现代文明洗礼的中国传统文化,作为历史遗存的既成现实,反映在文化结果或形态上,往往是精华与糟粕并存的复杂历史混合体。这种情况反映在其思想要素上,主要表现在该文化体系内部的不同思想要素之间,或同一种思想要素在不同历史条件下,存在不同甚至相互矛盾的倾向。在传统儒学体系内部,如民本,《尚书·皋陶谟》说:"天聪明,自我民聪明;天明畏,自我民明威。"《五子之歌》说:"民可近,不可下。民惟邦本,本固邦宁。""民惟邦本"可谓传统政治文化中最积极的"亮点"之一。春秋战国时期,孟子大声疾呼:"民为贵,社稷次之,君为轻";[②]"天之生民,非为君也:天之立君,以为民也。"[③] 这些思想使先秦儒学成为当时颇具影响力、号召力的学说。但是,同是孟子,又明确确定王道等级秩序;同是荀子,又明确主张"夫君者,舟也。庶人者,水也",即"民水君舟说"。[④] 如果说前者是"民贵君轻",那后者的潜台词则是"民轻君贵";前者属于政治理想主义,含有批判现实君主政治的价值取向,后者则属于现实功利主义政治权术。由汉至清,统治者之所以主要宣传民水君舟说,一个重

---

① 参见黄光耀:《论现代化准备期英国社会精神观念的变革》,《学海》2003 年第 1 期;董小燕:《近代西欧观念变革与现代化》,《浙江大学学报(社会科学版)》1995 年第 2 期。

② 《孟子·尽心下》。

③ 《荀子·大略》。

④ 《四部丛刊·孔子家语·卷第一》,又见《荀子·王制》。

要原因就是，它本质上与董仲舒提出的"屈民而伸君，屈君而伸天"①方案宗旨完全一致，只不过董子屈民而伸君表达的专制意向更加露骨罢了。这同时说明了民本思想要素，在君主专制社会、在儒学体系内部基本上是被规约、窒息的，因而越到后来越向君主专制靠拢，与专制王权全面合作，在对待人民的态度上不断倒退。因此，以儒学为主脉的传统文化虽然包含着一些"优秀进步的因素"，但即便是这些"优秀进步的因素"，也是一体两面的，在当时是与封建专制话语体系相契合的。

可见，儒学体系是复杂的，其积极思想成分与消极思想成分具有一体性。它们都在矛盾中展开，有进步性也有保守性。一是两个要素"阴阳相随"。传统中国政治思维是一种"阴阳结合结构"，有两个命题相互对应，如讲民本就有君本跟着，讲天人合一就有天王合一跟着，讲礼、和谐就有"分"（等级）跟着，等等。每一对组合中，前者与后者相互定义，纠缠在一起。在结构中，阴阳比重不同，如民本和君本，君本为主，民本为次。② 二是一个要素"正反两面"。如维护王政等级秩序，同时又提出从道不从君，甚至主张以有道伐无道，发动"汤武革命"。"君之视臣如土芥，则臣视君如寇仇"。③ 这些被当代学者歌颂为"儒家对王权的批判、反抗"，④ 但事实却是，这种"对王权的批判、反抗"针对的并不是整个王权体制，只是某个君王。在几千年王政之下，"道"不是从前王出，就是从后王出；"革命"只是革前朝之命，王制更替而已。同样，传统大一统天下理念，既蕴含着追求统一、多民族共处等民族心理，也形成"夷狄之有君，不如诸夏之

---

① 《春秋繁露·玉杯》。
② 参见刘泽华：《关于倡导国学几个问题的质疑》，《新华文摘》2009 年第 15 期。
③ 《孟子·离娄下》。
④ 参见梁涛：《论国学研究的态度、立场与方法——评刘泽华先生王权主义的"国学观"》，《光明日报》2009 年 12 月 7 日。

亡"，"重中国，贱蛮夷"①的王朝优越感；既遮蔽着"事实中国"（祖国）理念，也能批判地改造成"兼以蒙、回、藏诸民族为构成分子"的多元一体之中华民族共同体史实。②总之，在儒学体系下，"道"、"革命"、"大一统"等思想要素，也是积极与消极一体两面——在此种情况下是积极的，在另一种情况下就可能是消极的，必须具体分析。

上述情况要求我们，必须对传统文化中的不同思想要素或同一思想要素的不同方面进行批判性的整合，分清哪些思想成分是积极的，哪些又是消极的；在什么情况下是积极的，在什么情况下又是消极的。从而，使其积极思想成分从原来所属体系中剥离出来，去伪存真、去粗取精，在分析和再创造中批判地吸取到新的、更先进的现代思想文化中去。

改铸传统文化思想成分是一项艰巨的工作。一个重要的方面就是对这些思想成分进行批判性的反思和扬弃。没有批判性的反思和扬弃，直接拿过来使用，就可能误入歧途。如，20世纪初期马克思传入中国，资产阶级民主主义者和小资产阶级无政府主义者都站在各自立场上，用古代大同理想或井田制比附共产主义。孙中山亦曾有此认识。他1912年在上海中国社会党会议上演讲时说："考诸历史，我国固素主张社会主义者。'井田'之制，即均产主义之滥觞；而累世同居，又共产主义之嚆矢。足见我国人民之脑际，久蕴蓄社会主义之精神。"③这种用传统文化某些成分比附马克思主义，并未把握住马克思主义的真谛。形式与内容是辩证统一的，不能简单穿凿附会，认识到这一点很不容易。毛泽东晚年试图参照"五斗米道"④在中国建立

①　《论语·八佾》，皇侃：《论语集解义疏》。
②　参见梁启超：《饮冰室合集》专集之四十二，中华书局1989年版，第1页。
③　《孙中山全集》第2卷，中华书局1986年版，第507页。
④　东汉的五斗米道，凡入会者缴米五斗，贫困会众可从中获得一定救济，即是一种教缘性质的互助行为。

人民公社，实现其大同理想，也犯了用传统文化比附马克思主义的错误。① 这也是当代新儒家常犯的错误。恩格斯指出："希望美国人一开始行动就完全了解在比较老的工业国家里制定出来的理论，那是可望而不可即的。"② 这个道理，也适用于今天对传统儒学特别是其国家观、安全观、生死观中思想要素的批判性改造。刘泽华认为："时代不同，许多名词、概念虽然一样，但其内涵有了阶段性的改变。有人讲中国历来都是讲和谐的，而且是大和谐。但我说，古代说的和谐是等级贵贱金字塔式的和谐，现在讲的和谐，是宪法、平等、博弈和契约式的和谐。和谐这个词一样，内容大异。"③ 这就是说，今天讲"和谐"，虽然这个词语取自儒学体系，但在理解上则主要不应从儒学体系出发，甚至还要在批判君主专制和谐观基础上，把它纳入现代文化视野，从现代思想文化这个时代背景下来理解它。所以，对传统文化中的思想成分进行反思和扬弃，必须坚持历史的观点，全面理解和把握传统文化历史演变，及与这个过程相伴的具体历史和话语情境变化，把握这种情境下该理论体系的性质与取向，实事求是地展开思想文化批判。文化反思与批判，克服旧的思想糟粕，是发掘有时代价值、有助于时代发展进步有益思想成分的前提。

自我批判是传统文化资源整合与重建的关键所在。反思一百多年中国人回应西方文化挑战的道路，复古主义无疑是死路一条，"全盘西化"既无必要也不可能，"中体西用"嫁接式改革也无法行得通。两千多年中国文化之主体无疑当数儒家文化。主张复兴儒学的人、坚持"中体西用"的人，往往缺乏真正的批判精神，一厢情愿地试图从"老内圣开出新外王"。即便自称要"批判地继承"传统文化的新

---

① 毛泽东：《为印发〈张鲁传〉写的批语》，1958 年 12 月 7 日、10 日，选自《建国以来毛泽东文稿》第七册，中央文献出版社 1992 年版，第 627 页。

② 《马克思恩格斯选集》第四卷，人民出版社 1995 年版，第 680 页。

③ 刘泽华：《关于倡导国学几个问题的质疑》，《新华文摘》2009 年第 15 期。

儒家，其真正目的也不在于通过自我批判实现儒学的更新，而在那里"为往圣继绝学"。在传统儒家文化中，固然有许多精华可以成为中国现代化的重要精神资源，如所谓"仁义之心"、"浩然之气"、"忧患意识"等；但同样也存在许多属于旧时代的糟粕，必须通过自我批判而加以根除，如三纲、五常、六纪等伦理规范、尊卑贵贱等级思想、为民做主的伪民主观念、政教合一的"官学意识"等等，这些都与现代社会价值理念相悖逆。传统儒家的"内圣"主要表现为一套心性修养方法论，虽然在工具理性膨胀、物欲横流的当今社会，仍有其重要现实价值。但是，当它由内在道德修养演化为外在的伦理规范（纲常名教），并溢出道德评价领域而全面介入国家政治操作实践时，就恢复成封建礼教。而所谓通过所谓道德修养转化而来并普及天下众生的由"内圣"而"外王"，与现代民主、自由、法治等理念相去甚远。因此，只有进行深刻的文化反思，儒学思想成分才能脱胎换骨，也才变成与新体系兼容的"新体"与"新用"。如新儒家推崇的儒学"道德"，突出特点是泛道德主义。受道德思维定式影响，他们习惯从仁义道德引申出现代科学与民主。冯友兰、牟宗三、唐君毅等走的都是这样一条道路，认为传统文化中从来不缺与科学、民主相容的种子，儒学"利用"、"厚生"思想与现代科学技术并不矛盾，而其"道德上之天下为公、人格平等之思想，必然当发展至民主制度之肯定"。① 但是，如果深入分析就会看出，这种老内圣开出新外王的泛道德思维，实质上是反映了传统儒学唯我独尊心态和政教合一的情结。以这种道德优越感为根据的"道统"意识很容易衍生学术与政治上的"正统"观念，把道德问题政治化，使儒学发展成"新官学"或"国教"。"受儒家思想影响的中国人一向认为道德与思想是政治秩序的基础。"② 政教合一

① 牟宗三、徐复观、张君劢、唐君毅：《为中国文化敬告世界人士宣言》，封祖盛编：《当代新儒家》，生活·读书·新知三联书店1989年版，第33页。
② 林毓生：《中国传统的创造性转化》，生活·读书·新知三联书店1988年版，第99页。

是传统社会的普遍现象，从内圣开出外王恰恰是这种合一的体现。与此相反，现代社会的基本特点恰恰是政教分离，老内圣再美好也应当是一种伦理道德评价领域里的问题，而不应当再以新外王的形式僭越政治操作，这是时代大趋势。否则，如果沿着新儒家的思路走，就会对中国社会政治进步、科技发展带来很大阻力。因为他们只看到了儒家"利用"、"厚生"与现代科学技术的相容性，却忽略了传统儒学重道轻器，对所谓"机事"、"机心"和"奇技淫巧"的贬抑与排斥。只有从根本上反思和摒弃这种"内圣—外王"、"道德—政治"思维惯性，才能开辟中国文化现代化发展的新道路。

从发掘有助于推进中国军事现代化的优秀思想资源角度讲，就是要反思传统国家观视野下的国家意识问题、安全观视野下的军事力量发展与运用问题、生死（价值）观视野下的国民精神特别是军人精神状态问题。通过反思和突破传统文化在这些问题上存在的一系列"悖论"——"家国"与"祖国"、"忠君"与"爱国"、"王道"与"霸道"、"安内"与"攘外"、"尚战"与"尚和"、"文治"与"武功"，以及"德力"、"义利"、"道器"等。这些悖论的克服，都有赖于对传统国家观、安全观和生死（价值）观的深刻反思与批判。只有这样，我们才能发掘出富有时代价值的文化资源，使之与中国实现富国强兵的时代要求相契合，发挥推进军事现代化的积极作用。

二、文化资源整合实现的社会条件

文化整合的实质是克服传统文化体系、形态、消极成分的负面影响，最大限度地释放正面资源。一个民族的文化，在社会变迁中发挥重要作用，是需要外部社会条件来支撑的。"社会变迁如果按其变迁根源来划分，可以分为内源性和外源性两类社会变迁。在内源性社会变迁中，社会变革是该社会本身长期历史发展累积的结果，构成社会的各要素之间的内部互动是社会发展的主要力量，因而本土文化对该社会的政治、经济变化起着至关重要的作用"。而"在外源性社会变迁中，社会变化的主要刺激源却来自外部力量。外部因素和异质文化的进入，造成社会的急剧变革和发展，使原有社会结构关系解体或重组"。[1] 因此，"文化并不孤悬于整个社会系统之外，而是会渗透到组成社会的各要素之中。文化虽然不能最终决定社会的发展，但却通过并依托于一定的体制和结构来作用于政治、经济，从而极大地影响着社会发展的进程。"[2] 因此，整合传统文化资源，不仅要考虑文化自身的整合过程，还结合这种整合得以实现的外部社会经济、政治条件。从更广阔的历史和时代背景上，把这一问题延伸到经济、政治领域，目的是从经济、政治的文化重构入手，探讨传统文化向现代转型的经济、政治等社会条件，为推进中国军事现代化发掘更加富有生机和活力的精神文化资源。

（一）整合实现的经济条件

发掘传统文化中有益于推进中国军事现代化的文化资源，必须从经济领域深层入手，重新塑造支撑传统文化的日常生活结构。因为，发掘传统文化中的有益文化因素，发挥它们的积极作用，首先面临的问题就是传统政治、经济、文化生活结构，以及与此相关的社会运行机制对这些因素发挥积极作用的制约。中国传统社会在宋明以后由盛转衰的一个带根本性原因，就是当时社会上层君主集权政经专制体制，野上下积旧体、累旧习而成的官僚权力结构，以及下层社会宗法家族

---

① 王小红：《东亚现代化中的文化因素新探》，《唐都学刊》2002 年第 2 期。
② 王小红：《东亚现代化中的文化因素新探》，《唐都学刊》2002 年第 2 期。

日常生活结构及其群体性排外机制，日甚一日地压抑和钳制社会机体活力特别是文化中的活性因素，惰性力不断扩张，使传统文化日益走向僵化，传统爱国主义日益受到压抑，呈现出浓烈的悲剧性而趋于泯灭。这是近代以来中国社会和军事现代化迟迟不能发生的根本性原因。

从辛亥革命到新中国成立以后，王权专制消失，王朝天下崩溃，儒学大传统文化解体。随着经济、政治、文化等一系列新制度逐步建立，传统文化及其治世之道作为一种完整的文化形态已经不复存在。1912 年，民国南京临时政府明令不准祀孔。此后，广东、江苏、湖南、四川等地的学校纷纷废除了尊孔读经，停止祀孔，把"大成至圣先师孔子"逐出了学校。① 但恰在同一年，窃夺辛亥革命果实的袁世凯北洋政府又通令尊孔读经。与此相呼应，各地纷纷成立孔教会、经学会、读经会等尊孔复古组织，并请愿北洋政府当"以孔教为国教"、"编入宪法"。② 很显然，虽然儒学意识形态主导地位丧失了，但支撑它的社会基础还存在。作为一种动态历史存在，作为一种由历史凝聚而沿袭、流变的有机系统，传统文化的顽强生命力主要表现在，它不仅是一种精神现象，也是一套价值导向和行为模式；它不仅具有外显的或表现形式，也具有无形的或隐形的深层基因，具有很强的再生能力，从而持续地制约着人们的思考、行为以至情感表达方式。时至今日，它依然深植于民间日常生活这一特有的民族"土壤"中，通过民间"小传统"文化环节继续广泛影响着中国社会，使过去某些保守、封闭、陈腐思想如百足之虫，死而不僵。随便在什么地方，我们都不难看到"现代生活"条件下传统文化负面因素的复活与反弹：一是顽固不化的经验性思维模式持续对抗公共理性，从个体活动、群体生活到社会运行，普遍存在着经验性的日常思维方式，包括科学知识

---

① 参见张昭君等：《社会进步的谋求》，山东教育出版社 1999 年版，第 185 页。

② 参见李侃、李时岳等：《中国近代史》，中华书局 1994 年版，第 481 页。

常识化、思想方法形式化和教条化等等；二是人情化生活模式无所不在，顽强地介入现代生活运作，从幼儿入托、学生择校或高考、工作调动等个人活动，到行政管理、职务提拔、职称评定以及干部录用等公共活动，人情交往原则与模式无孔不入，形成了大量人情化"潜规则"。[1] 这些负面文化因素影响之所以尾大不掉，深层根源就在于建在小农经济基础上的中国社会日常生活结构的长期影响，这种日常生活结构的功能发挥仍然沿袭着几千年的积习与方式，并广泛渗入现代制度操作和机制运行层面，构成了当代社会的"虚假现代性"问题，对社会发展和军事现代化起着巨大的阻碍作用。

"橘生淮南则为橘，生于淮北则为枳……所以然者何，水土异也"。[2] 水土即社会人文传统、人文环境，包括社会日常生活结构及其机制。17 世纪，以儒学为主脉的中国传统文化被耶稣会士介绍到欧洲。欧洲人立即对它产生了浓厚兴趣，他们积极出版儒学经典，并用之于反宗教、反封建的启蒙运动。伏尔泰等启蒙运动斗士高度赞美中国文明，重农学派代表人物魁奈还被称为"西方孔夫子"。在中国作为君主集权专制统治理论基础的孔孟政治学说，竟然跑到欧洲为反宗教、反专制制度服务！[3] 这说明不同的社会生活结构、社会运行机制，会使文化的作用与影响发生变异。我们反对夸大民族之间行为文化的差异，但并不否认这种差异。我们只是主张对某些重大历史问题文化背景的追溯，实有深入到民族行为文化差异上作实证的必要。从军事发展角度讲，多年来一直有人在谈近代中国对西方列强巨额战争赔款是导致中国贫弱的直接原因。这是历史事实。但如果我们深一步追问，为什么会有巨额的战争赔款？因为屡次战败；为什么会战败？因为军事滞后于对手；为什么会滞后？……总之，一定会追问到传统

---

[1]　衣俊卿：《论中国现代化的文化阻滞力》，《学术月刊》2006 年第 1 期。

[2]　《晏子春秋·杂下之十》。

[3]　参见李君如：《观念更新论》，辽宁教育出版社 1988 年版，第 36 页。

文化及其对中国军事的消极影响。但是，传统文化却不仅仅存在于历史典籍中，也存在于人们的日常行为中。上至高官，下至黎民，只要是中国人，都离不开我们民族特有的日常生活结构以及与此有关的行为文化。这种行为文化更加"本土"，是长期历史发展过程积淀而成的民族共同心理素质、思维模式、价值系统、知识结构和行为规范等，再超凡的人物也离不开它们。当年，多次代表中国办理对外战争赔款的李鸿章，就与日本驻华公使森有礼有过一次耐人寻味的交谈，他对日本想与东亚传统决裂表示不解，认为日本人以西装换掉古老的民族服装是对祖先不敬。森有礼却回答，"如果我们的祖先还活着的话，他们无意会做我们全部做过的事……大约一千年前，他们改穿中国服，因为他们当时发现中国服比原来的穿着要好。"[1] 这是多么不同的民族心理文化、行为文化差异！这种差异，反映在不同国家的军事发展与变革上，出现不同的结局也是顺理成章的事情。因此，推动传统军事向现代军事转型，推进军事现代化，必须"换掉"社会日常生活中的一些旧东西，但这要比换服装艰难得多。

历史表明，社会日常生活结构及其机制、人文传统、人文环境，都可以善加培育、可以重新塑造和改进。因此，抑制传统文化的负面影响，发挥其优秀成分的积极作用，不能仅仅局限于对其积极与消极因素的分辨与区格上，更根本的还在于依据我国的具体国情，进一步培育、塑造、优化社会日常生活结构，通过改进结构形成良性运行的机制与功能。这是发掘传统文化有益文化因素，为推进军事现代化提供精神文化资源的重要前提。

从社会生活深层变动着眼，培育、塑造、优化社会日常生活结构，最根本的是要坚持以市场机制整合、优化社会生活结构。

---

① 倪乐雄：《二十世纪中国军事现代化的反思》，《寻找敌人：战争文化与国际军事问题透视》，经济管理出版社 2003 年版，第 301 ~ 344 页。

　　在发展市场经济条件下，市场机制对社会生活结构的整合作用是客观必然的，但又是必须加以规范的。推动以市场机制整合社会生活结构，就是要发挥市场经济的正面效应，以市场经济改造传统农耕经济，以市场经济包含的竞争、平等、民主、法治、时间、效率、创新等价值取向影响和引导现实生活，打破其旧有格局和运行轨迹，从根本上清除落后思维方式和行为文化赖以存在的社会条件，而其与市场经济相契合的思想要素再现生机与活力的局面。这不仅对国家现代化意义重大，而且对军事现代化也影响深远。

　　历史上，以市场机制整合社会生活，是欧洲军事崛起的最根本的原因。鸦片战争以来，与传统王朝天下向现代民族国家转型同步，中国传统经济也发生了根本转型。随着市场经济的发展，中国军事也开始了从"军事——农业体制"向"军事——商业体制"、"军事——工业体制"、"军事——高科技"的"混合三级跳式"。①三条线扭在一起并进转型，史无前例，难度巨大。这就要求充分发挥市场经济在配置资源方面的基础作用，调整好国家与军队的在工商业、高科技领域的资源互动与流向。从社会生活层面看，这是一个以市场原则为主导的社会实践与生活方式、历史习惯互动、更新的历史过程。在此过程中，必须警惕传统日常生活取向对市场机制的反蚀，宋明两代商品经济规模很大，民国时期市场经济也很发达，但都在宗法家族势力介入权力运作而形成的社会管理方式下，造成了资源配置极度不平衡，最终影响了国家、军队现代化进程。

　　因此，市场经济发达并不意味着现代化就会水到渠成，富国强兵就会自然而然地实现。军事现代化成功的深层机制和关键，并不在于市场经济的规模，而在于市场机制能否真正突破传统社会生活结构或

①　参见倪乐雄：《二十世纪中国军事现代化的反思》，《寻找敌人：战争文化与国际军事问题透视》，经济管理出版社 2003 年版，第 301～344 页。

隐或显地凌驾于权利运作之上的局面。这就要求以市场机制整合传统社会生活结构，而不是反过来，任由后者反蚀前者。必须考虑以推进市场经济的办法培养"非农产业"的"内生力"，加大变革农耕经济的力度，打破"三农一体"的乡土社会结构，① 动摇日常生活文化惰性存在的社会根基，改变传统日常生活的文化逻辑，使其中有活力的成分得以激活、转型，实现中华文化现代化，重建中华民族的精神家园，为实现上述"混合三级跳式"的军事现代化进程整合有效的文化资源。

（二）整合实现的政治条件

中国现代民族国家观、安全观等的形成，新的国家形态的诞生，并不表明与传统文化的彻底断裂。而传统文化的核心内容之一，就是调控"家国关系"。中国现代文明的成功建构，回避不了大众对"家园"的眷顾。"天下之本在国，国之本在家"。② "家是我们的生处，也是我们的死所。"③ "家"作为传统中国人的精神和心理归宿，囊括了他们"思想、道德和情感的全部视野"，既是"一个伦理观念，也是一个政治概念"。④ 因此，发掘传统文化有益于推进军事现代化的文化资源，必须通过一系列现代政治实践，重塑和优化传统家国关系，建构权利与义务相平衡的新型家国共同体，从根本上改变传统中国"家"与"国"的分割状态，使老百姓的家与作为中华民族生命共同体的国家、祖国

---

① 参见周运清：《中国农耕经济变革与乡土社会结构转型的推进——中国社会结构的原型与演化》，《社会科学研究》1999 年第 5 期。
② 《孟子·离娄篇上》。鲁迅也指出："家庭为中国之基本。"（《鲁迅全集》第四卷，人民文学出版社 1981 年版，第 619 页。）
③ 《鲁迅全集》第四卷，人民文学出版社 1981 年版，第 620 页。
④ 张福贵：《深度现代化：鲁迅文化选择的人类性和时代性尺度》，《鲁迅研究月刊》1999 年第 12 期。

内在地结合成一体。这既是从传统家国同构的历史实际出发，又是对它的超越与扬弃——以一系列民主政治建设达成人民对于国家的权利与义务之平衡，从理论逻辑与社会现实两方面同时打通家与国之间的内在连结，从而使中华民族精神、爱国主义精神、人生价值观等真正建立在现代社会民主政治的坚实基地上。

打通家与国之间的内在连结，首先要克服前述传统中国政治框架遗留下来老百姓的"家"与"国家"，"保家"与"卫国"之间的"逻辑—利益鸿沟"，克服传统国家观、传统爱国主义的逻辑悖谬。在传统中国，只是那些有能力主导社会上层权力结构和政治制度运作的人物——帝王将相们，才能分享专制社会的社会特权与既得利益。因而，在老百姓在潜意识里认为，忠君爱国只能是当政者天经地义的义务，而自己则与之无关。"人民不管谁来做皇帝，只要纳了粮，便算是尽了人民的责任。政府只要人民纳粮，便不去理会他别的事，其余都是听任人民自生自灭。"① 由于这个世界对民主是陌生而冷漠的，所以一些人为国家抛头颅洒热血，老百姓也"无动于衷，胜利了也不激动，失败了也不悲恸"②。这是小农意识对传统国家政治生活的本能回应。因此，在传统社会，人民的权利与义务是割裂的，他们为国家尽义务是不情愿的。正因如此，军队往往靠"抓壮丁"来补充兵源。老百姓也只是在贫困、饥饿的情况下，为了"吃粮"才去"当兵"，不存在为国家尽义务的普遍自觉。这对传统军事的发展、对军人的形象、对军队战斗力的生成，都是一种"致命伤"。今天，我们的国家意识教育、爱国主义教育必须注意解决这个问题。同时，还要通过发扬民主，克服以往社会中人民权利与义务的割裂状态，维护和实现本应属于人民的权利，使之达成与人民义务的内在平衡与统一。只有这

---

① 黎鸣主编：《中国的危机与思考》，天津人民出版社 1989 年版，第 95～96 页。

② 薛涌：《从中国文化的失败看孔子的价值》，《南方周末》2008 年 1 月 10 日。

样，才能唤起广大人民的爱国热情，激发他们把自己的人生价值与国家、民族大义关联在一起，从而不断增强投身于建设国家、保卫国家的责任感和使命感。这正是近代以来中国先进知识分子扬弃传统国家观、建构现代民族国家观，特别是"五四"以来一系列新文化（也包括国学）弘扬民主和科学精神的真谛之所在，也是中国共产党发动土地革命，领导广大人民"打土豪、分田地"，而人民则一呼百应，自觉投身于革命与建设事业的真谛所在。历史告诉我们，权利和义务的平衡，它们的内在统一，是现代国家观区别于传统国家观的根本标志，是现代爱国主义的动力之源。而建立和完善民主制度，则是权利和义务达到最佳平衡并实现内在统一的必然选择。

历史发展到今天，传统家国关系架构以及家与国本身的内涵和属性，都发生了深刻变化。如何以国家的形式重构"家"的现实设置，把人民对家的眷顾、对民族家园的关注、对祖国的热爱连通起来，是当代中国现代化、军事现代化必须解决的重大现实问题。

解决这一问题，一方面要从社会基层做起，扬弃传统中国"移孝作忠"的办法，摒弃靠"纲常名教"进行儒化控制的旧途，而是通过完善基层民主，维护和实现基层广大民众的根本利益，来重构民间日常生活的"意义谱系"，影响和再造小传统文化，从而把大众家之眷顾提炼、升华到民族和国家层面，以此再育中华民族精神家园，真正弘扬中国悠久而博大的爱国主义精神。民国初年，孙中山曾欣然为别人族谱撰序，意在从传统家族观念中剥离出有助现代民族、民权、民生的内容，将现代性注入家族观念与制度，使家族建设具备现代国家建设的宏大意义，推动中国在社会基础面上彻底地向现代转型。[1]"合无数之家族即成为国家。"[2] 因此，家族、宗族的发展方向，不是回复

---

① 参见赵立彬：《革命话语与家国观念——孙中山撰写的两篇〈族谱〉序言述论》，《安徽史学》2006 年第 4 期。

② 陈旭麓、郝盛潮主编：《孙中山集外集》，上海人民出版社 1990 年版，第 56 页。

传统，而是在现代文明发展的洗礼和陶冶中，逐渐成为个人与国家之间的"很坚固很普遍的中间社会"，由此避免国民与国家相背离的一盘散沙局面。① 所以，必须"用宗族的作基础，来作扩充国族的工夫"，"把各姓的宗族团体先联合起来，更由宗族团体结合成一个民族的大团体。"②

另一方面，要从国家政治生活层面，从公民权利与义务平衡视角推动国民确立公民意识。保障权利是国家的功用，一旦人民的权利失去保障，国家便丧失了它的功用，人民对国家的义务即告终结，他们的爱国主义热情也就无从谈起。所谓公民意识，就是对孙中山关于个人与国家之间"很坚固很普遍的中间社会"的意识，即人们今天所谓"公共意识"。形成这种意识，首先要确立"公共权力机关观念"。也就是说，与传统社会家天下不同，现代国家的"公共权力机关，是为整个社会服务的，而不是为一家、一族服务的"③。由此，国家公共权力机关必须确立公仆意识，消除官本位观念；确立公共权威意识，消除个人或小团体对公共权力的侵蚀；确立法治意识，清除人治遗毒；确立人民当家做主意识，清除"为民做主"、"代民做主"的"父母官"观念；确立公共伦理意识，消除以亲情或家法代替公共管理的现象；确立廉政意识，倡导廉政、勤政，提高机关办事效率。④ 与此同时，还要在全体公民中倡导公民合法权益的观念、理性政治参与观念、公民道德观念、现代国家观念、爱国主义观念等。国家观念是对公民意识之公共性和广泛性的最高概括，是把每个公民联系在一起的最重要精神纽带。现代国家观念不仅是一种思想认识，更表现为对民族国家的归属感。对每一个公民而言，这是一种不可或缺的心理需要，是个

---

① 《孙中山全集》第九卷，中华书局 1986 年版，第 238 页。

② 《孙中山全集》第九卷，中华书局 1986 年版，第 239～240 页。

③ 王春生：《论政治观念的现代化》，《社会主义研究》1997 年第 2 期。

④ 参见王春生：《论政治观念的现代化》，《社会主义研究》1997 年第 2 期。

体价值必须依靠国家共同体才能获得的不可更改的历史命运。① 由此，才能确立起公民对国家的忠诚、责任和义务等观念，才有与国家同荣共辱，同呼吸共命运的自觉性，才会关注国家和军队的发展，并以实际行动推进国家现代化和军事现代化。

三、文化整合向军事现代化的延伸

整合传统文化资源，归根到底是为了推进中国军事现代化。一切整合过程及其结果，都必须向军事领域延伸。考察这个过程，有助于进一步深入分析中国军事现代化的传统文化作用问题，揭示中国军事在其与传统文化的交互作用中走向现代化的内在必经环节，对于正确认识和解决中国军事现代化面临的种种现实问题，特别是在正确认识和把握军事现代化与传统文化的关系中发掘一切有益于推进军事现代化的文化资源，具有重要理论意义和实践意义。

（一）必须考虑传统文化的作用机制问题

整合传统文化资源，通过传统文化转型推进中国军事现代化，必须考虑传统文化的影响问题，必须考虑传统文化的作用机制问题。

整合传统文化资源，并不是传统文化与现代化文化的自然融合、发展的客观状态，而是指以当代中国先进文化对传统文化的主动整合过程。是采取各种不同方式，通过意识形态领域里占主导的中国特色社会主义先进文化（包括先进军事文化），对传统文化进行有意识地选择、取舍、改造，形成一种特定的文化发展局面，为国家现代化、

---

① 参见肖倩：《国家观念建设问题初探》，《东莞理工学院学报》2004 年第 4 期。

军事现代化提供有效文化资源的过程。如何整合传统文化资源，使之焕发新的生机与活力，与现代文明的发展相契合，是当代中国文化发展的重中之重。前面，我们探讨了中国传统文化的延续与传承机制、传统文化的认同机制。从整合传统文化资源的角度讲，推进传统文化转型，实际上就是要形成一种有利于先进文化发展，有利于克服传统文化消极成分的文化合同制。换句话说，就是形成一种全新的文化发展（延续与传承）机制和文化认同机制。

在社会转型文化转换过程中，既要对传统文化中的创新精神进行总结，又要将传统文化中对创新精神的负面影响予以清理。从文化发展机制上说，就是要通过文化整合，"保存"优秀传统文化成分。一是保留与现代化没有冲突的传统文化，如与现代化没有冲突或冲突不大的岁时礼仪、人生礼仪、年节风俗及各种祭祀仪式等；① 二是弘扬有利于社会稳定和发展的优秀伦理道德和风尚；三是要激活传统人文精神，就是那些对人的生命存在和人的尊严、价值、意义理性升华，那些对价值理想或终极理想的执着追求，那些中华民族传统文化的历史精粹与时代精神，那些能够昭示时代责任感普遍苏醒的最感人的民族传统。② 同时，也要通过机制创建，有效克服传统文化中的消极成分。一是转变传统"嫁接式"改革理念。所谓嫁接式改革理念，是一种不彻底的改革理念，如"中学为体，西学为用"、"中学治身心，西学应世事"、"早上声光化电，下午子曰诗云"、"叫老百姓看见是民权，叫祖宗看见是忠孝"，等等。③ 嫁接式改革理念，从理论上为中国军事变革提供了一个特有空间，对军事近代化、现代化有一定推进作

---

① 参见陈蓬：《东西文化是互补的——访汉城国立大学教授金光忆》，《光明日报》1999 年 11 月 9 日。

② 参见彭彦华：《探赜中华文化走向的脉络——兼驳西方中心主义的现代化文化理论》，《学术研究》2006 年第 6 期。

③ 参见许苏民：《文化离析与文化整合》，《江淮论坛》1989 年第 3 期。

用。但是，它所提供的发展空间是极其狭窄的，缺乏应有的宽松度，因而它对中国军事现代化所起的推动作用也就是相当有限的。转变传统"嫁接式"改革理念，必须确立改革的彻底性和全面性理念。二是摒弃军队建设中的传统"潜规则"。通过考察传统文化，我们会发现一系列潜藏于其中的潜规则，如所谓"儒术三原则"，即抑制竞争原则，衍生出"明哲保身"、"枪打出头鸟"等行为模式；血统原则，"君权"、"父权"、"宗亲"那一套，衍生出"关系网"、"人情网"及其他极其复杂的人际关系；面子、排场原则，在人前做门面，背地里讲实际，使人变得虚伪，公众场合不说实话，养成形式主义等恶习。消解潜规则，要求我们必须确立"显制度"的权威。重大时代创新要真正实现革命性突破，"引起生产力的巨大增长，也需要其他方面主要是政治与社会结构方面的转换或创新与之相配合，特别是制度化的调适尤为重要"。① 中国军事现代化建设，应高度重视并主动推进制度现代化这一重要目标。三是克服影响军事现代化的思维定式。文化不仅是物质形态（广义的）或精神形态（狭义的），也是一套价值系统和思维模式；它不仅有外显的表层结构，也有无形的深层结构，从而在根本上影响着人类的思想和行为。经过近现代科学和民主文化的洗礼，特别是在现代市场经济条件下，中国传统文化已经发生了很大变化。但是，传统日常生活世界的经验性文化模式仍然顽固不化地存在着，以传统、习惯、常识、经验等为基本要素的思维定式以及与此有关的行为方式，仍然是影响军事现代化的重要文化模式之一。② 因此，推进中国军事现代化也必须从克服传统思维定式入手。

从文化认同机制上说，就是要通过文化整合，发挥传统文化认同机制推进军事现代化的正向作用功能，形成人们对优秀文化的共同指

---

① 罗荣渠：《现代化新论》，北京大学出版社1993年版，第122页。
② 参见衣俊卿：《现代化与文化阻滞力》，人民出版社2005年版，第331页。

向与选择。文化认同对于一个国家或民族来说至关重要。一个国家或民族有多大凝聚力和向心力，取决于它有没有足够的文化认同，推进军事现代化也是如此。在传统文化认同机制作用下，不论是人，还是社会，必然趋向于建构一种共同的价值导向体系。这种价值导向体系直接作用于国家或军队建设，推进或抑制现代化建设的发展。从其正面作用来说，建构适应现代化发展需要的"价值导向体系，是建构新型社会文化整合机制的重要途径"。[1] 文化整合的目的，不仅要协调个体间的经济利益，而且还要通过建立社会价值导向系统来对个体的价值取向进行深层次的整合，使其与军事现代化形成正向关联。因此，要从完善和发展现代国家观、现代安全观、现代军事发展观以及相应的军事政策、措施入手，通过文化认同机制，更新社会大众关于军事的朴素观念，有效整合一切有利于推进中国军事现代化的传统文化资源，推进有利于传统文化优秀成分与现代文明和时代精神相契合，进而在吐故纳新中使军事文化获得新生命，以此推进中国军事现代化。

（二）建构传统文化与军事现代化的正向关联

改造传统文化，首先要建构传统文化与军事现代化的多重正向关联机制。中国要发展进步，要实现富国强兵，固然要吸收当代世界各国的优秀文化，但也必须批判地摒弃、继承传统文化，继承和发扬民族优良传统。改造传统文化的重要和紧迫性，就在于其影响的双重性。以先进文化扬弃和改造传统文化，推进其向现代文化全面转型，从根本上克服传统文化的消极影响，建构传统文化与军事现代化的正

---

[1] 庞玉珍：《中国社会结构变迁与新型整合机制的建构》《社会科学战线》1999 年第 3 期。

向关联。

第一，克服文化保守主义，建构传统文化与军事现代化的正向关联。实现文化现代化的一个重要前提，就是克服文化上的保守倾向，推进传统文化向现代化文化的根本转型。对民族传统文化最有效的保护就是与时俱进地发展，对民族文化最有效的继承就是坚持不懈地创新。没有发展创新，民族文化就没有生命力和现代化。我国有卷帙浩繁、思想深邃的经典，有意境悠远、激情豪迈的词章，有长城、运河、兵马俑，有京剧、昆曲……这固然是我们的骄傲，但更多的是祖先的荣光。如果我们不能站在前人肩膀上超越前人，创造出同样灿烂的当代中国文化，它们反而会令我们惭愧。

诚然，传统文化典籍中包含着许多经过批判改造后，有助于推进现代化的思想观念。如义利统一、自尊自强、以民为本、天下为公，以及"仁者爱人"、"兼济天下"、"己所不欲，勿施于人"等，对社会经济发展和现代化建设中可能出现的失序现象，能够起到很好的修治作用。但也必须看到，我们今天面对的"传统文化"，已经不是原来意义上的、过去历史中的传统文化，而是活生生地存在于现代社会，并对现代化发挥着影响力的传统文化。对于这种传统文化，我们必须给予高度重视，并批判地（人心所向以"国学改造"方式）加以继承和弘扬。文化保守主义表面上高度"重视"传统文化，但却无视时代发展变化，任意拔高"古学"（如儒学）在国家总体发展中的地位，百般论证儒学可以指导现代经济，引领现代政治，铸造超凡的伦理道德，体现出明显的文化"复兴古学"立场，这无助于建构传统文化与国家现代化、军事现代化的正向关联。世界文化是多样性发展的，不仅要善于学习，更要善于创新。创新当然要重视传统，也可能是"返本开新"，但绝对不是复兴古学。即便是"返本开新"，也离不开时代新视野和世界眼光。因此，在坚守民族根基和优秀传统，大力弘扬同源文化的同时，必须克服文化保守主义，从形式到内容创新传统，推进传统文化向现代转型。

第二，克服日常生活惰性的文化阻滞力，建构"小传统"文化与军事现代化的正向关联。应当承认，从中国经济技术发展成就看，中国似乎已经在很大程度上实现了现代化。但问题并非如此简单，因为判定一个国家现代化程度的指标是多方面的。在文化层面上也不应当局限在社会精英"大传统"显学层次上，还须在更深层次上，关注人们社会心理和日常生活行为的现代化程度，即大众生活层面的"小传统"文化。在我们的日常生活世界里，"应当看到一个事实，即现代性在中国尚未形成一种'扎根'的状态。而造成这种状况的深层原因，是现代性的生成遭遇到了社会内在的顽强的文化阻滞力。"① 也就是说，日常生活的"非现代性"，正在深刻地影响着中国社会，影响着人们对国防和军队现代化建设的认识和支持程度，影响着国防和军队现代化的整体发展。

近代以来，当一系列新的异质性社会因素介入中国历史发展进程，使社会在总体上日趋突破传统框架时，面对新的历史变局，浸透着传统文化影响的民众日常生活——它将人与自然浑然连在一起的"天人合一"观念，它的"重义轻利"、"重道轻器"的传统价值取向，它的"尊卑有序"、满足于等级架构安排既得利益的生存伦理，它的带有强烈人伦规范立法色彩的"纲常名教"，它的突出宗法关系干预的"伦理中心主义"倾向，便显暴露出对现代社会公共生活的极大不适应，产生了对社会现代化的强烈抵抗。这种抵抗不仅存在于社会上层，也不会因旧的社会制度被推翻而自动消失，即便在今天仍自觉不自觉地出现在城乡民众的日常生活世界中，造成了反复的"传统反弹"。这种历史惯性，必然带来传统文化负效应的持续释放，如前述那种持续对抗现代理性的、顽固不化的经验性文化模式，顽强地对抗

① 衣俊卿：《论中国现代化的文化阻滞力》，《学术月刊》2006 年第 1 期。

社会法治的、无所不在的人情化模式，以及存在大量"上有政策，下有对策"的"潜规则"，等等。这些传统文化负面因素，构成了中国社会的"虚假现代性"，^①形成中国军事走向现代化的强大阻滞力。因此，必须着眼于传统文化的双重性，尤其是对大众生活层面的小传统文化进行总体性、系统性的反思、批判、改造和创新，以社会和军事现代化为指归，维护传统文化中的积极成分和正在生长的新因素，同时努力克服和减少其负面效应，形成日常生活小传统与军事现代化的正向关联，促进推进军事现代化的健康发展。

第三，克服军事文化制约力，建构军事文化与军事现代化的正向关联。如前所述，中国很早就形成了陆权主义、道德至上、防御型的军事传统。这一传统不仅源自传统兵学文化的直接影响，而且受到以儒学为主脉的传统文化潜移默化的影响。以儒学为主脉的传统文化，一方面对兵学发展起着一定的促进作用，另一方面，它从一开始就特别注重从国内政权伦理角度严格规范兵学，主张"以文驭武"，防止军人"做大"，在相当程度上淡化、贬低了军事的相对独立价值。它以"仁义"诋毁"诡诈"，使军事发展偏离本身的固有规律；以"文治"贬低"武功"，造成了所谓"无兵的文化"。^②同时，中国文化起初就"重道轻器"，使传统兵学重视研究"形"的同时，却忽视了技术的发展。"反映在军事理论领域就是讲求用兵之道存乎一心的玄学，而不注重通过以技术手段改进武器装备的方法制敌。"《孙子兵法》代表中国古代军事思想的最高水平，全篇6000字，使用汉字760余，唯缺"技"字。"在这种大气候下，中国的军事理论数千年无质的变化"，创造性受到极大压抑而日益落后。^③19世纪中叶以后，清政府不惜重金引进新式武器装备，然而受传统文化影响，大多数指挥官熟悉的仍

---

① 衣俊卿：《论中国现代化的文化阻滞力》，《学术月刊》2006年第1期。

② 雷海宗、林同济：《中国文化与中国的兵》，商务印书馆2001年版，第94页。

③ 陈良武：《当前军事理论研究需要的几个转变》，《海军学术研究》2004年第10期。

是"十八般兵刃",对怎样指挥用新式兵器装备起来的"新型"军队,
对与新式武器装备相适应的军事训练方法、作战样式等,知之甚少或
茫然无知。结果,新式装备并没有使清军发生根本改观,军事能力没
有明显提升,在与西方列强的抗争中,仍然不能摆脱战败的命运。历
史表明,推进军事现代化,必须对传统文化的双重性有清醒的认识,
尤其是要对传统军事文化的负面作用有清醒的认识。

整合传统军事文化,推进中国军事现代化,一是不能割裂军事现
代化与社会经济、政治、文化、社会发展的内在联系,特别要处理和
解决好中国传统文化与军事发展的关系问题,进而推进军队的全面建
设。封建社会中后期特别是近代中国军队建设,都没能从根本上解决
这一影响军事发展的关键问题。二是不能单纯寄望于官兵素质、军队
管理、体制编制、作战理论、兵器研制与军事技术中的某一项问题的
解决,而必须从它们的相互联动入手,综合促成军事构成各要素的整
体提高。封建社会中后期特别是近代中国军队建设的历史教训,就在
于往往把解决军事发展问题,寄希望于上述几项中的某一"单项突进"
上。三是必须彻底摆脱传统军事理念的束缚,扬弃、改造、创新军事
文化,从而实现军人素质、管理体制、作战理论、武器技术的现代化
的整体跃升。

(三)坚持以先进文化引领和推进军事现代化

先进而富于时代活力和进取精神的社会文化,能为军事现代化提
供强大的精神动力和智力支持。历史上,那些充满非凡智慧的兵学圣
典,都是先进的、充满活力的民族文化与当时军事实践相结合的产
物。因此,必须以先进文化整合传统文化,推进其向现代文化转型,
这是我军现代化建设面临的重大现实问题。

任何先进文化都不是凭空而来的。中国近代以后传统文化转型,

"五四"新文化及后来的新民主主义文化，通过深刻的反思与批判，通过中西文化比较，力图使中国文化取优补劣，实现新飞跃。新中国成立以后特别是改革开放 30 多年来，随着大规模、持续性的社会转型与变迁，中国文化（包括军事文化）也经历了深层次、全方位的深刻变革。这种变革在突出表现在：一是在变革的主体选择上，显现了由崇拜型、盲从型向独立型、自主型的转变；二是在变革的发展视角上，显现了由封闭型、内倾型向开放型、外向型的转变；三是在变革的价值取向上，出现了由僵化型、保守型向创造型、进取型的转变；四是在变革的发展形态上，出现了由单向度、单维型向多视角、多维型的转变；五是在变革的判断标准上，出现了由经验的、主观的判断向实践的、客观的判断的转变。[①] 因此，我们说，当代中国先进文化是中国近现代以来文化整合的重要结果，广泛浸透着中国传统文化及其现代转型的深刻影响，对军事现代化起着积极的推进作用。

军事现代化的重要途径，表现为在继承和弘扬优秀传统文化基础上发展起来的先进文化（包括先进军事文化）的内在驱动：它广泛渗透于军事诸要素，影响武器装备、军事技术、军事理论等发展；它不是时有时无、断续相间地，而是持续地贯通在军事现代化的整个过程之中；它的作用大小不是僵化固定的，而是随着时代的发展和社会的进步，在军事现代化进程中发挥出越来越重要的作用。整合文化资源必须坚持以先进文化引领和推进军事现代化，这具体表现在：

第一，通过传统文化转型，增强全民国防意识，为推进军事现代化营造良好的社会氛围。一个国家军事现代化建设的成败，很大程度上取决于全民国防意识的强弱，取决于全社会对国防和军队建设的支持程度。二战初期欧洲盟国无一例外地遭到重大损失，与它们国内和

---

① 参见刘宁：《时代呼唤变革条件下的观念更新——改革开放 20 年思想观念的深刻变革》，《前进》1998 年第 9 期。

平主义思潮泛滥、军事观念淡漠有着直接的联系。如，1934年底开始，英国发生了1500万人参加的全民和平投票，对英国政局和国防、外交政策都产生了恶劣的影响。同英国一样，法国和平主义泛滥，政治思想混乱，生活安逸奢侈，不顾国家民族安危，许多人逃避应征，爱国主义和尚武精神泯灭。在这种社会气氛下，群众根本不想打仗，军工生产无人过问，拖了十年才通过的战争动员法案也形同废纸。当德国入侵法国时，法军一半以上缺编，相当一部分武器装备还是第一次世界大战用剩下来的旧品，就连作战理论法军也停留在一战的水平上。历史地看，中国传统文化中崇尚和平的意识占有重要地位，但国防意识却比较弱。特别是在长期和平时期，国防意识淡化、国防意识落后的问题更加突出。全民国防意识的强弱、对国防和军队建设的支持程度，与文化现代化紧密联系在一起。这要求我们，在继承、批判和发展传统文化基础上推进文化现代化，使人们在观念上先"现代化"起来，为推进军事现代化营造良好的社会氛围。

第二，通过传统文化转型，直接促进和支撑军事现代化。广泛浸透着优秀传统文化影响的先进文化，对于推进军事现代化发挥着知识基础和智力支持、科学方法论和价值观指导、凝聚士气和激励进取等功能。[①] 一是知识基础和智力支持功能。无论发展武器技术、调整体制编制、变更作战方式、创新军事理论、提高军人素质，还是制定军事变革方针原则、规划发展过程以及军事诸要素整合，抑或创造军事现代化所需的各种条件，如经济的发展、政治原则的确立及各种政策的制定和完善，都必须以现代科学知识为基础。二是科学方法论和价值观指导功能。军事发展需要以先进文化为指导。用先进文化或落后文化指导军事，结果截然不同。文化落后必然延缓和抑制军事发展，导致军事上的失败。当年，清朝政府在洋务运动中奉行"中学为体，

①　参见肖冬松：《新军事变革的文化分析》，国防大学出版社2005年版，第178～196页。

西学为用"的方针，在军队组织编制、教育训练、军事理论、思想观念等仍停留于封建社会水平，严重抑制了武器装备先进性能的发挥，没有形成军事变革的整体效能。相反，以先进文化指导军事变革，可以从思想上引领军事变革发展方向，有力推动军事现代化。如中国春秋战国时期的文化、近代西方资本主义工业文化，之所以能推动冷兵器、热兵器军事变革的发展，根本原因在于这些文化都是当时的先进文化。三是凝聚士气和激励进取功能。价值观是文化体系的核心，包括建军治军的根本价值目标，为了谁和依靠谁的根本价值原则，以及以爱国主义为核心的一系列民族精神和价值规范，它们在推进军事现代化进程中发挥着统一思想、规范行动、凝聚力量的作用。今天，人们认识及实践的独立性、差异性、多变性日益增强，思想观念、价值取向、思维方法、行为模式呈现多向度发展态势。这种状况一方面有利于人们解放思想，充分发挥积极性、主动性、创造性，推动军事现代化发展，另一方面，也给统一思想与行动，凝聚广大官兵智慧及各方面力量，带来了严峻挑战。这就更需要强化精神力量的激励和支撑，充分发挥先进文化在推进军事现代化中激发思想、鼓舞精神、牵引前进的作用。①

第三，通过传统文化转型，增强军事软实力。"软实力"一词，是美国学者约瑟夫·奈于1990年在《世界箴言》月刊撰文提出的。②它是相对一国人口、资源和经济、科技、军事力量等看得见、摸得着的"硬实力"而言的，涵盖范围广泛，如开放稳定的政治、经济和社

---

① 关于先进文化对军事现代化的知识基础和智力支持、科学方法论和价值观指导、凝聚士气和激励进取功能，可参见肖冬松：《新军事变革的文化分析》，国防大学出版社2005年版，第178～196页；《试析文化在冷兵器军事变革中的作用及特点》，《军事历史研究》2004年第4期；肖冬松、李青：《试析文化对军事理论创新的作用与影响》，《中国军事科学》2002年第3期。

② 参见约瑟夫·奈：《伊拉克战争后的美国实力与战略》，《外交》2003年第7—8期（英文）。

会体系，强大的道德感染力和凝聚力，正确的理论指导，外交决策能力，国民素质等，主要指一国的文化、价值观念、社会制度等影响自身发展潜力和感召力的因素，其核心是社会信仰、民族凝聚力、道德规范等，其作用是经济规模、基础设施等硬指标所不能替代的。在当今世界，软实力作为一个民族的精神、灵魂和血脉，其形成和强固的过程，体现了传统文化转型，发展先进文化的重要时代价值。

中国有相当的软实力基础，不论是五千年深厚的文化底蕴，还是爱好和平的民族传统和国际形象，抑或遍布全球的华人网络，都是中国文化影响力的集中表征。布热津斯基在《大棋局》一书中提出，大国或强国有四条标准，即：经济发达、军事强大、科技雄厚、文化富有吸引力。美国学者贝茨·吉尔在《中国"软实力"的源泉和局限》一文中指出，文化是软实力的重要源泉。这就是说，它来自"软"性因素，其中包括文化吸引力，国内政策的亲和力、国际外交的合理化及其所体现的道德威信等，是大国地位不可或缺的重要组成部分。它应该是与经济、军事、科技同步发展的重要环节。中国推进军事现代化，必须加强软实力建设。[1] 但是，目前中国在综合国力中"软硬不平衡"问题比较突出，与整体现代化要求还有很大差距。一是以传统文化为主要资源，亟待充实和完善有自身特色的现代意识、价值和感召力，平衡西方社会以"自由"、"民主"为核心的价值体系。从长远看，缺乏富于进取性、竞争性的现代价值体系，对内凝聚力势必受到影响，对外则很难占领道德制高点。二是没有形成创新体制，从科学技术到大众文化，仍然主要是"拿来主义"。拿来主义固然较为现实，但人才管理、资本市场、教育体制等创新机制滞后，势必制约包括"软"、"硬"实力在内的综合国力提升。相对于提高硬实力，提高软实力更不容易，不可避免地会触及观念、体制等问题，需要很长时间，但丧失

---

① 李中华：《对"国学热"的透视与反思》，《新华文摘》2007年第9期。

则很快。因此，不断提升软实力是民族振兴的"硬课题"。如何发掘和利用几千年中华文明，发展和完善软实力资源组合与配备，是中国推行和平发展战略，实现国家和军队现代化目标的当务之急。

　　与一般软实力相比，作为一种和平运用军事手段达到战略目标的能力，军事软实力具有更强的政治性，鲜明、直接地体现军队性质，服务于一定时期的国家利益；更强的传统性，深植于民族文化土壤，直接在军事领域呈现和升华民族精神，积淀与弘扬军队传统；更强的协作性，"抗兵相加"，^① 军事意味着对抗，但却并不排斥也离不开合作；更强的柔武性，和平运用军事力量，以"天下之至柔，驰骋天下之至坚"，^② 折冲樽俎，"不战而屈人之兵"。^③ 一般而言，一支军队兵强马壮、船坚炮利是硬实力，而如军事理论、军事文化、组织机制、战斗精神等软实力，看似无形，但其对人与武器等战斗力要素的优化配置作用，就如同淬火加钢，成为硬实力的黏合剂和倍增剂，成为硬实力的场效应，成为硬实力的积极展示、放大和延伸。极限理论认为，事物无论大小，都有一个从基本功能到极限功能的巨大空间。作战力量也一样，其有效发挥不会自发地趋近最大极限，必须创造条件使之趋于极限，这个条件就是发展包括"科学组合"在内的军事软实力。^④ 不同的军队，在武器装备、技术水平大致相同的情况下，要分出胜负，就必须再"加上主观努力，这就是指导战争和实行战争，这就是战争中的自觉能动性"^⑤。今天，即使武器和技术达到相当高水平的美军，也在反思朝鲜战争、越南战争中重"硬"轻"软"的教训，不断调整、改进军事发展思路，重视打造和运用软实力。特别是，一

---

① 《老子》第六十九章。
② 《老子》第四十三章。
③ 《孙子·谋攻》。
④ 参见孔瑛：《研究力量的科学组合》，《解放军报》2001 年 6 月 5 日。
⑤ 《毛泽东著作选读》上册，人民出版社 1986 年版，第 229 页。

支军队如果武器技术相对落后，那么，充分展示和成功运用软实力就更为重要。技术高不等于战术高。更先进的军事理论、更科学的军事管理、更优化的力量组合、更高超深远的谋略、更激昂向上的战斗精神等，是硬实力处于劣势的军队在一定程度上弥补武器、技术上的不足，以劣势装备战胜强敌的先决条件。

总而言之，中国传统文化对军事现代化具有巨大的潜在性影响。不论是文化领域，还是军事领域，都是最忌保守，又最易保守的领域。人们往往习惯于以昨天的经验来准备明天的发展。然而，战争是无法在实验室试验好了再干，一个国家也经不起战争试验的失败。唯一有效的办法是在对过去与现在、本国与外国的战争与和平的历史进行研究梳理时，多从中探究它未来的发展趋势，窥视它未来的运动规律。在这个过程中，只有与现代化发展相契合的先进文化，才是军事现代化的推动力。现代化呼唤文化现代化。而文化的现代化，说到底就是在传统文化转型中，自觉追随时代进步的变革与进取意识。人们只有在思想意识上先"现代化"起来，才能为推进军事现代化打牢思想基础。

结束语

星河灿烂，史有英魂。中国历史上一次胜过一次的社会变革，总是伴以一次深比一次的思想解放和文化革新，并以之为灵魂和先导。从春秋战国百家争鸣到伟大的"五四"新文化运动，再到当代中国文化的发展繁荣，深藏着文化先进性与军事发展相互推动的内在机理，启示着传统文化在当代中国现代化、军事现代化进程的历史命运，值得我们深入思考和挖掘。

（一）

军事是一种社会历史现象。军事现代化离不开一定的社会历史条件，脱不开本民族历史文化的影响。它摆脱两千多年传统军事的束缚，不断追赶世界先进水平，迈向现代军事的历史过程，是中国社会整体向现代转型的重要组成部分，因而必然受到转型期内经济、政治、文化等多方面因素的影响。从文化角度看，转型期的一个重要特征，就是既从传统文化中汲取资源，又冲破传统文化羁绊，扬弃并超越传统。传统文化对现代化的影响，既表现为它所包含的积极成分对

324

现代化的促进和推动，也包括其消极因素对现代化的抑制和阻滞。因此，只有传统文化中的积极成分才是中国整体现代化——从而也是军事现代化的有效资源。但问题是，我们何以认定，某种传统文化（或其包含的某种成分）是积极的还是消极的，标准或根据又是什么？如何把握传统文化与军事现代化二者的关系、它们相互作用的机制？以何种路径整合、活化传统文化，并使之成为中国军事现代化的文化资源？这些，都是极其复杂又十分重要的问题。相信本书以传统文化的三大具体形态——传统国家观、军事观、人生价值观为基本视点，追问传统文化起作用的社会背景和历史条件，深入到特定历史条件下支撑传统文化发挥其现实作用的社会结构系统，深入到基于这种社会结构系统形成的文化传承和作用机制，深入到社会意识形态显学系统与大众日常生活文化取向的互动形态，由此从社会认知结构、文化作用机制的深层，来深入认识和把握传统文化对军事现代化的现实作用，这种种努力会对回答和解决上述问题有所裨益。

反思、批判是转变和超越的前提。着眼长远，通过何种机制建构弘扬优秀传统文化，滤除传统文化中的消极因素，是全面整合军事现代化文化资源的重要出发点。本书在探讨传统国家观、安全观和人生价值观的基础上，分析了反思、整合有益于中国军事现代化的传统文化资源的方向和路径，提出整合传统文化的两个并行不悖的发展方向——马克思主义和当代国学，并把国学定位于中国的"新教伦理"，以区别于传统旧学；尝试提出军事现代化"实践引领学"，即当代中国马克思主义，和"实践静力学"，即当代中国的国学；以上述"三观"加"一个整合"，构成了本书的基本框架和主要内容，等等。希望这些探索，对当代中国传统文化整合研究、国学与传统文化研究、军事现代化发展中的传统文化问题研究等会有借鉴价值。

本书以三大基本理论视点——传统国家观、安全观和人生价值观来牵引对传统文化整体的探讨，涉及了一系列具体但极其重要的问题。如本书提出，中华民族上下五千年，秦汉以降两千多年，传统国家观的理论与实践，都集中于一个重大而单纯的问题，即家国关系调整上。王权观、王朝观、治世观构成了传统国家观三位一体的显学逻辑，它对祖国的遮蔽，对某姓政权安危的关照，造成了家国关系无法弥平的"逻辑—权益鸿沟"，演绎了忠君—爱国主义的奇异悲歌。在近代两种国家的冲突中，梁启超等人以卓越的见树颠覆了传统国家观的王朝正统，重新架构了家国关系的逻辑—权益桥梁，留给后人一系列极具规律性的政治哲学启示。目的就是寄望当代中国人民的国家意识、爱国主义精神摆脱传统忠君爱国的政治哲学，从而克服和解决当前国家观教育、爱国主义教育的浅层次简单操作问题，使之建立在真正的现代民族国家意识和现代爱国主义的坚实理论意识上。类似的宗旨，也体现在本书对传统安全观"四重四轻"的基本取向及其现代影响，对以经学知识权力化（主要是科举制）为标志的传统生死—人生价值观历史走向及其现代影响的分析上。人是推进国家发展、军事现代化的主体。本书贯彻上述研究宗旨的目的，就是试图澄清中国军事力量运用、国防和军队建设发展面临的一系列传统影响问题，以及以何种路径唤起当代中国人的尚武精神、忧患意识和军人的战斗精神，等等。

总之，希望本书的上述研究和尝试，能够彰显解决中国军事现代化面临的种种现实问题，特别是正确认识和把握它与传统文化的关系，从中发掘一切有益于推进军事现代化的文化资源的重大时代价值。

（二）

"知我者谓我心忧，不知我者谓我何求，悠悠苍天，此何人哉。"[①]

---

① 《诗经·王风·黍离》。

诗人可以怨，寻求一种与群体茫然有别的"孤灵"之境，然而我们却不能。中国传统文化的"千年意象"，首先透视出一种本欲经世济民、惠及天下的思想文化，在何情况下变成了千篇一律的意识形态文化；又在何种情况下把人的活的灵性窒息、僵化以至泯灭。它对现世的关注，希望由"内圣而外王"——以道德伦理介入现实政治的纲常名教操作，日益把中国人的生活置入对"死"——从而"生"的无价值体验中，笼罩在"不死不活"的绝望中。从而，使他们的一切意向和人生价值追求，消散在对"家—家族"细胞的单一眷顾里，磨灭在"家"与"国"的异己和对立中，使个体精神无法上升到整体的民族精神层面，因而严重阻碍了中华民族近代化、现代化的前进脚步。同时，透过传统文化的"千年意象"，又使我们透过重重迷雾，发现一种虽经压抑却终于不死的"原灵"——它存在于中华民族"洪荒时代"那些"拓荒者"、"垦荒者"的披荆斩棘、创造新世界的不懈奋斗中，存在这种奋斗精神的历史延续和自我超越中，澄明于中国特有的"思"、"史"和"诗"，以及"思—史—诗"的水乳交融中，升华于中国大传统文化体系的转变、质变，以及它与民间小传统的活的互动中。它使梁启超等近代以来的仁人志士，在孔子"之死"去两千多年之后，能够站在"活"起来的孔子肩膀上，站在"两千多年"之上，站在"历史"之上，向外，摄取着异域的营养；向内，挖掘着自己的魂灵，谈古论今，倾听着由古及今的"脚步声"，感受着中国世事轮回的沧桑巨变，架构起中国人民与国家、与民族、与自身命运紧密联结的权利—利益桥梁，最终唤起了中华民族大家庭的整体意识、现代民族国家意识、现代爱国主义情怀和尚武精神，推动着现代中国以雄浑、巍峨、不屈、进取的姿态两次崛起于东方曙光初露的地平线上，并持续展开着一个史无前例的弘扬伟大传统、追求富国强军、再造民族伟大复兴的变革、创新、创业之路。

　　这就是中国、中国人民、中国军队从以"天下为家"到以"四海为家"，再到最终"归家"的文化之路。

"独吟江畔，形影孤单"。当年，屈原感念"吾独穷困乎此时也"，[①]一个人在孤独的路上上下求索。如今，这种"忧患于国"的情怀再也不会孤单，中国已经发生了翻天覆地的变化。她的子孙们沐浴着自己的历史——第一个一千年，创制中华元典精神，形成了事实上的中国，成了世界两大文明中心之一；第二个一千年，完成了向儒学的集聚，传统中国成为世界的中心；第三个一千年，在成亦是它、败亦是它的儒学教化中，在文化的反复悖谬与挣扎中，最后在"打倒孔家店"的持续反思、整合与超越的文化运动中，千回万转地前行，最终以军事上的最先衰落又最先崛起，走向了振兴之路。这三个一千年发生的历史大变局，启示我们：必须冲破"崇古"与"前瞻"的背反，以超前又有底气的文化视野推进军事现代化；必须冲破"家国"与"祖国"的背反，以现代民族国家观念和爱国主义情怀推进军事现代化；必须冲破"安内"与"攘外"的背反，以立足国家又面向世界的广阔胸襟推进军事现代化；必须冲破"尚和"与"尚战"的背反，以爱好和平但又压倒一切敢于来犯之敌的气概推进军事现代化；必须冲破"文治"与"武功"的背反，以全民族的尚武精神、忧患意识和军人强健的战斗精神推进军事现代化。一句话，就是要以不懈的"绵延之力"推进军事现代化。

（三）

"卿云烂兮，纠缦缦兮，日月光华，旦复旦兮。"[②]当年，孔子提出了著名的三大治国纲领："足食"、"足兵"、"足信"，但同时又提出

---

① 姜亮夫：《屈原赋校注》，人民文学出版社1957年版，第37页。
② 《尚书·卿之歌》。

"去兵"之论："子贡问政。子曰：'足食，足兵，民信之矣。'子贡曰：'必不得已而去，于斯三者何先?'曰：'去兵。'子贡曰：'必不得已而去，于斯二者何先?'曰：'去食。自古皆有死，民无信不立。'"[1] 对于 21 世纪的中国人来说，足食固然有直接的生活价值，而足兵则是维护国家领土主权安全的需要，二者做好了，民众对政府就会更加信赖。孔子治国纲领的真理性在于，他认识到了国库充裕，兵强马壮，政府有公信度，是一个国家由以立足的根本条件。但其局限性也是明显的。试想，如果遇到"必不得已而去之"的非常情况，无法同时兼顾三者，就要"去兵"，军队就要"忍耐"。正所谓"自古皆有死，民无信不立"。然而，"去兵"就可以换取"民信"吗？二者显然没有必然的联系。"民信"与否，更多地在于政府是否有作为，而不仅仅在于"去兵"。

　　一个国家"去兵"，哪怕是暂时不得以的权宜之计，也会造成军事发展连续性的中断，对军队发展会造成直接的损害，一旦面临战事，最终还会殃及国家和民众。所以，关键问题不在于"去兵"，而在于把握"足食"、"足兵"、"足信"三者的平衡。也就是今天我们常说的富国必须与强军相统一。

　　兵者，就如同水流。水是生命之源，文化是人类的生命之水。它承载着人类独特的生存方式。有人说"古代文化源于河流"。[2] 正如水、河流是人类赖以生存、发展的资源一样。文化发展汇成的"文化之河流"，既是人们生活的重要内容，也是人们处理经济、政治、军事等问题的重要资源。我们的时代是剧烈变化的，突变、飞跃几乎处处可见。但是，军事发展的突变性、飞跃性总是与连续性和继承性统一在一起，这一条规律不可改变。哲人说，人不可能同时踏进同一条

---

① 《论语·颜渊》。
② 刘军：《文化与河流》，《华北水利水电学院学报（社科版）》2002 年第 1 期。

河流。而史学家却说，历史有时会惊人地相似。今天，世界新军事变革的浪潮继续汹涌前进，受其影响的战争和军事领域继续处于嬗变与激荡的历史阶段。战争领域犹如万花筒，扑朔迷离，变化万千。有什么样的战争，就有什么样的军队和军事。这就要求我们，深入系统地考察时代给军队建设提供的战略机遇与客观条件，构划出适应时代特征和军事实践的国防与军队建设思路。

无数历史教训告诉我们，树立中国和平发展的良好形象，绝不仅仅要靠传统文化特别是儒家文化，更加需要"新文化"、"新国学"，即现代化的、更能与外国文化交流、对话、处于同一时代水平上的充满进取精神的文化。形象不是传统的"礼"、"忍"、"跪"，而是赢得尊重、平等（包括文化平等）。这种文化任何时候都不会以"去兵"的方式，幻想换取"和平"，它的使命恰恰是以不懈的绵延之力推进军事现代化。

历史表明，社会整体结构不发生更改，中国传统文化无法单靠自身的力量实现新质变动，达成"自我超越"；同样，在传统社会没有根本变迁的情况下，西方异质文化的介入，缺乏社会支撑系统，"器变"的层面无法上升为"道变"，因而单纯依靠科学技术也无法促成军事的质变与飞跃。由此，发展军事、强固国防既要立足于民族文化的弘扬，又必须彻底摆脱传统国家理念、安全理念、人生价值理念和军事发展理念的束缚，在不能割裂军队建设与经济、政治、文化、社会发展内在联系的正确选择中，积极应对世界新军事变革，尽快消除军事技术"时代差"，以不懈的绵延之力推进军事现代化。

（四）

以不懈的绵延之力推进中国军事现代化，要求我们正确认识和把据战争、和平和军事三者的辩证关系，揭示军事发展的连续性，及其与国防和军队现代化建设的必然联系。

战争比和平发达得早。至今，和平仍然是相对而脆弱的，远未成熟。历史发展到今天，我们尽管反对"丛林法则"和"强盗逻辑"，但毕竟生活在一个"丛林法则"和"强盗逻辑"远未消除的世界中。一切爱好和平的国家、民族和善良的人们，应该从血与火的事实中认清战争与和平的关系，审视某些国家霸权背后的武力，深刻把握军事在人类社会中的地位和作用。

第一，战争与和平是交替的，但军事发展是连续的。众所周知，战争与和平是两个紧密联系又彼此区别的概念，战争是阶级之间、民族之间、国家之间、政治集团之间互相斗争的最高形式，和平是与战争互相转化、互相更替的社会历史存在状态。作为两种重要的社会现象，战争与和平贯穿于全部人类文明史。而战争则由于其严酷与惨烈，对人类的影响更为深刻。据统计，从公元前 3200 年到 1964 年的 5164 年间，共发生各类的战争 14513 次，平均每年 2.6 次以上，大约夺去了 36.4 亿人的生命。在此期间，只有 329 年(另一说是 200 多年)是真正和平的。特别是刚刚结束的 20 世纪，战争给人类刻下了尤为深刻的记忆。在短短 100 年间，爆发了两次世界大战和近 400 次局部战争与冲突，其数量之多，频率之高，规模之大，类型之全，性质之复杂，程度之激烈，后果之惨重，影响之深远，都是史无前例的。[①]从军事与战争的关联看，战争以历史创造者、参与者和破坏者角色，伴随人类社会不断发展，其本身也经历着由低级向高级的演化，各次战争之间都有逐步深化的内在联系，因而战争具有"史"的连续性。克劳塞维茨说："各个时代有各个时代的战争，各有其特有的限制条

[①] 参见夏国富、曾苏南，《战争文化研究介绍（一）》，《军事沙龙》2004 年第 19 期；姚有志，《战争形态的变化与战略理论的繁荣发展》，《华北军事》2001 年第 1 期。

件和范围。"①这种战争史的连续性，决定了军事发展的连续性。从军事与战争、和平二者的双重关联性看，任何战争爆发总有一个酝酿准备期，这就出现了战争史上一次次的战争间隔。即使就一次战争而言，也存在战役与战役、战斗与战斗之间的休整期。这些间隔期、休整期正是作战双方重整旗鼓、投入再战的前次战争的善后期，也是新一次战争的准备期，是各自全面整合与发展军事力量的时期。因此，历史上一次又一次的战争，与一次又一次的和平，总是交替发生、相互转换的。如果说"战争是两个和平之间的现象"，那么，和平无疑也是两个战争之间的现象。而军事作为一个历史范畴，其运动则一直在"战争—和平—战争—和平"这种循环往复的交替中不断行进着。②如果把战争与和平交替与转化的过程，视为敌对双方无时无刻不在进行的军事竞赛，那么，就必然形成一个"军事发展—战争—军事再发展—再战争"的历史链条，而军事本身就在这种历史链条中持续得到提高。如果把"战争—和平—战争—和平"与"军事发展—战争—军事再发展—再战争"这两个历史链条进行对比，就会发现，战争期与和平期都是军事发展期，在战时表现为激烈震荡的发展变化，而在平时则表现为相对平静的发展。一句话，和平期不应当是军事发展的停顿期。

因此，军事与战争不同，它同时与和平内在地联系在一起。当然，军事与战争相伴而生，产生于战争需要，有了战争才有军事，军事的目的就是为了打赢战争。但是，随着战争与和平的交替发展，战争与军事走向成熟，人们越来越认识到军事具有遏制战争、维护和平的功能。尽管战争与和平是交替出现的，但军事的连续性却不能因战争与和平的交替而中断。作为一切与战争或军队直接相关的事项之统

---

① 转引自《列宁军事文集》，战士出版社 1981 年版，第 188 页。

② 刘先廷：《军事运动的历史过程：战争的产生、发展和消亡》，《毛泽东军事辩证法论纲》1993 年第 11 期。

称，军事主要包括国防与军队建设、战争准备与战争实施等过程。这一过程在相对和平时期与战争较远，而与和平结伴。然而，恰恰是在这种时期，人们能否正确处理军事建设与政治、经济、科技、文化等各方面建设的关系，能否正确看待军事的地位和作用问题，就显得尤为重要，直接关系到一个民族、国家的前途与命运。如果忽视和平时期军事发展和建设的内在规律，积以时日终将酿成大错。因此，在和平与发展成为时代主题的条件下，如果我们囿于传统的和平主义观念，不对战争、和平与军事三者相互转化的辩证关系进行深入研究，不对传统的战争观、和平观与军事发展观，以及由此产生的一系列认识问题作一番全面清理，就难以正确认识军事力量在国家安全与发展中的地位和作用，难以正确把握军事与政治、经济、文化等的互动效应，难以有针对性地把强调和平与重视军事、发展经济同建设国防统一起来，就会对国家以至整个民族的千秋大业造成极大的负面影响。

第二，军事现代化是军事发展连续性积累的结果。军事现代化与军事发展内在地联系在一起。没有军事的持续发展和提高，没有长期发展的历史积累，就不可能实现军事现代化。历史上，战争形态和作战样式总是与所处时代社会生产力和生产方式相联系，随着社会发展而演化的。战争出现于原始社会后期，但当时由于生产力水平低下和人口稀少，战争规模一般很小，手段也多取自自然，如木棍和利石，所谓"以石为兵"，作战方法也很简单。在奴隶社会，生产力水平有了很大提高，战争规模也随之扩大，军队主要由车兵和步兵组成，铜制冷兵器成为主要武器，主要作战形式是车战，特点是摆兵布阵，进攻以破阵来实现，防御以守阵、守城来完成。君主专制社会时期，随着生产力进一步提高，战争规模也进一步扩大，军队主要由骑兵、步兵和水军编成，主要武器是铁制兵器，后期也包括一些简单火器，作战形式主要是骑战与步战。到了资本主义社会，集中的工业生产逐渐代替分散落后的小农生产，随着生产力的极大发展，出于内外战争需要，各国建立了由诸兵种组成的庞大正规军，装备了大量火枪火炮，战争发展到以使用火器为主的热兵器时代，作战方式也得到了全面创新，出现了以散兵和步兵纵队配合为基础的新战法。20 世纪以后，生产力与科学技术高速发展，推动军队快速向机械化方向发展，出现了独立的陆、海、空军，战争形态进入机械化时代。二战以来，各主要国家在推进陆、海、空军发展的同时，积极组建和发展战略导弹部队、信息化部队等，出现由诸军兵种合成的作战部队；战争中不仅使用大量机械化武器装备，核武器、信息化作战平台也相继成为重要的威慑或实战手段；作战样式、战争形态由机械化向信息化转变。历史表明，国防和军队现代化建设具有长期性、持续性的规律，必须持续不间断地加以推进。

应当指出，所谓军事现代化是军事发展的"连续性积累"，并不是指军事发展的自然积累，而是指人类自觉持续努力积累的过程和结果，其中贯穿着人们始终居安思危，运用科学和理性思考军事问题，即使在和平时期也坚持以"绵延之力"推进国防和军队现代化的自觉性、主动性和创造性。和平时期把军事摆在什么位置，用什么思想指导国防建设，对于一个国家的军事能否紧跟时代步伐健康发展，是一个意义深远的课题。对于军队建设来说，和平时期无疑是一个有利时期，但也可能是孕育着灾难的时期，关键是怎样看待和利用这一宝贵时期。和平时期，国防建设的重要任务是正确分析国际形势，据此制定近期与长远国防建设规划，抓紧这一有利时期建设一支符合未来战争需要的精干武装力量，这一点恰恰是传统和平主义无法涵盖的。在这方面，国内外军事史上都有深刻的教训。一战以后，欧美盟国错误估计形势，和平麻痹思想严重，缺乏忧患和紧迫意识，放松军队建设，军队地位一落千丈。在歌星、舞星大放异彩的社会上，许多人甚至觉得军队大可不设。一位当时的大学生后来回忆说，那时"我们最憎恶的是军事机构"。① 美国国会用控制拨款权,一度把陆军削减到只有 12000 名军官和 12.5 万名士兵,这个数字比福特汽车厂的工人还少。军内到处蔓延着消沉情绪,当局只能使用安抚的办法来平息军人及其家属的不满。当时,美军大部分装备是一战时留下的,1934年罗斯福出巡夏威夷,欢迎仪式上 12 辆老旧坦克中竟有 7 辆因故障在总统面前突然抛锚,令他大吃一惊。② 法国虽然保持了一支庞大军队,然而却因上述社会环境影响而松垮。1928 年,修改后的兵役法把服役年限缩短到一年,使法军成为不折不扣的短期训练学校,士兵战斗技能和素质大大下降。耗巨资修建的马其诺防线不但阻抑了建设空军和精锐机动部队的动力,而且助长了盲目的"安全感",战争爆发时德军迅速进至在这条防线上戴着"他们休想通过"徽章的法国官兵侧后。③ 事实证明,和平时期军事发展、军事现代化的阻力主要来自两个方面:一是和平麻痹思想,忽视、弱化军队建设;二是传统积淀下来的旧观念、旧套路成为一种惰性,把人们拉回过去,不愿承认落伍,压制、阻碍改革创新。军事领域较其他领域,是最需要创新却又最容易受传统约束的领域。保守旧套路的做法表面上好像保持了军事发展的连续性,而实际上恰恰使军事发展陷于停顿,使传统与现代的连接发生"断裂"。这种情况下,即使外部世界发生了急剧变化,也很难产生紧迫感和危机感。正如恩格斯所说:"在长久的和平时期,兵器由于工业的发展改进了多少,作战方法就落后了多少。"④ 克服这两方面的阻力,需要有对历史和未来的高度负责精神,需要有否定自

---

① 威廉·曼彻斯特:《1932—1972 年美国实录(光荣与梦想)》,商务印书馆 1986 年版,第 180 页。
② 威廉·曼彻斯特:《1932—1972 年美国实录(光荣与梦想)》,商务印书馆 1986 年版,第 178 页。
③ 安东尼·艾登:《艾登回忆录——清算》,商务印书馆 1978 年版,第 144 页。
④ 《马克思恩格斯全集》第 10 卷,人民出版社 1961 年版,第 573 页。

己的极大勇气，需要有宽广的视野、智慧和扎扎实实的工作作风，在继承优良传统与发展创新的统一中，通过辩证的否定促进军事系统内在的矛盾运动，实现可持续发展。

第三，军事现代化是多重要素"连续整合"的历史进程。军事运动与发展是一个历史范畴，既与整个社会整体发展相联系，也是自身内部各构成要素的相互联动、协调发展的动态系统。如果把国家战略资源视为一个巨系统，那么，它所包含的地理、人力、经济、政治、科技、战略文化以及国际资源，作为国家战略能力的构成要素，也都可以通过一定转化机制整合为军事可持续发展的有效资源。因此，军事发展的连续性在很大程度上取决于社会及其各个构成要素发展的连续性。从军事运动与社会运动的关系看，军事发展主要表现为军事与其他社会要素，如经济、政治、文化等形成一种动态发展联结。经济尤其是社会生产力发展水平、科学技术发展及应用程度、国家政策导向、文化发展状况、民众的科学文化和思想道德素质等，都会对军队建设产生重要的推动或抑制作用，决定着军事的性质和规模，甚至影响到战争的进程和结局。如，"文化大革命"期间，我国各领域的发展一度陷于瘫痪停顿，军事正常发展也受到很大消极影响。

同时，军事与社会其他领域相比，又有自己的特殊性。军事发展的连续性更直接地表现为军事内部各构成要素，如军事人员、武器装备、军事技术、体制编制、军事思想等的相互联动与持续发展。一是军事人员的基本素质特别是智力素质，随着历史发展和科技进步而不断提升。在古代，官兵体力对战争胜负影响很大，随着科技进步和机械动力的使用，体力的地位有所下降，对军人智力素质的要求越来越高，军事人才队伍的连续性、人才培养和使用政策的连续性日益受到重视。1937 年苏军中的"大清洗"，使许多有才华的将领遭到镇压和监禁，大大削弱了部队的指挥力量，致使苏军在苏德战争爆发后陷入一片混乱，战争初期连续失利。① 二是武器装备、军事技术发展不"断代"，能持续提升部队战斗力。科学技术是影响战争非常活跃的因素。历史上出现战争以来，战争就与武器装备、科学技术有着密切关联，以致战争形态可以用武器技术的水平来区分。每一时代最先进的科学技术，往往优先运用于军事领域。随着时代发展，武器装备、科学技术在战争中的作用越来越大。历史表明，只有武器装备、军事技术与军人素质协调发展、同步提高，才能避免出现"人员等待装备"或"装备等待人员"的奇特现象。有一种误解，认为国防工业发展没有直接现实意义，说武器生产出来，过 10 年不用就是浪费。其实，武器即使没有用于实战，只要它装备部队，就已经在发挥作用，不仅在练兵中发挥着提升部队战斗力的作用，而且也对威慑潜在敌方、遏制战争、实现安全效益发挥积极作用。因此，对于一个国家来说，"以武器装备为主要内容的军事技术的发展，虽然具有相对的稳定性和历史阶段性，但是，军事技术的改进是不间断的，军事技术由低级向高级发展，具有内在的不可断割的连续性。"② 三是提高军队战斗力，除发挥指战员主观能动性外，从根本上说还在于不断创新体制编制。冷兵器时代，绝不会也不需要军、师、旅、团、营一类的现代编制；当军队普遍使用现代火器时，才有可能进行大规模多军种、多兵种合成训练。科学合理的体制编制能最大限度地发挥人与武器组合的效能。但是，如果结构不合理，编组不科学、内部关系不顺，就会制约军队战斗力，在战争中陷于被动。晚清兵制历经八旗、绿营、勇营和新军等体制，但这些体制互不衔接，比如不注重军队长远发展，造成绿营兵力间歇性的增长，③"勇营者，有其历史实质之军制地位，并有其全

---

① 韩高润：《国防观念淡薄的历史教训》，《军事历史》1987 年第 6 期。

② 季云飞：《也谈中国近现代军事史发展的基本线索》，《军事历史》1993 年第 2 期。

③ 拉尔夫·鲍威尔：《1895—1912 年中国军事力量的兴起》（第一辑），中华书局 1978 年版，第 9、13、92 ~ 94 页。

国性重大活动，而在晚清最后六十年间，则一直居于国家制度体系之外"，① 等等，都暴露了清军发展的致命弱点。四是军事文化特别是军事思想，对推进军事发展、实现军事现代化发挥着重要作用。众所周知，文化发展具有相对独立性和历史连续性。作为社会文化的重要组成部分，军事文化的发展直接影响着军事发展、军事现代化的进程。古往今来，世界各国的军队都以自己的军事文化来影响官兵，营造军事发展的内外环境。而在特定的军事文化土壤中萌生的军事思想、军事理论，同样随着社会实践特别是军事实践不断发展，但它一旦出现质的飞跃，就必然反过来作用于军事发展过程，推动、引领军事实践发生飞跃。尽管人类军事思想经历了古代、近代、现代等不同演化阶段，但不论发展到什么阶段，都不意味着先前的思想就不再起作用了。比如，《孙子兵法》2500 多年来一直以其深刻的哲理和思辨，对人类兵学理论、军事实践的发展发生着极其深远的影响。在二战以后爆发的一系列局部战争中，尤其在高技术条件下的局部战争中，一些发达国家军队一手挥舞着高技术兵器，一手也祭起了《孙子兵法》这一古老的战争法宝。这说明，它对今天国防和军队现代化建设仍然具有不可忽视的作用。因此，从军事发展历史进程本身的内在趋势看，军人素质、武器装备和军事技术、军队体制编制、军事思想与理论等的发展都是连续性的，这些要素的多重连续发展及整合累积，集中体现着国防和军事现代化的整体性要求。

由上所述，我们今天推进国防和军队现代化，必须高度重视并深刻把握军事发展连续性的特点和规律，处理好跨越式发展与保持发展连续性的关系。一方面要抓住历史机遇，打破常规，大胆创新，敢于跨越某些发展阶段和若干步骤，加速军事现代化。另一方面，又要清醒地认识到，正因为是跨越式发展，正因为要打破一些常规、打乱一

---

① 王尔敏：《清季军事史论集》，联经出版事业公司 1980 年版，第 1 页。

些原有秩序，就可能造成一些方面不配套、不协调、不连续，带来一些发展的不适度。因此，在工作指导上，既要体现速度，又要体现适度；既要紧抓机遇大胆跨越，迎头赶上，又要正视问题，搞好协调；既要有"远虑"，敢于超前定位，又要直面"近忧"，充分考虑持续发展的后劲，坚持符合实际，注重打好现实基础。而在当代中国军事的连续发展中，传统文化的一切优秀因素，作为我们民族由古以来的文明传承，作为文化"大背景"，一直在潜移默化地起着作用。如果整合得好，它就会成为军事现代化的"实践静力学"。这就是我们的结论。

主要参考文献

中文书目

[1]《马克思恩格斯选集》第 1—4 卷，人民出版社，1995 年。

[2]《毛泽东选集》第 1—4 卷，人民出版社，1991 年。

[3]《邓小平文选》第 1—2 卷，人民出版社，1993 年。

[4]《史记》，司马迁著，线装书局，2006 年。

[5]《资治通鉴》，司马光著，中华书局，1956 年校点本。

[6]《中国通史》，范文澜、蔡美彪等著，人民出版社，1963 年。

[7]《欧洲文学史》，杨周翰、吴达元主编，人民文学出版社，1979 年。

[8]《世界史》（近代史上、下册），刘祚昌、光仁洪主编，人民出版社，1984 年。

[9]《尚书》，中华书局，1980 年影印阮元校刻《十三经注疏》本。

[10]《春秋穀梁传注疏》，中华书局，1980 年影印阮元校刻《十三经注疏》本。

[11]《春秋穀梁传注疏》，影印阮元校刻《十三经注疏》本，中华书局，1980 年。

[12]《论语正义》，《诸子集成》第 1 册，刘宝楠正义，上海书店 1986 年

据世界书局影印本。

[13]《孟子正义》,《诸子集成》第 1 册, 焦循正义, 上海书店 1986 年据世界书局影印本。

[14]《商君书》,《诸子集成》第 5 册, 严可均校, 上海书店 1986 年据世界书局影印本。

[15]《韩非子集解》,《诸子集成》第 5 册, 王先慎集解, 上海书店 1986 年据世界书局影印本。

[16]《孟子》, 中华书局, 1980 年影印阮元校刻《十三经注疏》本。

[17]《尚书正义》, 孔安国传, 孔颖达等正义, 北京大学出版社 1999 影印《十三经注疏》标点本。

[18]《春秋左传正义》, 杜预注、孔颖达等正义, 北京大学出版社 1999 影印《十三经注疏》标点本。

[19]《三民主义·民族主义》, 孙中山,《孙中山全集》第 9 卷, 中华书局, 1986 年。

[20]《地方自治实行法》, 孙中山,《孙中山全集》第 5 卷, 中华书局, 1985 年。

[21]《先秦政治思想史》, 梁启超著, 东方出版社, 1996 年。

[22]《梁启超其人其书》, 汤志钧著, 中国人民大学出版社, 2011 年。

[23]《革命年代》, 高华著, 广东人民出版社, 2010 年。

[24]《天朝的天窗》, 刘青松著, 上海三联书店, 2012 年。

[25]《人心与人生》, 梁漱溟著, 学林出版社, 1984 年。

[26]《梁漱溟全集》第 3 卷, 梁漱溟著, 山东人民出版社, 1990 年。

[27]《价值论》, 李德顺著, 中国人民大学出版社, 1987 年。

[28]《多维视野中的文化理论》, 庄锡昌、顾晓鸣、顾云深等编, 浙江人民出版社, 1987 年。

[29]《传统文化与现代化》, 张立文、王俊义主编, 中国人民大学出版社, 1987 年。

[30]《当代西方政治思潮》，岳麟章主编，陕西人民教育出版社，1988 年。

[31]《文化的民族性与时代性》，庞朴著，中国和平出版社，1988 年。

[32]《中西 500 年比较》，毛磊、石光荣、郝侠君主编，中国工人出版社，1989 年。

[33]《中国近代思潮及其演进》，吴剑杰著，武汉大学出版社，1989 年。

[34]《中国文化与文化论争》，张岱年、程宜山著，中国人民大学出版社，1990 年。

[35]《中西人论的冲突——文化比较的一种新探求》，杨适著，中国人民大学出版社，1991 年。

[36]《美国文化和美国哲学》，罗志野著，广西师范大学出版社，1993 年。

[37]《中国古代军事思想概论》，谢国良、袁德金著，解放军出版社，1994 年。

[38]《传统中国的国家形态、家族意理与民间社会》，陈其南，载于中央研究院近代史研究所编《认同与国家》，台湾中央研究院近代史研究所，1994 年。

[39]《二十世纪三四十年代河南冀东保甲制度研究》，朱德新著，中国社会科学出版社，1994 年。

[40]《文化、权力与国家——1900 ～ 1942 年的华北农村》，杜赞奇著，江苏人民出版社，1995 年。

[41]《当代浙北乡村的社会文化变迁》，曹锦清、张乐天、陈中亚著，上海远东出版社，1995 年。

[42]《哲学与文化》，陈筼泉、刘奔主编，中国社会科学出版社，1996 年。

[43]《中国传统文化论纲》，张海鹏、藏宏主编，安徽人民出版社，1996 年。

[44]《清代习惯法：社会与国家》，梁治平著，中国政法大学出版社，1996 年。

[45]《论中西哲学精神》，成中英著，东方出版中心，1996 年。

[46]《社会学概论》，杨心恒主编，知识出版社，1997 年。

[47]《中国兵学文化》，张文儒著，北京大学出版社，1997 年。

[48]《从边缘走向中心——晚清社会变迁中的军人集团》，熊志勇著，天津人民出版社，1998年。

[49]《中国社会结构转型》，袁方等著，中国社会出版社，1998年。

[50]《中国社会与现代化》，韩明谟等著，中国社会出版社，1998年。

[51]《历史哲学》，黑格尔著，上海书店出版社，1999年。

[52]《关注与超越——中国近代军事变革论》，皮明勇著，河北人民出版社，1999年。

[53]《社会转型与当代知识分子》，陶东风著，上海三联书店，1999年。

[54]《综合国力新论》，黄硕风著，中国社会科学出版社，1999年。

[55]《中国文明起源新探》，苏秉琦著，生活·读书·新知三联书店，1999年。

[56]《中国宗法宗族制和族田义庄》，李文治、江太新著，社会科学文献出版社，2000年。

[57]《秦汉法律与社会》，于振波著，湖南人民出版社，2000年。

[58]《义序的宗族研究》，林耀华著，生活·读书·新知三联书店，2000年。

[59]《华北的小农经济与社会变迁》，黄宗智著，中华书局，2000年。

[60]《文化研究读本》，罗钢、刘象愚主编，中国社会科学出版社，2000年。

[61]《西方文化史》，沈之兴、张幼香主编，中山大学出版社，2000年。

[62]《国史新论》，钱穆著，生活·读书·新知三联书店，2001年。

[63]《科技革命与当代社会》，陈筼泉、殷登祥主编，人民出版社，2001年。

[64]《中国文化与中国的兵》，雷海宗著，商务印书馆，2001年。

[65]《组织社会学》，于显洋著，中国人民大学出版社，2001年。

[66]《从传统到现代——当代中国社会转型研究》，刘祖云著，湖北人民出版社，2001年。

[67]《军事社会学》，许祥文著，解放军出版社，2001年。

[68]《军事革命论》，梁必 主编，军事科学出版社，2001年。

[69]《文化社会学》，司马云杰著，中国社会科学出版社，2001年。

[70]《当代美国文化》，朱世达著，社会科学文献出版社，2001年。

[71]《当代美国宗教》，刘澎著，社会科学文献出版社，2001年。

[72]《先进文化论》，黄力之著，上海三联书店，2002年。

[73]《刀剑书写的永恒——中国传统军事文化散论》，黄朴民著，国防大学出版社，2002年。

[74]《中国战略文化解析》，宫玉振著，军事科学出版社，2002年。

[75]《信息时代的传播学》，李啟、吴廷俊、关颖超主编，新华出版社，2002年。

[76]《"文化研究"思潮导论》，于文秀著，人民出版社，2002年。

[77]《转型时期的中国社会分层结构》，李强著，黑龙江人民出版社，2002年。

[78]《中国现阶段阶级阶层研究》，闫志民主编，中共中央党校出版社，2002年。

[79]《中国七问》，曹锦华、陈保平著，上海科技教育出版社，2002年。

[80]《社会转型：北京大学青年学者的探索》，杨善华、土思斌主编，社会科学文献出版社，2002年。

[81]《中国社会学会学术年会获奖论义集》，NO.1（2000·南京），宋林飞主编，中国社会学会编，社会科学文献出版社，2002年。

[82]《中国社会学会学术年会获奖论文集》NO.2（2001·济南），彭立荣主编，中国社会学会编，社会科学文献出版社，2002年。

[83]《军事社会学》，张明庆主编，中国社会科学出版社，2002年。

[84]《中国传统治边理念研究》，孙建民著，国防大学出版社，2003年。

[85]《文化论》，蔡俊生、陈荷清、韩林德著，人民出版社，2003年。

[86]《文化传播：历史、理论与现实》，庄晓东主编，人民出版社，2003年。

[87]《社会公正论》，吴忠民著，山东人民出版社，2004年。

[88]《失衡——断裂社会的运作逻辑》，孙立平著，社会科学文献出版社，2004年。

[89]《解读社会——文化与结构的路径》，周怡著，社会科学文献出版社，2004 年。

[90]《18 世纪以来中国家族的现代转向》，冯尔康著，上海人民出版社，2005 年。

[91]《社会冲突与阶级意识——当代中国社会矛盾问题研究》，李培林等著，社会科学文献出版社，2005 年。

[92]《中国的兵》，雷海宗著，中华书局，2005 年。

[93]《新军事变革的文化分析》，肖冬松著，国防大学出版社，2005 年。

[94]《冲突与变数——中国社会中间阶层政治分析》，张伟著，社会科学文献出版社，2005 年。

[95]《走出中世纪》，朱维铮著，复旦大学出版社，2007 年。

[96]《实用主义——一些旧思想方法的新名称》，[美] 威廉·詹姆士著，商务印书馆，1979 年。

[97]《理想的冲突——西方社会中变化着的价值观念》，[美] L.J.宾克莱著，商务印书馆，1983 年。

[98]《人的现代化》，英格尔斯著，四川人民出版社，1985 年。

[99]《文化模式》，[美] 本尼迪克特著，王炜译，生活·读书·新知三联书店，1986 年。

[100]《新教伦理与资本主义精神》，[德] 马克斯·韦伯著，生活·读书·新知三联书店，1987 年。

[101]《文化的变异——现代文化人类学通论》，[美] 卡·恩伯、梅·恩伯著，辽宁人民出版社，1988 年。

[102]《大国的兴衰》，[美] 保罗·肯尼迪著，中国经济出版社，1989 年 。

[103]《资本主义文化矛盾》，[美] 丹尼尔·贝尔著，生活·读书·新知三联书店，1989 年。

[104]《历史理性批判文集》，[德] 康德著，商务印书馆，1990 年。

[105]《西方传统的根源》，[美] C·沃伦·霍利斯特著，河南人民出版社，

1990年。

[106]《文化与交流》，[英] 埃德蒙·利奇著，华夏出版社，1991年。

[107]《人、国家与战争——一种理论分析》，[美] 肯尼思·N·华尔兹著，倪世雄等译，上海译文出版社，1991年。

[108]《大棋局——美国的首要地位及其地缘战略》，[美] 兹比格纽·布热津斯基著，中国国际问题研究所译，上海人民出版社，1998年。

[109]《文明的冲突与世界秩序的重建》，[美] 塞缪尔·亨廷顿著，新华出版社，1998年。

[110]《学习的革命——通向21世纪的个人护照》，[美] 珍妮特·沃斯等著，上海三联书店，1998年。

[111]《文化与人性》，[美] M.E.斯皮罗著，社会科学文献出版社，1999年。

[112]《现代化与社会转型》，[德] 沃尔夫冈·查普夫著，社会科学文献出版社，2000年。

[113]《欧洲史》，[法] 德尼兹·加亚尔、贝尔纳代特·德尚，海南出版社，2000年。

[114]《全球大变革：全球化时代的政治、经济与文化》，[英] 戴维·赫尔德、安东尼·麦克格鲁著，杨雪冬等译，社会科学文献出版社，2001年。

[115]《跨文化交流——不同文化的人与人之间的交往》，[德] 马勒茨克著，北京大学出版社，2001年。

[116]《文化的重要作用——价值观如何影响人类进步》，[美] 塞缪尔·亨廷顿、劳伦斯·哈里森主编，新华出版社，2002年。

[117]《西方艺术史》，[法] J·德比奇著，海南出版社，2002年。

[118]《权力政治》，[英] 马丁·怀特著，[英] 赫德利·布尔、卡斯滕·霍尔布莱德编，宋爱群译，世界知识出版社，2004年。

中文期刊

[119]《人的意识和意识的产物》，胡寄南，《心理学报》，1984 年第 2 期。

[120]《关于中国初期"城市"这个概念》，张光直，《文物》，1985 年第 2 期。

[121]《民族主义与戊戌维新》，马勇，《江汉论坛》，1993 年第 6 期。

[122]《〈秦简〉所见之"非公室告"与"家罪"》，[韩] 金烨，《中国史研究》，1994 年第 1 期。

[123]《中国近代国防观念发展论》，皮明勇，《历史教学》，1994 年第 12 期。

[124]《论 21 世纪中国家庭变迁大趋势》，罗萍，《长沙电力学院学报（社会科学版）》，1995 年第 4 期。

[125]《国家与社会——中国市民社会研究的研究》，邓正来，《中国社会科学季刊》，1996 年夏季卷。

[126]《中国传统伦理政治思想论析》，安云凤，《西南师范大学学报（哲学社会科学版）》，1997 年第 3 期。

[127]《传统人学价值观再讨论》，李欣复，《青海社会科学》，1997 年第 6 期。

[128]《中华民族的战略文化传统及其特色》，王幸生，《中国军事科学》，1998 年第 3 期。

[129]《论家国为重传承文化的价值取向》，邓经武，《四川商业高等专科学校学报》，1999 年第 3 期。

[130]《张载"太虚"之气的价值意蕴》，赵馥洁，《宝鸡文理学院学报（社会科学版）》，2000 年第 1 期。

[131]《试析晚清边防危机的原因》，王文华，《中国军事科学》，2000 年第 2 期。

[132]《蒋介石"攘外必先安内"方针研究》，黄道炫，《抗日战争研究》，2000 年第 2 期。

[133]《战国文化的多元与散文风格的初建》，阮忠，《华中师范大学学报（人文社科版）》，2000年第4期。

[134]《是所有权还是使用权——论父家长的权限》，汪兵，《天津师大学报（社科版）》，2000年第5期。

[135]《仇视心理可能会演变为疯狂暴行》，潘多拉，《中国国情国力》，2001年第6期。

[136]《论〈春秋〉"春正月"记时例》，郑良树，《中华文史论丛》总第70辑，上海古籍出版社，2002年版。

[137]《权力机制与传统中国》，武守志，《科学·经济·社会》，2002年第2期。

[138]《浅论"家国同构"背景下的传统文化》，高欣，《文史杂志》，2002年第4期。

[139]《"无为而治"时期的汉代法律》，于振波，《文史知识》，2002年第7期。

[140]《"家国同构"观念的形成、实质及其影响》，舒敏华，《北华大学学报（社会科学版）》，2003年第2期。

[141]《中国社会精神关怀体系中的"家、国、天"架构》，王卫平，《中共四川省委党校学报》，2003年第3期。

[142]《血缘·土地·共有观——兼论中国人的公私观》，汪兵、汪丹，《历史教学》，2003年第3期。

[143]《孙中山〈合肥阚氏重修谱牒序〉考辨》，宋霖，《江淮文史》，2003年第3期。

[144]《震荡与冲突：近代中国社会结构转型探析》，栾爽，《西南交通大学学报》，2003年第4期。

[145]《合肥阚氏与"中国战神"蚩尤》，宋霖，《江淮文史》，2003年第4期。

[146]《中国首次对西方外交冲击的制度反应——1842-1860年间清政府对西方外交体制的形成、性质和评价》，何新华、王小红，《人文杂志》，2003年第4期。

[147]《从"无兵的文化"到"竞逐富强"》，陈晓律，《杭州师院学报》，2003 年第 4 期。

[148]《儒家与夷夏之辨》，黄德昌，《四川大学学报（哲社版）》，2003 年第 4 期。

[149]《论中国古代家国同构与腐败的关系》，谢长征、李敏，《广西社会科学》，2003 年 11 期。

[150]《两晋之际儒家"家国"观念的演变》，闫春新，《东岳论丛》，2004 年第 2 期。

[151]《家国同构的变异——从"家"的形象看战时中国文学》，黄万华，《中国海洋大学学报（社会科学版）》，2004 年第 2 期。

[152]《中国传统专制主义理论之演进及其终结》，刘庆乐，《云南社会科学》，2004 年第 3 期。

[153]《马克斯·韦伯与中西传统社会结构对比研究》，马渭源，《南京社会科学》，2004 年第 4 期。

[154]《家礼与国法的关系和原理及其意义——从社会秩序构成的视角解读中国传统法律文化》，张中秋，《法学》，2005 年第 5 期。

[155]《从"公室告"与"家罪"看秦律的立法精神》，于振波，《湖南大学学报》，2005 年第 5 期。

[156]《从王位继承制度看中国古代国家的特点》，叶文宪，《学习论坛》，2005 年第 6 期。

[157]《中国制度传统的知识与生活基础》，齐延平，《政法论坛（中国政法大学学报）》，2005 年第 6 期。

[158]《超越宿命，领受天意——中国抗日战争胜利六十周年断想》，王康，《社会科学论坛》，2005 年第 7 期。

[159]《古代中国与西方"家与国"关系结构的差异及对法律秩序内涵的影响》，魏建国，《山东社会科学》，2005 年第 7 期。

[160]《革命话语与家国观念——孙中山撰写的两篇〈族谱〉序言述论》，

赵立彬，《安徽史学》，2006年第4期。

[161]《中西传统政治文化的对比分析——一个政治理念的视角》，任志安，《人文杂志》，2006年第6期。

[162]《〈尼布楚条约〉与〈瑷珲条约〉在国际法上的比较》，周国胜、滕超，《黑龙江史志》，2006年第6期。

[163]《"家国一体"与中国古代伦理政治分析》，柳俊杰，《内蒙古社会科学》，2006年第6期。

[164]《论中国古代国家学说发展过程中的五个特点》，赵小军，《长江论坛》，2007年第1期。

[165]《论家国同构、二元结构和市民社会——农民主体性发展困境的出路》，黄琳、武亚雄，《中华文化论坛》，2007年第2期。

[166]《民主与战争——我们如何面对"民主国家"的战争威胁》，陈晓律，《杭州师院学报》，2007年第4期。

[167]《社会分层中的军人角色研究》，韩国庆，西安政治学院2004届硕士毕业论文。

英文书目

[168] Geoge A.Lanyi and Wilson C.McWillaims, Crisis and Continuity in World Politics: Readings in International Relations, Random House, Inc.,1966

[169] Robert A.Divince, The Cuban Missile Crisis, Quadrangle Books, Inc., 1971

[170] Seyom Brown, The Crisis of Power, Columbia University Press,1979

[171] Ray S.Cline,World Power Trends and U.S. Foreign Policy for the 1980s, Westview Press, Inc.,1980

[172] Edward A. Kolodziej and Robert E.Harkavy(ed.), Security Politics of

Developing Countries, D.C. Health and Company,1982

［173］ Hedley Bull (ed.), Intervention in World Politics, Clarendon Press, 1984

［174］ Lynn H.Miller, Global Order: Values and Power in International Politics, Westview Press, Inc., 1985

［175］ Richard W. Edwards, JR., International Monetary Collaboration, Trans-national Publishers Inc. 1985

［176］ Donald E.Nuechterlein,United States National Interests in the 1980s, The University Press of Kentucky,1985

［177］ Patrick O'Sullivan,Geopolitics,St.Martin's Press,Inc.,1986

［178］ Peter Mangold, National Security and International Relations, Routledge, 1990

［179］ Donald E.Nuechterlein,United States National Interests in a Restructured World, The University Press of Kentucky, 1991

［180］ Dietrich Fischer, Nonmilitary Aspects of Security: A Systems Approach, United Nations Institute for Disarmament Research, 1993

［181］ Joshna S.Goldstein, International Relations, 2nd edition, Happer Collins College Publisher, 1996

［182］ Glenn H. Snyder, Alliance Politics, CornellUniversity Press, Ithaca and London, 1997

［183］ Peter L.Hays, American Defense Policy, 7th edition, John Hopkins, 1997

［184］ Mary Kaldor and Basker Vashee(ed.), Restrucuring the Global Military Sector Volume1: New Wars, United Nations University, 1997

［185］ Chas. W. Freeman, JR., Arts of Power: Statecraft and Diplomacy, United States Institute of Peace Press, 1997

［186］ Kim N.Reed, Use of United States Military Force in the Post Cold War Era, University Reading, 1998

［187］ Richard N. Haass, Intervention: The Use of American Military Force in the Post-Cold War World, Brookings, 1999

[188] Robert G. Patman(ed.), Security in a Post-Cold War World, University of Otago 1999

[189] Stockholm International Peace Research Institute, SIPRI Yearbook 2002: Armaments, Disarmament and International Security, Oxford University Press Inc., 2002

[190] Stockholm International Peace Research Institute, SIPRI Yearbook 2003: Armaments, Disarmament and International Security, Oxford University Press Inc., 2003

[191] William H.Meyer, Security, Economics, and Morality in American Foreign Policy: Contemporary Issues in History Context, Person Education, Inc., 2004

[192] Steven L. Spiegel,World Politics in a new era, 3rd edition, Wadsworth, 2004

英文期刊

[193] Alastair Iain Johnston, Think about Strategic Culture, International security,Vo1.19, No.4, Spring1995

[194] Chung-in Moon, Market Forces and Security, Global Economic Review, Vol.26, No.2, Summer, 1997

[195] Joseph S. Nye Jr., Redefining the National Interest, Foreign Affairs, Volume 78, No.4, July/August, 1999

[196] Richard N. Hass,What To Do With American Primacy, Foreign Affairs, Vol.78, No.5., Sept/Oct,1999

[197] Conddeezza Rice, Promoting the National Interest, Foreign Affairs, Vol.79, No.1, Jan/Feb, 2000

［198］Ajai K.Rai,Diplomacy and the News Media:A Comment on the Indian Experience, Strategic Analysis, Jan-Mar,2003

［199］B.S.Sacbar, Cooperation in Military Training as a Tool of Peacetime Military Diplomacy, Strategic Analysis, Vol.27, No.3, Jul-Sep 2003.

［200］Rajpal Budania,The Emerging International Security System: Threats, Challenge and Opportunities for India, Strategic Analysis, Vol.27, No.1, Jan-Mar 2003

［201］D.Shyam Babu,India's National Security Council: Stuck in the Cradle?, Security Dialogue, Vol.34, No.2, June 2003

［202］Atul Bharadwaj, International Criminal Court and the Question of Sovereignty, Strategic Analysis, Jan-Mar, 2003

［203］N.S.Jamwal, Counter Terrorism Strategy, Strategic Analysis, Jan-Mar, 2003

［204］Sean Kay, Globalization Power, and Security, Security Dialogue, Vol. 35. No.1, March 2004

［205］Kurt M.Campbell, The End of Alliances? Not So Fast,The Washington Quarterly, Spring 2004

［206］Waiter Russell Mead, America's Sticky Power, Foreign Policy, March/April 2004

［207］Bruno Tertrais, The Changing Nature of Military Alliances, The Washington Quarterly, Spring 2004.

［208］John A.Vasquez, The Probability of War, 1816-1992, International Studies Quarterly, Vol.48, No.1, March 2004.

后　记

　　写完这部似有答案、又似存未尽之言的书稿时，东方已近破晓。我伫立窗前，黎明前的夜是如此深沉、安静。极目远望，那无尽的苍茫夜色，使习惯了异想和欢笑的我，油然感念良多、泪溢不禁。高尔泰在《什么是哲学》一文中说过，在这无边的暗夜中，"我们起码需要一盏飘摇的风灯"，以便照亮未来的命运。正是为着找寻"一盏飘摇的风灯"，照亮着民族突破千年暗夜，走向光明的大道，19世纪末叶的梁启超先生，背负着古代"士"者的救世情怀，怀着"开眼看世界"的激情越洋东渡，在《二十世纪太平洋歌》中发出"招国魂兮何方？大风泱泱兮大潮滂滂！"的绝唱。沿着他那架构中西、革故鼎新的非凡踪迹，中国人历经了开一代风气之先的"诗界革命"，历经了小说、戏剧、诗歌、散文、文学理论、城市观念、民风民俗等等系列开创性的建树，历经了多元一体中华民族、现代民族国家、中国与祖国等观念的旭日东升……这一切，都是关于清帝逊位、"大中华民主国"开元的报晓，都是中国走向世界的先导。可以说，这位先贤影响所及，不但呈现着传统文化延展、变异的面貌，而且哺育了一代又一代矢志文化批评与革新的思想者，为"五四"以后一次比一次彻底的文化革命与建构奠定了思想文化起点。——我以为，说他是民族传统

354

文化向现代转型之"精神的先驱与父亲"，他亦然当之无愧。他的卓越见识，也成为我思考中国军事承接优良传统文化、铸成面向新时代"国魂"与"军魂"，从而走向现代化的丰厚而富有活力的思想资源。在本书搁笔时，我由衷地献上对这位先贤的缅怀与敬畏。

　　孔子说，君子"畏天命，畏大人，畏圣人之言。"（《论语·季氏》）我自视做学问的人，所以不畏"命"，也不畏"大人"，只敬畏所从事的学科与专业，每求一孔之见，都十分小心，大胆假设、小心求证，深恐负前人、欺后人。这是我在追随导师赵小芒教授研究军事哲学，研究中国军事现代化与传统文化的关系时领悟到并内化于心底、引为终生受用的研究态度与信条。赵老师思想深邃，学术视野广阔而超前，对学生要求严格，治学严谨，精益求精。他鉴于军事哲学的发展现状，出于对学生学有所成的殷殷希望，对我的专业学习和研究始终格外费心。在我撰写本书过程中，悉心指导，从题目甄选、提纲草拟、初稿撰写到修改完成，都倾注了大量心血。对于导师的全心付出，不是一句真诚感谢就能够表达的，我将铭刻在心，以为自己终生致学、修身之砥砺。

　　从我踏入国防大学的那一天，就有许多学术前辈和领导时时鼓励、帮助和支持着我前进。国防大学原副校长许志功中将、副校长毕京京少将，对我从事哲学学习与探索给予了无私的关怀、教导与支持；国防大学教育长夏兴有少将，带着我攻克了许多学术前沿问题，帮助我克服了成长道路上的遇到的诸多困难；国防大学马克思主义研究所原所长王祖敏少将，18年前把我从一个地方"老百姓"特招入伍到军队，改变了我一生的发展轨迹；任天佑少将、库桂生少将、姜汉斌少将、黄宏少将、张彬少将、章传家少将、肖冬松少将、黄书进少将、林培雄少将，领导我从事党的创新理论研究，获得了许多荣誉。全林远教授、赵周贤教授、李海涛副教授、覃东升副教授、扬永利副教授，为我顺利完成学业，给予了极大关怀和支持。在此，一并深致谢意!

在这里，我要特别感谢中国社会科学院哲学研究所所长李景源学部委员、军事科学院战略部研究员梁泌浸少将、《理论探讨》杂志编辑部刘晓英教授等，他们对我学术研究工作给予了大力支持。

最后，我深知我所涉入的研究课题，涉及社会领域及学科极其广泛，需要解决的问题极其复杂而困难。这本小册子，只是一个起点，留下的问题很多，恳望学界同仁批评指正。

郭凤海

2013 年 7 月于北京

责任编辑：曹　春
封面设计：笑　爱
责任校对：张　红

图书在版编目（CIP）数据

文以铸兵：中国军事现代化的传统文化资源分析／郭凤海　著．
　－北京：人民出版社，2013.10
ISBN 978－7－01－012659－3

I.①文…　II.①郭…　III.①中华文化－影响－国防现代化－研究
　IV.① E25

中国版本图书馆 CIP 数据核字（2013）第 234352 号

文以铸兵
WEN YI ZHU BING
——中国军事现代化的传统文化资源分析

郭凤海　著

人民出版社 出版发行
（100706　北京市东城区隆福寺街 99 号）

环球印刷（北京）有限公司印刷　新华书店经销
2013 年 10 月第 1 版　2013 年 10 月北京第 1 次印刷
开本：710 毫米 × 1000 毫米 1/16　印张：23
字数：292 千字

ISBN 978－7－01－012659－3　定价：49.00 元

邮购地址 100706　北京市东城区隆福寺街 99 号
人民东方图书销售中心　电话：（010）65250042　65289539